构建和谐社会的财政政策研究

马海涛　主编

中国财政经济出版社

图书在版编目（CIP）数据

构建和谐社会的财政政策研究/马海涛主编. —北京：中国财政经济出版社，2009.1

ISBN 978-7-5095-1213-5

Ⅰ. 构… Ⅱ. 马… Ⅲ. 财政政策-研究-中国 Ⅳ. F812.0

中国版本图书馆 CIP 数据核字（2009）第 004645 号

责任编辑：胡 博　　　　责任校对：王 英
封面设计：海 东　　　　版式设计：汤广才

中国财政经济出版社出版

URL：http：//www.cfeph.cn

E-mail：cfeph @ cfeph.cn

社址：北京市海淀区阜成路甲 28 号　邮政编码：100142

发行处电话：88190406　财经书店电话：64033436

北京财经印刷厂印刷　各地新华书店经销

787×1092 毫米　16 开　22.75 印张　377000 字

2009 年 1 月第 1 版　2009 年 1 月北京第 1 次印刷

印数：1—1000　定价：46.00 元

ISBN 978-7-5095-1213-5/F·1027

（图书出现印装问题，本社负责调换）

本社质量投诉电话：010-88190744

前　言

改革开放后，中国经济体制发生一系列变革，经济发展取得举世瞩目的成绩，与此同时，财政政策也成为政府宏观调控的重要手段和关键工具。由于财政政策与财政基础理论紧密相联，近年来，各界围绕财政基础理论方面的研究颇丰。在此背景下，2007 年，由中国财政学会基础理论研究会举办，中央财经大学财政学院、中央财经大学财政税收研究所共同承办的“建设和谐社会与公共财政研讨会”在北京召开。来自财政部科研所、中国人民大学、中国社会科学院、东北财经大学、中南财经政法大学、江西财经大学、中山大学、厦门大学和中央财经大学等单位的 40 余位财政学领域的专家学者，对财政基础理论及其相关问题进行了全面、深入的讨论。本次研讨会旨在通过对理论和实践问题的探讨，继续丰富、深化中国财政基础理论研究，拓宽理论研究视角，指导实践中遇到的问题。为展示此次会议的成果，我们对专家、学者提交的会议论文进行了筛选和整理，本书正是对研讨会中各专家、学者提出观点的总结与升华。

本书中的各位作者，从不同角度，立足马克思主义基本理论，论述了我国构建和谐社会中公共财政的重要作用，并紧密结合我国财政改革和发展的实践，借鉴西方理论，界定了我国财政基础理论研究的范围，明确了财政的本质。此外，本书作者也对我国财政基础理论研究的重要性、财政学科及其发展、高校中财政学科教学建设及我国财政理论的发展方向等热点问题做了比较深入的论述。可以说，理论与实践相结合、国内与国外理论相结合，是本书汇编的一个重要特色。

在本书的编选过程中，中央财经大学和财政学院领导均给予了大力支持与帮助，在此表示衷心的感谢！书中难免存在疏漏与不足，请读者给予批评指正。

编　者

2008年3月

“建设和谐社会与公共财政”研讨会暨中国财政学会基础理论研究会第一届年会综述

由中国财政学会基础理论研究会和中央财经大学财政学院共同主办的“‘建设和谐社会与公共财政’研讨会暨中国财政学会基础理论研究会第一届年会”于2007年3月31日—4月1日在北京天方饭店举行。来自财政部科研所、中国社会科学院、厦门大学、中国人民大学、中南财经政法大学、中山大学、上海财经大学、中央财经大学等国内诸多研究机构，高等院校的财政学界泰斗、专家参加了本次研讨，本次研讨以“建设和谐社会与公共财政”为主题，探讨新形势下财政基础理论的建设、发展导向等焦点问题。

财政部科研所许毅研究员在大会上做了《以构建和谐社会为方向，以马克思主义过渡期理论为指导，深入开展广义财政基础理论研究》的主题报告。许老从历史角度对改革开放以来社会上“姓资姓社”的理论争论给予回答，认为产生上述问题的根源在于对马克思主义过渡时期理论理解的差异。当前需要科学认识资本的两重性，从现实出发，积极发挥资本的纽带作用。以马克思再生产理论和科学发展观理论为指导，深入开展广义财政基础理论研究。社会主义广义财政学要坚持理论研究与实际操作两个方向并重的发展方向，强化财政的国家分配职能，服务于构建和谐社会的战略目标的实现。

中国社科院美国研究所陈宝森研究员在大会上做了《为中国财政学的理论创新而共同努力》的主题发言，认为：第一，理论界应当群策群力为财政学的理论创新共同努力，并且理论创新还是以马克思主义为指导，但不是排斥西方，对西方符合实际的内容要吸取。第二，马克思主义和西方经济学的根本分歧是社会发展理论。西方经济学只对资本主义生产方式进行了理论分析，研究它的生产、交换和分配形式，认为资本主义制度是千年王国，是发展的顶点，这种观点是不科学的。马克思主义认为是生产力和生产关系的矛盾推动了社会发展，是上层建筑和经济基础生产力和生产关系的矛盾推动着社会由低级向高级发展。第三，国家学说跟财政的关系最为密切。马克思主义认为国家是上层建筑，上层建筑是为经济基础服务的，所以用马克思主义观点就很能说明现实中的问题。国家不是一个消极的东西，它要对经济基础起积极作用，资本主义社会如此，社会主义社会也如此。第四，必须坚持阶级分析的方法来研究现实的财政问题。具体到财政学基础理论方面，陈宝森研究员认为：第一，市场失效论说明不了公共产品的产生。第二，市场经济条件下的财政职能——资源配置、财政稳定、社会稳定三大职能的发展演进同时也反映了西方市场经济发展垄断资本主义阶段，财政活动内容的重大变化。第三，公共选择论的产生、发展从极端民主的另一头深刻揭示出利益集团政治的尴尬。

中央财经大学财政学院姜维壮教授做了《确定我国财经学理论基础的几个基本依据》的主题发言，认为：第一个依据就是政治依据，包括三个层面：一是国家宪法和宪法的修正案，这是最为权威的法律，二是中国共产党的章程，党章的规定，三是党的历史代表大会的决定。第二个依据是理论依据，能够科学地说明认识财政的社会属性和本质特征，注意不同社会、不同财政之间的社会属性以及根据与区别。第三个依据是实践依据，必须坚持马克思主义具体问题具体分析方法来发展财政学基础理论。

厦门大学张馨教授做了关于财政基础理论几个热点问题思考的主题发言，认为：第一，如何看待财政学派划分的正确性与否？以往按社会主义、资本主义的划分是否合适？是否还应该有所发展，研究探讨市场经济下的财政学和计划经济下的财政学？第二，财政离不开国家，任何类型的财政，都是以国家为主体的分配，这些本质的内容不是由市场经济和计划经济决定的。第三，公共财政是人民大众的财政。

中国人民大学陈共教授发言认为：财政学的基础理论发展还必须要以马克思主义理论做指导，但马克思主义理论要与时俱进，因此我们也不能排斥西方有用的东西。中国社会科学院何振一教授发言认为：在财政学理论研究中，必须处理好财政的共性与特性的关系问题，研究人类社会共有的财政的共性规律和各个社会形态下财政的特殊性。

西南财经大学刘邦驰教授发言认为：第一，财经学的基础理论研究还有待于整个经济学的研究和进展，整个经济学的研究进展、理论突破将制约影响着财政学的基础理论创新。第二，和谐社会的内涵需要进一步理清，和谐社会必须消灭阶级，消灭阶级后的社会才是真正追求的和谐社会。第三，财政与建设和谐社会的关系。财政作为以国家为主体的分配，必须进一步加强事关人民生活的基本公共服务的提供。

财政部科研所叶振鹏教授发言认为：第一，财政学划分为资本主义财政和社会主义财政，根源在于财政既是一个经济基础又是一门理论学科。作为一种政府行为，从上层建筑的角度讲，它的理论基础是国家学说，所以西方财政学跟马克思财政学首要的差别是理论基础差别——经济学基础差别和国家学说基础差别。第二，必须注意研究方法的差别。马克思的精髓在于他利用辩证唯物主义和历史唯物主义分析所有的现象，包括经济的现象、社会的现象，所以能够掌握世界发展的一般规律。第三，有几个概念在研讨争论时必须区分清楚。一是国家财政的产生跟公共财政的形成是两个不同的概念。二是公共性跟公共财政不是一回事，因为财政从它的起源上讲，从一开始就是具有公共性的。

上海财经大学公共经济与管理学院的蒋洪教授认为研究财政问题必须明确以下几方面的问题：第一，政府该干什么，该不该的评价标准如何产生？由谁评价？公共财政好坏的评价标准是什么？第二，财政学要研究政府的行为究竟会给社会带来怎样的影响。如果要在财政学当中建立一个政府行为与社会发生影响的实证关系的话，一定要以“经济人”假设为前提。第三，研究财政学必须探讨政府如何做出决策的问题。第四，必须研究如何使政府做它应该做的事情。

中南财经政法大学副校长杨灿明教授认为：第一，对西方经济学的理论和马克思主义理论，首先是要客观公正地去了解、去研究，特别是去研读原著。第二点，在研读不同国家的情况的时候，既要看到不同国家不同的国情、历史和文化，也要看到不同国家总有一些人类社会发展的共性之处，人类共同的文明成果。而且越是在共性的地方越能够找到人类社会发展的普遍规律，越能够发掘出一些本源性的理论成果。第三，研究学问，特别是研究基础理论要有一个比较合理的知识结构，要有比较广博的知识面。

财政部科研所苏明研究员做了《新农村建设与和谐社会建设》的主题发言，从农村基础设施建设、农村基本公共服务提供、农业生产条件、农村改革等方面谈财政应当加大社会主义新农村建设，并且进一步提出了财政加强社会主义新农村建设的资金投入总量、结构与管理问题。

财政部科研所刘尚希研究员发言提出几个问题：第一，财政学是不是经济学的应用经济学科。现在用经济学的理论解释财政的问题越来越难，它的假设前提存在问题。第二，如何看待公共财政问题。公共财政从其产生之日起就分为两个学派——主张派和反对派，公共财政改革的目标模式论和蓝图论是否符合客观经济、社会发展规律。第三，从社会制度变迁过程来看，公共风险理论能够较好地解释现实财政问题。公共财政是一套改革的理论，对于财政存在的逻辑是什么，财政对社会、对经济、对制度的影响是什么，很难以用公共财政理论来解释，把公共财政当成一般的财政模式、未来追求的目标来看是有误区的。

财政部科研所杨照南研究员认为：第一，在当前经济体制转轨大背景下，应当研究如何最大限度发挥财政资金的“四两拨千斤”的效果，动员更多的社会资金参与到构建和谐社会中来。第二，财政政策如何解决收入分配结构问题。第三，财政资金管理方面如何进一步突破创新。

中南财经政法大学陈志勇教授认为：第一，财政学的理论基础与经济学、政治学、法学、历史学等相关学科的理论发展关系密切，财政学分析离不开对国家行为的分析。第二，国家学说是财政学的一个很重要的基石，当前存在着马克思的阶段国家论和卢梭的社会契约论之争，两种理论从不同视角解释国家财政，二者有一定的矛盾性，也有统一性。

中央财经大学财政学院安秀梅教授认为，公共财政的理论大厦需要从三个层次进一步深化：第一，公共风险理论解决财政为什么存在的问题。公共产品理论是一种微观经济学分析的理论，而财政更多的是宏观的理论。如果把财政的使命界定在有效地化解规避公共风险上，公共风险的理论可以解决财政的使命究竟是什么，为什么要有财政。第二，政治学层次的理论，包括了国家理论、政党理论、政府理论。解决财政为什么现在是这么一个状态，为什么要做这样的一个选择。第三个层面就是经济学的理论和管理学的理论，包括公共选择理论、公共管理理论的理论，甚至包括社会公共学，它要解决的问题是今后究竟应该怎么做，通过这三个层次的理论，才能够比较坚实地构建出公共财政的理论大厦。

中央财经大学财政学院肖鹏老师发言认为：第一，西方财政学的市场失效论研究逻辑在于解决财政做什么，应当干什么的问题，我国财政学的国家分配论解决财政是什么的问题，是本质与模式之争。第二，经济学主要研究稀缺资源的配置问题，财政学研究政府公共部门的资源配置问题。尽管借助于公共选择、社会学、政治学、法学的相关理论，但根本在于提高公共部门资源配置的效率，因此，财政学科仍应当属于经济学科大范畴。第三，建设和谐社会，一方面应当加大财政的支持力度；另一方面，还应当研究如何运用财税政策手段引导，调动社会的力量，构建公共服务提供的政府、社会、市场多中心提供模式。

此外，来自中山大学财政学院的林江教授、解放军军事经济学院的黄瑞新教授、广东商学院的于海峰教授、湖南大学的郭平教授结合高校财政学教学实践与理论研究中所遇到的困惑，对财政学基础理论争议、财政学的学科定位等焦点问题发表了自己的观点。

执笔人：肖鹏　李佳

目　录

新化理财观念　增进社会和谐

姜维壮*

本人结合财政科研和教学工作，联系财政业务实践，认真学习《中共中央关于构建社会主义和谐社会的决定》（以下简称《决定》），主要心得和想法是：

一、主要是适应《决定》精神新化理财观念

观念是行为的导向。结合财政工作，重点是理论研究和教学工作，在认真学习和领会《决定》精神的基础上，思考努力树立起与《决定》精神相适应的理财观念，将有助于合理有效地理解和运用财政职能，保证财政工作为贯彻执行《决定》中的各项决策、促进社会主义和谐社会的构建发挥积极的应有的作用。

1. 树立起理财的本质属性观。《决定》的第一条就开宗明义地提出“社会和谐是中国特色社会主义的本质属性，是国家富强、民族振兴、人民幸福的重要保证。”纵观人类社会的发展史，可以发现，在不同的社会和不同的国家，也曾提出过类似和谐发展的口号，但在一定的社会发展阶段和以私有制为基础的社会，这只能是理论上的概念或局部矛盾的一时缓和，这是长期的历史实践做出的结论。同这些社会相比，构建社会主义和谐社会是社会主义革命和建设的基本社会目标和历史使命。

* 中央财经大学财政学院。

在《共产党宣言》中，通篇都贯穿着使整个社会最终从阶级剥削和阶级压迫下解放出来，构建一个永远摆脱剥削、压迫和阶级斗争的和谐社会的主题思想，而且高度重视每个社会成员的幸福和自由，把个人的自由发展确定为一切人自由发展的条件。这表明，社会主义的本质属性是在一定的社会发展阶段，坚持实现解放生产力、发展生产力，最终达到消灭剥削，消除两极分化，实现共同富裕的社会目标。本质属性观，是社会主义社会各行各业和各项工作在促进和谐社会构建的实践中最基本的指导思想和行为准则，也必然是作为"庶政之母"的财政的基本指导思想和行为准则。

2. 树立理财的发展规律观。和谐社会作为社会主义的本质属性，归根到底是由社会发展的客观规律决定的。社会发展的动力和方向，是由社会的内在矛盾运动及对其及时正确处理决定的。社会主义和谐社会的构建，也正是在经济社会发展一定水平的基础上，对社会面临的一系列矛盾关系及时正确处理的客观要求。《决定》在肯定我国目前社会总体上是和谐的同时，也从六个方面概括了当前影响我国社会和谐的矛盾和问题，主要是：城乡、区域、经济社会发展很不平衡，人口资源环境压力很大；就业、社会保障、收入分配、教育、医疗、住房、安全生产、社会治安等方面关系群众切身利益的问题比较突出；体制机制尚不完善、民主法制尚不健全；一些社会成员诚信缺失、道德失范，一些领导干部的素质、能力和作风与新形势、新任务的要求还不适应；一些领域的腐败现象仍然比较严重；敌对势力的渗透破坏活动危及国家安全和社会稳定。对待这些矛盾现象的科学态度和正确的处理对策应该是：要认识到任何社会都不可能没有矛盾，人类社会总是在矛盾运动中发展进步的。因此，构建社会主义和谐社会是一个不断化解社会矛盾的过程。正确的态度和对策应该是始终保持清醒的头脑，居安思危，深刻认识我国发展的阶段性特征，科学分析影响社会和谐的矛盾和问题及其产生的原因，更加积极主动地正视矛盾、化解矛盾，最大限度地增加和谐因素，最大限度地减少不和谐因素，不断促进社会和谐。《决定》号召全党同志要坚持解放思想、实事求是、与时俱进，一切从实际出发，自觉按规律办事。要立足当前、着眼长远，量力而行、尽力而为，有重点、分步骤地持续推进，切实把构建社会主义和谐社会作为贯穿中国特色社会主义事业全过程的长期历史任务和全面建设小康社会的重大现实课题抓紧抓好。从这些对矛盾现象的科学概括、分析和正确对待的表述中不难看出，其中涉及的许多内容与财政工作密切相关，相当大的部分正是财政工作当前面临的迫切需要认真研究和正确处理的重大理论政策和实际问题。

3. 树立理财的行动纲领观。《决定》从八个方面对构建社会主义和谐社会的策略政策做了全面的论述。包括：构建社会主义和谐社会的重要性和紧迫性；指导思想、目标和原则；坚持协调发展、加强社会事业发展；加强制度建设，保障社会公平正义；建设和谐文化、巩固社会和谐的思想道德基础；完善社会管理，保持社会安定有序；激发社会活力、增进社会团结和睦；加强党对构建社会主义和谐社会的领导。这对包括财政工作在内的各项工作，具有全面的纲领性指导意义。

4. 树立理财的突出地位观。这是由国内和国际的形势以及我国社会当前的时代特征决定的。对此，《决定》对国内、国际形势做了实事求是的、广阔而具体的科学分析和论述。从世界着眼，《决定》指出：新世纪新阶段，我们面临的发展机遇前所未有，面临的挑战也前所未有。和平、发展、合作成为时代潮流，世界多极化和经济全球化的趋势深入发展，科技进步日新月异。同时，国际环境复杂多变，综合国力竞争日趋激烈，影响和平与发展的不稳定、不确定因素增多，我们仍将长期面临发达国家在经济科技等方面占优势的压力。从国内形势看，《决定》指出：我国社会主义市场经济体制日趋完善，社会主义物质文明、政治文明、精神文明建设和党的建设不断加强，综合国力大幅度提高，人民生活显著改善，社会政治长期保持稳定。同时，我国又正处于并将长期处于社会主义初级阶段，人民日益增长的物质文化需要同落后的社会生产力之间的矛盾仍然是我国社会的主要矛盾，统筹兼顾各方面利益的任务艰巨而繁重。特别要看到，我国已进入改革发展的关键时期，经济体制深刻变革，社会结构深刻变动，利益格局深刻调整，思想观念深刻变化。这种空前的社会变革，给我们发展进步带来巨大活力，也必然带来这样那样的矛盾和问题。我们党要带领人民抓住机遇，应对挑战，把中国特色社会主义伟大事业推向前进，就必须坚持以经济建设为中心，把构建社会主义和谐社会摆在更加突出的地位。从这些科学分析和政策论述中可以看到，作为“庶政之母”的财政所肩负的神圣而艰巨的历史使命。

5. 树立理财的科学理财观。科学理财观的思想政策渊源是科学发展观。在《决定》中，对科学发展观统领经济社会全局的地位和科学发展作为构建社会主义和谐社会必须坚持的原则，做了详细的论述和强调。例如，在构建社会主义和谐社会的指导思想、目标任务和原则的部分，在明确三个“必须坚持”的策略时，也明确指出必须“坚持以科学发展观统领经济社会发展全局”的指导思想；在明确构建社会主义和谐社会应遵循的六项原则部分，再次明确“必须坚持科学发展”。重点是“切实抓好发展这个执政兴国的第一要务，统筹城乡发展、统筹区域发展、统筹经济社会发展、统筹人与自然和谐发展、统筹国内发展和对外开放，转变增长方式，提高发展质量，推进节约发展、清洁发展、安全发展，实现经济社会全面协调可持续发展”。以科学发展观为思想政策渊源的科学理财观，在其历史实践过程表现出的一系列基本特征，主要是以科学世界观为理论依据，以科学全局观为着眼点，以科学效率观为立足点，以科学人本观为社会目标，以科学政治观为运用准则，以促进社会主义和谐社会的构建为历史使命。从这些方面综合观察，可以得出如下的结论：促进社会主义和谐社会的构建，是科学理财观社会实践的必然。

6. 树立理财的民主法制观。这是《决定》中多处强调的一个十分重要内容。主要的如：《决定》中把“社会主义民主法制更加完善，依法治国基本方略得到全面落实，人民的权益得到切实尊重和保障”确定为构建社会主义和谐社会的一项奋斗目标和主要任务；把“必须坚持民主政治，加强社会主义民主政治建设，发展社会主义民主，实施依法治国的基本方略，建设社会主义法治国家，树立社会主义法治理念，增强全社会的法律意识，推进国家经济、政治、文化、社会生活法制化、规范化，逐步形成社会公平保障体系，促进社会公平正义”确定为构建社会主义和谐社会必须遵循的原则；把“完善民主权利保障制度，巩固人民当家作主的政治地位”确定为“加强制度建设，保障社会公平”的一项主要内容，并在具体行动上提出要“坚持党的领导，人民当家作主和依法治国的有机统一，依法实行民主选举、民主决策、民主管理、民主监督，积极稳妥地推进政治体制改革，健全民主制度、丰富民主形式，实现社会主义民主政治制度化、规范化、程序化，保障人民享有广泛的民主权利。坚持和完善人民代表大会制度，中国共产党领导的多党合作和政治协商制度、民族区域自治制度，从各个层次扩大公民有序的政治参与，保障人民依法管理国家事务、管理经济和文化事业、管理社会事务”，要“推进决策科学化、民主化，深化政务公开，依法保障公民的知情权、参与权、表达权、监督权”，要“扩大基层民主，完善厂务公开、村务公开等办事公开制度，完善基层民主管理制度，发挥社会自治功能，保证人民依法直接行使民主权利”。并明确指出，这都是加强制度建设，保障社会公平正义的主要条件。

上面提到的这些理财观念，还远不能全面反映《决定》精神的要求，也不是对传统理财观的更新，更不是扬弃，仅是自己结合财政工作学习《决定》的一些体会，也是适应形势的要求对传统理财观所做的某些具体化和扩充。而这些理财观念的现实意义，也只有在对财政职能的正确理解和有效运用的实践中才能得到体现。

二、关键是合理理解和有效运用财政职能

这是因为财政职能是财政的固有功能，是财政的本质属性在财政工作社会实践中的具体体现。因此，如何认识和运用财政职能，对理财观念的掌握运用和有效实施有决定性的意义。树立起与《决定》精神相适应的理财观，还要有对财政职能的合理认识和有效运用与之相适应，才能保证财政工作在促进社会主义和谐社会构建的实践中，发挥出应有的积极作用。同样，对财政职能的正确认识和有效的运用，也只有在树立起和有效掌握科学理财观的基础上才能得以实现。根据上面做出的对新化理财观念的认识，在财政职能的合理认识和有效运用的实践中，有必要着重思考的问题主要有以下几个方面。

（一）关于对财政职能的合理认识

根据社会实践和科学理论，当前主要是正确解决对财政职能与政府职能和国家职能之间辩证关系的认识。这里需要明确的一个基本问题，是财政作为国家实现职能的政治手段和经济杠杆，其职能必然是国家各项职能的综合体现，而不能是国家或政府某项职能的单一体现。这样才能体现财政职能与国家职能的一致性，才能发挥财政贯彻执行国家各项方针政策的应有作用。

（二）关于对财政职能的有效运用

对财政职能的有效运用主要体现在根据有关理财观的要求正确有效地贯彻执行国家的方针政策上。当前主要是：

1. 根据理财的本质属性观，我国财政各项职能的运用，首先要明确的是我们为之奋斗的社会主义和谐社会，不是要构建封建社会在理论上追求的在资源贫困基础上实行平均主义的和谐社会，也不是资本主义社会在生产资料资本主义私有制神圣不可侵犯基础上，以阶级剥削、殖

民掠夺和资源破坏为条件的和谐社会，而是坚持以人为本，解放生产力，发展生产力，最终实现消灭阶级，消灭剥削，消除两极分化，达到共同富裕目标的和谐社会。这是我国财政各项职能合理有效运用的一个基本目标和基本标志。

2. 根据理财的发展规律观，财政工作在运用财政各项职能的实践中，应把不断提高正确有效地认识和处理各种社会矛盾的自觉性与科学性放在十分重要的位置上，并将其认真贯彻于各项活动的实践中。因为这是社会发展规律的客观要求，是党的十六届六中全会《决定》做出的重要结论。

3. 根据理财的行动纲领观，财政职能的运用应根据《决定》的有关规定做出抉择。《决定》从八个方面对构建社会主义和谐社会的指导思想和行动纲领做了全面而具体的论述，对财政各项职能运用的方向和具体措施具有全面的纲领性指导意义。是财政工作促进社会主义和谐社会构建实践的基本政策依据。

4. 根据理财的突出地位观，财政工作在各项职能运用的实践中，应自觉主动地根据《决定》中对国内外形势的科学分析和论述，不断提高对面临的机遇与挑战和对我国社会主要矛盾的科学认识，及时抓住和有效利用各种机遇，坚持以经济建设为中心的策略目标，正确应对和科学处理面临的各种矛盾与挑战，把促进社会主义和谐社会的构建置于决策和执政的突出位置上。

5. 根据理财的科学理财观，财政工作对财政各项职能的运用，重要的是认真按照科学理财观的各种突出特性，坚持把提高效率、实现公平、着眼全局、促进协调、以人为本、保障安全、可持续发展等目标，作为规范工作实践的主要准则，努力为促进社会主义和谐社会构建这项重要的历史使命创造有利的条件。

6. 根据理财的民主法制观，财政工作在各项职能运用的实践中，特别是在监督管理职能运用的实践中，有必要把强化民主监督和健全依法理财置于应有的重要位置上，以适应《决定》的要求，把财政监督管理工作提升到一个应有的新水平。因为这是改进财政管理，完善依法理财，正确有效地贯彻执行国家的方针政策，促进社会主义和谐社会构建的一个具有决定性的条件。有关完善和强化财政管理民主法制的具体内容，留在下一部分再做联系实践的研究。

三、财政工作实践的效应与比鉴

如果从党的重要决策一脉相承发展运用的角度观察学习党的十六届六中全会《决定》的精神，并将其与财政工作多年的实践相对照，可以发现改革开放以来，特别是党的十六大以来，我国财政工作所作的一系列改革措施，在相当程度上，从不同的领域，较明显地体现了《决定》精神的深远指导意义。其中较为突出的表现在：财政工作多年来认真执行“发展是执政兴国的第一要务”的方针，在资源配置与宏观调控等职能运用的实践中，千方百计地把工作重点放在支持和促进经济和社会协调健康发展的大局上。我国改革开放 27 年来（1978—2005 年），经济总量增长了 11 倍，保持了年均增长 9.6%的速度。2005 年我国 GDP 已达到 22350 亿美元，占世界经济的份额已从 1978 年 1.8%提升到 2005 年的 5%左右，在世界经济总量排位上已跃居第 4 位。经济的快速发展体现着财政的积极推动作用，同样，经济社会的发展也为财政实力的增强奠定了坚实的物质基础，集中体现在财政增收幅度的急速变化上：从改革开放到实行分税制前夕的 1993 年，全国财政每年增收幅度为 200 亿—300 亿元之间；从 1993 年到 1999 年提高到 1000 亿元以上；从 1999 年到 2003 年进一步提高到 2000 亿—3000 亿元；2004 年提高到 4000 亿元以上；2005 年提高到 5000 多亿元；2006 年达到 7000 多亿元。财政收入的增长，特别是超预算收入部分的迅速增长，使财政有可能对经济和社会的协调发展发挥更有效的促进作用。仅以中央财政为例，从 2003—2005 年，中央预算收入比预算数共超收 5500 多亿元，根据国家的宏观调控政策，这部分资金主要用在加强经济社会发展薄弱环节和解决历史欠账等领域，旨在把经济社会和财政建立在更加协调稳固的基础上，以保持经济社会的协调可持续发展。①

党的十六届六中全会的《决定》公布以来，财政主管部门在认真学习和深刻领会《决定》精神，提高对构建社会主义和谐社会重大意义认识的基础上，及时做出一系列改进工作的部署和具体行动目标。主要的如：提出“把思想和行动统一到中央的决策部署上来，增强自觉性和主动性，提高使命感和责任感，努力做好各项工作的行动部署”，并制定了相应的具体目标任务；继续着力做大经济财政“蛋糕”，为建设社会

① 参见《中国财经报》2006 年 12 月 14 日、2007 年 2 月 15 日。

主义和谐社会提供坚实的物质基础；进一步调整财政支出结构，完善基本公共服务体系；着力调整和规范收入分配秩序，逐步缩小收入分配差距；进一步加快社会保障制度建设，切实维护群众切身利益；加强对社会主义新农村建设的支持；完善财税体制，促进区域协调发展；着力支持建立创新体系，推进经济增长方式的转变。[①] 在不久前召开的全国财政工作会议上，财政行政主管领导部门再次强调：财政是构建社会主义和谐社会的物质保证和政策手段与体制保障，各级财政部门在构建社会主义和谐社会的过程，既责无旁贷，也大有可为。要求各级财政部门要综合运用各种财税政策手段，加强和改善宏观调控，促进经济增长方式转变，努力实现科学发展，做大经济财政蛋糕，全面支持用发展的办法解决构建社会主义和谐社会中的矛盾和问题。同时，要求突出从完善制度、创新机制入手，以公共化为取向，以均等化为主线，以规范化为原则，加快完善公共财政制度，用改革的办法更好地为构建社会主义和谐社会服务。并结合财政职能的运用，明确指出财政部门是促进构建社会主义和谐社会的着力点，要不断优化财政支出结构，更加重视协调发展；要健全财力与事权相匹配的财政体制，突出提高基层财政的保障水平；要建立多元的投入机制，不断增强公共产品和服务的供给能力；要调整完善相关财税制度，调节收入分配。上述各项着力点中还都包括了一系列具体的行动规则和政策措施。[②] 财政行政主管领导在会后的记者招待会上，就当前财政工作的重点和热点问题，又较系统的对“公共财政要更多关注民生”的政策思想和具体措施作了专题论述，包括：下年度财政将通过分配政策保证在全国范围实施九年制农村义务教育；把新型农村合作医疗覆盖面扩大到80%以上；进一步提高离退休人员的离退休金和社会救助人员的救助标准；把新增财政投资的大部分用于社会主义新农村建设；在农村执行最低生活保障制度。[③]

从上面提到的这些重要决定和行动部署中可以看到，党的十六届六中全会《决定》中的一些重要决策精神，在财政行政主管部门的实践规划中得到了较系统的体现，这对理财观念的新化和财政职能的有效运用，促进社会主义和谐社会的构建，必将发挥积极有效的作用。同时，这里也提出一个有待认真思考的问题，就是如何把这些设想和规划变为

① 参见《中国财经报》2006年10月13日。

② 参见《中国财经报》2006年12月20日。

③ 参见《中国财经报》2006年12月22日。

现实。这方面，财政管理监督工作有必要受到应有的重视。这是因为任何规划和设想，都需要通过相应的管理监督工作才能得以实现。在现实的社会生活中，财政管理监督工作贯穿于财政资金运行的全过程，体现在财政工作的各个方面，是决定财政规划和方针政策贯彻执行与财政资金运用质量的一个具有决定性的因素。而决定财政管理监督工作质量的，在现代社会，则是政治制度即民主法治的健全与完善。在我国当前，这可以从党的十六届六中全会的《决定》中、从国家法律的规定中、从国内外长期的历史实践中，得到有力的说明和证实。先从党的十六届六中全会的《决定》看，如前面所引述，强化和完善民主法制是《决定》的一个十分重要的内容，特别是在构建社会主义和谐社会的指导思想、目标任务和原则问题上，在加强制度建设、保障社会公平正义问题上，更是受到反复强调的一个十分重要的策略。再从国家法律的规定看，我国宪法“总纲”中明确规定：“中华人民共和国的一切权力属于人民。”“人民行使权力的机关是全国人民代表大会和地方各级人民代表大会。”“人民依照法律的规定，通过各种途径和形式，管理国家事务，管理经济和文化事业，管理社会事务。”而国家机关，则是“都由人民代表大会选举产生，对它负责，受它监督”。从这些法律规定中可以看出，国家预算作为人民通过民主程序管理和监督国家和社会各项事务的一个重要政治工具，其民主法制机制的健全与完善的重要意义是不难想象的。再从国内外的历史实践看，在当今世界，凡是较早实行市场经济和社会经济较发达的国家，在长期的社会发展史上，其国家预算的民主监督和依法管理机制的不断健全与完善，是经济社会协调安定发展的一个起一定决定性作用的因素。我国的社会现实也表明，改革开放以来，经济和社会在快速持续发展的过程出现的一些不良现象，特别是《决定》中所列举的一些影响社会和谐的矛盾和问题，有些长期得不到有效处理和解决的主要原因之一，在相当程度上也同财政管理监督工作的滞后密切相关。其中，主要表现在民主监督制度不健全，法制不规范，理论认识上还习惯于主要从行政管理的范围理解和运用财政监督管理职能，难以形成一个与社会主义市场经济体制相适应的财政管理监督机制。在这样的条件下，财政的民主监督和依法理财的权威性与实效性就难以充分发挥，国家方针政策的贯彻执行就难免受到种种非法的干扰，一些不良社会现象的治理也就难以得到人民群众的积极参与和实行有效的监督。这是当前与群众生活密切相关，也是群众最关心、最重视和议论最集中的一些重大问题。目前的主要任务之一，应是理论紧密联系实际，认真学习和领会党的十六届六中全会《决定》的有关决策精神，认真学习国家法律的有关规定，认真研究和参考借鉴国外可为我用的成功经验做法，在财政管理工作实践中，坚持在党的领导下，通过深化制度改革，以各种可行的方式，把人民群众的知情权、参与权、表达权和监督权落到实处，努力把财政各项职能尤其是监督管理职能的合理理解与有效运用，提升到应有的高度，为党和国家各项规划部署的落实，为社会主义和谐社会的构建，创建更坚实的政治、经济和社会基础。

公共财政在构建和谐社会中的重大历史使命

刘邦驰*

一、社会和谐是人类社会进步的历史必然

建立天下大同，人人自由、平等、互助、协调的和谐社会，一直是人类推动历史变革孜孜以求的社会理想。马克思、恩格斯为共产主义者同盟起草的纲领，于1848年2月发表的《共产党宣言》中明确指出："在消灭这种生产关系的同时，也就消灭了阶级对立和阶级本身的存在条件，从而消灭了它自己这个阶级的统治"，"代替那存在着阶级和阶级对立的资产阶级旧社会的，将是这样一个联合体，在那里，每个人的自由发展是一切人的自由发展的条件"。[①]马克思、恩格斯在《共产党宣言》中所勾画的，那种以每个人的全面自由发展为基本原则的未来宏大社会蓝图，显然是指社会主义高级阶段的共产主义社会形态，它为科学社会主义者指明了正确的方向。一切有志于和谐社会美好愿望而奋斗的革命者，都必须坚定共产主义信仰，走社会主义道路，才能真正实现共产主义和谐社会的宏伟目标。社会和谐既是一个动态的历史发展过程，即解决经济社会前进中不断出现的矛盾，不断协调人与人之间，人与社会之间，人与自然之间关系的过程，又是一个由初级逐步向高级发展和完善和谐程度，提高和谐水平的过程。马克思、恩格斯所揭示的和谐社

* 西南财经大学财税学院。

① 马克思、恩格斯：《共产党宣言》，人民出版社，1964年，第46页。

会模式，只有到了社会主义高级阶段的共产主义社会才有可能全面实现。中国共产党从建立的第一天起，就坚定不移地把实现共产主义的社会制度作为自己的最高理想和最终奋斗目标。为实现这个目标，千百万中华民族的优秀儿女前仆后继，为正义事业而献身。新中国的成立，为构建和谐社会提供了政治前提。我们党为推进社会和谐进行了艰辛探索，有正面的经验，也有反面的教训，对社会和谐的认识不断深化。体现在：党的十六届三中全会根据新世纪新阶段我国经济社会发展的新要求，适时提出了以人为本，树立全面协调可持续发展的科学发展观。在此基础上，十六届四中全会首次明确把不断提高构建社会主义和谐社会的能力作为党的执政能力之一，把和谐社会建设放到经济建设、政治建设和文化建设并列的高度。十六届五中全会又进一步将促进社会和谐作为“十一五”时期我国经济社会发展的重要目标和必要条件。为总结经验,推动社会主义和谐社会建设又好又快发展,党的十六届六中全会通过了《中共中央关于构建社会主义和谐社会若干重大问题的决定》,全方位地提出了当前和今后一个时期我国构建社会主义和谐社会的指导思想,目标任务,工作原则和一系列重大战略部署。《决定》是我们党在新世纪、新阶段大力推进中国社会主义现代化事业,引导亿万人民构建社会主义和谐社会的行动纲领,是中国共产党建设中国特色社会主义的又一个重大理论创新,对于我国人民更好地树立和坚持科学发展观,实现经济社会协调发展,顺利完成全面建设小康社会的奋斗目标,保证国家长治久安,具有十分重要的现实意义和深远的历史意义。从而丰富发展了马克思、恩格斯《共产党宣言》中关于未来和谐社会目标模式的理论宝库。

二、公共财政与社会和谐

财政历来是国家存在，国家实现其职能的物质基础，是缓解社会矛盾，维护国家机器运转，促进社会和谐和经济发展的“稳定器”。公共财政是同市场经济紧密联系的经济范畴，它的理论根基是市场经济运行中的市场失灵，资源配置无法实现“帕累托最优”，客观上要求政府在充分认识市场配置资源的基础作用，尊重市场经济运行规则的前提下，运用经济和行政手段克服市场失灵带来的种种弊端，为此，适应市场经济发展需要，公共财政也就应时而生。

公共财政在西方发达国家已有悠久历史，公共财政的内涵、活动领域是伴随着资本主义生产方式的发展、政府职能定位而不断变化的。早期公共财政起源于自由资本主义时期，这一时期的经济运行以自由竞争为核心主导着社会生活的各个方面。顺应资本主义发展需要，资产阶级政府奉行自由放任的经济政策，实行国家不干预经济生活的理念，以开辟广阔的国内外市场。政府职能被限制在国防、司法，政府机关和少量公共工程建设需要方面，起着“城市夜警察”的作用。因而早期公共财政提供公共服务也仅仅局限于国防、司法、行政等狭窄的消费性需要。自由竞争的市场经济在政府倡导，财政支持和剩余价值规律、价值规律作用下，到 19 世纪六七十年代发展到了顶点，社会生产力获得了迅速发展，正如马克思、恩格斯指出：“资产阶级在它的不到一百年的阶级统治中所创造的生产力，比过去一切时代创造的全部生产力还要多，还要大”。[①] 但是自由竞争的结果必然导致生产集中，走向垄断，加剧资产阶级同广大劳动者之间利益对立的尖锐化和各种社会矛盾的激化。1929—1933 年爆发的资本主义世界空前的经济危机，使整个社会经济处于极度恐慌和混乱之中。为了化解社会矛盾，资产阶级国家扩大政府职能，普遍推行国家干预经济的凯恩斯主义政策，从生产、分配、流通领域调控社会经济运行。随着政府职能扩大，公共财政矫正市场失灵，提供公共品的范围拓展到收入分配，充分就业，物价稳定，国际收支等领域的各个方面。在凯恩斯理论的主导下，西方国家由于实行了扩张性的财政货币政策，增加投资、扩大就业，刺激消费，现代资本主义经济维持了近半个多世纪的相对繁荣和稳定。

从资本主义国家职能变迁，公共财政服务领域，提供公共品内容不断拓展的简要历程看，公共财政运行归根到底是同国家的职能息息相关，公共财政的本质是为国家在一定时期所要达到的政治经济目的服务的。

“社会主义的本质，是解放生产力，发展生产力，消灭剥削，消除两极分化，最终达到共同富裕。”[②] 邓小平同志的这一科学概括，精辟地阐明了社会主义的根本任务是解放生产力，发展生产力，而解放生产力，发展生产力的目的则是消除两极分化，达到共同富裕。根本任务以根本目的为方向，根本目的又必须依赖于根本任务的完成才有可能实现，任务和目的是互为条件，不可分割的有机整体。当前世界科学技术进步日新月异，只有特别注重解放生产力，发展生产力，才能正确回答

① 马克思、恩格斯：《共产党宣言》，人民出版社，1964 年，第 28 页。

② 《邓小平文选》（第三卷），人民出版社，1993 年，第 373 页。

我们面临的严峻挑战，并采取正确的战略决策。

党的十六届六中全会通过的《决定》指出："我们要构建的社会主义和谐社会，是在中国特色社会主义道路上，中国共产党领导全体人民共同建设、共同享有的和谐社会"。这就旗帜鲜明地明确了我国和谐社会具有社会主义本质属性和定位，是国家富强、民族振兴、人民幸福的重要保证。反映了建设富强、民主、文明、和谐的社会主义现代化国家的内在要求，体现了全党全国各族人民的共同愿望，具有民主法治、公平正义、诚信友爱、充满活力、安定有序、人与自然和谐相处的基本特征。和谐社会是党中央从全面建设小康社会，开创中国特色社会主义事业新局面的全局出发提出的一项重大战略任务，适应了新世纪新阶段我国改革开放进入关键时期的形势和要求。我国社会主义市场经济体制已基本建立，政府的职能从计划经济时期统包统揽逐步转向政府社会管理，为市场主体提供公共服务和创造良好发展环境服务的轨道。财政工作必须根据党中央的要求和战略部署，以科学发展观为统领，充分发挥公共财政的职能作用，协调好改革开放进程中的各种利益关系，促进经济社会和人的全面发展，为构建社会主义和谐社会提供财力保障作出积极贡献。

三、公共财政在构建和谐社会中的使命

经济发展是社会发展的基础，社会发展是经济发展的环境和目标。20世纪80年代以来，我国经济快速发展令世界震惊，国人自豪。根据国家统计局公布的数据显示：2006年全年国内生产总值209407亿元，比上年增长10.7%，社会消费品零售总额76410亿元，比上年增长13.7%，外贸进出口总额17607亿美元，比上年增长23.8%，居民消费格价上涨1.5%，价格总水平基本稳定，城乡居民人均可支配收入11759元，比上年增长12.1%。全国财政收入达到3.93万亿元，比上年增长22.4%。经济高速增长，促进了我国社会各项事业的全面发展，国家综合国力大幅度提高，人民生活显著改善，巩固了安定团结的大好局面，应当说当前我国社会总体上是和谐的。但是也要看到，随着改革开放的深化，在体制转换，结构调整，社会变革过程中必然进一步涉及经济、政治、文化所有领域，并深度触及人们的利益关系，存在着不少影响社会和谐的矛盾和问题。诸如经济社会发展中的区域平衡、就业、社会保障、收入分配、教育、医疗、住房、安全生产、社会治安等直接关

系群众利益的矛盾比较突出。深刻认识这些问题，正视矛盾，立足当前，着眼长远，正确处理各种利益关系，花大力气，最大限度地增加和谐因素，最大限度地减少不和谐因素，从而保障经济社会持续平稳发展，国家长治久安。

公共财政作为实现国家职能的物质基础，在构建社会主义和谐社会过程中起着无可替代的特殊作用。根据我们党构建社会主义和谐社会的指导思想，公共财政运行的历史使命，就是要坚持以人为本，以社会和谐为出发点和归宿，积极化解各类社会矛盾，协调好各方面的利益关系，为实现经济社会和人的全面发展发挥自己的功能，着力解决人民群众最关心、最直接、最现实的利益问题，让人民群众更多地分享改革发展的成果。

（一）加大“三农”投入，推进新农村建设

社会主义新农村建设，是党十六届五中全会在新世纪新阶段解决“三农”问题的重大战略部署。“三农”问题的解决，最根本、最核心的问题，说到底是不断解放农村生产力，发展农村生产力，繁荣农村经济。我国13亿人口中的大多数是农民，如果农业和农村经济发展上不去，农民收入不能持续增加，农民生活得不到显著改善，实现“生产发展、生活宽裕、乡风文明、村容整洁、管理民主”的新农村建设目标和要求，就会成为无源之水，无本之木，我国的和谐社会建设和全面实现小康社会的奋斗目标就是一句空话。为此，财政部门在任何时候都要把解决“三农”问题摆在工作的首位，成为工作的重中之重。为了扎实推进社会主义新农村建设，按照中央“工业反哺农业，城市支持农村”和“多予少取放活”的方针，财政要在“多予”上下功夫，增大“三农”投入，把国家基本建设资金增量和新增教育、卫生、文化事业经费重点转向农村，用于农村，最关键的环节是要把支农投入落到实处。把支农措施规范化、制度化、以形成稳定，连续的财政支农长效机制，逐步扩大公共财政覆盖农村的范围，为农民铺就致富之路，让广大农民得到实实在在的利益。

（二）着力解决好广大群众的就业问题，减少失业

和谐社会的本质就是以人为本，而就业则是民生之本，是改善人民生活的基本途径。在经济社会发展过程中，充分注意协调好人与人、人与社会、人与自然的关系，使每个社会成员都有就业的机会，是社会公

平公正的基点。财政部门要通过公共财政的职能，承担起更多为公共服务的职责，把扩大就业和再就业，着力解决人民群众最关心的就业问题摆在突出的位置，制定和完善有利于就业和再就业的财税优惠政策，改善创业和就业环境。在市场信息、能力培训、就业渠道、服务手段和保护劳动者权益等方面为劳动者自主创业，各类所有制中小企业增加就业岗位提供便利，鼓励和支持劳动者多渠道、多种形式就业，让更多的人有事可做。

（三）大力支持教育事业发展，促进教育公平

科教兴国，教育为本，坚持把教育摆在优先发展的战略地位，是我们党提出的一项长期的重大方针，直接关系到国家经济繁荣，社会进步和国民素质提高，涉及千家万户，惠及子孙后代。也是实现社会公平正义和社会和谐的重要内容，各级政府有责任保证全国人民享有接受良好教育的机会。近些年来，在教育优先方针指导下，我国教育事业有很大的发展。高等教育，义务教育、职业教育，成人扫盲和少数民族教育发展取得了长足进步。但是也要看到，我国长期存在的教育不均衡现实，如地区差距，城乡差距等状况迄今还没有从根本上解决。为加快教育事业发展，促进教育公平，当前和今后一个时期，政府教育资源配置要着力解决好：

1. 进一步明确各级政府提供教育公共服务的职责，把保证财政性教育经费增长幅度明显高于财政经常性收入增长幅度落到实处。

2. 优化教育公共资源配置，坚持公共教育资源向农村，中西部地区，贫困地区，边疆地区和民族地区倾斜，逐步缩小城乡和区域教育发展差距。

3. 加快发展城乡职业教育和培训网络，使劳动者人人有知识，有技能，以缓解技能型、应用型人才缺乏的矛盾。

4. 配合有关部门加强教育统筹，促进基础教育，职业教育和高等教育合理布局和协调发展。

（四）加大支持力度，提高社会保障覆盖范围

社会保障建设是构建和谐社会的一项基础性工作。世界各国实践经验表明，比较完善的社会保障制度与社会和谐休戚与共，人们称之为国家的“稳定器”、社会的“安全网”。随着国民经济的快速发展，国家经济实力增强，我国社会保障事业得到了迅速发展。据报刊资料显示：

2006年底，全国养老、医疗和失业保险的覆盖人数分别达到约18649万人、15737万人和11187万人。参加工伤保险和医疗保险的农民工人数分别达到2538万人和2367万人。2006年9月底，我国参加新型农村合作医疗人数达到4.06亿人，覆盖全国1433个县（市、区），初步形成了以养老、失业、医疗、工伤和生育保险为主要内容的社会保障体系。适应新世纪经济体制改革和构建和谐社会的需要，加大财政支持力度，公共资源配置向社会保障倾斜，对于增强社会保障的普惠性和公平性，完善社会保障体系，扩大社保覆盖面，有着重要的意义。财政工作的着力点是：

1. 强化公共服务职能，通过调整支出结构、国有资产收益划转和发行彩票等方式，调动国家、市场和个人方面的积极性，多渠道筹集社保基金，做大蛋糕，增强提供公共品和公共服务的能力。

2. 按照改革开放成果共享的理念，采取与在职人员工资增加，社会物价上涨同步挂钩的原则，适时调整社会保障待遇标准，使之与社会生产力发展水平相适应。

3. 逐步建立农村最低保障制度和完善城市低保制度，扩大覆盖面。

4. 通过政策引导推进社会保险、社会救助、社会福利、慈善事业相衔接的覆盖城乡居民社会保障体系建设。

5. 建立全国社会保障预算，反映社保基金收入和使用情况，监督和提高资金使用效益。

（五）调整财政支出结构，促进区域经济协调发展

经济发展同老百姓的利益更贴近、更直接。促进区域经济协调发展，逐步实现不同区域人民共同富裕起来，是我们党的重要方针。由于自然的、历史的种种原因，我国中西部地区、少数民族比较集中的边疆地区，目前经济发展水平还是比较落后的。根据“十一五”计划要求，调整财政支出结构，优化投资方向，把投资重点继续向西部地区倾斜，支持东北老工业基地振兴和中部地区崛起，加快这些地区经济的协调发展。

参考文献

1. 马克思、恩格斯：《共产党宣言》，人民出版社，1964年。

2.《邓小平文选》（第三卷），人民出版社，1993年。

3. “中共中央关于构建社会主义和谐社会若干重大问题的决定”，《经济日报》，2006年10月9日。

公共财政建设：为社会和谐夯实财政制度基础

高培勇*

根据中共十六届六中全会精神，构建社会主义和谐社会的一个重要议题，就是加紧建设对保障社会公平正义具有重大作用的制度，消除各种不利于社会和谐的体制机制性障碍。其中，财政制度的变革可能是至关重要的一环。

一、由“非公共性”走向“公共性”

追溯一下这些年来的中国公共财政建设进程，便会发现，从提出公共财政概念并以此作为改革目标的那一天起，我们就在致力于由“非公共性”向“公共性”的财政运行格局的转换。只不过，在归结非公共性的“非”字上，曾有过一段颇具戏剧性的经历。

最初的时候，不少人把非公共性的“非”字当作生产建设支出，从而用财政支出退出生产建设领域来解释公共财政建设。然而，随着改革的深化，人们很快注意到：财政以公共事业领域为主要投向并相应减少生产建设支出，固然符合市场化的改革方向。但减少不等于退出。需要减少的，只能限于投向竞争性领域的支出那一块儿。政府履行的公共职能，不能不包括生产或提供公共设施和基础设施。公共设施和基础设施

* 中国社会科学院财政与贸易经济研究所。

的生产或提供，肯定属于生产建设支出系列，又肯定不排斥公共性。故而，调整财政支出结构，绝不是公共财政建设的实质所在。

时间的推移和改革的深化，把人们带上了一个更高的平台。脱出支出结构调整的局限而聚焦于体制转轨的背景，传统财政运行格局的“非公共性”特征，便可作如下概括：财政收入主要来自于国有部门；财政支出主要投向于国有部门；财政政策倾向于在国有和非国有部门之间搞“区别对待”。

循着这条线索，由计划经济体制转向市场经济，20 多年来发生在财政运行格局上的基本变化，便可作如下归结：来源于国有部门的缴款大幅度减少了，来源于其他经济成分的缴款份额迅速上升了；专门投向于国有部门的支出份额大幅度减少了，可覆盖多种经济成分利益的支出迅速增多了；旨在限制非国有部门发展、扶持国有部门发展的政策安排迅速减少了，着眼于支持多种经济成分的政策安排相应增加了。与之相适应，财政收支运作的立足点，由主要着眼于满足国有部门的需要逐步扩展至着眼于满足整个社会的公共需要；财政收支效益的覆盖面，要由基本限于城市里的企业与居民逐步延伸至包括城市和农村在内的所有企业与居民。

上述的这些变化，正是中国财政运行格局在由“非公共性”转向“公共性”过程中走出的基本轨迹。

二、同构建和谐社会的理念相契合

认识到公共财政建设要同构建和谐社会的理念相契合这一点非常重要。它启示我们，中国公共财政建设的实质意义，就在于消除以往存在于国有与非国有部门之间、城市与农村之间的差别待遇，让公共服务的“阳光”普照包括国有和非国有部门、城市和农村在内的所有企业和居民。

它也启示我们，公共财政建设同作为和谐社会根基的公平正义理念一脉相承。只有走出以往针对非国有部门和农村的歧视性待遇，让所有的企业和居民享受到同等的、一视同仁的公共服务，才谈得上公平正义和社会和谐。

它还启示我们，曾与我们相伴多年的“非公共性”的财政运行格局，可能是不利于社会和谐的一个重要体制机制障碍。以“公共性”为取向的公共财政建设，显然是对保障社会公平正义具有重大作用的一项制度变革。

说到这里，可以得到的一个重要结论是，迄今为止，我们围绕公共财政建设而推出的许多举措，并且，发生在财政运行格局上的许多变化，事实上，都是趋向于保障社会公平正义的制度建设的，都是有助于消除不利于社会和谐的体制机制障碍的。换言之，既有的中国公共财政建设进程，已经为和谐社会的构建打下了初步的基础。

再进一步，如果说以往的公共财政建设举措是在“摸着石头过河”般的探索中走出了一条同构建和谐社会相契合的路子，那么，在改革步入新的历史阶段并迎来了构建社会主义和谐社会的浪潮之后，一个当然的选择，就是继续推进以“公共性”为取向的公共财政建设进程，为社会和谐夯实财政制度基础。

三、深刻把握公共财政制度的基本特征

基于以上，站在制度变革的高度，按照公共的规则、公共的理念，深刻认识并把握公共财政制度的基本特征，是十分必要的。

既有的研究和实践一再告诉我们，所谓公共财政，说到底，就是一种以满足社会公共需要为主旨的财政制度安排。与以往有所不同，这种制度安排的基本特征在于：

1. 公共性。它以满足整个社会的公共需要，而不是以满足哪一种所有制、哪一类区域或哪一个社会阶层的需要，作为界定财政职能的口径。

2. 非营利性。它以公共利益的极大化，而不是以投资赚钱或追求商务经营利润，作为安排财政收支的出发点和归宿。

3. 规范性。它以依法理财，而不是以行政或长官意志，作为财政收支运作的行为规范。

四、进一步夯实公共财政制度基础

以如此的标准审视和检验现实的财政收支格局，可以看到，在我国，尽管公共财政制度的框架已经初步建立，但同构建社会主义和谐社会的要求相比，仍有不少亟待矫正、需要完善的地方。通向“公共性”财政运行格局的公共财政建设之路，还很漫长。要真正步入公共财政制度的新境界，还有诸多方面的事情要做。而且，要以更大的力度、更大

的决心、更快的步伐去做。

1. 以公共性为取向，以均等化为主线，进一步加快财政覆盖非国有部门和农村、农民、农业的进程。以此为基础，通过逐步偿还历史欠账，逐步拉近不同所有制之间、城乡之间、区域之间在享受基本公共服务方面的距离，让政府通过财政活动提供的公共服务的效益，无差别的、一视同仁地落在每一个企业和每一位居民身上。也就是在财政上要实行并坚持“国民待遇”。

2. 坚决退出长期处于“越位”状态的竞争性领域，让财政腾出手来专注于公共性支出，从而补足长期处于“缺位”状态的基本公共服务事项。在当前，尤其要确保新增财力全部或绝大部分投向教育、卫生、文化、就业再就业服务、社会保障、生态环境、公共基础设施、社会治安等基本公共服务领域，并避免在与商务经营有关的竞争性领域注入新的投资。从而，让财政收支活动逐渐褪掉同公共性不相容的牟利或营利色彩，为政府全心履行好公共服务提供者的职能创造条件。

3. 以建立健全财政预算法制为基础，进一步规范财政收支行为及其机制。要将财政收支行为纳入法制轨道，坚持依法理财；要铲除制度外的政府收支，将预算外政府收支纳入预算内管理，形成一个覆盖全部政府收支的财政预算；要由财政部门总揽政府收支，将所有政府收支归口于财政部门管理，并杜绝其他政府职能部门的任何财政性活动，从根本上铲除“以权谋钱、以权换钱”等腐败行为的土壤。

4. 加强各级人民代表大会对财政收支运作的监督，使政府的收支行为从头到尾置于人民代表大会和社会成员的监督之下。无论是经常性的财政收支，还是非经常性的财政收支，抑或超出年初预算框架的财政收支，都要纳入公共视野并通过人民代表大会的途径加以安排。

5. 按照“以支定收”的思维，在严格界定履行公共服务型政府职能需要的基础上，重新评估并界定政府收支占 GDP 的比重数字，实现政府与市场的统筹、均衡发展。要站在全局高度、以宏观利益作为取舍税制改革的标准，加快推动以“两法合并”和增值税转型为主要内容的新一轮税制改革的进程，尽快实现税收制度同经济社会环境的彼此匹配。

在当前的中国，鉴于构建社会主义和谐社会的主导力量在政府，政府旨在构建和谐社会的任何举措又离不开“钱”的运作，因而，以夯实公共财政的制度基础为突破口，从而打造一个对于保障公平正义和社会和谐具有重大作用的全面而系统的制度体系，无论从哪方面看，都应成为我们的工作重心。

促进公平分配的财政视角分析

寇铁军[*]　王倩倩[**]

改革开放以来，我国逐步关注劳动、技术、资本和管理等生产要素的约束和激励机制，进行了收入分配制度的改革，取得了很大的成就。但由于经济发展水平，经济转轨和经济结构调整等原因，收入分配不公这一问题逐渐凸现出来并影响到了和谐社会的建设。如何充分发挥财税政策的宏观调控职能，促进公平分配，已成为政府经济工作面临的重大课题。

一、优化收入分配：和谐社会的基本前提

公平合理的收入分配格局是和谐社会构件的基本前提。综合运用多种措施，优化收入分配，是构建和谐社会的重要举措。首先，优化收入结构有利于激发经济长期增长的潜力。在一国的产业体系中，需求结构和供给结构是相互作用的。人均收入水平的提高需要需求结构的优化，进而要求产业和产品结构升级，而传统的低端产品则可以仍然适应低收入人群的需要。这样，整个结构优化过程是动态连续的。如果两极分化过于严重，低收入人群的购买力就无法保证对低端产品的需求。产品升级的链条就发生了断裂，从而导致结构性需求不足，经济增长乏力。而收入结构的优化可以有效地支撑结构性需求，促进产业结构的优化和经

*、** 东北财经大学。

济的增长。其次，收入结构优化有利于缩小贫富差距，促进社会稳定。一方面，优化收入结构有助于保障个人的公平发展，实现社会阶层之间的流动。收入结构的优化在一定程度上保障了人发展机会的公平，增加了社会困难群体与其他群体在同一起跑线上起跑的可能，进而促进社会各阶层的正常流动的平台，使全社会既充满活力又安定有序。另一方面，通过对不同地区资源的合理配置，实现各地区，各群体的公平发展，进而对于缩小地区之间经济发展差距具有重要意义。第三，优化收入结构有利于促进中国市场化进程。过度的收入分化对中国市场化进程有不利影响。对“共同富裕”目标的进一步偏离会损害改革信心，在持续 20 多年的改革后，富裕阶层已经初步在中国社会形成，而改革初期相对贫困人群的境况很多并没有得到彻底改善。这种情况如果持续下去，会使广大利益受损人群对改革失去信心，可能抵制市场化进程，甚至引起社会动荡。

二、公共财政：优化收入分配的主要方式

财政是政府调节收入结构的重要工具之一，对于优化收入结构，促进社会和谐发展具有不可或缺的作用。[①]

财政的收入分配职能，是指政府为了实现公平分配的目标，对市场经济形成的收入分配格局予以调整的职责和功能。收入分配职能的主要内容包括：

1. 通过税收对收入水平进行调节，如通过征收个人所得税、社会保障税，把资金从那些较富裕的人们手里征集起来，缩小个人收入间的差距；通过财产税、遗产税和赠与税调节财产分配状态。

2. 通过转移支出，如社会保障支出、救济支出、补贴等，改善低收入居民、丧失劳动能力的居民及其子女的生活、保健或教育状况，提高或维持其实际收入与福利水平。

3. 完善社会福利制度。国家兴建公共福利设施、开展社会服务以及举办各种福利事业，增进社会成员利益，改善国民的物质文化生活，为公民提供生活质量保障，这也使低收入者的实际收入增加，个人收入差距缩小。

---

① 陈卫东：“财政政策对收入差距的影响”，《公共经济评论》，2004 年第 9 期。

三、不容乐观的收入分配现状

随着综合国力的不断增强，中国收入结构取得了可喜的成就：目前人均国内生产总值已达到1000美元，人均收入总体已经比1980年翻了两番。但是在取得巨大进步的同时，不同地区、不同部门以及不同行业中出现了一定程度上的收入差距扩大趋势，这种趋势将会在相当程度上影响到和谐社会的建设。

（一）地区收入差距持续扩大

我国各个地区的发展在改革开放以来都取得了巨大成就，但近年来地区发展差距呈逐年扩大的趋势。从经济总量上看，东部地区占全国经济总量的比重不断提高，从1980年的50%提高到了2003年的59%，中、西部地区分别由30%和20%下降为24.5%和16.5%[①]。从人均收入上看，地区差距比值由1981年的1.02:0.85:1提高到2000年的1.35:0.91:1，2005年进一步扩大为1.48:1.03:1。（见表1）

表1　　东、中、西部地区个人人均收入差距[②]

年份	东部（元）	中部（元）	西部（元）	差距系数
1981	476	397	468	1.02:0.85:1
1985	767	610	671	1.14:0.91:1
1989	1441	1084	1200	1.20:0.90:1
1995	4800	3173	3252	1.48:0.98:1
1999	7146	4837	5302	1.38:0.91:1
2000	7682	5165	5681	1.35:0.91:1
2002	9185	6492	6675	1.38:0.97:1
2005	12554	8787	8497	1.48:1.03:1

① 王满春：《谈分配公平与和谐社会的构建》，http://www.xinhuanet.com/chinanews/2006-03/09/content_6422785_1.htm。

② 1981—1995年数据来源：于祖尧：《中国经济转型时期个人收入分配研究》，经济科学出版社，1997年11月，第248页。1999—2005年数据来源：国家统计局：《中国统计年鉴》，2006年。算术平均法计算而得。1997年人均收入使用指标为人均生活费收入，1998年以后使用指标为城镇个人可支配收入。

（二）城乡收入差距持续扩大

目前我国的城乡差距已达到很严重的程度，城乡收入差距倍数呈现迅速上升的趋势。城乡收入差距比由 1994 年的 2.60 倍直线上升到 2005 年的 3.22 倍。（见表 2）

表 2 城乡收入差距比[①]

年份	1994	1995	1996	1997	1998	1999	2000	2001	2002	2003	2004	2005
城乡	2.60	2.47	2.27	2.48	2.52	2.65	2.79	2.90	3.11	3.23	3.21	3.22

收入差距的扩大趋势只是一个方面。城乡差距的过大还表现在生存环境、社会条件、生活质量等方面。例如，迄今为止，中国农村基本还被排除在社会保障体系之外，“看病难”在中国农村是普遍存在的问题之一。据测算，2000 年，占中国 2/3 人口的农村居民只拥有不到 1/4 的卫生总费用，而占人口 1/3 的城镇居民享有 3/4 以上的卫生总费用。

（三）贫富收入差距持续扩大

近年来我国居民收入差距呈不断扩大的趋势。2004 年世界银行公布我国的基尼系数为 0.46，大大超过了国际公认的 0.4 这一“警戒线”。[②] 数据显示，目前我国城镇居民最低收入的 1/5 只拥有全部收入的 2.75%，仅为最高收入 1/5 人口拥有收入的 4.6%，不同收入阶层增速呈阶梯式格局，财富积累的“马太效应”正逐步显现，一定程度上步入了“穷人越穷、富人越富”的循环。

从不同收入阶层的收入差距来看：高收入群体与低收入群体收入差距持续扩大，但近年来出现一定的缓解趋势：最低 20% 收入户所占总收入的比重由 1990 年的 9.0% 一直下降为 1998 年的 5.5%，说明该阶段出现了贫者越贫的趋势；但到 2004 年又上升到 10%，该趋势得到了一定程度的缓和。最高 20% 收入户所占总收入的比重由 1990 年的 8.1% 直线上升到 1993 年的 43.5%，进而上升到 2004 年的 55.36%，说明社会财富不断在向富人倾斜。最高 20% 收入户与最低 20% 收入户年人均收入比由 1990 年的 4.2 倍上升到 1998 年的 9.6 倍，之后逐渐下降到 2004 年的 5.5 倍；说明贫富差距呈现快速扩大的趋势，但 2004 年以来有所

① 国家统计局：《中国统计年鉴》（1978—2005）等有关资料计算。

② 郗志刚：“运用财政政策手段，促进构建和谐社会”，《地方财政研究》，2007 年第 1 期。

缓解。(见表3)

表3 不同阶层收入状况①

年份	被调查个案数	最低20%收入户所占总收入的比重	最高20%收入户所占总收入的比重	最高20%收入户与最低20%收入户年人均收入比
1990	1082	9.0%	8.1%	4.2
1993	966	6.3%	43.5%	6.9
1998	2148	5.5%	52.3%	9.6
2004	50430	10%	55.36	5.5

四、促进分配公平的财政政策选择

促进收入结构优化的财政措施可以从收入的形成环节入手。最终收入一般是在经过三次分配之后形成的，在每次分配环节中，财政都具有不同强度的调控作用，因此，相应的财政举措主要包括三方面。第一次分配要注重发挥财政的保障作用，各项措施主要围绕如何营造公平的竞争环境；第二次分配主要发挥财政的直接调控作用，通过税收、转移支付等手段直接参与收入的形成过程；第三次分配则主要依靠财政的间接导向作用，扶持鼓励各项慈善事业的发展。

(一)第一次分配：营造公平的竞争环境

第一次分配是主要是通过市场有效竞争而实现的，在收入分配体系中居于基础地位，是第二次分配和第三次分配的基础。当前导致初次分配秩序混乱的体制性因素，主要在于公平竞争的市场机制还很不完善。特别是因垄断特权形成的利益输送和“寻租”机制，对分配关系产生了严重的扭曲。因此，当前工作的重点主要是转型成为权责对称的公共服务型政府，发挥财政的调控作用，营造公平的竞争环境。

1. 打破垄断，加强对垄断行业收入分配的调节。财政工作的重点主要是清理并废止妨碍公平竞争、设置行政壁垒，排斥外地产品和服务的各种分割市场的规定，打破行业垄断和地区封锁，促进商品和生产要素在全国范围内自由流动与充分竞争。首先，要逐步放宽市场准入条

① 许欣欣、李培林：“1998—1999年：中国就业、收入和信息、产业分析和预测”，《1999年中国社会形势分析与预测》，社会科学文献出版社。国家统计局：《中国统计年鉴》，2005年。

件，强化竞争机制，构建垄断行业的有效竞争格局。除涉及国家安全、自然资源、少数公共产品和公共服务提供的领域外，目前处于垄断状态的其他行业和部门都应通过改革创造开放和竞争格局。对非自然垄断行业，要尽快清除各种市场准入壁垒，允许各种所有制企业公平进入、退出和开展竞争。对自然垄断行业要最大限度地引入竞争，将不具有自然垄断特点的经营活动分离出来，鼓励劳动力的竞争和自由流动。其次，通过适当方式将行业或企业的垄断利润收归国家所有；对自然垄断行业的产品及服务定价，按照一定的规则和程序，严格实行价格听证制度。再次，以公共利益最大化为目标，加强对垄断行业收入分配的调控指导，使其收入分配与市场机制接轨。对自然垄断行业的工资总额和工资水平，由政府有关部门统一核定，实行分级分类管理，同时加强对这类企业财务和收入分配的审计与监督检查，严肃查处违规发放工资外收入的行为。

2. 为各类企业公平竞争创造良好的财税政策环境。首先，统一内外资企业所得税等税费制度。改革的内容主要包括：一是统一实行法人所得税制；二是基本工资实行税前据实扣除，不再实行计税工资的办法；三是统一税收优惠政策，形成以产业优惠为主，区域优惠为辅的税收优惠政策新格局；四是降低税率，具体税率的确定参考国际上和周边国家的一般水平及我国的财政承受能力，可考虑在25%—28%的区间；五是为保证改革的平稳进行，可对外资采取过渡期的办法，减轻其所受影响；六是争取所得税改革和增值税改革联动进行，以增加改革的平稳性。其次，进一步推进增值税改革。从2004年7月1日起，中央决定在东北老工业基地进行增值税转型的试点。这次转型试点有三个特点：一是只允许扣除设备投资中所含的增值税款，不包括非设备性固定资产所含的增值税款；二是实行“增量抵扣”的办法，即允许抵扣的进项税额不得超过新增的增值税税额；三是仅仅面向6个行业。从实施以来的情况看，抵扣范围扩大对财政收入的影响小于事先的估计，财政是完全可以承受的；税务机关也完全有能力进行有效的管理，这就为下一步在全国扩大增值税抵扣范围或增值税转型提供了经验。[①] 第三，减轻中小企业税负。在完善税制的前提下，建议采取措施将小企业和工商个体户

① 岳树民：“新一轮税制改革需要处理好的几个问题”，《公共经济评论》，2006年第1期。

的税收负担减少。[①] 具体可以采取以下措施：实行小企业登记式管理，将诸多小企业进行统一账户管理和开具发票；考虑使微型企业的经济活动免税化和低税负；将非发票非税收经济活动规范化。

3. 加强教育机会均等化的财政支持力度。增强社会成员特别是低收入群体潜在的就业和竞争力。一要明确各级政府在教育特别是在义务教育方面的事权，确保教育经费的筹集、负担分配、使用有章可循。二要进一步完善农村义务教育的管理体制和投入机制，着力抓好农村的义务教育，确保城乡义务教育的机会均等。三是探索和完善适合中国国情的高等教育投入模式。在当前高等教育学费超出许多家庭承受能力的情况下国家和政府要从我国的实际出发，采取措施，确保能够考上大学但又难以全部承担高额学费的贫寒学子享受高等教育。四是完善成人教育、在职教育、在职训练，对下岗职工进行免费培训，加强农村劳动力转移就业和农民技术培训。五是建立和完善中国特色的教育资助制度。

（二）第二次分配：强化财政再分配作用

政府在不影响人们创造社会财富的前提下，要通过财政、税收等杠杆，对收入再分配进行科学的调控，从而不断向和谐社会的目标迈进，促进社会共同富裕。

1. 加大财政支农投入，缩小城乡差距。在取消农业税的基础上，如何进一步增加农民收入，缩小城乡差距，是我国新农村建设的关键，也事关和谐社会建设的大局。推进小康建设，首要任务就是解决“三农”问题，实现农村小康。首先，应增加对农业、农村的投入，增加对农业水利、农业生态环境建设的农村道路、电网、供水、通讯等公共基础设施的投资，增加农村教育和医疗卫生事业的投入。国债投资应继续加强对农村“六小工程”和农田水利建设的投入，进一步改善农业基础设施环境和农村生产、生活条件，提高农村人员的综合素质。其次，继续搞好农村扶贫开发，多渠道增加扶贫资金投入，扩大以工代赈规模。再次，增加对农业、农民的财政补贴，尤其直接补贴的力度应加强，以切实提高农民收入水平。

---

① 因为如果将其税收负担减少一半，从数值上看大约是1500亿元，虽只占我国2005年全国财政收入31649.29亿元的5%左右，却将极大地增强我国底层经济的活跃度，减少就业压力，改善劳动群体社会状况，缓解当前社会的贫富矛盾，增加中等收入人群的数量和规模。仲大军，北京大学经济观察研究中心主任，《中国市场经济的隐含危机》，2006年11月6日。www.dajun.com.cn/shuisjy.htm。

2. 完善转移支付制度，缩小地区收入差距。国家财政可以通过规范和有效运用地区间的转移支付和阶层间的转移支付有力调节过低收入，促进社会公平。首先，要在增加对中西部地区一般性转移支付资金和补助的基础上，应当继续实施西部大开发战略，提高对落后地区的财政转移支付力度，加大对中西部特别是西部地区的投入，快速发展西部经济，缩小与东部发达地区的差距。其次，要进一步规范省对下转移支付制度，特别是加大省对下财力性转移支付力度，缓解县乡财政困难，促进县域经济和社会加快发展。中央财政要加强对各地完善省以下财政体制的监督和指导，引导和鼓励省级政府在收入划分、财力分配方面向下倾斜。第三，要研究建立横向转移支付制度，通过富裕地区直接向贫困地区转移支付、改变地区间既得利益格局来实现地区间公共服务水平的均等化。

3. 完善税收体系，调节收入差距。在调解地区收入差距方面，以西部大开发、振兴东北老工业基地、促进中部崛起、鼓励东部加快发展的战略决策为依托，合理调整税收优惠政策，建立健全促进各地区和谐发展的税收体系。对东北老工业基地应继续深入并扩大推行增值税的改革试点，试点企业的范围应进一步扩大，取消增量抵扣的办法，实行全额抵扣。对西部地区，继续通过实施税收优惠政策招商引资，以税收政策引导西部大开发，进一步促进对外开放、区域协调发展，促进西部以资源为依托的特色农业、加工工业和第三产业的大发展。对东部沿海地区，要通过完善税收政策，推动产业结构调整与升级，增强企业自主创新能力和核心竞争力，提升产业的发展水平，在东部地区形成以高新技术产业为先导、基础产业和制造业为支撑，服务业全面发展的产业格局。对中部地区，税收政策应配合中央“中部崛起”的战略，充分发挥中部地区承东继西、纵贯南北的区位优势、资源优势和工业门类齐全的基础优势。

在调解城乡差距方面，要进一步完善农村税费改革配套办法，在取消农业税基础上进一步减轻农民负担。2003 年，我国提高了从事生产经营的城乡个体户的纳税起征点，2006 年我国全部取消农业税，这些都是解决“三农”问题的重要举措，对构建和谐社会具有深远的影响。20 世纪 80 年代初期，我国实行的对农村办企业的税收优惠政策，曾有力地促进了农村经济的发展，农民收入迅速增长。目前，国家应研究制定农村税费进一步改革的政策，重点考虑对农村工业化、现代化建设和第三产业发展给予一定的税收优惠，同时出台一些与之配套的措施，坚决防止农业税减免后农民负担增加或反弹。

在调节个人收入差距方面，改革并完善个人所得税，积极创造条件研究开征物业税、遗产税、赠与税、股票交易税、社会保障税等税种，形成一个比较完善的收入调节体系，从个人收入的存量、增量、转让等多个环节对收入分配进行全方位的调节，逐步缩小居民收入分配差距，促进社会公平。

4. 健全社会保障体系。社会保障体系是经济社会稳定发展的安全网，是财政政策的一个重要着力点。财政要在总结经验基础上，进一步加大对社会保障的支持力度。一方面，完善城镇社会保障制度。统筹推进国家基本养老保险、单位补充养老保险和个人储蓄性养老保险体系改革，逐步解决养老保险转轨成本问题。逐步提高各项社会保险的统筹层次，并积极探索建立“以奖代补”新机制和社会保障预算制度。合理确定城市居民最低生活保障标准，做好各项社会保障待遇之间及其与就业政策之间的衔接工作。另一方面，积极稳妥地推进农村社会保障制度建设。改善乡村卫生医疗条件，推进新型农村合作医疗制度、农民最低生活保障制度和农村养老保险制度的改革试点；按属地原则逐步将异地务工的农民工纳入务工所在地的社会保障体系。此外，社会保障体系的建设离不开完善的社会保障体制。今后需要进一步规范理顺社会保障管理体制。按照中央政府负责制定社会保障法律法规及重要政策，地方政府负责具体项目的组织实施的总体思路，明确规范政府间管理职责。逐步建立并完善劳动和保障部门制定政策、税务机关负责征收、财政部门负责预算管理、社会保险经办机构负责审核发放的管理机制。

（三）第三次分配：引导扶持慈善事业的发展

第三次分配是在道德力量的作用下，通过个人收入转移和个人自愿缴纳及捐献等非强制方式再一次进行分配。第三次分配的主体不是传统意义上的市场与政府，而是慈善公益组织、民间组织、非营利组织。第三次分配建立在自愿性的基础之上，奉行“道德原则”，是以募集、自愿捐赠和资助等慈善公益方式对社会资源和社会财富进行的分配，以使社会分配更趋公平。中国应当进一步完善国内的捐赠制度，抓紧研究允许私人建立各种非营利性基金会；鼓励富裕者介入各种形式的慈善事业等，同时要完善相关的财政税收政策。

目前国内对于捐赠财税优惠政策尚不完善。如虽然根据企业所得税暂行条例和个人所得税法，企业或个人捐赠可以享受一定比例的减免税，但比例较小，即便如此，一些地方也没有很好地落实。因此，财政的首要措施是建立健全与慈善事业有关的税收制度。在法律上明确慈善组织的性质、慈善活动的程序与监督机制、规范慈善事业的进入、评估、监管、公益产权界定与转让、投融资、退出等行为，提高免税率，加大对慈善事业的支持力度。可以借鉴国外成功的经验，对与税收相关的捐赠制度实行“一疏二堵”的措施。一疏，是企业和个人捐助慈善和公益事业可以获得免税的待遇，要使免税法规具有很强的操作性、实施性；二堵，是用高额的遗产税和赠与税对资产转移进行限制，提高遗产税、赠与税、奢侈消费税等税的税负，完善《遗产法》、《赠与法》等，促使慈善家积极扶持社会公益事业。值得欣慰的是 2005 年 11 月 20 日民政部公布的《中国慈善事业发展指导纲要》中提出：要加强慈善捐赠税收优惠政策的宣传，制定便利捐赠人办理税收优惠政策的手续，以保护捐赠人应得利益。通过税收优惠政策推进社会福利社会化进程，依法推进慈善事业，唤起平民捐赠的热潮。其次，引导慈善组织进入目前政府和企业都不适宜介入效率较低的领域。政府应逐步将社会救济和社会福利方面的部分事务性职能转移给有资质的慈善组织，增强慈善事业发挥社会功能的实力。在这一前提下，政府和各类慈善组织要各司其职、各尽所能，在减政放权的同时，政府要在宏观上通过指导和协调，为慈善事业的发展创造良好的外部环境，减少慈善组织活动的盲目性，提高其服务社会的效率。此外，由于第三次分配以道德原则为基础，因此应当加快建立一整套社会道德激励，主要包括：评价机制，以社会主义社会的价值体系评判不同个体的自愿捐赠行为，明确“善”的品质；保障机制，保障捐赠者受到一定形式的精神和物质奖励和补偿，保障捐赠的财产按照捐赠人的意愿得到合理的处置；反馈机制，根据捐赠个体对激励和利益处置的信息反馈（个体心理、社会影响），调整回报和处置方式，以最大程度激发更多的道德主体参与第三次分配。

参考文献

1. 陈卫东：“财政政策对收入差距的影响”，《公共经济评论》，2004 年第 9 期。

2. 王满春：《谈分配公平与和谐社会的构建》，http://www.xinhuanet.com/chinanews/2006-03/09/content_6422785_1.htm。

3. 于祖尧：《中国经济转型时期个人收入分配研究》，经济科学出版社，1997 年。

4. 国家统计局:《中国统计年鉴 1978—2006》。

5. 邴志刚:“运用财政政策手段，促进构建和谐社会”，《地方财政研究》，2007 年第 1 期。

6. 许欣欣、李培林:“1998—1999 年：中国就业、收入和信息、产业分析和预测”，《1999 年中国社会形势分析与预测》，社会科学文献出版社。

7. 岳树民:“新一轮税制改革需要处理好的几个问题”，《公共经济评论》，2006 年第 1 期。

8. 仲大军:《中国市场经济的隐含危机》，www.dajun.com.cn/shuisjy.htm。

促进农村医疗保障的公共财政制度探析

匡小平* 程 岚**

在 2005 年中央经济工作会议上，“坚持以人为本，努力构建社会主义和谐社会”首次被列为我国经济工作的一项重要任务。围绕构建和谐社会目标，农村医疗保障的缺失和滞后问题开始受到人们的广泛关注，新型农村合作医疗制度作为各级政府解决这一社会问题的主要措施正日益得到实施与推广。然而，在我们欣喜于这项制度所取得的成效的同时，也仍然能感受到它在设计与实际运作中所存在的矛盾与困难。按照国务院的要求，2007 年，新农村合作医疗制度试点工作将以更快的速度在广大农村推进，为此研究和完善其制度建设就显得十分迫切和关键。

一、历史与发展：我国农村合作医疗制度的兴衰与演变

众所周知，早在 20 世纪 50 年代起，我国便建立起了农村三级卫生服务网络（县医院、乡镇卫生院和村卫生所、室）和合作医疗制度（即由政府支持、农村集体经济组织和农民个人共同筹资、医疗上实行公助互济的农村健康保障制度）。在生产力水平较低、物资生活极其匮乏的条件下，使占全国人口 85%的农民得到了基本的预防保健和医疗服务，有效地控制了一些多发病、传染病的蔓延和传播。在 20 世纪 60—70 年代，合作医疗还因惠及多数农村居民，被世界卫生组织和世界银行誉为

*、** 江西财经大学公共管理学院。

"以最少投入获得了最大健康收益"的"中国模式"[①]。

然而改革开放之后，合作医疗制度迅速衰落，仅在少数地区得以残存。后来政府虽努力把重建合作医疗作为建立农村医疗保障的主要政策手段，但效果并不明显。到 1998 年，全国农村居民中得到某种程度医疗保障的人口只有 12.6%，其中合作医疗的比重仅为 6.5%[②]，取而代之的是一个纯市场导向的医疗体系。

伴随着医疗服务的收费急速上升和医疗可及性的大幅下降，不仅农村的医疗体系的质量及效率大打折扣，同时因病致贫、返贫成了农村扶贫的第一难题。进入 21 世纪之后，虽然我国的社会经济实现了快速的发展，但农村医疗保障的现实却十分窘迫。"农村中因病致（返）贫的农民占贫困户的 30% 至 40%，有的地方甚至高达 60%，即使在经济发达的苏州地区仍有 20% 以上的农民看不起病。"[③] 据新华网北京 2004 年 11 月 5 日电，卫生部副部长朱庆生在国务院新闻办举行的新闻发布会上说，这几年中央财政中的卫生支出比重仅占 1.6% 到 1.7%，其中 70% 的医疗费用用于城镇，只有约 30% 用于农村。这意味着占我国人口不足 1/3 的城市居民享受着 2/3 的医疗卫生资源，而超过 2/3 比例的农村人口享有的医疗卫生资源却少于总量的 1/3。由于农村占有卫生资源少，直接导致农村三级医疗预防保健网"线断网破"。农村预防保健机构、乡镇卫生院数量和床位数也不同程度减少。乡村医护人员长期得不到培训，队伍流失严重，防疫保健工作受到削弱，致使绝迹多年传染病、地方病又死灰复燃。世界卫生组织 2001 年发表的《2000 年世界卫生报告》中对 191 个成员国医疗卫生体制的绩效进行了评估，中国整体绩效排名 144 位。由于广大农民的医疗保健完全依赖自费，中国在"筹资贡献公平性"这一指标更是排名在了 188 位，倒数第 4，拖累了整体排名[④]。

由此可见，尽快为农民建立医疗保障，已成为我国实现经济社会协调发展所面临的最严峻挑战之一。为此，2003 年 1 月，中国政府再次推

① 参见顾昕、方黎明："自愿性与强制性之间中国农村合作医疗的制度嵌入性与可持续性发展分析"，《社会学研究》，2004 年第 5 期。

② 参见 1998 年第二次国家卫生服务总调查分析报告，全文可以下载于卫生部网站 http://www.moh.gov.cn/statistics/ronhs98/index.htm。

③ 引自郑秉文、和春雷：《社会保障分析导论》法律出版社，2001 年，第 260 页。

④ 引自顾昕、方黎明："自愿性与强制性之间中国农村合作医疗的制度嵌入性与可持续性发展分析"，《社会学研究》，2004 年第 5 期。

出了建立“新型农村合作医疗”的政策，提出了到2010年在全国普及的目标。自2003年开始试点以来，各地各级财政部门因地制宜，积极探索新农村合作医疗制度的模式和运行机制，并逐步扩大范围，加大支持力度。据统计，截止2006年，全国开展新型农村合作医疗试点的县（市、区）已达1451个，占全国总县数的51%，超过了国务院原定40%的目标；参合农民4.1亿人，占全国农业人口的46%。2006年中央财政共下达新农合补助资金42.69亿元，是上年的近8倍；补助标准由每人每年10元提高到20元。地方财政补助标准同样普遍增加，大部分地区也提高到20元①，从而使参加新型农村合作医疗的农民筹资标准达到不低于50元。由此，农民的受益面和受益水平得到显著改善，该项制度已初步收到了“农民得实惠、政府得民心、卫生得发展”的效果。

然而，需要同时客观认识到的是，和一切其他的制度改革一样，新农村合作医疗制度并非一蹴而就，在执行中也暴露出了许多新的问题，出现了制度设计和实际运作的磨合甚至是碰撞，而分析这些制约因素和矛盾显然有助于新农村合作医疗制度和农村社会医疗保障事业更加健康的发展。

二、矛盾与困难：我国新型农村合作医疗制度的设计与运作的现实分析

（一）筹资机制与风险分散能力的矛盾

本质上看，农村合作医疗制度其实就是一种以农村社区为基础的民办互助的小额医疗保险计划。其受益是以它的缴纳为前提的，同时成员范围是与实施合作医疗的范围（乡、村）对应的，通过社区成员的缴费，形成“取之于全体人员，而用之于部分人员”的集资医疗格局。但由于参与的门槛很低，只需交纳小额划一的保费数额，因此，该计划规模较小，往往不符合一般保险的“大数原理”，从而使该保险计划分散风险的能力受到了一定的局限。

要解决这个矛盾，除了不断增强农民的缴费能力外，获得适当的外部支持是十分必要的。这包括社区集体、政府以及社会慈善机构等各方

① 参见财政部社会保障司：“加大财政对新农合支持力度，促进农村经济社会和谐发展”，《中国财政》，2007年第2期。

面的促进和经济扶助。计划经济时代，传统农村合作医疗制度之所以能够成功就是依靠了强有力的外部支持。这种外部支持表现在：农村合作医疗基金以及农村三级卫生机构的运行经费都主要来自集体经济；政府对农村医疗资源（如医疗基金管理、医疗机构建立、药品流通和医护人员培养）拥有绝对的控制与垄断；通过人民公社组织对医疗合作制度实行完全的行政权威治理。而显然今天这样的外部基础性条件已发生改变，合作医疗保险制度的筹资难度加大。

1. 农业经济发展的滞后和农村集体经济力量的削弱降低了对农村医疗保障依托能力。我国虽说是一个农业大国，可农业却并非强势产业，其经济增长率远远落后于第二、三产业。与此同时，农村的自然人口增长率却相当高，城乡居民收入和消费水平差距不断拉大。作为我国最大的弱势群体，收入的有限性使相当数量的农民难以承受市场化背景下的医疗费用的迅猛增长，对医疗保障的需求正在不断加大。但随着农村家庭承包制的实现，集体组织在农业生产和收益分配中的权利大大削弱；而乡镇集体企业的改制，更使得基层社区政府控制的集体企业越来越少，对合作医疗等集体福利事业的支持力度下降；加之农村税费改革，又使农村各级政府自行筹集资金的能力受到进一步约束。所有这一切变化最终使得过去依托集体经济的合作医疗失去了足够的资金来源。

2. 现行财税体制下财力的纵向失衡使地方基层政府对农村医疗的财政支持乏力。现行“分税制”的财政体制在总体上调整中央与地方的关系的基础上，旨在加强中央对地方的宏观调控。实践中，公共责任被层层下移，基层政府的事权范围和支出责任被人为的放大和加重，占总人口70%以上的农村医疗卫生事业投入职责基本上落在了县乡财政身上。而这显然是县乡财政的收入水平所不及的，特别是在中西部地区，由于经济薄弱，县乡级财政大多是“吃饭财政”，甚至更差，这往往使农村合作医疗制度及公共卫生服务体系的运作的重要外力难以得到落实。

3. 政府在新农合制度运行中的筹资缺乏稳定、低成本的长效机制。一方面，目前绝对数额的筹资方法，无法保证政府补助水平随经济发展和医疗费用自然增长而逐步提高，甚至会导致合作医疗筹资水平相对降低，保障水平难以提高。另一方面，由于部分财政补助资金往往到下半年才能完全到位，政府补偿资金面临及时、足额到位问题，农村医保资金的正常使用受到一定影响。此外，受农村经济体制、社会文化特点、农民价值观等因素影响，在相当长的时期内，采用农民自愿缴费方式筹资仍然会有相当大的难度，参合率在很大程度上取决于基层干部工作的努力程度，筹资成本相对较高。

由此不难看出，由于农民收入的有限性与外部财力支持的不足，我国农村医疗保险计划的规模与分散风险能力的矛盾在现实经济条件下，不仅仍然存在，甚至还有扩大的趋势。

（二）自愿性的参与原则与逆向选择的矛盾

在2003年1月卫生部等部门做出的《关于建立新型农村合作医疗制度的意见》中明确指出，我国建立新型农村合作医疗制度必须遵循自愿参加的原则。这一方面，显然顺应了农村合作医疗这种社区医疗筹资计划的原有本性。作为在社区自治组织形式下自发建立起来的互济性医疗制度，它的出现本身依赖的是社区组织的非营利性特征和内部成员间的相互信任，这无疑是自愿性参与的基础。另一方面，这一原则的确定也反映出我国政府在新形势下对农民意愿的考虑与尊重。由于集体经济组织在形式和权限上的变化，今天的农村合作医疗采取了政府组织和引导的方式，但即便如此，它能否真正得以运作还要以农民自觉缴费为前提，而强调自愿则有助于消除这其中可能产生的抵触。

问题是，自愿性的参与原则下，“逆向选择”出现的可能性会有所加大。究其原因，在于农民参与合作医疗及其支付的意愿受到预期收益与预期成本的影响。一般而言，老、弱、病、残等健康风险越高者，由于受益几率更高，参与合作医疗的意愿越强；而年轻健康者则会因受益几率的偏低，参与的意愿受到抑制。农村合作医疗机制运行中，高风险参与者的集中使健康人群和病患人群之间的医药费用无法进行再分配，其结果必然导致医疗开支增长，从而使合作医疗入不敷出，制约该项计划的持续发展。

那么，实践中是什么因素影响到农民对合作医疗成本与受益的预期，进而又影响着农民的参与和支付意愿呢？

1. 对合作医疗的认识与信任程度。在我国，农村医疗合作制度的发展几经兴衰，从改革前在高度集权体制下的强力推行，到改革后的一度放任自流；从1997年起各地开始恢复和重建，到向农民收取合作医疗费被农业部等相关部门视为“不合理负担”，并在1999年和2000年先后两次联合发文，规定“不得强制推行”合作医疗[①]。制度实施的不

① 参见中国社会科学院科研局/王延中：《论新世纪中国农民医疗保障问题》。

连贯和政策的相互矛盾，使得人们对合作医疗制度的前景存在悲观与观望，缺乏推进和参与的积极性。不仅如此，农村合作医疗基金管理中透明度和责任制的缺失，也使有相当数量的农民对乡、村干部管理合作医疗基金没有信任。中国卫生经济培训与研究网络在8个省的10个合作医疗试点县进行的调查发现，接近50%的被调查者不信任合作医疗管理者；而在地方合作医疗管委会定期公布的合作医疗资金收入和支出的乡镇中，农民对合作医疗的满意率要远远高于其他乡镇[①]；此外，农村基层治疗机构大病诊治技术的缺乏和医疗设备的陈旧与不足，也让农民对农村合作医疗机构提供医疗服务的能力和水平有所怀疑。

2. 现行医疗合作制度的设计与安排。在坚持自愿性原则的前提下，合作医疗对农民是否具有吸引力的关键在于其制度的设计与安排是否能让他们从合作医疗中真正得到实惠。因此，合作医疗的筹资水平、基金使用范围和比例的确定、医疗费用减免的范围和标准等具体规定对于农民是否参加合作医疗的行为选择显然有重要影响。在我国目前卫生部《关于建立新型农村合作医疗制度的意见》中，关于医疗基金的给付并未有统一明确的规定，具体的指标基本上是由各试点县市按照各地筹资能力的不同自行加以确定。由于缺乏专业指导和训练，许多地方在合作医疗基金管理上随意性较大，起付点和封顶线及报销的额度、比例各不相同，筹资测算有欠科学。一般的做法是将合作医疗的投保费定得较低，同时报销比例也定得较低，对住院费用的报销比例一般在50%以下。根据2007年全国新型农村合作医疗工作会议上新型农村合作医疗试点工作评估组所做的评估报告，截至2005年我国2003年启动的新型农村合作医疗试点第一批257个县（市、区），住院费用平均补偿25.7%，新农合保障水平有待提高。

（三）大病为主的保险政策与农村卫生工作的总体方向的矛盾

据现行政策规定，新型农村合作医疗制度实行个人缴费、集体扶持和政府资助相结合的筹资机制，“合作医疗基金主要补助参加新型农村合作医疗农民的大额医疗费用或住院医疗费用”，对“年内没有动用农村合作医疗基金的，要安排进行一次常规性体检”[②]。由此可见，新的

---

① 参见顾昕、方黎明：“自愿性与强制性之间中国农村合作医疗的制度嵌入性与可持续性发展分析”，《社会学研究》，2004年第5期。

② 见国办发［2003］3号文《国务院办公厅转发卫生部等部门关于建立新型农村合作医疗制度意见的通知》。

农村合作医疗政策方向以大病为主，注重医保分散风险的功效。因为对大多数农民来说，真正构成威胁的是大病。即使是在经济发达地区，多数农民也无法支付动辄上万元的巨额大病医疗费用。

然而，作为一国农业卫生医疗保障制度主要形式的合作医疗，其最终的实现目标显然不是一个单一的大病保险，而应该与我国农村卫生工作的方向相一致，为农民提供更多的医疗、保健、康复、预防等综合性服务，以满足农民多层次的公共卫生方面的需要。这其中，预防保健服务（包括预防科学研究、健康教育、营养干预、免疫计划等）由于具有明显的外部性和降低公共健康风险的作用，一直是作为传统合作医疗制度的立足点。

在新型农村医疗合作制度的试行过程中，大病为主的政策选择就带来了一定的矛盾与困难。

1. 由于受到资金的限制，农村预防保健方面投入的资金严重不足，客观上在实际操作中形成了“重治轻防”的倾向，预防保健工作在新型合作医疗制度中没有地位，使农村公共卫生资源的运用偏离了优化配置的方向。

2. 加剧了医疗保障供求的矛盾。由于收益率与大病发生率相对应，它不仅会加重逆向选择，影响农民参加合作医疗的积极性，甚至可能扭曲一部分参与者的就医行为，为了节省门诊费而小病不看，最后拖成大病，导致住院费用增长，反过来影响合作医疗的财务平衡和保障数量的供给。

3. 大病为主过分强化卫生机构地位，容易误导资源配置方向，形成资金向卫生机构转移，甚至保护落后。据调查发现，新型合作医疗的补助政策将卫生机构的注意力引向以医疗为中心，导致卫生机构为创收而进行医疗竞争，忽视改善服务和预防保健。加之新型合作医疗的费用报销只限于公共卫生系统，这就使得公共卫生机构即便服务差、价格高也可凭政策得到市场份额①。

（四）基层卫生机构的市场运作与农村医疗可得性的矛盾

在高度集中的计划经济体制下，我国政府依靠农村集预防医疗保健功能于一身的县乡村三级卫生服务网络，将各项公共卫生项目顺畅地落

① 参见杨团：《从新型农村合作医疗试点看农村卫生政策的完善》，http：//www.social－policy.info/902.htm。

实到村庄基层。并通过人民公社的组织权威和财政对公共卫生事业强有力的支持，对改善在低收入水平下农村人口的健康状况做出了决定性的贡献。

随着我国经济市场化改革和财政分级运行体制的形成与完善，农村医疗卫生制度的运作有了根本的变化，体现出过快、过度市场化的趋势，具体表现在：几乎所有的农村医疗服务提供者都从过去依赖财政拨款的公立机构，转型为以服务换取收入的营利组织。近20年来，以私人和私人合伙制形式开业的村级卫生室一直维持在50%左右①。农村医疗机构市场化趋势的演变，体现了基层政府在财政分权改革中面对日益拮据的财力状况和不断下放的农村卫生服务提供的责任，试图借助市场的力量解决卫生筹资和医疗成本控制问题的政策意图。这种政策固然在短期内部分地解决了卫生机构资金不足的困难，却同时也面临着一个难题，即如何通过医疗筹资和医疗服务提供的协调，来提高低收入人群的医疗可得性？

所谓农村医疗的可得性，是指农民在其收入能力承受的范围内从公共卫生提供者那里获得医疗保健服务的程度。不可否认，随着农村医疗机构运作的完全市场化，农民医疗的可得水平必将有所下降。理由之一是，如前面所言，农村医疗卫生是一种具有外部性的服务，理应由政府给予支持。而基层政府在财力拮据、无法给予卫生机构足够的投入的情况下，采取的是一种变通的做法，即赋予卫生机构用收费来弥补资金缺口的自由。把筹资的主要任务直接交予卫生机构，这实质上也就等于是把难题推还给了原本就对此失灵的市场。其结果必然造成一部分无收入或低收入者因无法实现货币支付，而被排除在卫生服务的消费之外。理由之二是，在市场化过程中，农村医疗和药品市场的监控容易出现真空，药品采购行为的不规范甚至是腐败现象，都可能致使药品大幅度加价，医疗费用猛增。理由之三是，在农村卫生机构性质的转化中，其激励结构也随之发生了变化。为追求更多的经济利益，各级卫生机构和卫生从业人员都不再有主动降低医药成本的动力。乡村医疗部门开始出现供方诱导下的过度消费问题②，致使医疗费用的快速增长，农村医疗负担正在逐渐地超出农民收入的承受能力。对广大低收入群体而言，看病

---

① 参见《中国卫生年鉴2002》。

② 参见朱玲：《农村健康服务与公共支持》，http://www.cc.org.cn/wencui/030922200/0309222004.htm。

已成为奢侈品。农民对医疗服务的正常需求被抑制，反过来又普遍造成农村医疗机构工作负荷的不足，加剧了机构经费的困难，形成恶性循环。

需要更加关注的是，农村卫生医疗服务提供的彻底市场化，在降低农民对医疗服务的可及性以外，还将加剧城乡之间卫生资源分配不平等的格局。目前我国城镇居民的卫生支出基本有三块组成：政府财政补贴、公费卫生保险支出和自费支出。尽管前两项之和所占后一项的比重已由 1997 年的 4/5，下降到目前的 2/3，然而，与农民完全自掏腰包看病买药相比，城镇居民无疑是优越的[①]。

三、启示与思考：农村医疗卫生保障只有在制度完善和公共支持中得以健全

以上分析表明，在我国要构建和谐社会，应着力打造农村医疗保障体系，积极促进新型农村医疗合作制度的广泛建立。而在此过程中，必须正视医疗合作制度与现实的矛盾，从以下几个方面加以调整与完善。

1. 政府应从保障公民权利和公共品的属性两方面充分认识提供并支持农村医疗卫生事业发展的重要性和必要性。在实践中，坚持以人为本，改善农民的国民待遇。首先，国家应把农村合作医疗明确纳入到社会保障体系中去，使之能够得到法律的保障和监督，从而解决认识上的不同，保障和促进农村合作医疗制度稳定运行和持续地发展。其次，实现新型农村合作医疗制度逐步过渡到以保大病为主，兼顾小病保障。在我国国家财政和农民负担能力有限的条件下，为最大限度地发挥新农合资金的使用效益，保障大病为主的方针必须坚持，但同时应该在保小病方面有所探索，使农民的小病诊治能够得到适当的补偿，以提高新农合制度的保障水平和受益面。而在小病保障的模式中，逐步探索将家庭账户过渡为门诊统筹。再次，明确各级政府的责任，加大对农村合作医疗为主要形式的卫生保障的财政支持，同时积极探索科学合理的农村医疗基金的筹集机制和模式。考虑到各级财政财力的纵向失衡和新农合制度运行中实际负担的差距，应适当调整县乡财政严重困难地区不同层级财政对新型合作医疗投入的职责分工，将大额资金筹集定位在中央、省级

① 参见平新乔：《从中国农民医疗保健支出行为看农村医疗保健融资机制的选择》，http://ccer.pku.edu.cn/cn/ReadNews.asp。

和市级财政，县乡财政则重点承担农村合作医疗运作过程中的管理费用与零散支出。最后，反省将农村卫生医疗服务全面推向市场的政策与做法。在低收入水平下，采取优先支持预防、基本医疗服务和低成本卫生技术推广的做法，借助于公共支持，实现基本医疗服务广泛的可及性和可得性。

2. 优化农村合作医疗制度的设计和安排，尽量克服制度运行中可能出现的"逆向选择"，扩大个人筹资的覆盖面。首先，建立合理的给付结构。通过引入"共付机制"，既让病人自付一定比例的医药费，避免出现所谓"需方（病人）过度消费"的道德损害问题。其次，尽可能减少基金沉淀。降低费用"起报点"，制定合理的补偿范围和标准，增加合作医疗保险的受益面，增强吸引力。再次，建立完善的基金监管体系。一要建立由政府部门和农民代表参加的基金管理监督委员会；二要建立完善的基金财务管理和会计制度；三要落实公开、公示制度，各级经办机构和定点医疗机构应将新农合就医补偿办法、医疗服务价格、参合农民费用补贴情况及新农合基金的筹集、支付和结余情况等进行定期公示，确保农民群众的参与权、知情权和监督权；此外还应包括建立省、市、县三级审计部门对新型农村合作医疗基金审计机制。最后，完善农村合作医疗机构和药品管理。尽快将农村合作医疗机构药品管理纳入政府公共卫生应急体系，统筹规划；加快推进农村药品监管体系和供应体系建设，规范农村合作医疗机构药品购销行为，可以通过制定新农合招标办法，对新农合用药进行统一招标采购和统一价格，从源头上控制药品费用增长；以省为单位，统一编制《农村新型合作医疗基本报销药品及检查项目目录》。

3. 农村医疗保险制度建设应处理好普遍保障与分类实施的关系，积极探索不同发展地区农村医疗保险制度的模式选择。

在乡村集体经济雄厚，工业化程度高的发达农村地区（如东部沿海农村和城市市郊），宜建立多层次、广覆盖的医疗保障模式。推进社会化医疗保险制度的建立，并与城镇职工医疗制度并轨，逐步实行城乡一体。在这方面，苏州昆山市推行了"四合一"合作医疗新模式（即"家庭储户 + 住院风险统筹 + 大病救助 + 预防保健基金"）[①] 非常值得借鉴。在中等和较发达地区，应在发展和完善现行合作医疗制度的基础上，进一步规范医疗机构的产权结构、管理体制及运行机制。在贫困农村地

① 参见林闽钢："中国农村合作医疗制度的公共政策分析"，《江海学刊》，2002 年第 3 期。

区，必须加大财政转移支持力度，向农民提供基本公共卫生服务和实施医疗救助政策，重点抓好卫生扶贫工作和对贫苦人群的医疗救助计划，使医疗救助计划成为贫困地区农村合作医疗制度的必要补充。

4. 调整现有农村卫生机构的布局与分工，降低公共卫生服务提供的成本，提高农村医疗卫生资源的使用效率。应打破旧体制下按行政区划以及部门体制的特点和要求重复设置卫生医疗网点和机构的做法，考虑根据农村地理环境、人口分布、病人流向，并结合乡镇的撤并，重新配置农村医疗卫生资源。使政府举办的县级医疗卫生机构成为农村预防、保健和医疗服务中心，也是基层业务技术指导和培训中心。重点推行乡镇级卫生院的改革，可考虑取消住院服务和专科门诊，将其改造为以全科医生为主导的农村社区卫生服务中心。

参考文献

1. 顾昕、方黎明："自愿性与强制性之间中国农村合作医疗的制度嵌入性与可持续性发展分析"，《社会学研究》，2004 年第 5 期。

2.《1998 年第二次国家卫生服务总调查分析报告》，全文可以下载于卫生部网站 http://www.moh.gov.cn/statistics/ronhs98/index.htm。

3. 郑秉文、和春雷：《社会保障分析导论》，法律出版社，2001 年。

4. 卫生部卫生统计信息中心：《1997—2001 年我国卫生事业发展情况简报》和《2003 年中国卫生事业发展情况统计公报》。

5.《中国农村统计年鉴（2003）》。

6. 国办发［2003］3 号文《国务院办公厅转发卫生部等部门关于建立新型农村合作医疗制度意见的通知》。

7. 王延中：《论新世纪中国农民医疗保障问题》，中国社会科学院科研局。

8. 财政部社会保障司："加大财政对新农合支持力度，促进农村经济社会和谐发展"，《中国财政》，2007 年第 2 期。

9. 杨团：《从新型农村合作医疗试点看农村卫生政策的完善》，http://www.social-policy.info/902.htm。

10.《中国卫生年鉴》，《中国统计年鉴》，《中国卫生统计年鉴》，2002、2003、2004、2005 年。

11. 朱玲：《农村健康服务与公共支持》，http://www.cc.org.cn/wencui/030922200/0309222004.htm。

12. 平新乔：《从中国农民医疗保健支出行为看农村医疗保健融资机制的选择》，http://ccer.pku.edu.cn/cn/ReadNews.asp。

13．林闽钢："中国农村合作医疗制度的公共政策分析"，《江海学刊》，2002 年第 3 期。

14．贾康：《改进新型农村合作医疗制度筹资模式三点政策建议》。

15．沈金生等："积极探索符合实际的新型农村合作医疗模式"，《中国财政》，2007 年第 2 期。

论新农村建设中支农资金财政担保机制的构建

林　江*　潘　静**

一、引言及文献综述

为建设社会主义新农村，政府提倡“让公共财政的阳光普照农村”，财政投入向农村倾斜，公共财政对新农村建设资金支持的力度在不断加大。从1995年至2006年，国家财政用于农业的支出，除1999年略为下降外，其他年份都呈上升的态势，1995年为574.93亿元，1998年突破1000亿元，2004年突破2000亿元，为2357.89亿元，①2005年、2006年依次为2975亿元、3397亿元，今年人大讨论中央财政将安排用于“三农”的资金为3917亿元，比2006年又增加了520亿元。然而，尽管财政支农支出总量有所增长，但财政支农支出占财政总支出的比例偏小，近十年该比例平均为8.25%。②而且财政支农支出的增长率波动性较大，2001年增长率为18.89%，2002年降到8.51%，最高是2004年，增长率为达34.39%，2005和2006年维持在15%左右。③可见财政支农的总量仍是不足且不够稳定。更严重的问题是财政支农资金的绩效不高，

---

*、**　中山大学岭南学院财政税务系。

①　《中国统计年鉴2005》“国家财政用于农业的支出”，第274页。

②　根据《中国统计年鉴》历年“用于农业支出占财政支出的比重”计算所得。

③　根据《中国统计年鉴》历年“国家财政用于农业的支出”计算所得。

并且近十年来资金使用绩效呈下降趋势。财政支农资金使用绩效可以用农业总产值与财政支农额的比值来衡量，1995年至2004年，其比值大体呈逐年下降趋势，从1995年的35.4下降到2004年的15.4。[①]

以上所反映的我国财政支农支出的投入总量和使用绩效问题一直是近年来公共财政和农村经济研究的焦点之一，许多学者对此也发表了各自的看法，然而，在新农村建设的背景下，如何建立支农资金投入的长效机制，以从根本上解决支农资金总量供给和绩效问题？对此，笔者试图既立足财政、又超越财政，从财政与金融相协调的视角，寻求支农资金投入的制度创新，构建支农资金财政担保机制。

国内外对财政支农资金和农村融资问题的研究主要围绕财政支农资金的投入政策、管理体制、与金融信贷和其他社会制度的关系等方面展开，部分文献分别从以下几方面对我国财政支农资金投入总量和使用绩效问题的成因做了分析。从投入政策方面分析的，例如，温涛和王煜宇（2005）从实证角度探讨了农业贷款和财政支农投入与农民收入增长之间的关系，他们研究得出，1978—2002年间我国财政支农资金的增加并没有成为促进农民收入水平提高的关键因素，农业贷款的增长反而还不利于农民收入的增长，而原因主要在于财政支农投入和农业贷款没有有效地转化为农业投资。从管理体制方面分析，例如，温铁军认为，历年的财政支农资金很大程度上被相关部门分配以后，到基层转化为要求一比一配套，成为基层负债，最后转化为农民负担。[②]投向“三农”的财政资金和社会资金原本并不缺乏，问题只在于没有合适的渠道和中介能够保证这些资金顺利到达需要资金的个体农户手中。从财政支农投入与金融信贷的关系看，OECD（2001）专门对中国农村经济系统资金流失的渠道、规模和原因进行了分析研究，认为中国农村融资困难原因在于农业风险大、农民收入低下，农村信用和风险管理市场的不完善、地方政府的趋利性行为和寻租行为造成财政、金融资源的低效配置和大量转移。Avishay Braverman（1991）也认为国家政府主导的农业信贷和财政支持模式普遍在促进农业投资增加方面缺乏效率，如果仅仅依靠政府的资金支持，而不加强农村金融市场、农村金融制度和农业经营风险管理体系的建设以培育稳定的农业、农村资本形成机制是难以实现农民收入水

① 根据《中国统计年鉴》历年“农林牧渔总产值”与对应年份的“国家财政用于农业的支出”相除所得。

② 温铁军：《WTO与财政支农》。

平稳定增长的。

对于如何克服农村融资困难问题、提高财政支农资金的使用绩效，部分学者建议应改变财政支农投入的结构和方式，例如，陈池波(2002) 认为财政支农应实行“有投有收，周转使用，还本付息（费)”的投入方式。有些学者，如温铁军主张通过普遍建立农民合作组织来保证支农资金划拨到位。也有学者，如朱向华（2002）从金融角度主张建立农贷担保机制；余文渊（2006）主张建立财政支农风险补偿基金，使之形成相关利益主体风险分担机制。

在新农村建设背景下，农村建设有了新的内涵，对支农资金投入问题的研究也需要寻求新的视角。社会主义新农村建设的“新”集中体现在其目标导向从短期变为长期，它改变了以往采用治标之法只关注短期的农村建设情况，而寻求治本之法，建立维持农村经济良性循环的长效机制，以实现农村建设的可持续发展。在这目标导向下，新农村建设的路径选择的“新”主要体现在两个方面：(1) 新农村建设改变了以往只依靠政府财政支持的状况，而依靠政府和市场两条腿走路，借助政府的主导力量，带动农村市场的发展；(2) 新农村建设改变了以往忽视农村相关制度建设的状况，而寻求建立一种依靠农民为主体的内在激励机制。

在新农村建设以上三个理念的指导下，要从根本上改变财政支农投入不足和成效不显著的状况、保证新农村建设中资金要素的有效供给，只依靠追加政府财政资金投入难以满足新农村建设长远发展的需要，必须调动农村金融市场的资金，发挥农民的自主经营能力。支农资金投入已不再是纯粹的政府行为，而是政府扶持下的市场行为。这其中，政府应担当“引路人”的角色，而非“运动员”，而建立支农资金的财政担保机制是目前发挥财政杠杆支点作用撬动市场资金的一种较为有效、可行的方式。本文拟先从理论上分析需要建立支农资金财政担保机制的依据，再通过借鉴国内外政府担保机制的实践经验，构建我国支农资金财政担保机制。

二、建立支农资金财政担保机制的理论依据

一般来说，新农村建设的资金来源主要有三个：(1) 金融机构发放的支农信贷；(2) 财政支农支出；(3) 农民自身积累。然而，金融支农信贷存在严重的市场失灵，财政支农支出又存在政府失灵，支农资金财

政担保机制则是在不完全取代财政直接支农支出的同时，财政出资为金融机构支农信贷做担保，以降低金融支农信贷的风险，吸引更多金融市场资金投入支农领域。支农资金财政担保机制试图发挥公共财政与金融市场的合力，在纠正市场失灵和政府失灵中寻求平衡。

1. 支农信贷领域存在市场失灵。从公共产品性质看，农业本身不是公共产品，但具有一定的公共产品性质。农业作为国民经济的基础产业，它关系到我国13亿人民的最基本的吃饭问题，而且与工业等其他产业的发展息息相关；同时，农业对农村以及城市郊区生态环境的保护也有重要影响，可见，农业对其他产业以及生态环境都产生了一定的外部性。这些外部性的存在要求政府介入对农业提供补偿。以农业科技为例，农业科技创新对农业生产是一个极大的促进，进而对其他产业也产生影响，然而农业科技的研发成本和风险都较高，而且存在利益外溢，这不是单个农户所能承担的，金融机构也不愿主动对此提供贷款，该领域明显存在市场失灵。

从行业特点和经济社会状况看，首先，农业生产具有天生的弱质性，它易受自然灾害的影响，市场反应滞后，行业风险较大，且农业的投资回报率明显低于第二、第三产业。其次，在我国农业生产领域还存在“逆向淘汰机制”，生产能力强的农户离开农业领域，而生产能力弱的农户则继续做农业生产，盈利能力低下。再次，自人民公社解体后，作为农民最主要的财产，土地属于农村集体所有，那么农民所拥有的土地产权是残缺的，土地产权无法实现资本化和市场化，农户承包的农村集体土地，从法律上无法实现流转，致使土地使用权、房屋等固定资产无法实现抵押，农村信贷担保体系很不完善。而金融机构以追逐利润最大化为目标，对于农业生产具有高风险性、农户的盈利能力低下，又缺乏财产抵押保障，金融机构是没有利益驱使去提供农村信贷支持的。

现实数据也表明县域国有商业银行机构网点正在收缩，其信贷业务开始向中心城市集中，并逐渐退出农村信贷业务。从1997至2004年，尽管中国金融机构对农业贷款占短期贷款总额的比例稍有上升，从1997年的5.98%上升到2004年的11.33%，但农业贷款的平均比例仅为8.42%，低于乡镇企业的9.29%，大部分的金融贷款都投向了工业（平均占27.85%）和商业（平均占27.12%）。[①] 现代化农业的生产、农产

---

① 根据《中国金融年鉴2005》第379页和《中国金融年鉴2000》第401页的“金融机构人民币信贷收支情况表”计算所得。

品的经营、农村公共基础设施等重大项目的建设、农村社会事业的发展等都需要大量的资金支持，但市场机制对城乡资源流向和流量的调节，导致城乡资金等资源配置的严重失衡，如果只靠市场机制作用，新农村建设因资金等资源的缺乏是难以得到长远发展的。

2. 财政支农存在政府失灵。农村金融信贷市场供给不足，财政支农资金可以作为弥补新农村建设资金缺口的一种途径，但这种方式也存在政府失灵的缺陷，这主要体现在以下几个方面。

(1) 财政支农资金的使用效率低。由政府担当起为新农村建设融资的责任，加大财政支农投入，目前普遍的研究都表明政府融资的效率低于市场融资的效率，且财政支农资金的使用绩效也不见得显著。这是由于财政支农资金具有无偿性，投资时不需要考虑资金的回收问题，财政支农工作往往会重视资金分配而轻视资金管理，财政支农资金使用效率低下。同时，财政支农资金被相关部门层层分配后，转化为基层政府的负债，最终成为农民的负担。最近十年农业成本平均每年增加 10%，而农产品价格连续四年低迷，投入越增加，农业的负效益越严重。

(2) 由于财政支农资金的划拨缺乏法律依据，哪些项目可申请到支农贷款或补贴、每笔贷款或补贴的数额、比例是多少，都没有严格的规定，正因存在这些政策漏洞，许多地方从国家财政中获得的支农资金数额与当地实际需要并不匹配，存在“跑‘部’‘钱’进”的现象，并成为财政支农领域中，政府“寻租”行为的主要体现。

(3) 中国有 2 亿多由于兼业化经营而普遍需要资金的农户，以近几年来每年 2 万多亿元的财政收入、财政投入到农业的支出比例不到 10% 计算，杯水车薪的财政投入难以满足日益增长的农村信贷需求。

3. 财政担保是克服市场失灵和政府失灵的有效方式。一方面，新农村建设融资存在市场失灵，金融机构没有利益驱动把资金投放到农村金融市场，农村信贷体系存在“先天不足”；另一方面，新农村建设融资领域也存在政府失灵，财政支农资金的投入普遍存在使用效率低下的问题，同时有限的财政收入也难以满足不断膨胀新农村建设资金的需要，新农村建设资金的使用更是“后天失调”。在市场失灵和政府失灵的矛盾作用下，要解决新农村建设的融资困难，需要把财政资金和金融信贷资金相结合。而目前把两者结合的最有效的方式是建立支农资金财政担保机制，政府充当农村信贷风险的担保人，消除金融机构和民间信贷组织“惜贷”的后顾之忧，以吸引大范围的市场资金进入支农领域。

三、国内外支农资金政府担保机制的经验借鉴

世界上很多国家和地区都有采取政府担保的方式支持农村金融信贷，以促进农业及农村经济的发展。根据主体地位的政府金融支农形式的不同，发达国家的农村金融体系分为以合作金融为核心的支农体制、以政策金融为核心的支农体制以及以商业金融为核心的支农体制。对于这三种体制，其包含的政府扶持政策都包括了政府对支农贷款担保机制的内容。美国实行的是以合作金融为核心的体制，其体系构成包括了政府保证贷款机构，由政府承担大部分的贷款风险。日本采取的是以政策金融为核心的支农体制，它建立了农业信用担保保险制度，该制度要求政府部分出资，为农户提供担保，为担保机构提供保险和资金。法国实行的是以商业金融为核心的体制，政府通过担保发行债券为扶持农业发展。

许多国家的政府对农村金融信贷的担保机制都借鉴了对中小企业提供政府信用担保的机制。日本是最早专门针对中小企业建立政府信用担保机制的国家，发展至今已较为完善。政府担保机制建立之前，日本中小企业面临严峻的经济和金融环境，众多中小企业面临金融机构“惜贷”问题，资金周转陷入困境、甚至濒临破产。而这种状况与我国目前农村中小企业和农村项目因农村金融机构“惜贷”而面临资金短缺的处境有可比之处。日本中小企业信用担保体制对构建我国支农资金财政担保机制有重要的参考价值。

日本政府成立由中小企业信用担保公司和中小企业信用保险公司构成的二级信用担保体系，其信用担保体系以政府公用资金为主，由中小企业信用担保公司、信用担保协会、中小企业信用保险公库组成。信用担保协会（CGC）由地方政府、公共团体共同出资成立，它为自身信用能力不足且无法从金融机构获得信贷资金支持但有发展前景的中小企业提供信用担保。中小企业信用保险公库（CIC）由日本政府直接出资建立，对担保公司的贷款担保进行再担保，并对信用担保协会进行担保保险。一旦中小企业经营不善或破产而不能按时还贷，由信用担保公司代替中小企业偿还贷款，或由信用担保协会向银行代为清偿后，信用保险公库再对担保公司或信用担保协会的损失总额按一定比例进行偿付，该

偿付比例为70%—80%。①

我国国内也有支农资金财政担保机制的实践。无锡市设立农业结构调整贷款担保基金，实行政府担保、市场运作的新机制，这可谓国内为建立支农资金财政担保机制所做出的一个大胆尝试。无锡市的政府担保方式主要有两种。一种是“贷（保）—担合一制”，无锡市属下的银山区政府通过与区信用联社签订合约，委托区信用联社代理担保基金的管理工作，并由信用社负责放贷业务。另一种是“贷（保）—担分离制”，无锡市属下的江阴市专门成立了一个股份制性质的“富民担保有限公司”，由市政府出资担保基金，委托该担保公司运营，担保公司完全按照市场化模式运作，作为中介机构为农民和农业企业提供担保服务。而贷款业务由农业银行独家经营。农业银行与担保公司相互独立经营。②

外国政府支农担保体制、日本政府对中小企业的信用担保机制以及无锡市支农资金财政担保机制的实践，对如何设计我国支农资金财政担保机制有效的运作模式、理顺财政支农与金融支农关系都有着重要的启示意义：第一，在支农融资领域，政府的职能重在通过对财政担保为支农融资创造良好的激励机制，形成稳定的外部环境；第二，支农资金财政担保机制需要促进支农风险在多种利益主体之间实现分担，形成风险控制机制；第三，财政担保机制的机构设置和担保方式需要根据实际情况进行选择。

四、构建我国支农资金财政担保机制

根据上文分析的“三农”领域的公共产品特性，借鉴国内外政府担保机制的实践经验，结合我国支农资金投入的实际状况，下文将从范围对象、资金来源、担保方式、管理层级和相关制度建设五个方面构建我国支农资金财政担保机制。

1. 支农资金财政担保机制的范围和对象。在强调“和谐社会”和新农村建设中，我们需要从更宽广的视野和更内在的联系的角度来理解支农资金财政担保机制中的“农”的涵义。“农”不只是指农业，而是指农业、农村、农民，三者是密不可分的。这是因为新农村建设以及整

---

① 朱媛玲、刘志锋：《可资借鉴的日本信用担保制度》。

② 唐国强，吴芳兰：“政府担保 市场运作——无锡构筑农村信贷‘绿色通道’”，《江苏农村经济》，2002年第9期。

个国民经济的发展离不开农业，而农业需要农民作为主体去生产经营，农业生产以及农民生活是在农村这环境下进行，农村基础设施的建设和环境的营造对农业生产和农民生活质量都会产生重大影响。基于对“农”的理解，支农资金财政担保机制的担保范围应设定在：新农村建设中因外部性或高风险性的存在，金融市场或民间组织不愿提供资金或提供不足的“三农”领域，具体包括农作物生产、农产品经营、农业科技开发、农村基础设施建设等等。从事农作物生产的农户、从事农产品经营的中小企业、从事农业科技开发的科研单位、从事农村基础设施建设的单位等向金融机构申请的贷款属于该机制的担保对象。

2. 财政担保机制的资金来源。由财政出资在全国范围内统一设立支农风险担保基金，该基金主要是用于为农业生产所面临的风险、特别是针对生产能力低下的农户和农村企业提供担保，以降低金融市场和民间资金进入支农领域的风险。担保基金每年从财政预算支农专项资金中划拨一定的款项作为其稳定来源，并从财政预算中列支。在现行的分税制下，考虑到各级政府的财政能力和应承担的支农责任，由中央、省、市（县）政府三级财政分别按一定比例出资组建财政担保基金较为合理。为了在维护担保基金作为稳定资金保障功能的同时，也使它实现保值增值，在一定限制条件下，担保基金在发生代偿之前可进行对外投资。一方面，出于安全的考虑，担保基金应主要投资于银行存款或国债等准现金资产；另一方面，出于增值的考虑，小额比例（一般不超过30%）的担保基金可投资于一些信用评级较高、风险较低的企业债券、股票等高收益资产。

3. 支农资金财政担保机制的担保方式。分别从不同的机构设置、资金组合方式、担保比例、担保期间等角度，支农资金财政担保机制可划分出多种担保方式。

根据提供贷款的机构与管理担保基金的机构是否同一，支农资金财政担保机制的担保方式主要有两种：一是“贷（保）—担合一制”，政府提供的支农风险担保基金由提供贷款或保险的金融市场主体进行管理，贷款主体和担保基金代理的主体是同一的。该基金通过金融机构的商业化运作，对从事农业信贷的金融结构提供贷款贴息，对从事农业生产保险的保险公司承担保险费，对从事为农业贷款担保的担保公司分担担保费。二是“贷（保）—担分离制”，政府提供的支农风险担保基金由某一独立的机构进行代理和担保，而支农贷款由金融机构提供，两者是相互分离的。

代理支农风险担保基金的独立机构主要有两种形式。一种方式是由政府出资组建专门针对支农信贷的担保公司，以支农风险担保基金作为其主要的财力来源，以向被担保者按担保金额收取一定比例的手续费，作为支农信贷担保公司日常开支的补充。支农信贷担保公司分别对金融机构支农信贷、保险公司的支农保险提供担保，对为支农贷款担保的担保公司进行再担保。另一种方式是成立支农信贷担保协会，其会员由金融机构、保险公司、担保公司自愿加入，其财力主要来源于支农风险担保基金，其次是会员费收入。担保协会的成员提供的支农信贷，享受政府支农风险担保基金的一定比例的担保或再担保待遇。

支农风险担保基金是在全国范围内普遍设立的，而由于我国地区差异大，支农资金财政担保机制的担保方式应该根据各地情况而定。“贷（保）—担合一制”是较为简单易行的方式，它无需新建支农资金担保机构，可以在目前已有的金融体系中运作，但基金管理较为分散。“贷（保）—担分离制”，需要建立新的支农资金担保机构，对支农风险担保基金进行独立管理，其中，相对于支农担保协会，支农担保公司的市场化要求程度较高。

根据政府支农风险担保基金与市场支农资金的组合方式，支农资金财政担保机制的担保方式可分为“政府引发式”和“政企合作式”。“政府引发式”是指政府单独对支农贷款或投资项目提供担保，以降低支农项目的风险、直接引发更多的金融市场资金对支农项目提供贷款和进行投资。“政企合作式”是指政府与担保公司等金融机构按照一定比例和份额联合对支农贷款或投资项目提供担保，以分散支农项目的风险，直接上带动更多的金融市场资金对支农项目提供担保，间接上也促进了金融支农信贷和投资的增加。这两种方式都能起到用政府资金撬动市场资金的作用，实现财政资金的扩大效应，而具体选择哪种方式取决于谁更能降低资金风险、实现更大的激励作用、引发更多的市场资金。在大多数情形下，把这两种担保方式相结合，更能适应多元化市场主体的需要。

无论是“贷（保）—担合一制”还是“贷（保）—担分离制”，无论是“政府引发式”还是“政企合作式”，都涉及到担保比例问题。根据担保比例的大小，支农资金财政担保机制的担保方式可分为“全额担保”和“比例担保”。“全额担保”是指政府对金融贷款或投资项目的损失承担100%的担保责任和数额。“比例担保”是指政府对金融贷款或投资项目的损失只承担部分担保责任和数额，譬如政府承担担保金额的

70%，余下的部分由被担保机构或个人承担。

从理论上说，政府担保的比例应由支农项目的公共性程度来决定，公共性程度高、受益范围涉及全社会的支农项目应实行政府全额担保，而公共性程度较低，受益范围较小的支农项目应实行比例担保，政府担保的比例随着支农项目的公共性程度的增强而增大。在我国的支农资金财政担保机制中，政府对大多数支农贷款或投资项目不采取全额担保而应实行比例担保的方式，在实际运作中也有它的合理性。这一方面是因为政府100%担保会引起被担保的金融机构、农村企业或农民个人严重的“道德风险”，这使得金融机构缺乏激励进行支农信贷资金的有效监管，受担保的农村企业或农户无还贷压力而不努力改善经营，这反而不利于资金的有效使用和市场主体积极性的发挥。另一方面，我国财政资金是有限的，而支农领域存在高风险性，如果对所有支农贷款或投资都100%担保，那么需要担保的资金是个无底洞，这不是政府财力可承受的。

除担保比例外，对担保方式的讨论还需考虑担保资金在时间上如何分配，是“一次性担保”还是“分期担保”。“一次性担保”是指在支农贷款或投资项目立项时，政府对此预存一笔担保资金，在项目结束时，政府一次性支付所承担的担保损失。“分期担保”是指把支农贷款或投资项目划分为几个阶段，各期末进行效益评估，政府根据各期效益损失情况分期支付担保资金。“一次性担保”较为简单易行，但相对来说，“分期担保”的资金使用效率更高。这是由于“分期担保”需要按期进行效益评估，它更能形成激励机制，提高金融支农资金的使用效益；同时，因为政府支农风险担保基金只需分期支付，剩下大部分担保基金可通过资本市场运作，实现保值增值，提高政府支农资金的绩效。

4. 支农资金财政担保机制的管理层级。在支农资金财政担保机制的管理层级方面，鉴于分税体制的存在和风险分担的需要，笔者认为应该建立中央与地方分层次的支农资金财政担保体系，其业务由担保与再担保两部分组成。全国各省普遍设立的支农风险担保基金由省级政府进行统一管理，按照一定的限额、比例以及各地级市新农村建设的实际需要下拨。各地级市政府自主安排支农风险担保基金，选择适合地区发展的支农担保方式：采取“贷（保）一担合一制”的方式把基金分散投入给各金融、保险、担保机构；或者以城市为单位组建支农信贷担保公司或支农信贷担保协会，实行“贷（保）一担分离制”，委托其统一进行担保基金运作和支农担保。中央政府则按照全国统一的标准，负责对一些特殊支农项目、特别贫困地区的新农村建设直接进行重点担保，以及对不发达地区政府的支农担保项目进行再担保。

5. 支农资金财政担保机制的相关制度创建。我国要建立支农资金财政担保机制，还需要注意以下四方面的问题，加强相关的制度建设。

首先，加强支农风险担保基金管理的法制化建设。支农风险担保基金的管理应法制化、规范化。借鉴日本等国家的经验，日本政府为了给中小企业提供信贷担保支持，早于1953年就颁布了《信用保证协会法》，于1976年颁布并实施了《中小企业现代化资金扶持法》，为信用担保制度提供法律规范和保障。[①] 对于如何建立我国支农资金财政担保机制，建议通过人大立法，用法律规定每年从财政预算中专门划拨一笔资金作为财政支农风险担保基金，并规定相关的划拨比例、基金逐年递增变动的比例、基金使用的权限等，以保证担保基金的稳定收入来源和规范管理。

其次，加强对支农信贷和担保的风险控制。第一，支农信贷担保存在高风险性，金融信贷机构在提供支农信贷前要实施谨慎的审贷程序，担保机构对支农信贷风险要进行合理评估。第二，借鉴国外的“信用评级制度”，对农户、农村企业根据其资本运作、经营状况、诚信能力等进行信用评级，根据不同的信用级别，设置不同的信贷担保比例或担保费用。第三，实行比例担保，政府只提供占担保金额70%左右的支农信贷担保，余下的部分由银行和保险公司承担，以增强对金融机构控制风险的约束和激励。

再次，加强对支农信贷担保的绩效评估。建立支农信贷担保的绩效评价体系，对支农信贷资金发放、使用、回收状况进行综合性评估，以便有效发挥财政担保机制对降低信贷风险、扩大信贷规模、提高信贷支农效益的作用。

最后，加强对支农信贷资金的有效监管。建立支农信贷资金监督支付制度，一方面，政府和专门的支农担保机构对支农风险担保基金实行有效监管，以防基金的非法挪用；另一方面，银行等金融机构要对支农信贷资金加强监管，以减少不良贷款余额，提高信贷资金使用有效性。

---

① 黄刚、谢沛善、蔡幸：“日本、韩国、台湾中小企业发展的金融支持经验及启示”，《广西商业高等专科学校学报》2005年第12期。

五、结论

在新农村建设的背景下，要从根本上克服支农资金投入的“瓶颈”，需要在不减少财政直接支农投入的同时，寻求一种能够有效联系政府和市场、发挥对农民和金融机构内在激励的新的支农融资长效机制。但是，支农融资领域普遍存在市场失灵和政府失灵，而如何让人们从需要政府还是需要市场的二难困境中摆脱出来，支农资金财政担保机制对此做出了很好的回答：通过转变政府角色，以有限的财政支农资金带动庞大的金融支农信贷资金链，形成财政支农资金的扩大效应，促进支农融资的良性循环。本文通过借鉴国内外的实践经验，从范围对象、资金来源、担保方式、管理层级和相关制度建设等方面构建我国支农资金财政担保机制，这作为一种制度创新或路径探索都有着深远的意义。

参考文献

1. 温涛、王煜宇：“农业贷款、财政支农投入对农民收入增长有效性研究”，《财经问题研究》，2005 年第 2 期。

2. Avishay Braverman. Improving Rural Finance in Developing Countries. Finance & Development. Mar 1991.

3. 陈池波：“构建政府宏观农业投入机制的思考”，《农业经济问题》，2002 年第 5 期。

4. 朱向华：“关于建立我国农业信贷担保机制的思考”，《现代管理科学》，2002 年第 11 期。

5. 余文渊：“破解‘三农’融资困局：建立财政支农风险补偿基金”，《南方金融》，2006 年第 3 期。

我国积极财政政策实施前后财政风险的变动分析

——兼议财政政策转型依据

武彦民*

2004年12月1日，中共中央政治局根据我国宏观经济形势的发展变化和巩固宏观调控成果的要求，决定2005年实行稳健的财政政策和货币政策，加强各项宏观调控政策措施的协调配合，合理调控总量，着力调整结构，促进经济平稳较快增长。同年底召开的中央经济工作会议将稳健财政政策的内容正式表述为“控制赤字、调整结构、推进改革、增收节支”。这标志着积极财政政策在官方政策层面正式退出宏观调控舞台，稳健型财政政策成为政策类型的新选。

人们从多个角度阐述过财政政策转型的根据。有的从财政运行本身的平稳性出发，认为实施多年的积极财政政策造成了赤字率上升，国债发行规模过大，影响财政的平稳运行，因此积极财政政策退出是明智选择；有的从经济运行的走势分析，认为经过几年的宏观调控，经济自增长力量得到充分加强，GDP增速渐快，物价总水平渐升，认为积极财政政策存在的必要性基本丧失，政策转型当然是合乎逻辑的结果。

我认为上述看法都从某一侧面解释了积极财政政策退出的原因，但

* 天津财经大学。

我们更倾向于财政政策换型有着更为复杂、综合的社会经济背景的观点。本文从财政风险变化的角度，阐述我们关于财政政策转型依据的看法。

以前的研究中，我们曾对财政风险的概念、特征、地位、类别等进行了深入分析，形成了我们关于财政风险分析的基本理论框架（详见武彦民著：《财政风险：评估与化解》，中国财政经济出版社，2004 年），并筛选了两大类、16 个指标作为对我国财政风险程度进行量化测评的基本支撑体系，初步构建了以表格形式反映的财政风险测评模型，见表 1。我们使用该模型对我国实施积极财政政策前后（1997 年和 2003 年）的财政风险状况进行测评，得出的结论是：尽管我们具有继续实施积极财政政策的财政能力，但社会经济运行本身已经使积极财政政策的继续实施失去了必要性条件，因此财政政策换型是明智选择。

下面利用财政风险测评模型对 1997 年和 2003 年我国财政风险的变化情况进行分析。

一、直接评价体系财政风险效应的变动情况

所谓直接评价体系是用于测评财政运行本身风险状态的指标体系，它反映积极财政政策实施的可能性。我们用财政收入集中率、财政赤字率、国债负担率、国债依存度、国债偿债率、外债负债率、隐性负债率、或有负债率等八个指标搭建关于财政风险状态的直接评价体系。(见表 1)

1. 财政收入集中率。按道理说，财政收入集中率不应与积极财政政策的实施成同方向变动，甚至应该成反向变动，作为扩大社会总需求的政策类型，积极财政政策应该要求国家财政减少收入，相应扩张赤字。但我国积极财政政策的实施背景之一是当时的财政收入集中率太低，使我们根本不能在减收上有所动作，反而为了正常履行财政其他功能，必须适当提升财政收入集中率，相应会减轻本指标体现的财政风险效应。故此我们看到，在积极财政政策实施前的 1997 年，财政收入集中率只有 11.8%，实施六年后的 2003 年，该指标升到 18.6%，项目风险指数相应由 91 降至 57，总体风险指数则相应由 9.1 减至 5.7，坐落的运行区域尽管依然在红色危机区，但占据危机区的比例已由 1997 年的 82%下降为 14%。结果：本指标体现的财政风险指数降低。

2. 财政赤字率。财政赤字率是最能体现财政政策类型及其力度的

指标，因为从理论上分析，财政赤字率的变化情况最能反映财政净需求的演变程度。实施积极财政政策前的1997年，财政赤字率只有0.8%，实施六年后的2003年，该指标增长为2.5%（往前再推一年，2002年的财政赤字率更是超过3%的国际公认警戒线），项目风险值由10增加到31.25，总体风险指数相应由1增加到3.125，尽管依然在绿色安全区，但占据安全区的比例已由26.7%提升到83.3%。结果：本指标体现的财政风险程度提高。

3. 国债负担率。国债负担率走高也是积极财政政策实施的当然后果。关于国债负担率指标在国债运行状态中的地位是有不同看法的。有人认为，国债负担率是评价国债运行状态的主体指标，它反映国债存量相对于整个社会经济的总体负担情况，反映国民整体承受国债的负担水平，因此应该为该指标分配较大的权重或灵敏度。但是我们认为，本指标并非如人们所讲的那样重要，它只是评价国债应债能力的指标而已，并不反映国债偿债能力高低，但事实上，决定国债运行状态的关键因素是偿债能力，在政府偿债比例不足时，即使国民的应债能力依然很强，或者是国债负担率指标依然在控制标准之内，但丝毫不能说明国债运行是高枕无忧的。因此，我们为四个国债类指标分配了相同的权重，均为0.05。积极财政政策实施前的1997年，国债负担率只有8.16%，项目风险指数只有13.6，相应的总体风险指数只有0.7，六年后的2003年，国债负担率达到20%（关于国债负担率的实际水平有不同的计算版本，高培勇教授认为达到了26.7%，我们在此使用的是官方认可的较低版本），相应的项目风险指数达到33.3，总体风险指数达到1.67。尽管依然在我们划定的绿色安全区内，但占据安全区的比例已由1997年的32.6%上升到80%，且如此快的飚升是在短短六年间完成的，飚升幅度达到2.45倍，无怪乎人们对我国国债负担率的变化充满担忧了。结论：本指标体现的财政风险程度上升。

4. 国债依存度。该指标反映财政支出对国债发行的依赖程度，也在一定程度上反映政府对国债的偿债能力。积极财政政策的内容主要是国债发行规模激增，导致财政支出规模扩大，分子、分母即使同时扩大，也会带来国债依存度的提升。该指标在此只选取全国国债依存度的含义，如果我们将中央国债依存度也纳入分析体系的话，那么积极财政政策对国债依存度的影响程度将更为显著。1997年的国债依存度为14.85，项目风险指数为29.7，总体风险指数为1.485，勉强落在绿色安全区内，但2003年该指标达到25%，项目风险指数达到50，总体风险指数达到2.5，说明国债依存度指标已经冲破风险区的最高控制标准，踏进危机区的门槛，已经在向我们传递红色警示信号了。结果：本项目体现的财政风险程度上升。

5. 中央国债偿债率。按道理说，积极财政政策引起国债依存度高涨，同时也应该引起国债偿债率提升。但是，我们不能忽视时间因素在相关指标变化中的作用，事实上，从国债发行到国债偿付之间是有相当长的时间间隔的。又如建设性国债属于长期国债，偿付期限通常在10年以上，因此，这两个指标在一个时期内向人们传递的信息不一样，是完全正常的。但人们不能由此就对政府的偿债能力作过于乐观的估计，因为借债毕竟要偿付，只是时间略为后移罢了。1997年中央国债偿债率为44.7%，项目风险指数为44.7，总体风险指数达到2.235，早已步入红色危机区了，但积极财政政策实施六年后的2003年，中央国债偿债率降为24.9%，项目风险指数降为24.9，总体风险指数低至1.245，尽管依然在危机区内，但占据危机区的比重已由31%降到6.125%，可以说是在危机区底线附近徘徊。结果：本指标体现的财政风险程度减低。

6. 外债负债率。该指标实际上是国债负担率在外债上的具体化。毋庸置疑，我国对外债的控制是相当成功的，所有外债指标，包括外债偿债率、外债负债率、外债债务率等，都稳定地座落在安全区内。我国实施的积极财政政策尽管增加了债务存量，但完全是增加内债发行规模，不涉及外债问题。1997年我国外债负债率为14.5%，项目风险指数为18.125，总体风险指数为0.91，位于安全区中上部；2003年该指标又降低到13.7%，项目风险指数降为17.125，总体风险指数降为0.86。结果：该指标体现的财政风险制度略有降低。

7. 隐性负债率。如前所述，隐性负债是现在应当支付，却未现实支付的债务，亦即支出留缺口。该项债务在支付上具有迫切性，但存在规模却不能确切知晓。我们现在所能列举出的隐性负债项目有：国有企业亏损补贴挂账、欠发财政供养人口工资、县以下财政性债务、未在显性债务中包括的特别国债、义务教育经费缺口、政府拖欠工程款等。上述大部分项目我们没有确切的数据。在《财政风险：评估与化解》（武彦民著，中国财政经济出版社2004年出版）中，我们曾经大致列出了我国财政2000年隐性负债规模，约8040亿元，隐性负债率9%。表2是我们从各种渠道获得的主要隐性负债项目2003年存在情况。

表 1　财政风险综合测评模型

项目		总体存在区间	权重	绿灯区（安全正常区）			黄灯区（风险提示区）			红灯区（危机警戒区）		
				存在区间	项目风险数	总体风险指数	存在区间	项目风险指数	总体风险指数	存在区间	项目风险指数	总体风险指数
直接关联指标	财政收入集中率	10%—30%	0.1	25%—30%	0—25	0—2.5	20%—25%	25—50	2.5—5.0	10%—20%	50—100	5.0—10.0
	财政赤字率	0—8%	0.1	0—3%	0—37.5	0—3.75	-3%—-5%	37.5—62.5	3.75—6.25	-5%—-8%	62.5—100	6.25—10.0
	国债负担率	0—60%	0.05	0—25%	0—41.7	0—2.085	25%—35%	41.7—58.3	2.085—2.915	35%—60%	58.3—100	2.915—5.0
	国债依存度	0—50%	0.05	0—15%	0—30	0—1.5	15%—20%	30—40	1.5—2.0	20%—50%	40—100	2.0—5.0
	中央国债偿债率	0—100%	0.05	0—12.5%	0—12.5	0—0.625	12.5%—20%	12.5—20	0.625—1.0	20%—100%	20—100	1.0—5.0

续表

项目		总体存在区间	权重	绿灯区(安全正常区)			黄灯区(风险提示区)			红灯区(危机警戒区)		
				存在区间	项目风险数	总体风险指数	存在区间	项目风险指数	总体风险指数	存在区间	项目风险指数	总体风险指数
直接关联指标	外债负债率	0—80%	0.05	0—20%	0—25	0—1.25	20%—40%	25—50	1.25—2.5	40%—80%	50—100	2.5—5.0
	隐性债务率	0—20%	0.1	0—5%	0—25	0—2.5	5%—10%	25—50	2.5—5.0	10%—20%	50—100	5.0—10.0
	或有债务率	0—120%	0.1	0—65%	0—54.2	0—5.42	65%—100%	54.2—83.3	5.42—8.33	100%—120%	83.3—100	8.33—10.0
	直接关联指标小计		0.6			0—19.63			19.63—32.995			32.995—60
间接关联指标	经济发展速度	4%—10%	0.06	8%—10%	0—33.3	0—1.998	6%—8%	33.3—66.7	1.998—4.002	4%—6%	66.7—100	4.002—6.0
	物价波动幅度	0—20%	0.05	0—5%	0—25	0—1.25	5%—10%或负增长	25—50	1.25—2.5	10%—20%	50—100	2.5—5.0

续表

项目		总体存在区间	权重	绿灯区(安全正常区)			黄灯区(风险提示区)			红灯区(危机警戒区)		
				存在区间	项目风险数	总体风险指数	存在区间	项目风险指数	总体风险指数	存在区间	项目风险指数	总体风险指数
间接关联指标	失业率	0—15%	0.05	0—3%	0—20	0—1	3%—8%	20—53.33	1—2.67	8%—15%	53.33—100	2.67—5.0
	企业亏损面	0—50%	0.04	0—20%	0—40	0—1.6	20%—30%	40—60	1.6—2.4	30%—50%	60—100	2.4—4.0
	产业结构(第三产业比率)	20%—70%	0.05	50%—70%	0—40	0—2.0	35%—50%	40—70	2.0—3.5	20%—35%	70—100	3.5—5.0
	国民受教育程度(三级综合毛入学率)	40%—100%	0.06	85%—100%	0—25	0—1.5	60%—85%	25—66.7	1.5—4.002	40%—60%	66.7—100	4.002—6.0

续表

项目		总体存在区间	权重	绿灯区（安全正常区）			黄灯区（风险提示区）			红灯区（危机警戒区）		
				存在区间	项目风险数	总体风险指数	存在区间	项目风险指数	总体风险指数	存在区间	项目风险指数	总体风险指数
间接关联指标	经常项目赤字占 GDP 比例	0—10%	0.04	0—3%	0—30	0—1.2	-3%—-5%	30—50	1.2—2.0	-5%—-10%	50—100	2.0—4.0
	收入分配结构（基尼系数）	0.3—0.8	0.05	0.3—0.45	0—30	0—1.5	0.45—0.6	30—60	1.5—3.0	0.6—0.8	60—100	3.0—5.0
	间接关联指标小计		0.4			0—12.048			12.048—23.074			23.074—40
	综合评价指数		1.0			0—31.678			31.678—56.069			56.069—100

表 2　　2003 年我国财政隐性负债规模

隐性负债项目	负债金额（亿元）
国有企业亏损补贴挂账	3050
欠发财政供养人口工资	150
县、乡镇财政负债	8000
为补充国有商业银行资本发行的特别国债	2700
义务教育经费缺口	845
政府拖欠工程款	644
总计	15389

2003 年 GDP 总量为 117251.9，当年隐性负债率达到 13.1%。项目风险指数由 2000 年的 45 增至 2003 年的 65.5，总体风险指数由 4.5 增至 6.55，座落的区域由黄色风险区跨入红色危机区，且占据危机区的比例达到 31%。结果：该项目体现的财政风险程度上升。

8. 或有负债率。相对于隐性负债而言，或有负债是不确定性更强，确切规模更难以掌握的指标，在许多专家眼中，或有负债与隐性负债一道构成财政风险的主要领域。我们在《财政风险：评估与化解》（武彦民著，中国财政经济出版社，2004 年）中，也曾经大致列出了我国财政当时拥有的几个主要的或有负债项目：养老基金支付缺口、失业救济金缺口、非财政性公共部门债务、间接担保的外债、与国债投资相配套的资金、国有商业银行不良资产、国有企业未弥补亏损、农村合作基金不良资产等。据统计，2000 年我国财政或有负债规模约 96797 亿元，或有负债率 108.3%（上述数据的主要来源是财政部财政科研所刘尚希研究员与赵全厚同志的研究成果），该数据已经远远超出了风险控制线，进入危机区了。鉴于确切数据实难取得，我们在此只能更换几个我们从各种途径获得的部分或有负债项目的 2003 年的数据，其他项目我们只能继续使用原有数据了。表 3 是关于 2003 年底财政或有负债的大致情况。

表 3　　2003 年我国财政或有负债规模

或有负债项目	负债金额（亿元）
养老金支付缺口	25000
失业保险金缺口	720
非财政性公共部门债务	7324

续表

或有负债项目	负债金额（亿元）
间接担保的外债	4411
为国债配套的资金	11500
国有商业银行不良资产	20000
国有企业未弥补亏损	7531
农村合作基金不良资产	3000
注入中行和建行外汇资金	3735
合计	83221

2003年我国财政或有负债规模的下降主要得益于大力度的处理国有商业银行不良资产，社会保障体制改革的深入等原因，我国财政2003年底或有负债规模有所下降，再加上经济发展，GDP规模扩张，使得或有负债率有所减低，达到71%，项目风险指数由90.2下降为59.2，总体风险指数由9.02下降为5.92，一跃由比较严重的危机区降为不太严重的风险区，原来占据危机区的比例达到41.5%，目前只占风险区的比例17.1%。结果：本项目体现的财政风险程度降低。

通过对财政风险直接评价指数的分析，可得出两个结论：首先，积极财政政策实施六年后，相应的财政风险直接评价指数不仅未有上升，反而由28.95下降为27.57（只讨论总体风险指数，因为项目风险指数不能作总体性比较），下降幅度4.8%，尽管依然在黄色风险区，但占据风险区的比例由以前的69.7%降为61.4%。这说明我们具有继续实施积极财政政策的财政能力。其次，对上述指标的具体分析又使我们不能盲目乐观，不要以为积极财政政策的长期实施不会增加财政运行本身的风险程度，仔细分析一下，我们可以看出，几个主要的减低财政风险程度的项目，如财政收入集中率、或有负债率等，它们与积极财政政策的实施并无直接关系，有的甚至是反政策性操作（如本应减少的财政收入规模反而大幅度增加，由1997年底的8651.14亿元增加到2003年底的21715.25亿元，六年间增长幅度达到151%，导致财政收入集中率由11.8%升至18.6%），它们的小幅降低并不能说明积极财政政策是无风险性操作。

二、间接评价体系财政风险效应的变动情况

间接评价体系是反映与财政分配有间接联系的外围因素存在状况的风险评估体系，它们说明继续实施积极财政政策的必要性条件。间接评价体系由经济增长速度、物件变动幅度、失业率、企业亏损率、产业结构、国民受教育程度、经常项目赤字率、收入分配结构等八个指标构成。

1. 经济发展速度。保持较快的经济发展速度，是迅速提升我国综合国力，提高人民生活水平的主要途径。自 20 世纪 80 年代以来，我国经济平均增长速度达到 9.56%，这样的增长速度肯定会执世界经济增长速度之牛耳。但我们也必须看到，不同年份之间的经济增长速度确有大起大落问题。1981—1997 年，我国 GDP 平均增速达到 10.11%，但在 1992 年达到 14.2%的定点后，一路下滑，1997 年只有 8.8%（见表 4），这样的增长趋势在 1998 年上半年依然在继续，迫使新一届政府不得不将确保 8%的增长速度作为当年经济工作的第一要务。不难想像，我国这样一个人口大国和劳动力大国，没有较高的经济增长速度，工作岗位何以提供，人民生活何以提高。勿庸讳言，GDP 增速的持续下滑引发的各种社会经济问题，是我们在 1998 年出台积极财政政策的主要背景。积极财政政策实施六年后，我们的经济增长速度已经恢复到正常状态，经济自增长机制已经基本建立，2003 年 GDP 增速达到 9.3%（见表 4）。项目风险指数由 1997 年的 20 降为 11.7，总体风险指数由 1.2 降为 0.672，使得该指标在绿色安全区的地位更加稳固了。结果：本项目体现的财政风险程度在降低。

表 4　　1992 年以来我国 GDP 增长情况

年份	增长速度%	年份	增长速度%
1992	14.2	1998	7.8
1993	13.5	1999	7.1
1994	12.6	2000	8.0
1995	10.5	2001	7.5
1996	9.6	2002	8.3
1997	8.8	2003	9.3

资料来源：《2004 统计年鉴》，GDP 数据未经调整。

2. 物价波动幅度。物价波动的规范化控制标准是将物价变动幅度控制在适当水平上，力避两个极端的情形出现，一是物价涨幅过高，二是物价低迷，甚至负增长。要知道，为了缓解经济运行中一些成本推动因素，必须使物价总水平保持一定涨幅，绝不是物价水平越低越好，因此，我们在设计该指标的分区控制标准时，将负增长归入黄色风险区。我们将财政风险程度的累积同物价上升相联系，只是因为物价波动的通常问题是上涨速度过快而已。为更清楚地显示积极财政政策实施前后的物价波动效应，我们以 1998 年的物价增长情况为前期资料（我国的物价水平从 1997 年 11 月份起，连续 30 个月下降），同 2003 年物价上升情况进行对比分析。物价波动情况是社会总供求状况的集中反映。1998 年我国居民消费价格指数（CPI）为 -0.8，位于黄色风险区，我们将其定在风险区的中间地带，项目风险指数 37.5，总体风险指数 1.875。实施积极财政政策六年后的 2003 年，居民消费价格指数升为 1.2，尽管不能说这样的价格回暖幅度是令人满意的，但毕竟将物价拉出了负增长的泥淖，证明积极财政政策的刺激需求目标基本实现。再考虑到需求刺激和物价上涨具有较强的“后发效应”，相信物价上升幅度会继续加速（2004 年 CPI 达到 3.9）。相应地，项目风险指数降为 6，总体风险指数降为 0.3，进入绿色安全区。结果：本项目体现的财政风险程度下降。

3. 失业率。必须清楚，我国目前公布的城镇登记失业率并不完整，下岗人员、农村剩余劳动力等都未统计在内。失业问题既是经济运行状况的集中反映，也是许多社会问题产生的根本原因，因此，许多专家将失业问题放在比 GDP 增速更为显著的位置，而 GDP 之所以受到“追捧”，很大程度上是因为 GDP 增速与失业状况的改善相联系。据测算，20 世纪 80 年代我国经济每增长 1 个百分点，新带来的就业岗位是 240 万个；20 世纪 90 年代，经济每增长 1 个百分点，新带来的就业岗位是 170 多万个；现在我国经济每增长 1 个百分点，新带来的就业岗位是 90 多万个。这就是现代化带来的技术排斥劳动，资本排斥劳动问题。农村劳动力的失业更可怕，现在大概有 5.5 亿的农村劳动力，1 亿多到城市里，还有 1 亿多离土不离乡，进入了工业或者其他服务业、制造业。还有 3.3 亿多人在农村种地。中国目前最多有 18 亿亩地，最多需要 1.8 亿农民耕种。从这个意义上讲，我国的积极财政政策是一件功德无量的“壮举”，它尽管未能将失业率的绝对水平降下来，但提供了近千万个就业机会，大大缓解了失业率上升对社会经济运行的冲击。1997 年登记失业率 3.1%，项目风险指数为 20.67，总体风险指数 1.03，已经跨入黄色风险区的“门槛”。2003 年登记失业率上升到 4.3%，项目风险指数升为 28.67，总体风险指数升为 1.43，占据风险区的比例由 2% 扩大到 26%。结果：本项目体现的财政风险程度上升。

4. 企业亏损面。亏损面是企业经济效益的衡量指标之一，也是评价经济运行状态的重要标志。我国在 1998 年曾提出国有企业三年脱困的行动计划，也是将降低亏损面作为第一指标。从道理上讲，积极财政政策可以弥合需求缺口，改善市场状况，应该使企业亏损面有明显下降。但是，由于受到体制、机制、素质等多方面因素制约，我们在降低企业亏损面方面只是小有收获。1997 年，我国当时国有及国有控股大中型工业企业为 16874 户，其中亏损企业 6599 户，亏损面为 39.1%。六年后的 2003 年，我国大中型规模以上工业企业总户数为 193483 户，其中，国有企业亏损户数为 9769 户，亏损面 39%，其中的国有及国有控股企业亏损面为 35.5%。相应地，项目风险指数由 78.2 下降为 71，总体风险指数由 3.128 降为 2.84，依然处在红色危机区。结果：本项目体现的财政风险程度下降。

5. 产业结构。调整产业结构，优化资源配置，是积极财政政策的重要内容。从产业结构的最高层面上看，第三产业发展滞后是一个比较突出的问题，第三产业固有的功能未能得到较好地发挥。1999 年，发达国家第三产业增加值占 GDP 的比重高达 68.6%，发展中国家平均值也达到 51.5%。与此相比，我国的差距可谓巨大。1997 年我国第三产业增加值占 GDP 的比重为 30.9%，项目风险指数为 78.2，总体风险指数为 3.91，位于红色危机区；实施积极财政政策六年后的 2003 年，该指标上升到 33.2%，项目风险指数减为 73.6，总体风险指数降为 3.68，但依然在危机区徘徊。结果：本项目体现的财政风险程度有所减低。

6. 国民受教育水平。如前所述，教育领域也是积极财政政策的重要受益者，大量国债资金投向了教育领域，各个层次的教育环境在过去几年得到了极大之改善。联合国开发计划署（UNDP）和瑞典斯德哥尔摩国际环境研究院（SEI）在《中国人类发展报告 2002：绿色发展，必选之路》中，用“三级教育综合毛入学率”等作为评价中国各省、自治区、直辖市人民受教育水平的指标。根据中国统计年鉴的资料，我们选用四级教育综合毛入学率（适龄儿童入学率、小学毕业生升学率、初中毕业生升学率、高等教育入学率）作为评价国民受教育水平的指标，其严密程度应该更胜一筹。1997 年四级教育综合毛入学率为 63.425%（适龄儿童入学率 98.9%、小学毕业生升学率 93.7%、初中毕业生升学率51.5%、高等教育入学率9.8%)，相应之项目风险指数60.96，总体风险指数3.66，座落于该项目的黄色风险区，占据风险区的比例为86.3%。积极财政政策实施六年后的2003年，四级教育综合毛入学率达到68.45%（适龄儿童入学率98.7%、小学毕业生升学率97.9%、初中毕业生升学率60.2%、高等教育入学率17%)，项目风险指数52.59，总体风险指数3.16，尽管依然位于黄色风险区，但占据风险区的比例降为66.2%。结果：本项目体现的财政风险程度降低。

7. 经常项目赤字占GDP比例。在四元经济结构中，随着国际化程度的日渐加深，经常项目赤字占GDP比重对一国经济的稳定运行有十分密切的关系。不过，我国多年来该指标一直为正的顺差，为我国财政运行提供了良好的外部环境。1997年外贸进出口顺差占GDP的比重为4.5%，2003年尽管顺差率有所降低，但依然保持在1.8%。鉴于该项目体现的财政风险程度只有在逆差时才进行分析，故此，积极财政政策实施前后的项目风险指数和总体风险指数均为零。结果：本项目体现的财政风险程度未发生变化。

8. 收入分配结构。关于国民总收入在不同阶层、不同地域之间的分配结构，有不同的指标可以衡量，比如基尼系数、贫困指数、五等分法、城乡收入比等，但使用最普遍、最科学的指标是基尼系数。受三个因素的影响，我国改革开放以来的收入分配结构愈益两级分化：一是经济发展，二是分配渠道混乱，三是体制转轨。据未必准确的测算，我国居民的基尼系数由1978年的0.18，一路上扬至1991年的0.282、1994年的0.37、1996年的0.424。根据世界银行研究报告《中国：促进公平的经济增长》提供的数据，1999年，我国的基尼系数为0.437。做一个简单的算术处理，可以得出1997年基尼系数为0.428，相应之项目风险指数为25.6，总体风险指数为1.28，尚在绿色安全区内，但已经接近风险区的门槛。积极财政政策实施六年后的2003年，我国居民收入的基尼系数升为0.458[①]，项目风险指数升为31.6，总体风险指数升为1.58，标志着我国的收入分配差距已经跨入黄色风险区的门槛。结果：本项目体现的财政风险程度上升。

汇总上面的分析结果，积极财政政策实施六年后的财政风险间接测评指标中，五个指标反映的风险程度下降，两个指标上升，一个指标持平。总体上讲，积极财政政策的实施，改善了财政运行环境，促进了社

---

① 李培林、朱庆芳等：《中国小康社会》，社会科学文献出版社，2003年。

会经济的和谐，缓解了财政风险累积程度。同 1997 年相比（个别项目是 1998 年资料），由上述八个指标构成的间接评价体系所反映的财政总体风险指数由 16.083 下降为 13.662，下降幅度达到 15%，远高于直接风险的下降幅度。尽管依然座落于黄色风险区，但占据风险区的比例已由 1997 年的 36.6%下降为 14.6%。特别是与积极财政政策有直接关系的几个项目，如 GDP 增长速度、物价波动幅度、产业结构、国民受教育程度等，风险缓解程度更是明显。这说明，积极财政政策已经取得预期效果，国民经济的运行状态已经得到根本性改善，积极财政政策的必要性已经基本不存在。反之，直接风险效应较低的下降幅度，说明尽管积极财政政策继续实施的财政能力依然存在，但几个与积极财政政策有直接关系的评价指标的风险效应快速累积，却在一定程度上削弱了积极财政政策继续实施的可能性条件。故此，积极财政政策的退出已经是顺理成章的选择。我们只需选择好退出路径，减轻退出阵痛，将退出的负面效应减低到最低程度就可以了。

三、积极财政政策实施前后财政风险效应的综合变动情况

表 5 集中描述了积极财政政策实施前的 1997 年和实施六年后的 2003 年财政风险综合变动情况。汇总结果显示，积极财政政策的实施总体上减缓了财政风险的累积程度，综合风险指数下降了 8.4%，在财政风险区占据的比例由 54.8%下降为 39.2%。这说明，积极财政政策从总体上是有助于财政职能的履行的，我国的财政能力也使继续实施积极财政政策成为可能。但同时，一些与积极财政政策的实施存在直接关系的指标体现的风险程度上升，意味着继续实施该项政策的直接财政风险在上升；一些间接评价指标体现的风险程度下降，说明该项政策的实施目标已经基本实现，继续实施该项政策的必要性也基本上不存在。故此，积极财政政策的退出是历史的必然。

表 5　积极财政政策实施前后(1997 年、2003 年)财政风险效应变动表

项目		项目总体存在区间	项目权重	1997 年财政风险状态				2003 年财政风险状态			
				现实状态	项目风险指数(XF)	总体风险指数(ZF)	项目所处区域	现实状态	项目风险指数(XF)	总体风险指数(ZF)	项目所处区域
直接关联指标	财政收入集中率	10%—30%	0.1	11.8	91	9.1	红色危机区	18.6	57	5.7	红色危机区
	财政赤字率	0—8%	0.1	0.8	10	1.0	绿色安全区	2.5	31.25	3.125	红色危机区
	国债负担率	0—60%	0.05	8.16	13.6	0.7	绿色安全区	20.0	33.3	1.67	绿色安全区
	国债依存度	0—50%	0.05	14.85	29.7	1.485	绿色安全区	25.0	50	2.5	红色危机区
	中央国债偿债率	0—100%	0.05	4.47	44.7	2.235	红色危机区	24.9	24.9	1.245	红色危机区
	外债负债率	0—80%	0.05	14.5	18.125	0.91	绿色安全区	13.7	17.125	0.86	绿色安全区
	隐性负债率	0—20%	0.1	9.0	45.0	4.5	黄色风险区	13.1	65.5	6.55	红色危机区
	或有负债率	0—120%	0.1	108.3	90.2	9.02	红色危机区	71.0	59.2	5.92	黄色风险区
	小计		0.6			28.95	黄色风险区			27.57	黄色风险区
间接关联指标	经济发展速度(GDP 增长速度)	4%—10%	0.06	8.8	20.0	1.2	绿色安全区	9.3	11.7	0.672	绿色安全区
	物价波动幅度	0—20%	0.05	-0.8	37.5	1.875	黄色风险区	1.2	6	0.3	绿色安全区
	失业率(城镇登记失业率)	0—15%	0.05	3.1	37.5	1.875	黄色风险区	4.3	28.67	1.43	黄色风险区
	企业亏损率	0—50%	0.04	39.1	78.2	3.128	红色危机区	35.5	71	2.84	红色危机区
	产业结构(第三产业增加值占 GDP 比重)	20%—70%	0.05	30.9	78.2	3.91	红色危机区	33.2	73.6	3.68	红色危机区

续表

项目		项目总体存在区间	项目权重	1997年财政风险状态				2003年财政风险状态			
				现实状态	项目风险指数(XF)	总体风险指数(ZF)	项目所处区域	现实状态	项目风险指数(XF)	总体风险指数(ZF)	项目所处区域
间接关联指标	国民受教育程度(三级综合毛入学率)	40%—100%	0.06	63.425	60.96	3.66	黄色风险区	68.45	52.59	3.16	黄色风险区
	经常项目赤字占GDP比例	0—10%	0.04	4.5	0	0	绿色安全区	1.8	0	0	绿色安全区
	收入分配结构	0.3—0.8	0.05	0.428	25.6	1.28	绿色安全区	0.458	31.6	1.58	黄色风险区
	小计		0.4			16.083	黄色风险区			13.662	黄色风险区
	综合评价指数		1.0			45.033	黄色风险区			41.232	黄色风险区

参考文献

1. 武彦民：《财政风险：评估与化解》，中国财政经济出版社，2004年。

2. 王美涵：《中国财政风险实证研究》，中国财政经济出版社，1999年。

3. 刘尚希：《财政风险：一般理论分析》，中国财政经济出版社，2005年。

4. 刘尚希：《财政风险防范研究文集》，经济科学出版社，2000年。

5. 马骏：《对地方财政风险的监控：相关的国际经验》，世界银行，2000年。

6. 李培林、朱庆芳等：《中国小康社会》，社会科学文献出版社，2003年。

7. 瑞典斯德哥尔摩国际环境研究院、联合国开发计划署：《中国人类发展报告2002——绿色发展，必选之路》，中国财政经济出版社，2002年。

8. 韩文秀、刘成：《积极财政政策的潜力和可持续性》，经济科学出版社，2000年。

财政本质与财政理论体系的构建

李　森*

财政本质理论在传统财政理论体系中居于举足轻重的地位，被认为是最有理论深度的组成部分。但是，近年来编写的财政学教材对财政本质问题已少有涉及，原因是什么？这是否意味着财政本质理论本来就没有研究的必要？传统的财政本质理论到底告诉了我们什么？应该如何对其做出客观评价？在市场经济条件下研究财政本质还有什么意义？本文试图对上述问题作出回答。不当之处，请指正。

一、为什么财政本质理论在新编财政学教材中被冷落

在20世纪90年代之前，编写财政学教材不写财政本质是不可思议的事情，然而近年来编写的财政学教科书大多不再涉及财政本质问题了。究其原因大概有以下几个方面：

1. 借鉴西方财政学理论体系的结果。西方财政学构建理论体系是从分析市场入手的，从市场有效讲到市场失效，然后再从市场失效引出政府财政。其不研究财政本质问题，即便对财政的概念也往往是简单加以描述，然后就开始对较为具体的财政体系的构建。我国在对具体的财政学理论体系的构建上基本是对西方财政理论体系采用了“拿来主义”，于是在新的财政学教科书中难觅财政本质理论的踪影就不足为怪了。因

* 山东财政学院。

此，财政本质理论被冷落与我国财政学理论体系向西方靠拢有直接关系。

2. 传统财政本质理论与西方财政理论不相容。在我国财政理论界几乎没有人反对借鉴西方财政理论，但借鉴西方财政理论的结果为什么使我们舍弃了传统的财政本质理论？笔者认为，这主要是因为二者不能兼容。传统财政本质理论是以马克思主义政治经济学为理论基础的，是把财政学的研究目的界定为揭示人与人的关系而形成的理论体系。这与西方对财政学的理解有很大差别，西方理论界把财政学看作是经济学的分支，把整个经济学理论体系分为两大组成部分，一部分是私人部门经济学，研究私人产品资源配置的规律性；一部分是公共部门经济学，研究公共产品资源配置的规律性。财政学在西方已发展到公共部门经济学的阶段，侧重人与物的关系的研究是西方财政学的特点。因此，基于考察财政活动所体现的物质利益关系而形成的传统财政本质理论与西方财政学的理论体系显得格格不入。于是，在新的历史时期，我们要构建财政理论体系，就面临两难选择：要么引进西方财政学的理论体系而舍弃传统的财政本质理论；要么保留传统的财政本质理论而舍弃西方财政学的逻辑框架。多数学者明显是选择了前者。

3. 西方财政理论体系更有利于揭示市场经济条件下财政运作的规律性。既然我国传统的财政本质理论和西方财政理论不相容，而我国财政理论界又毅然决然地引进西方财政学的框架体系，为此不惜舍弃作为传统财政理论体系基础的财政本质理论，那么可以解释的理由就只能是西方财政理论体系较之传统理论更能解释市场经济条件下的财政现实，更能有效指导财政活动，提高经济效率，更能增进公众的福利水平。事实也的确如此。西方财政理论体系从分析市场入手，通过分析市场有效，指出市场在资源配置中所处的基础地位，然后分析市场有效所需的假定条件在现实中不可能具备，进而导出市场失效，然后由市场失效引出政府财政的职能范围和财政应承担的支出任务，进而确定收入份额，并最终形成了“量出为入”的理财思路，如何正确地协调和处理市场与政府的关系，实现效率与公平的兼顾一直是其研究的重点。而我国传统的财政理论体系，则从界定财政概念入手，进而上升到财政本质，通过把财政本质这种以国家为主体的分配关系展开来建立体系，强调的是国家在财政活动中的绝对主导地位，财政的目的、依据、主体和国家都有着千丝万缕的联系，在财政收支及管理过程中，国家起主导的决定地位。虽然这样的理论并不直接导致国家完全替代市场、否定市场的结论，但至少对正确处理政府与市场的关系无多大帮助。因此，在我国改革的目标模式明确为建立社会主义市场经济体制后，我国财政理论界放弃传统的财政本质理论以及以此为基础的传统的财政理论体系，并不是没有道理的。

二、缺少财政本质理论的财政学体系的缺陷

如果仅仅是研究市场经济条件下的财政问题，西方财政学的体系是非常适用的，甚至可以说是完美的，深深植根于市场经济土壤的西方财政理论体系，经过几百年的发展，其规范分析的内容已经为评判现实的财政活动提供了科学的坐标，而其实证分析的部分则为我们认识财政运作的现实提供了较为充分的信息和有利的指导。但是，财政毕竟不仅仅是市场经济条件下的财政，市场经济的发展不过几百年，而财政发展的历史有几千年，财政的历史超过市场经济发展的历史或者说非市场经济条件下财政的存在，是不争的事实。那么，如果要研究非市场经济条件下的财政，显然就超出了西方财政理论的分析框架。从这个角度说，西方财政理论体系的逻辑虽然严谨，但其形成的体系毕竟是一封闭的体系。这一体系如果不加以拓展，其研究的领域将只能是财政发展的某一特定历史阶段，即市场经济条件下的财政。换句话说，在西方财政学的理论框架下无法对财政整个历史发展过程予以分析。

而要拓宽西方财政学理论的封闭体系，就必然要求将其研究的范围超出市场经济这一假定前提，即要研究非市场经济条件下的财政，研究财政的起源，研究财政发展演变的历史过程。但是研究的过程不同于理论表述的过程。研究的过程是从具体到抽象，表述的过程是从抽象到具体。要真正通过理论体系再现财政发展演变的历史过程，做到逻辑和历史的统一，就需要找到制约财政发展演变过程的矛盾的萌芽，需要找到一个核心的基础概念，然后通过对这一概念的展开，加入在分析过程中抽象掉的具体因素，并使之在理论体系中居于特定位置，才能完成对财政发展演变过程的理论再现。而要做到这一点，则必须研究财政的本质。

按照笔者的理解，财政的本质并不像有的学者所理解的那样就是财政的概念[①]。财政的概念是对财政现象共性的概括，其虽然属于理性认

① 见张馨：《公共财政论纲》，经济科学出版社，1999 年，第 409 页。

识的范畴，但就认识的深度而言，其属于现象层次。而财政的本质则不同，其为现象所遮掩，表明财政存在的依据，研究财政的本质问题就需要说明是什么矛盾在制约财政发展演变的历史过程。因此，从这个角度讲，研究财政本质问题有助于寻找构建开放的财政理论体系所需要的核心基础概念，因而自然也就和打破西方财政理论的封闭体系问题联系起来了。西方财政理论体系没有研究财政的本质，没有分析财政的起源和发展演变的历史，没有说明制约财政发展演变过程的基本矛盾，当然就没有找到理论体系的逻辑起点——包含制约财政发展演变过程矛盾萌芽的核心基础概念，于是只能就市场经济条件下的财政来研究财政，进而形成了一个封闭的体系，而正是由于其体系是封闭的，所以其无需也不可能去研究财政的本质。

三、传统财政本质理论的固有缺陷使之难以打破西方财政理论的封闭体系

与西方财政理论不同，我国传统的财政理论研究了财政本质问题，并且将其置于举足轻重的地位，有的学者甚至明确指出，财政本质理论是我国传统财政理论体系中最具特色和理论深度的内容①，这样看来，以我国传统的财政本质理论为基础，将其与西方财政理论体系有机结合，我们就可以轻而易举地打破西方财政理论的封闭体系，但事实与我们的愿望恰恰相反。对我国传统的财政本质理论进行反思，不难发现，这一理论虽然有值得继承的合理成分，但其存在的缺陷却使之难以完成这一艰巨任务。

首先，传统的财政本质理论把财政本质的界定过程等同于把财政与其他经济范畴区分开的过程，使财政本质问题简单化。传统的财政本质理论（以占主导地位的国家分配论为代表）把财政的概念界定为以国家为主体的分配，把财政的本质界定为以国家为主体的分配关系，很明显地把财政的概念与财政的本质区分开来，但就其对财政本质的界定过程来看，却是在对“分配关系”进行限定，以把财政范畴与非财政范畴区分开，从而在事实上又把财政本质的界定过程与财政概念的界定过程混

① 关于国家分配论对财政本质的具体界定过程可以参见邓子基：《财政学原理》，经济科学出版社，1989年，第28—32页。

同起来[①]。众所周知，把财政范畴与非财政范畴相区分是财政概念界定所应完成的任务。这需要把财政现象的共性概括出来，借此我们可以判断一种现象到底是不是属于财政范畴。而财政本质的界定则不同，它要回答财政存在的依据，寻找制约财政发展演变过程的基本矛盾，要对财政进行追本溯源的研究。从这个意义上讲，财政概念的界定和财政本质的界定属于不同的认识层次，二者要完成的认识任务是有根本差异的。传统财政本质理论虽然对财政本质问题进行了系统研究，但始终没能正确认识到财政本质问题研究所应完成的任务。

其次，传统的财政本质理论通过强调财政与国家的联系来界定财政本质，使财政本质理论唯心化。在传统的财政本质理论中，国家范畴居于重要地位，分配关系借助国家的限定而成为财政的本质。财政随国家的产生、发展、消亡而产生、发展、消亡。财政分配的主体是国家，分配的目的是满足国家实现其职能的需要，分配的依据是国家的权利，在财政分配中国家居于主导的决定的地位。尽管国家分配论强调国家与财政是同时、同地，在同样的历史条件下产生的，但其整个理论推导过程却具有明显的"国家决定财政"的痕迹，"如何令人信服地说明自己的理论不是'上层建筑决定经济基础'，则是国家分配论至今尚未完全做到的"[②]。另外，把财政的本质界定为以国家为主体的分配关系，无疑是强调财政就是国家财政，国家不存在的条件下财政也不存在。暂且不论国家不存在的条件下财政是否存在，按照国家分配论的思路推理，国家的形成过程也就是财政的形成过程，那么研究这种形成过程中的财政，就超出国家分配论的涵盖范围，从这个角度讲，国家分配论所形成的体系仍然是相对封闭的。

第三，传统的财政本质理论把财政的本质界定为"分配关系"，使财政本质理论庸俗化。按照理论界通行的看法，我国学者对财政本质有不同的观点，比较有代表性的有"国家分配论"、"剩余产品决定论"、"价值分配论"、"社会共同需要论"、"社会再生产决定论"等，但实际上这些不同的观点与其说是对财政本质有不同的理解，倒不如说是对财政概念的界定有不同的看法，因为他们事实上都承认财政本质是一种分配关系，只是在把财政这种特殊的分配关系与一般的分配关系区分出来时，所使用的限定词不同罢了。应该说，这种对财政本质的界定符合马

---

① 张馨等著：《当代财政与财政学主流》，东北财经大学出版社，2000 年，第 403 页。

② 关于由公共财政推究财政本质的详细分析可见参考文献 8。

克思主义政治经济学的传统，因为在政治经济学中经济范畴的本质往往都被界定为一种经济关系。按照通常的理解，财政学是政治经济学的分支，政治经济学是研究生产关系的，那么财政学自然是研究生产关系的一个侧面，所以财政从现象上看，是一种分配活动，体现人与物的关系，在其背后，则体现着人与人的关系，即一种特定的分配关系。由此看来，这种对财政本质的界定并不存在什么问题，但事实上，如此界定财政的本质却把这一财政基础理论问题庸俗化了，或者说这种财政本质界定只是对马克思主义政治经济学界定经济范畴本质的形式进行了模仿，而没有抓住经济范畴本质界定的精髓。在笔者看来，把经济范畴界定为一种经济关系毕竟是本质界定所采用的形式，这一形式所包含的内容则应是制约这一范畴发展演变的基本规律，不能揭示这一规律，不能说明该范畴的起源、存在的依据及发展演变的历史过程，是不可能对本质做出准确界定的。比如，我们常说货币的本质不是物，其是一种生产关系，即商品生产者之间相互交换劳动的关系。如果没有对商品所包含的内在矛盾（使用价值和价值的对立）、生产商品的劳动所具有的二重性及价值形式发展演变四个阶段的透彻说明，我们能对货币的本质做出如此界定吗？显然，经济范畴本质的界定过程事实上就是对经济范畴的起源、存在的依据及发展演变予以说明的过程。而我国财政理论界把财政本质界定为一种分配关系，恰恰没有体现这一本质界定所应遵循的基本要求。

四、打破西方财政理论的封闭体系需要重新认识财政的本质

既然传统的财政本质理论存在明显的缺陷，因此要打破西方财政理论的封闭体系就有必要重新认识财政的本质。由于西方的财政是公共财政，而我国财政改革的目标模式也是要建立社会主义市场经济条件下的公共财政，因此研究财政的本质就应以公共财政作为考察的对象然后进行追本溯源，而不应按照国家分配论的做法，从分析计划体制下的生产建设性财政入手来概括财政的本质。按照公共财政理论的观点，公共财政是市场经济条件下的一种财政类型或财政模式，其是政府为了满足社会公共需要，弥补市场失效而从事的经济行为。显然公共财政的确是财政发展到一定历史阶段即市场经济条件下而出现的财政类型，相对于一般意义上的财政而言，其是财政特殊而不是财政一般。但是毕竟一般寓于特殊之中，通过分析市场经济条件下的财政特殊，从理论上讲并不一

定就不能界定一般意义上的财政本质。

如前所述，界定财政的本质要说明财政存在的依据，揭示财政的发展演变过程及基本的制约矛盾。本文认为，这可以从公共财政所界定的财政活动的目的（满足社会公共需要）入手。社会公共需要作为人们所必须予以满足的需要的组成部分，是作为群体的社会成员的共同需要，其与作为个体的社会成员的个体需要相对称，是一客观的经济范畴。之所以人们的需要包括公共需要和个体需要两大组成部分，是因为人本身就是社会性和个体性的统一。一方面，人总是按照一定的关系结合成一个整体，才能生存、发展，即人具有社会性，作为社会的人必须满足公共需要；另一方面，人又是作为个体而存在的，作为个体的人必须满足个体需要。公共财政作为对市场经济条件下政府为弥补市场失效、满足公共需要而从事的经济行为，自然是对市场经济条件下财政特殊的界定，但这种特殊的界定实际暗含着财政的一般属性，即财政和社会公共需要有内在本质联系。在社会发展的不同阶段，社会公共需要所包含的具体内容是不同的，但无论何时何地社会公共需要都是客观存在的。在国家存在的条件下，国家是满足社会公共需要的主体。在国家不存在的条件下，必然由其他的社会公共组织来满足公共需要。所以，把公共财政这一市场经济条件下的财政特殊加以抽象，一般意义上的财政可界定为是社会公共组织满足社会公共需要的行为或过程。既然人从诞生那一天就是社会的人，就客观存在社会公共需要，所以财政必然起源于国家产生以前。因而所谓的国家财政也不能认为是一般意义上的财政，其也是财政发展到一定历史阶段而出现的特殊财政类型。

既然人们所要满足的需要客观上包括个体需要和社会公共需要，那么人们的资源配置过程就必须要兼顾个体需要与公共需要。财政作为社会公共组织满足公共需要的行为或过程不能只满足公共需要而置个体需要于不顾，其必须兼顾两种不同性质的需要才能实现财政乃至社会的持续稳定发展。可以说，人们所要满足的需要中，个体需要与公共需要的对立统一是制约财政发展过程的基本矛盾。这一矛盾最终受生产力发展水平的制约。什么时候，财政能够协调好这一矛盾，社会经济就能顺利发展；反之，则反是。因此，最终决定于经济发展的基本矛盾的个体需要与公共需要的对立统一，表明了财政存在的依据，并制约着财政的发展演化过程，所以财政从本质上讲是协调处理个体需要与公共需要矛盾的手段和方式。其体现了作为个体的社会成员与作为群体的社会成员之间的物质利益关系[①]。

五、借助财政本质分析来构建开放的财政理论体系的基本思路

既然财政的本质是协调私人需要与公共需要矛盾的手段和方式，那么按照从抽象到具体的原则来构建财政理论体系，就不能不考虑到财政的这一本质规定。但长期以来，国内众多的财政学教材构建理论体系大多是从分析财政的概念入手的。由于占主导地位的观点把财政的概念界定为是以国家为主体的分配，包括收入的筹集和支出的安排两个方面，所以传统的财政理论体系就自然包括收、支、管、平几个大的组成部分。虽然按照这样的逻辑也能把理论框架搭建起来，但是给人的感觉是：在理论上缺乏深度，整个体系死气沉沉，缺乏理性光辉。近年来，随着对西方公共财政理论的引进，公共产品和公共财政理论逐渐成为研究的热点。虽然西方的理论并非完美无缺，但毕竟他山之石可以攻玉，其所采用的一些基本概念和分析方法还是对我国财政理论研究的深化发挥了积极推动作用。从财政理论体系设计的角度看，近年来编写的不少财政学教科书已经借鉴西方财政理论，将公共产品概念置于理论体系的核心基础地位。由于公共产品是满足公共需要的产品，其自身固有的属性决定了其无法像私人产品那样通过定价来弥补生产的成本，所以公共产品需要社会公共组织通过财政活动来向社会提供。显然，社会对公共产品的需要以及公共产品自身所包含的内在矛盾是财政存在的直接依据，因而用公共产品作为基础核心概念来构建理论体系较之用财政概念要明显进了一步，应该说这是我国财政理论研究的一大进步，不仅有助于构建更为严谨的财政理论体系，而且有助于理论界加深对财政属性的理解，还有助于对财政学在整个经济学体系中的地位进行重新认识。

但是，在笔者看来，用公共产品概念作为财政理论体系的核心基础概念似乎仍有商榷的余地。因为既然是核心基础概念，就应该居于逻辑体系的顶端，是理论推导的起点，而公共产品概念却并不具备这样的规定性，事实上还存在着比公共产品概念更为基本的概念[②]。因为，由公

① 关于由公共财政推究财政本质的详细分析可见参考文献 8。

② 吴俊培教授认为，构建财政理论体系的出发点应是“商品”，因为商品包括私人商品和公共商品（公共产品的另一用词），商品概念比公共产品概念更为抽象，所以按照从抽象到具体的原则来建立财政理论，应从分析商品概念入手（见参考文献 2，第 62—64 页）。显然，这一观点较之直接从分析公共产品入手建立体系进了一步，但本文认为这并未追溯到财政理论体系的逻辑起点。

共产品的特性（本身不便分割因而无法定价但自身的生产又必须耗费成本）固然可以推理出财政的存在，但为什么社会成员需要消费公共产品，公共产品范畴为什么必然要存在？要回答这一问题就必须引出更为基本的概念。

公共产品之所以必须要存在，是因为其能满足人们的公共需要。因此，要说明公共产品范畴存在的必然性，就必须先论证公共需要存在的必然性，这就需要考察人们所要满足的需要的类型。由于人类配置资源的目的就是为了更好地满足人们的生活需要，整个经济学研究的核心问题就是围绕着如何用稀缺的资源来更好地满足人们的生活需要来展开的，所以很多理论家对人们所要满足的需要本身进行了系统分类。而对财政问题的研究来说，最重要的分类就是按照需要主体性质的差别，将需要分为私人需要和社会公共需要。私人需要是作为个体的社会成员所必须予以满足的需要；公共需要是作为群体的社会成员所必须予以满足的需要。满足私人需要需消费私人产品，满足公共需要需消费公共产品。显然，要说明公共产品存在的依据就应说明人们所要满足的需要中客观上存在公共需要这一范畴。因此，从逻辑上讲，需要这一概念是比公共产品概念更为基本的概念。正是因为人们的生活需要客观上包括私人需要和公共需要两大组成部分，所以全部的社会资源才必须有一部分去生产私人产品以满足私人需要，一部分去生产公共产品以满足公共需要。社会公共组织通过配置资源，生产公共产品满足公共需要的过程或说经济行为就是财政，而财政在本质上讲就是协调私人需要和公共需要的手段或方式。如此看来，人们的生活需要似乎应该成为财政理论体系的基础核心概念，整个体系的构建就应从分析人们生活需要的类型入手。

然而，通过反思不难发现，人们的生活需要为什么必然要包括私人需要和公共需要两大组成部分呢？显然是有更为根本的范畴在制约着它。这一范畴就是人自身的属性，或者说就是人的本质。众所周知，按照马克思主义的观点，一方面，人具有社会性，自人类诞生之日起，人就是社会的人，人们总是按照一定的关系结合成一个整体，孤立的个人是不存在的。作为社会的人自然就要满足公共需要，公共需要根源于人的社会属性。另一方面，马克思在强调人的社会性的同时并不否认人又是可以作为个体而存在的，作为个体的人就要满足私人需要，私人需要根源于人的个体性。所以，人本质上所包含的社会性和个体性的对立统一是人们的需要包含公共需要和私人需要的直接制约因素，也是整个社会的资源必须要在私人产品和公共产品之间进行合理配置的根本原因。总之，是人本质上所包含的内在矛盾制约着财政的发展进程，财政自产生以来始终是作为协调私人需要和公共需要矛盾的手段或方式而存在的，因而按照从抽象到具体的方法来建构财政理论体系，展现财政的本质规定和要求，我们应该以人的本质为逻辑起点。

参考文献

1. 张馨等：《当代财政与财政学主流》，东北财经大学出版社，2000年。

2. 陈共、王贵琪：《财政理论探索》，中国审计出版社，1993年。

3. 编写组：《社会主义财政学》，中国财政经济出版社，1987年。

4. 张馨：《比较财政学》，中国人民大学出版社，1997年。

5. 何振一：《理论财政学》，中国财政经济出版社，1987年。

6. 张馨："财政本质仅是一种分配关系吗"，《财经论丛》，1996年第3期。

7. 李森："对传统财政本质理论的反思"，《当代财经》，2002年第4期。

8. 李森："论公共财政的财政本质观"，《内蒙古财经学院学报》，2005年第2期。

公共财政与财政的本质

——兼谈传统财政本质理论的局限

李 森*

近年来，在关于公共财政问题的讨论中，不少学者指出，公共财政理论只是分析了市场经济条件下的财政，其没有分析财政的本质，不能说明财政是如何产生的，公共财政与国家财政是个别与一般、特殊与普遍、个性与共性的关系，因而相对于国家分配论，公共财政理论只是一种财政模式理论。公共财政论和国家分配论具有兼容性。公共财政论的倡导者，如张馨教授也赞同这种观点①。对此笔者认为，公共财政理论作为舶来品，固然没有探讨财政的本质和起源问题，因为财政本质问题的分析是我国财政学的特色，但这不意味着我国传统的财政本质理论天衣无缝、无懈可击，也不意味着我们就不能按照公共财政理论的观点来研究财政的本质，揭示财政的起源。本文试图对这一问题谈些管窥之见，到底能成一家之言，还是有狗尾续貂之嫌，敬请专家指教。

* 山东财政学院。

① 参见张馨："'公共财政'与'国家财政'关系辨析"，《财政研究》，1997年第11期。

一、国家分配论对财政本质界定的缺陷

长期占主导地位的国家分配论认为，财政的本质是财政现象内在的必然联系。财政从现象角度分析，是以国家为主体的分配活动，从本质角度考察是以国家为主体的分配关系[①]。由此可见，按照国家分配论的观点，财政的本质和财政的概念是不能等同的，二者应该区别开来。这实际上也是国家分配论的贡献之一。但在财政本质具体的界定过程中，国家分配论所谓的“拨笋式”的分析，却又是围绕着如何对分配关系加以限定，从而能把财政范畴与非财政范畴区分开而展开的[②]。这就使得本来已经把概念的界定和本质的界定区别开来的正确认识，在具体的界定本质的过程中却没有坚持下来，这是国家分配论界定财政本质所存在的第一个问题，即一方面认为本质的界定不同于概念的界定，但另一方面却又把本质的界定过程与概念的界定过程混淆。也许正是由于国家分配论在财政本质的实际界定过程中，将财政本质事实上等同于财政的概念，于是有的学者就直接提出，财政的本质就是财政的概念，国家分配论把财政的概念界定为是以国家为主体的分配，又把财政的本质界定为是以国家为主体的分配关系，存在逻辑上的弊病[③]。对此，笔者认为，这种观点实际是直接否定了财政本质独立存在的意义。由此产生的问题是，第一，既然财政的本质就是财政的概念，那么西方公共财政理论因为也界定了财政的概念，所以也就具有财政本质理论，那财政本质理论作为我国财政理论的特色和对世界财政理论的贡献体现在什么地方？第二，概念的界定是从事理论研究和逻辑推导的基础，单纯财政概念的界定就成为我国财政理论体系中最有理论深度的部分，恐怕说不过去。第三，既然本质就是概念，为什么传统财政理论既要界定概念又要研究本质？实际上，把财政范畴与非财政范畴区分开，是通过财政概念的界定来完成的。而财政本质的界定应该是在概念已经界定清楚的基础上，进一步分析财政存在的依据，回答财政是如何起源的，是如何发展的，是什么矛盾在制约着财政发展演变的过程这样的基本理论问题。也就是说，财政概念的界定是财政本质界定的前提和基础，而财政本质的界定

---

① 参见编写组：《社会主义财政学》，中国财政经济出版社，1987 年第 3 版，第 27—43 页。

② 参见编写组：《社会主义财政学》，中国财政经济出版社，1987 年第 3 版，第 36—39 页。

③ 张馨：“财政本质仅是一种分配关系吗?”，《浙江财经学院学报》，1996 年。

是对财政概念理解和认识的深化。二者不是同一层次的范畴。财政的概念是对财政现象共性的概括，虽然属于理性认识的范畴，但就认识的深度而言，其仍然属于现象层次，其回答“什么是财政”这样的基本认识问题。而财政本质反映财政现象的内在联系，揭示财政存在的依据，回答财政“何以存在”，是什么矛盾在制约财政发展演化这样的基本理论问题。因此，本文认为，尽管国家分配论在界定财政本质过程中事实上把本质的界定等同于概念的界定，从而没有把财政概念和财政本质彻底区别开来，但不能由此否定财政本质范畴独立存在的意义。

由于国家分配论形式上把财政本质和财政概念做了区分，所以其把财政概念定义为以国家为主体的分配与把财政本质界定为以国家为主体的分配关系并不存在如张馨教授所说的逻辑上的矛盾。事实上国家分配论的这种界定还带有一定的必然性：由于长期以来，理论界一直把财政学视作政治经济学的分支，而政治经济学是以生产关系为研究对象的，在政治经济学中各经济范畴的本质都被界定为是一种经济关系，所以作为政治经济学分支的财政学在界定财政本质时，结论注定也是一种经济关系。国家分配论的这种思维定势，形成其对财政本质界定认识上的束缚。的确，马克思主义经济学侧重研究人与人之间的关系，也确实是把经济范畴的本质界定为一种经济关系，但是其在把经济范畴的本质界定为是一种经济关系之前，都要对制约该范畴发展演变的基本矛盾做出透彻说明，即经济范畴的本质界定过程，也就是矛盾分析过程，是对范畴产生发展演变的过程予以理论说明的过程。比如，马克思主义政治经济学把货币的本质界定为商品生产者之间相互交换劳动的关系，即货币的本质不是物，是一种生产关系。如果没有对商品及商品生产所包含的内在矛盾的透彻分析，没有对价值形式发展演变过程的透彻说明，要得出这样的结论是不可能的。而传统财政本质理论依靠政治经济学的理论基础，急于将财政本质界定为一种经济关系（分配关系是经济关系的组成部分），然后通过对经济关系的限定再区分财政与非财政范畴，这就既没能正确处理好财政概念的界定和本质界定的关系，也没有掌握马克思主义政治经济学界定经济范畴本质的精髓，没有体现本质的界定要遵循历史和逻辑统一的基本要求。

此外，国家分配论对财政本质的界定（以国家为主体的分配关系），除了落脚点“分配关系”外，还有一个重要范畴——国家。强调国家范畴在财政本质界定中的重要性也是传统财政本质理论的一大特点。在国家分配论看来，财政随着国家的产生、发展、消亡而产生、发展、消亡。没有国家自然也就没有以国家为主体的分配，即财政。但国家毕竟属于上层建筑，强调国家在财政本质界定中的作用，事实是从政治领域来寻找经济范畴存在的依据，违背历史唯物主义的基本原理。对此，我国财政学界其他学派，如剩余产品论、社会共同需要论等都对国家分配论进行过批判。尽管国家分配论也进行了辩解，但“如何令人信服地说明自己的理论不是‘上层建筑’决定经济基础，则是国家分配论至今尚未完全做到的”。①

二、如何由公共财政来推究财政的本质

按照公共财政理论的观点，公共财政是市场经济条件下的一种财政类型或财政模式，其是政府为了满足社会公共需要，弥补市场失效而从事的经济行为。显然公共财政的确是财政发展到一定历史阶段即市场经济条件下才出现的财政类型，相对于一般意义上的财政而言，其是财政特殊而不是财政一般。但是一般毕竟寓于特殊之中，通过分析市场经济条件下的财政特殊，从理论上讲并不一定就不能界定一般意义上的财政本质。

如前所述，界定财政的本质要说明财政存在的依据，揭示财政的发展演变过程及其基本的制约矛盾。本文认为，这可以从公共财政所界定的财政活动的目的（满足社会公共需要）入手。社会公共需要作为人们所必须予以满足的需要的组成部分，是作为群体的社会成员的共同需要，其与作为个体的社会成员的个体需要相对称，是一客观的经济范畴。之所以人们的需要包括公共需要和个体需要两大组成部分，是因为人本身就是社会性和个体性的统一。一方面，人总是按照一定的关系结合成一个整体，才能生存、发展，即人具有社会性，作为社会的人就必须要满足公共需要；另一方面，人又是作为个体而存在的，作为个体的人必须要满足个体需要。公共财政作为对市场经济条件下政府为弥补市场失效、满足公共需要而从事的经济行为，自然是对市场经济条件下财政特殊的界定，但这种特殊的界定实际暗含着财政的一般属性，即财政和社会公共需要有内在的本质联系。在社会发展的不同阶段，社会公共需要所包含的具体内容是不同，但无论何时何地社会公共需要都是客观存在的。在国家存在的条件下，国家是满足社会公共需要的主体。在国

① 张馨等：《当代财政与财政学主流》，东北财经大学出版社，2000年，第403页。

家不存在的条件下，必然由其他的社会公共组织来满足公共需要。所以，把公共财政这一市场经济条件下的财政特殊加以抽象，一般意义上的财政可界定为是社会公共组织满足社会公共需要的行为或过程。既然人从诞生那一天就是社会的人，就客观存在社会公共需要，所以财政必然起源于国家产生以前，因而所谓国家财政也不能认为是一般意义上的财政，其也是财政发展到一定历史阶段而出现的特殊财政类型。

既然人们所要满足的需要客观上包括个体需要和社会公共需要，那么人们的资源配置过程就必须要兼顾个体需要与公共需要。财政作为社会公共组织满足公共行为的行为或过程不能只满足公共需要而置个体需要于不顾，其必须兼顾两种不同性质的需要才能实现财政乃至社会的持续稳定发展。可以说，人们所要满足的需要中个体需要与公共需要的对立统一是制约整个财政发展过程的基本矛盾。当然，这一矛盾最终受生产力发展水平的制约。什么时候，财政能够协调好这一矛盾，社会经济就能顺利发展；反之，则反是。通过考察财政模式发展演变的历史过程可以使我们对这一问题有更清楚的认识。

尽管原始社会到底有没有财政，在理论界并没有统一的认识。本文既然把财政界定为社会公共组织满足社会公共需要的行为或过程，自然是赞同原始社会存在财政的观点[①]。原始社会极低的生产力发展水平决定了当时的生产关系只能采用原始的生产资料公有制，并由此形成原始的生产方式以及由此所决定的原始的经济组织形式，与之相对应的就是原始财政。这是人类历史上最早出现的财政模式。其运作的基本特征是由原始的生产方式和经济组织形式所决定的。在原始社会的大部分时间里，由于没有剩余产品，所以财政作为社会公共组织满足社会成员公共需要的行为就和满足个体需要的行为内在地统一起来，也就是说，对于原始财政模式而言，满足个体需要的过程也就是满足公共需要的过程；反之，亦然。那种认为没有剩余产品就不存在社会公共需要的观点是值得商榷的。如果没有剩余产品，那么公共需要与个体需要就不存在分离的条件，但二者的直接统一并不能否定公共需要的存在。因为人是社会的人，孤立的个人无法存在。从人类产生的那一天起，作为社会的人就必须满足公共需要。正是在这个意义上，我们认为原始社会也存在财政

---

① 参见王绍飞：《财政学新论》，中国财政经济出版社，1984 年；何振一：《理论财政学》，中国财政经济出版社，1987 年。他们分别作为剩余产品论和社会共同需要论的代表都认为在原始社会存在财政范畴。

范畴，而原始财政满足公共需要的过程与满足个体需要的过程的直接统一正是这种财政模式的最为显著的特征。

随着生产力发展水平的提高，出现了剩余产品，出现了氏族成员的贫富分化，出现了私有制，由此导致的结果一是阶级以及作为阶级矛盾不可调和产物的国家的出现，二是奴隶制庄园开始成为生产的基本单位。经济的组织形式就由原始经济转化为自然经济。自然经济条件下的财政模式我们称之为传统财政（张馨教授称之为家计财政[①]）。由于有了剩余产品，于是社会成员私人需要（在私有制确立后，个体需要转化为私人需要）的满足和社会公共需要的满足就具有了分离的客观经济条件，但是在传统财政模式下，私人需要与公共需要的分离是相对的，王室的私人需要被视作公共需要的当然的组成部分，王室的私人财务收支和政府财政收支不分，也没有现代意义的国家预算来规范、约束财政收支行为。这是传统财政模式的基本特点。

随着经济发展水平的进一步提高，商品生产和商品交换的范围越来越广，规模越来越大，商品经济逐步取代了自然经济，成为占主导地位的经济组织形式，而商品经济实际是市场经济发展的早期阶段。在市场经济条件下，由于市场失灵的客观存在需要政府加以弥补，所以财政日益呈现为弥补市场失灵的财政。而在弥补市场失灵的过程中，公有制就逐步要有所发展。因为公共产品的提供在很大程度上要依靠公有产权，私有产权受公共产品的固有属性和其自身性质的制约，事实上难以有效解决公共产品的提供问题，而公有产权在提供公共产品、满足公共需要方面却有相对优势。于是经济的所有制结构日益呈现混合所有制的特征。在市场经济条件下，生产的社会化程度不断提高，分工日趋细密，甚至分工的范围超出了市场有效作用的领域，从而形成了政府和市场的协调分工，即整个社会的资源配置日益明显地分为两个方面：私人经济部门的资源配置和公共经济部门的资源配置。归私人经济部门支配的资源在市场机制的作用下向社会提供私人产品，满足私人需要；归公共经济部门支配的资源在财政机制的作用下，向社会提供公共产品，满足公共需要。财政表现为公共部门配置资源的行为和过程，或者说表现为公共部门经济。与此相对应的财政模式就是公共财政模式。这种财政模式

① 张馨教授是以西欧封建社会为背景进行分析的。本文认为，既然封建社会和奴隶社会的经济组织形式都是自然经济，所以二者的财政模式都是自然经济条件下的传统财政。参见张馨：《公共财政论纲》，经济科学出版社，1999年，第313—321页。

的最为显著的特点就是整个财政活动的中心是围绕市场失效而展开的。凡是市场有效作用的领域，财政活动必须保持中性。而在市场失效的领域，财政必须发挥调节作用。也就是说，公私部门之间的合理分工制约着公共财政模式的基本框架。作为公共财政模式的理论体现的公共财政理论一方面认为市场在私人产品的生产提供方面在多数情况下是有效的，故坚持让市场在资源配置中发挥基础性作用，但另一方面，也认识到市场有效是相对的，在很多方面，市场也会失效。于是公共财政理论也强调发挥政府财政的调节作用来纠正市场失效，但对政府的调节作用，公共财政理论的认识也是客观的、辩证的，承认政府在纠正市场失灵的过程中也存在所谓的政府失灵。因而，公共财政模式在协调市场和政府关系时，强调二者的合理分工，要求政府与市场相互协调、相互配合、取长补短、相辅相成，共同完成社会总的资源配置任务。这是公共财政模式的基本特征。

直到目前，生产力的整体发展水平，决定了生产关系的主要内容即生产资料所有制还必须是混合所有制。纯粹的公有制是不能适应生产力发展水平要求的。这已为我国和其他许多国家的实践所证实。由这种生产力和生产关系的统一所决定的生产组织形式就必须是市场经济，与此相对应的财政模式也必须是公共财政。这是不以人的主观意志为转移的客观规律。就我国当前的现实分析，实现经济体制的转轨和财政模式由建设性财政向公共财政的转化，是适应规律要求的合理做法。

但是，财政毕竟是一个历史范畴。公共财政模式不可能是永恒的财政模式，正如市场经济也不可能是人类永恒的经济组织形式一样。它们归根结底都是生产力发展水平达到一定历史阶段的产物。随着生产力发展水平的逐步提高，一旦有了质的飞跃，则经济的组织形式以及与此相适应的财政模式也就发生质变。虽然这是十分遥远的事情，但是马克思主义的科学社会主义理论已经指明了发展的方向。在生产力发展达到极高水平，劳动者的各项素质差异完全消除，劳动真正成为生活的需要和实现人生价值需要的时候，纯粹的公有制将彻底取代混合所有制，经济的组织形式将转变为产品经济，或称之为计划经济，与此相对应的财政模式就是所谓的建设性财政。在这种财政模式下，由于物质财富的极大丰富，财政不仅要满足社会公共需要，而且要最大限度的满足私人需要。公共需要和私人需要就再次实现了统一。不过这和原始财政模式下由于没有剩余产品而被迫实现的统一有质的区别。此时的统一不是因为没有剩余产品，恰恰相反，是由于生产力发展水平的极大提高、剩余产品的极大丰富而使“公”与“私”的划分成为纯粹多余基础上的统一。财政模式发展演变的一般过程可以表示如下：

生产力发展水平极低→生产资料公有制→原始经济→满足个体需要也满足公共需要→原始财政
↓ ↓ ↓ ↓ ↓
生产力发展水平提高→生产资料私有制→自然经济→私人需要与公共需要基本分离→传统财政
↓ ↓ ↓ ↓ ↓
生产力水平进一步提高→混合所有制—→市场经济→私人需要与公共需要完全分离→公共财政
↓ ↓ ↓ ↓ ↓
生产力水平极大提高→生产资料公有制→产品经济→满足公共需要也满足私人需要→建设性财政

通过考察财政模式发展演变的历史过程，可以发现，最终决定于经济发展的基本矛盾的个体（私人）需要与公共需要的对立统一，表明了财政存在的依据，并制约着财政的发展演化过程，所以财政从本质上讲是协调处理个体需要与公共需要矛盾的手段和方式。其体现作为个体的社会成员与作为群体的社会成员之间的物质利益关系。

参考文献

1. 张馨等：《当代财政与财政学主流》，东北财经大学出版社，2000年。

2. 李森："财政本质新论"，《山东财政学院学报》，2002年第4期。

3. 编写组：《社会主义财政学》，中国财政经济出版社，1987年。

4. 张馨：《比较财政学》，中国人民大学出版社，1997年。

5. 何振一：《理论财政学》，中国财政经济出版社，1987年。

6. 张馨："财政本质仅是一种分配关系吗?"，《财经论丛》，1996年第3期。

地方财政预算绩效评价的理论与实践①②

广西财经学院课题组*

一、绩效预算理念的提出及在世界各国的实践

1949 年美国提出了绩效预算改革的设想，其联邦预算局 1951 年编制的联邦政府预算中，第一次明确地使用了“绩效预算”概念。由于当时缺乏相应的理论支撑及技术方法，因而绩效预算处于探索之中。1982 年英国政府公布了著名的“财务管理新方案”，要求政府的各个部门树立浓厚的“绩效意识”，才正式开创绩效评估实践的先河。目前，世界上近 50 个国家采用了绩效预算，属于发达国家的有美国、英国、日本、法国等，属于发展中国家的有巴西、马来西亚等。

1993 年美国国会通过的“政府绩效和结果法案”（GPRA）指出，建立绩效预算的原则是：联邦政府各机构对工作计划的实现负责，通过公开对工作计划与绩效目标执行情况的绩效评估报告，提高政府的服务质量和理性程度，从而提高政府内部管理效率。依据此原则，美国绩效预算取得了良好的成效：一是改变了以往政府办事效率慢的局面，以绩效目标为中心的预算模式，大大提高了美国政府的工作效率。实行绩效预

---

* 课题组负责人：李顺明。课题组成员：蒙强、邓文勇、董再平、杨清源、古炳玮、李黎、莫桦、易静。本文执笔：李顺明、董再平。

① 本文为 2006 年度自治区政府十大研究课题之一的“广西壮族自治区财政预算管理问题研究”的分课题。

② 资料来源：《人民日报》2000 年 10 月 31 日第七版。

算后，各行政部门可以按照本年度的总预算来安排各项事业发展计划，真正做到心中有数，业绩问题受到各级政府的重视。二是实现了政府预算拨款与绩效相配比，使那些无绩效或者绩效与经费不配比的部门暴露出来了，为合理削减政府预算模式和政府机构的精简提供了依据。三是在不削减政府服务的前提下，联邦政府财政年度连续实现财政盈余，1998 年财政年度盈余 692 亿美元，结束了长达近 40 年的预算赤字历史，1999、2000 年度又分别达到 1244 亿美元和 2370 亿美元的盈余。

美国在推行绩效预算的过程中，也存在一些问题与困难：一是，不少部门将绩效预算的执行视为推动某些新方案或个别不合理方案的机会，编写工作计划时，趁机刻意地配合新方案或不合理方案而调整。二是，绩效预算对绩效目标量化成本高。由于许多政府活动较为宏观化、抽象化，量化难度较大，因此政府花费了大量的资金对评估人员进行培训。三是，绩效预算要对政府行为结果进行评估，但政府所推行的方案中，有许多是非常难界定具体的预期产出或结果的。

二、我国加强地方财政预算绩效评价的必要性

一般来说，财政预算的执行就是将资源集中到政府手中并由政府支配、使用的过程。在市场经济中，由于资源是有限的，政府在集中资源时，首先应当考虑将有限的资源集中由政府支配或交给微观经济主体支配，何者更能促进经济的发展和社会财富的增加，即由何者支配更有效率，这就产生了一个绩效评价问题。而财政预算绩效具体表现为公共支出效益，所以财政预算绩效也就是分析和评价公共支出效益。换句话说，就是只有当资源集中在政府手中能够发挥更大的效益时，政府占有资源才是对社会有益的。

财政预算绩效评价作为推进财政改革、加强财政支出管理的重要支持手段，目前已被列入财政改革的重要日程。财政部对于尽快在我国建立财政预算绩效评价体系十分重视，有关领导还作出了一系列的指示和批示，并将研究制定财政预算绩效评价的的方法和标准，明确为近期财政改革的一项重要工作。为了保证此项工作的有效推进，自 2001 年下半年起，财政部组织专门力量开展了一些探索性工作，对国家发改委、财政部、交通部、水利部等重要部门进行了预算绩效评价和审计，并取得了初步效果。

地方财政是我国财政经济的重要组成部分，在我国具体包括省（直

辖市）级、市（地区）级、县（市）级和乡（镇）级四级。保持地方财政的健康稳定发展，对于国家经济和社会的全面发展具有极为重要的意义。然而，长期以来各级地方政府在考虑辖区利益，编制和执行财政预算中，政府部门及其所属单位追求部门利益现象比较突出，出现了“政绩工程”、“形象工程”、“面子工程”等一系列不符合地方财政可持续发展要求的现象，这与市场经济中优化资源配置、提高资源使用效益的要求是相背离的。

（一）预算分配难以摆脱传统的“基数法”

我国推行部门预算改革至今已有 8 年，基本实现了按部门职能需要编制统一、完整的部门预算，即一个部门一本预算。但在预算编制过程中，部门分割财政资源的不良现象依然存在。一些部门尤其是教育、农业、科技等有法定支出增长比例的部门和有收费权的部门，在编制部门预算时往往过于看重本部门的利益，讨价还价、争基数的现象时有发生，导致地方财政预算编制时未能考虑政府职能运转和工作的重点的资金需要。

（二）财政部门难以从源头上真正实现财政资源的高效配置

在政府支出的“权利规则”制约下，目前地方财政预算的模式还属于“重投入，轻产出（‘效益’）”预算。财政部门基本上在处理政府各部门支出需求花费了大量的人力和物力，而对于预算绩效、资金使用效益的考评和分析却无暇顾及。另外，在预算编制时，不少部门未能提供部门工作和事业发展的全面规划，没有定性和定量的评价标准作为安排财政资金的依据，随意安排支出、虚列人员和虚报项目套取财政资金的现象屡禁不止。

（三）部门预算与功能预算之间缺乏协调

预算编制改革以前，财政资金分配沿用的是按归口管理的做法，强调的是预算资金的政策性功能，尽管存在一定程度上的不利影响，但在体现政府的活动范围和政策方向上却有长处。预算编制改革后推行部门预算，是将各类不同性质的财政资金统一编制到政府各部门，预算从基层单位编起，财政也将预算直接批复到部门，虽然减少了中间环节，但在具体执行过程中，过分强调部门的作用，有些部门职能交叉，在很大程度上忽视了部门预算与功能预算的合理协调关系，在使用专项资金安排各类项目时，出现了项目数量过多而单个项目资金安排相对较少的“撒胡椒面”现象，很多重要项目资金安排不足，从而弱化了财政对社会经济和事业发展的宏观调控职能，并影响到财政资金使用效益的提高。

（四）公用经费挤占专项资金现象突出

目前，在预算编制过程中，正常公用经费标准定额的分类分档、定额管理的类档仍不够科学合理，现行支出标准定额的测算方法，虽然不少地方政府也考虑了社会经济发展中物价指数、部门工作职能范围调整和特点的不同，制定了不同类别和档次的支出标准定额，但由于我国公用经费的测算还存在“基数法”的痕迹，相当部分支出项目的标准与20世纪90年代初期相差不大，因此在某种程度上不能准确测定经费需求量，不能真实地反映出各部门（单位）的实际支出情况，部门之间、单位之间仍然存在财力分布不均问题。而且公用经费和专项经费的划分与配置缺乏规范。这样就在预算编制和执行过程中产生职责不清、各项经费划分不明确问题，出现一些不合理且名目繁多的支出，专项经费用于部门开展正常运转活动的现象也不足为奇。

（五）项目预算管理程序不规范，缺乏追踪问效机制

不少地方在编制预算时，多数专项资金项目并未经过科学的可行性论证程序，如有些专项资金的分配，在年初采取认同部门所提项目的办法编制预算，给部门在执行年度预算过程中留下较大的灵活性，甚至部分专项预算的编制不能落实到具体项目。同时，一些地方在安排项目预算时出现一次性专项资金安排过多，所占比例过高，不能体现按事业进度拨款原则，易产生资金沉淀现象。这不仅造成各预算年度之间缺乏有机联系，无法适应经济周期变动对财政预算安排的要求，也会影响对社会经济发展的科学合理预测工作，不利于加强财政宏观调控，影响地方政府均衡发展社会事业的进程。

另外，目前预算一经批复即成定局，至于在预算执行过程中要做什么事，要达到什么效果，财政部门和政府各职能部门似乎都不大关注，这样就容易出现资金被截留、挪用甚至浪费现象。

三、地方财政预算绩效评价的对象和原则

（一）地方财政预算绩效评价的对象

财政收入进入分配领域后，一般都经历初次分配和再分配，初次分配由各级政府行使分配职能的财政部门完成，对财政资源总量进行整体安排和调配；再分配则由财政资金的使用部门（单位）具体负责。财政分配经历这两个环节，就决定财政分配两个主体，即初次分配的主体是财政部门，再分配主体是财政资金的具体使用单位。为此，地方财政预算绩效的评价对象应主要是地方财政部门和财政资金使用单位。

1. 地方财政部门。按照我国现行财政管理体制，国家财政分为中央财政和地方财政两级，两级财政分别行使中央和地方的财政管理职能。地方财政按照行政隶属关系划分，进一步分为省（直辖市、自治区）级、地市级、县级、乡镇级财政。各级财政部门分别负责本级的财政资金收入和资源配置工作。据此，地方财政预算在初次分配环节的评价对象，应是省（市、自治区）财政厅（局）、地（市）财政局、县财政局、乡（镇）财政所。

2. 财政资金使用单位。财政资金经过各级财政部门配置后，分别流向不同行业、不同部门和不同单位并进入使用环节，由不同领域的资金使用者安排使用。按照财政资金的分配去向，财政支出在使用环节的评价对象，分为以下几类：

（1）按财政资金行业去向分，分别为教育部门、卫生部门、科技部门、社会保障部门、农业部门、环境保护部门等。

（2）按资金使用对象分，分别为生产部门、建设部门、行政部门、事业单位等。

（3）按照财政资金的具体用途分，分别为农业水利设施支出、科学研究支出、教育支出、防洪工程支出等。

3. 地方财政预算绩效评价对象的确定。根据财政预算管理的总体目标和开展评价工作的具体要求，评价对象的确定应遵循经济管理实际和财政投资管理惯例进行。如对区域财政预算执行情况实行总体评价时，评价对象应是各级财政部门；而对具体财政投入资金的实际运用效果进行评价时，评价对象则为财政资金使用单位，或者为具体的投资项目等。

两类评价对象既相互独立，又相互依存。财政部门是整个财政资源配置的主体，决定财政资源总量的分配去向和数量，对财政资金的具体使用单位具有总量上的控制、约束作用，而评价财政部门的资金配置效益，离不开对各个领域具体单位运用财政资金所创造的价值分析；财政资金使用单位依照财政部门的资金安排承担具体事务，是对财政分配总量的具体细化，各资金使用单位可使用资金取自于财政部门，取得财政资金的多少受制于财政部门，并接受财政部门的监督和管理。

（二）地方财政预算绩效评价的原则

众所周知，财政预算绩效是多层面的，既有微观效益，又有宏观效益；既有近期效益，又有中长期效益；既有直接的经济效益，又有间接的社会效益。由于财政支出中的专项资金投资数额相对较大，投资时间和周期较长，效益的发挥具有滞后性，许多项目的直接经济效益不明显，但其社会效益和生态效益又比较明显。针对这一特点，在进行财政预算绩效评价时，应主要从资金的运行过程和执行结果进行分析考察，注重对资金投向的合理性和资金拨付的及时性、准确性、安全性的评判，充分考虑资金的使用效果。具体来说，应坚持以下原则：

1. 真实性原则。真实性是保证地方财政预算绩效公正、客观评价的基础。财政预算绩效评价所采集的资料、数据、情况等必须具有真实性。如果被评价的单位或项目提供虚假的资料和数据信息，那么评价出来的效益结果必然是不准确的，甚至是有害的。因此，对相关财务信息应由社会中介机构审计，对有关资料应组织专家进行核查。

2. 科学性原则。地方财政预算绩效的评价，应以省（区、市）情为主，兼顾国际比较和区域比较，将预算标准和实际相结合，普遍适用和个别选择相结合，根据不同项目的特点而单独分项设计评价标准，反映多项目利用财政资金的运作情况及其效果。按照这一要求，必须充分考虑财政支出的特点和财政运作过程，尽可能地客观、科学、合理，做到既能反映地方财政支出的使用情况，又能反映地方财政预算绩效评价的共同标准，以衡量不同受益单位和资金管理部门管理、使用财政资金的能力和效果。

3. 实用性原则。针对财政支出的特点和现状，采取具体适用的评价方法，以达到监督财政支出绩效的目的，这是进行预算绩效评价的出发点。要使评价方法具有实用性，首先要保证评价方法具有可操作性，能准确地反映出财政支出的规模、重点及在一定时期内发挥的作用；其次要使所设计的评价指标体系能比较全面地、客观地反映出各级财政部门执行有关政策和使用效益的状况；最后做到有的放矢，目的明确，针对性强。

4. “3E”原则。“3E”原则，是对一个组织利用资源的经济性（Economy）、效率性（Efficiency）和效果性（Effectiveness）进行的评价。绩效评价的目的是从第三者的角度，向有关利害关系人提供经济责任履行情况的信息，督促资源管理者或经营者改进工作，更好地履行经济责任。经济性、效率性和效果性三要素是一个有机的整体。经济性侧重于投入方面，注意节约支出；而效率性主要指投入与产出的关系，即是否以最小的投入取得一定的产出，或者以一定的投入取得最大的产出；效果性是对经济活动的产出结果与预期目标的比较。经济性是前提，效率性是过程，效果性是目的，经济性、效率性都应与效果性相一致。

5. 效用原则。地方财政预算绩效的评价，需始终贯彻效用原则，即全面反映财政资金的运作过程，严格监督财政资金的投向和效益，强化各级财政部门的选项、审批、监管、审核职能，增强财政资金分配和使用的责任制。

6. 简便原则。考虑到财政部门和项目单位的不同层次与结构，在设计地方财政预算绩效评价指标体系时，尽可能做到重点突出，简洁明了，合理可行。

四、科学编制地方财政预算，是提高预算绩效的基础

目前我国编制的仍是年度预算，在反映收支变动、控制支出增长、调整支出结构及贯彻财政经济政策等方面存在一定缺陷，年度间缺乏有机联系，尤其是与经济周期联系不密切，最终影响政府对经济社会发展的调节作用。

为弥补年度预算的缺陷，提高财政预算的绩效，根据国民经济五年计划，制定财政发展中长期计划，编制财政三年滚动预算是非常必要的。将近三年的预算安排到具体项目上，使财政预算成为一个多年度密切关联、相互连续滚动的过程，以增强预算管理的预见性，使各部门根据财力安排支出，避免出现争支出指标的现象，提高支出效益，防范财政风险，促进财政可持续发展。

（一）财政收入滚动预算

1. 财政收入总量滚动预算。根据财政收入与经济发展水平的关联性，建立财政收入预测模型，预测下一年度的财政收入规模，并考虑可能因素对财政收入总量的影响程度，对预测结果进行修正。然后将第一年度的预测值假设为该年度的实际值代入模型，修正后预测第二年度的财政收入规模，再按此法预测第三年度的财政收入规模。当一个新预算年度结束时，用该年度的财政收入规模实际值替换原第一年度预测值代入模型，对原第二、第三年度预测值进行调整，并预测出原第四年度收入规模，得出新的财政三年滚动预算的财政收入总量的预测值。每完成一个新预算年度，滚动预测一次，以建立财政收入总量的滚动预算。

2. 财政收入结构滚动预算。在现行体制下，地方财政收入包括增值税、营业税、企业所得税和个人所得税等主税种、地方税种收入及非税收入等。按财政收入的内部结构及其与经济因素之间的关联性，建立财政收入结构预测模型，预测出下一年度的财政收入指标体系的各指标值，同时考虑可能因素对财政收入各指标的影响程度，对各指标预测值进行修正，并参照财政收入总量滚动预算，建立起财政收入结构滚动预算模型，预测财政收入结构及各项收入规模。

（二）财政支出滚动预算

1. 财政支出总量滚动预算。根据财政收入总量滚动预算、预算年度财政支出总体运行状况及财政支出变化情况，建立合理的财政支出预算限额，确定财政预算滚动期内各年支出相对于上年或预算年度的变动幅度，测算财政支出总量，并规定其占 GDP 的比重不得超出预测比例。

2. 财政支出结构滚动预算。根据财政支出总量滚动预算和预算年度财政各类支出运行状况，分别建立财政支出结构滚动预算。

（1）人员支出滚动预算。人员支出滚动预算主要受人员支出变动系数的影响，如正常升级、工资补贴政策等工资政策及其变动，社会保障政策等与人员支出相关政策变动，机构改革对人员的调整、每年新招录公务员等财政供给人员总量变动。通过人员支出变动系数分析，测算出财政预算滚动期内各年人员支出相对于上年或预算年度的变动幅度。

（2）公用支出滚动预算。其影响因素包括公用支出科目中机构编制变动、公用支出标准及调整、财政支出政策调整和物价水平变动等变量因素。通过对这些因素进行分析，测算出财政预算三年滚动期各年公用支出规模。

(3) 社会经济事业发展项目支出滚动预算。根据国民经济五年计划，按财政专项资金使用方向分类建立财政中长期发展项目库，并制定各项目所要达到的目标和项目成本，对项目的必要性和可行性进行科学论证。同时，结合零基预算等方法，按照当地发展的中长期目标，确定财力分配的重点和方向，对项目库内的项目按轻重缓急排序，合理安排资金，实行开放式三年滚动管理，并在分析本年度预算执行情况基础上，调整下一年度的预算计划，做到预算时间的连续和预算内容的滚动，实现经济与财政的协调发展。

(4) 转移支付滚动预算。按照地方各级政府间经济责权的纵向格局，合理划分地方政府间财政支出责任，建立转移支付滚动预算，采用因素法进行测算和分配，并考虑今后三年区域经济及相关财政收支因素，编制一般性和专项转移支付滚动预算，形成财政中长期发展比较完整的地方政府间财政体制，达到财政资源未来纵向的优化配置。

(5) 机动财力滚动预算。主要根据地方财政未来三年的政策导向和各级政府可用财力状况，建立机动财力滚动预算，对保证各级财政正常运转的机动财力进行中长期规划。

五、建立和完善地方财政预算绩效评价的基本思路

实施部门预算以来，各级政府部门已基本熟悉部门预算的编制程序，因此可以在现有部门预算的基础上，结合绩效预算的要求，先实行“项目绩效预算”试点，再推行“部门预算绩效”，逐步构建“过程”与“结果”相结合、效率与效果相结合的预算编制模式，不断提高地方财政预算的绩效。

(一) 实行“项目绩效预算”试点改革

在全面推行绩效预算之前，可以选择项目支出占大头的农业、科技、教育等部门进行试点，先从具体项目的效益考核开始，运用绩效预算的原理来充实部门预算，引入政府项目绩效评价制度来优化部门预算。

财政部门要制定“项目绩效预算管理办法”，规定项目绩效预算的程序、目标、主体、内容和方法，建立项目绩效考评制度及其框架体系。同时建立“部门绩效滚动项目库”，内容包括部门事业发展的总体

计划，项目的内容、项目滚动计划、项目所产生的社会或经济效益、达到目标所需财政拨款。各部门根据“项目绩效预算管理办法”和“部门绩效滚动项目库”编制年度预算。

年度终了时各部门根据年度预算执行情况向同级人大提交项目绩效报告。为充分体现项目支出责任，报告内容包括部门工作目标的发展计划执行情况及绩效目标的年度执行情况，对实际取得的绩效成绩和年度绩效计划中的绩效指标进行比较。对没有达到绩效目标的项目说明原因，列出将来完成绩效目标的计划和时间表。如果某个绩效目标是不实际或不可行的，要说明改进或终止目标的计划。

政府应委托财政与审计部门对政府各部门的支出项目进行绩效考评。绩效考评制度可分为两种：一是内部考评制度，由财政部门结合决算对部门项目绩效评价，绩效评价结果应作为下年度项目绩效预算编制依据，并以决算制度为依托建立起项目绩效考评制度；二是外部考评制度，审计部门根据部门的社会事业发展计划，对项目执行结果进行绩效审计。

（二）总结经验，在稳步推行“项目绩效预算”的基础上，实施“绩效部门预算”

虽然“项目绩效预算”在政府部门内部构建起绩效支出责任制度，但仍无法解决财政部门难于从源头上真正实现财政资源高效配置等问题。因此，可学习与借鉴国际先进经验，在项目绩效预算的基础上不断进行改良，使财政部门充分地履行资源配置的职能，引入权责发生制进行多年滚动预算，全面推行“绩效部门预算”，切实提高地方财政预算绩效。

绩效部门预算的重点是要树立一种“绩效”观念，以“绩效目标、部门、绩效成果”为对象，按效果和效率拨款，既强调绩效目标确定的效率，也强调绩效成果考核的效果，是一个“过程”与“结果”相结合的预算模式。这就需要做好以下几个方面的工作：

1. 编制部门长期发展计划。编制预算之前，各部门应以本级政府五年社会经济计划为依据，向财政部门提交五年工作发展计划。部门工作计划是绩效预算编制的基础，应将发展目标详细分解成年度目标，这些目标应当尽可能量化或指标化，以便编制预算并考核效果。部门工作发展计划应按部门的工作部署和要求，详细阐述完成目标所需要的程序、人力资源、资金等各类资源，以及完成这些目标的外在风险和阻碍因素。

2. 根据部门长期的工作目标编制各年部门绩效预算，明确部门绩效目标。绩效预算以部门长期发展计划为依据进行编制，全面考虑项目的成本效益分析，充分保证绩效目标的科学性和合理性，实现部门绩效目标与部门工作计划相吻合，实现资金有效配置的目的，致使“绩效”的理念贯穿于预算编制与执行的整个过程。

绩效预算要详细分解到部门下属各个单位、每个项目，确定相应的绩效目标，每个项目都可能有一个或多个绩效目标，用于测定实际成果的目标要具有可比性，包括对目标采用定量的标准、价值和比率。同时，运用标准成本的方法，预计项目执行的单位成本，以工作天数、参与人员、标准定额等因素换算整个项目执行过程的成本。另外，还要采用全面成本的方法，全面计量绩效项目的直接成本与间接成本，合理控制项目预算的支出总量，提高部门预算的绩效。

（三）引进科学合理的绩效评价方法

无论是财政部门还是预算用款部门（单位）都应将成本—效益分析法、最低费用选择法等相关分析方法运用于支出决策之中，寻求在进行投资决策时如何以最小的成本获得绩效目标最大的效益，按照效率和公平相结合的原则，选择更有效的方案，使支出决策更为规范化，提高资金分配的科学性和效率性，从源头上真正实现财政资源高效配置。

（四）推进绩效预算配套改革

1. 绩效预算评价要制度化、法制化。绩效预算要真正全面有效地推行，必须将其纳入《预算法》中，使绩效预算的改革有法可依。

2. 加大绩效预算评价体系的技术支持力度。绩效考评体系的建立需要大量的计算，还要做到实时监控执行情况，就要依靠专业开发的绩效预算应用软件。

3. 建立健全绩效预算评价的内部控制制度。由于绩效目标要落实到各部门（单位）完成绩效预算的权限和责任，故在部门内部建立有效的内部控制制度也是必不可少的，如建立内部审计和内控信息报告制度等，这样部门内部可以实时监控绩效项目的执行，对外部审计也很有帮助。

4. 建立预算绩效考核奖惩制度。每个年度终了，由各部门审核汇总下属各单位、各项目的年度计划执行情况，形成年度绩效与责任报告，提交给同级人大。财政部门与审计部门对部门项目执行绩效结果做出内外部考评。政府根据内外部考评结果作出适当奖惩，对于绩效好或是事业发展计划完成较好的部门给予奖励，对于指标完成不好的部门，则予以公告，削减直到取消这项预算。

地方财政体制创新对社会主义新农村建设的推动作用

于海峰*　赵合云**

党的十六届五中全会提出了建设社会主义新农村的历史性任务，这是构建和谐社会的重要举措，是“十一五”时期全面贯彻落实科学发展观的重要体现，更是关系到我国现代化建设全局的重大战略调整。地方财政作为我国财政体系的重要环节，是各级地方政府履行职能的物质基础、政策工具和管理手段，负有配合和支持国家重大战略调整的重要任务。而地方财政体制作为规范地方政府间财政关系的制度设计，其运转状况将直接影响到地方财政的运行质量，影响到农村生产生活条件改善、农业持续稳定增长、农民生活质量提高、农村整体面貌的较大改观，影响到社会主义新农村建设的顺利推进。

虽然分税制改革后我国地方财政的整体运行状况有了明显改观，地方财政的主体地位已基本确立，财政收入的稳步增长机制逐步建立。但考察我国地方财政的现状，我们可以发现其运行中还存在许多亟待解决的问题，可以说，社会主义新农村建设在我国还面临一系列的财政约束。而这些问题得以产生，财政约束得以存在，一个重要原因就在于地方财政体制的不完善。因此，加快地方财政体制创新，充分发挥地方财政在新农村建设中的重要作用，无疑将有利于又好又快地推进社会主义新农村建设。

---

*、** 广东商学院财税与公共管理学院。

一、当前社会主义新农村建设面临的财政约束

虽然分税制改革后我国地方财政的整体运行状况有了明显改观，但我国地方财政的运行中还存在许多亟待解决的问题，社会主义新农村建设在我国还面临一系列的财政约束。

1. 地方财政收支失衡，财政赤字问题严重。我国《预算法》规定地方财政必须收支平衡，不能实行赤字预算。但从表1可以看出，地方财政赤字几乎每年以1000亿元的速度增加，收支平衡的目标根本不能实现。这说明地方财政的赤字问题已成为我国地方财政运行状况当中一个比较突出的问题，这必然影响到我国新农村建设的顺利进行。

表1　地方财政收支状况　单位：亿元

年份	地方财政收入	地方财政支出	地方财政余额
1999	5594.87	9035.34	－3440.47
2000	6406.06	10366.65	－3960.59
2001	7803.30	13134.56	－5331.26
2002	8515.00	15281.45	－6766.45
2003	9849.98	17229.85	－7379.87
2004	11893.37	20592.81	－8699.44

数据来源：2005年统计年鉴。

2. 地方政府债务负担沉重。由于地方政府收支缺口较大，为了维持地方政府各项工作的正常开展，各级地方政府不得不大量举债弥补缺口。再加上这些年来地方政府投资扩张欲望强烈，为了筹集地方基础设施、公用事业建设资金，满足不断扩张的财政支出需要，很多地方政府采取“多元融资、多头借款”的政策，举债行为很不规范。目前，几乎各级地方政府都负有各种各样的债务，并且地方政府的层级越低所欠债的相对规模越大，给地方财政带来的压力和负担相对也越为沉重。毋庸置疑，这些沉重的债务负担会造成地方政府财力紧张，不利于我国社会主义新农村建设的顺利推进。

3. 地方财政无力维持基本运转，农村公共品不能正常供给。农村公共品的正常供给是社会主义新农村建设顺利进行的重要保证，也是缩小城乡差距和构建和谐社会的一条重要途径。但目前我国地方财政面临的巨大困难已经使地方政府无法维持正常的运转需要，更谈不上提供必

要的公共产品和服务。因此，从总体上说，农村公共品供给不能满足农村经济发展和农民生活的需要，农村公共品总量供给不足已是不争的事实。

4. 地方政府间财力差距日益扩大。分税制财政体制改革以后，由于不同政府间的经济基础、自然环境、税种结构与财税管理水平的差异，政府间财力差距日益扩大。一是政府间纵向财力差异较为明显，中央、省市级财政集中较多，县乡财政困境日深。如云南省，其省级、地级财力分别是县乡级的 11 倍和 7 倍，广东省分别为 7 倍和 6 倍，其他省份也是如此。二是地区间横向财力差距有所扩大。这种差距表现在财政收入上，尽管过去十多年来各地区财政收入增长很快，增长率大多维持在 10%—30%的幅度，但也存在着各地区之间和同一地区内部之间的财政收入总量与增长幅度存在显著差距，且这种差距呈不断扩大的趋势，特别是经济发达地区与西部地区之间的财力差距过大。

二、地方财政体制的不完善是新农村建设面临财政约束的诱因

1994 年建立的分税制财政管理体制改革初步搭建了与市场经济内在要求相适应的财政体制框架，重新界定了中央和地方政府之间的财权和事权范围，建立了中央对地方的过渡期转移支付制度，着眼点是提高两个比重以加强中央的宏观调控能力。但在实际运行中还存在不少问题，特别是地方财政管理体制仍不完善，直接导致了地方基层财政在政策变革中的弱势地位，导致了我国地方财政运转困难，成为我国建设社会主义新农村过程中财政约束得以存在的主要诱因。

（一）地方政府间事权下移现象较为普遍，导致基层财政不堪重负

目前我国各级地方政府间事权配置存在一个突出的特征，就是政府间事权下移现象较为普遍。主要表现为：（1）本应由上级政府承担的职责被转嫁给下级政府。如公共卫生、基础设施、环境保护、计划生育等诸多农村公共品的受益范围具有全国性，它的成本理应由中央、省等上级政府承担，可现在却主要由县乡财政负责。（2）非规范的事权调整时常发生。在我国，上级政府经常凭借对下的体制制定权，在没有相应地调整财力的前提下，将一些事权随意下放到下一级政府进行管理，导致一些地方政府事权缺乏财力保证。（3）上级政府的财政管制加重了下级

政府的财政支出压力。在我国地方各级财政中，存在一个很普遍的现象，即下级政府经常要面对来自上级政府的形式多样的财政管制，既有法定支出项目的管制（如《农业法》、《科技法》、《教育法》等规定：各级财政每年用于该方面投入的增长幅度应高于经常性财政收入的增长幅度），又有政策调整式的财政管制（上级政府出台影响下级政府财政收支的政策），显然，这种“上级政府决策，下级政府出钱”的财政管制对下级政府而言肯定是一种很大的财政支出压力。

（二）我国地方政府间财权划分与事权配置不相适应，财权上移趋势明显，导致基层可用财力捉襟见肘

1. 地方政府间税种划分和事权相脱离。从前面的分析可知，我国地方各级政府间的事权其实是按“金字塔”型 配置的，即越底层政府的事权越繁重。而我国地方政府间税种的划分却呈现出“倒金字塔”型，即金额大、易征管的税种划归较高层次的政府，零星的、金额小的税种则由基层地方政府征管，导致了大部分的税收收入都集中于中央和省市级政府，地方各级政府财权与事权不统一。

2. 共享税规模太大，与彻底的分税制表现出很大的差距。对大部分税种采取各级政府共享的方式，是我国地方政府间收入划分的一个普遍现象。目前，一个税种唯一地归属一级政府的不多，大部分税种都有采取各级政府共享的方式。既有按企业隶属关系划分收入（一些流转税），也有按纳税主体的行业性质划分收入（营业税等），还有按比例分成（如一些税基小，税收规模不大的税种）等。而共享税规模太大，一方面和彻底的分税制表现出很大的差距，不能满足财权与事权相统一的要求，另一方面则为财权的上移提供了方便，因为上级政府的权力优势在此可以得到体现。

3. 随意集中下级政府财力的现象时有发生。目前我国地方政府参照中央对省的“两税”返还办法，对下级政府也按一定比例实行税收返还。但在实际执行过程中，采取了诸如集中部分既得财力、调整“两税”增量返还比例等措施，随意集中下级政府财力，导致政府间财政分配关系不稳定，财权上移趋势明显，基层可用财力捉襟见肘。

（三）转移支付制度不规范，均衡效果不明显

基层地区间财力差距是客观存在的，这就需要在实施分税制财政管理体制过程中有一个规范的转移支付制度相配套，均衡地区间财力差

距，使各个地区的人们都享受大致均等的公共服务。实行分税制以来，我国虽然建立了中央对地方的过渡期转移支付制度，绝大多数地方政府比照中央对地方的《过渡期转移支付办法》，结合本地实际，设计和制定了各具特色的省以下过渡期转移支付办法，但仍不规范，均衡效果不甚明显。一是，中央直接对县的转移支付总量偏小。按原设计，实行分税制后，随着基层地区财力的减弱，中央直接对县的转移支付额将越来越大，但这几年中央财力增长有限，直接对县的转移支付水平仍较低，导致均衡作用被淡化。二是，结构不合理。一方面，中央财政使用公式法实施的均衡作用较强的一般性转移支付比较少，另一方面，用于过渡色彩较浓、均衡作用较弱的体制补助、专项补助和税收返还的资金却数额巨大。三是，制度不健全。虽然中央对地方转移支付制度已基本建立，但省以下的转移支付制度尚未健全，且所实施的转移支付大多是采取分级管理，逐级转移的办法，真正的省直接对县的纵向转移支付制度、县级（市）之间的横向转移支付制度尚未建立，导致均衡效果发挥不出来，省内各县乡基层财政间的财力差距过大。

三、地方财政体制创新的政策建议

（一）政府间事权的界定应遵循一定原则，并加以法制化

1. 政府间事权的界定应遵循一定原则。根据事权的不同性质，政府间事权界定主要参照以下原则进行。(1) 行政管理事权主要按“受益原则”确定。这一原则要求行政管理事权应按实际的受益对象（管辖地区）和受益范围（管辖范围）确定其归属。(2) 社会服务事权应按照受益原则、可行原则确定。具体如下：其一，凡使得本辖区居民受益的事权，初步界定为本级政府事权。其二，如果这一事权由本级政府承担在技术上不可行，应考虑将其上移为上一级政府事权。(3) 投资权要打破按投资额确定政府投资权限的做法，转为按事权划分的基本原则进行。我国几十年最扯不清的事权，就是投资权，财政投资仍按投资额确定投资权限，没有按各级政府应承担的投资事权进行划分，弊端丛生。为此，我们应打破按投资额确定投资权限的做法，遵循事权划分的基本原则。

2. 政府间事权划分必须法制化。在政府间事权划分上，我们必须确立一个基本理念，即事权划分没有最优的划分模式，最关键的是法制

化。只要有了法制化的制度规定，政府间就基本不会存在划分不清的事权，并在实践中可以得到真正履行。所以，我们在根据以上原则正确划分政府间事权的基础上，要通过宪法和其他法律明确规定各级政府事权，通过法制化来确保政府间事权划分的清晰。

（二）缩减政府级次，赋予省级政府相应的自主权和调控权，以规范政府间收入划分

1. 缩减政府级次，规范政府间收入划分方法。根据财权与事权相统一的原则，考察一下我国地方政府的四级政府，我们得知，无论是从税源的分布情况、预算管理级次、金库的建立，还是从乡级政府机构的设置来分析，乡镇财政一直很不完备。因此，完全有必要撤销乡一级政府，把它转变成县级政府的派出机构。其次，进而可以考虑虚化地市一级政府。目前，福建、江苏、浙江以及湖北等省已经开始了省直接管县的试点改革，探索性地赋予县以地级市的管理职能，收到良好效果。这充分说明，有些省已经具备了直接领导县的条件，因此，地市级管理层可以逐步撤销，转变为省级政府的派出机构。这样，如果能把地方政府级次缩减到二级加两个半级（地市和乡作为派出机构），规范地方政府间收入划分方法基本上就可以实现。

2. 按照“统一领导，分级管理”的原则，赋予地方政府相应的自主权和调控权。鉴于我国地方政府层次短期内难以缩减到位，区域间社会经济发展水平的差异较大，收入划分不规范。现阶段地方政府进行收入划分时，不宜照搬国外经验，也不宜套用中央与省级政府的“倒轧账”分税模式。而应按照“统一领导，分级管理”的原则，在中央对地方财政管理体制做出原则性规定和政策性指导的基础上，赋予地方政府相应的自主权和调控权。在完全按税种划分收入难度较大的前提下，地方政府可以采取“收入分成制”或“税基分享制（地方各级政府按各自的税率对统一的税基征税）”等其他地方政府间收入划分的形式，以保证各级政府财权与事权相统一。

（三）规范转移支付制度，均衡政府间财力差距

1. 提高转移支付的资金水平，扩大总量。在政府间财力失衡矛盾比较突出，地方经济总量快速增长的情况下，有限的财政转移支付的均衡作用有可能被淡化，因此要提高转移支付的资金水平。为此，为转移支付建立稳定的资金来源至关重要。在中央分配的转移资金量受中央财

力限制而不可能很多的情况下，目前主要应拓宽省级调控资金的来源渠道，可以将省级重要税种如营业税等的一定比例作为转移支付的稳定资金来源，也可以将省级财政收入增量的一部分用作转移支付资金。

2. 合理调整转移支付结构。要增加均衡作用强的一般性转移支付金额，减少通过税收返还、专项补助、体制补助分配的转移资金。并且要以公共服务能力的均等化为目标，按相关因素计算的标准收入、支出作为分配财力的基础，通过更好地衡量支出需要和财政能力来完善目前所使用的计算公式，更好地发挥它的均衡作用。

3. 建立省对县的直接转移支付体系。针对地方政府层级较多，县级财政困难这么一种情况，目前亟待完善的是省对县的直接转移支付框架。首先要确定选择转移支付的目标，将纵向平衡和公共服务均等化作为最重要的目标；然后以县为单位，按人均相关因素计算其标准收入和标准支出后，由省财政通过拨款方式弥补缺口。

参考文献

1. 王雍君、张志华：《政府间财政关系经济学》，中国经济出版社，1998 年。

2. 国务院："关于推进社会主义新农村建设的若干意见"，《求是》，2006 年第 5 期。

3. 关礼："建设社会主义新农村的财政思考"，《财政研究》，2006 年第 8 期。

4. 陈广君："支持社会主义新农村建设的财政思路"，《地方财政研究》，2006 年第 5 期。

5. 庞明川、张玉龙："地方财政在新农村建设中的作用机理与制度创新"，《财政研究》，2006 年第 12 期。

论促进和谐社会建设的税制改革

李齐云*

党的十六届六中全会做出的《关于构建社会主义和谐社会若干重大问题的决定》明确指出："社会和谐是中国特色社会主义的本质属性，是国家富强、民族振兴、人民幸福的重要保证。"构建社会主义和谐社会是我们党坚持以科学发展观统领社会发展全局，"从中国特色社会主义事业总体布局和全面建设小康社会全局出发提出的重大战略任务，反映了建设富强民主文明和谐的社会主义现代化国家的内在要求，体现了全党全国各族人民的共同愿望"。①

和谐社会是按照"民主法治、公平正义、诚信友爱、充满活力、安定有序、人与自然和谐相处"的总要求建立的社会，是指社会系统的各个部分、各种要素处于一种相互协调、良性互动的状态。和谐社会包括了人与人的和谐、人与自然的和谐、人与社会的和谐，以及社会与经济、政治、文化等各项事业全面发展的和谐。

税收收入是国家财政收入的主要来源，税收制度是国家经济制度和宏观调控体系的重要组成部分，税务部门是国家重要的执法部门，肩负着聚财为国、执法为民的光荣使命，税收在构建社会主义和谐社会和实现和谐社会的综合目标过程中理应发挥更加重要和积极的作用。这就需要根据科学发展观和构建和谐社会的内在要求积极主动地推进税收制度

* 山东大学。

① 《中共中央关于构建社会主义和谐社会若干重大问题的决定》，人民出版社，2006 年 10 月。

改革，实现中央提出的经济社会发展的战略任务和战略目标。

任何税收制度都是在特定的社会经济条件下建立起来的，它也必须随着社会经济条件的变化而进行相应的改革与调整，以适应并促进社会经济的发展。我国的税收制度经历1994年的重大改革后，至今已历时10多年。在此期间，国内、外社会经济环境发生了巨大的变化，税收调控目标也随之发生了根本性的转变，这就对我国的税收制度改革提出了新的和更高的要求。然而，我国现行税收制度的设计和运行还存在着一些不能完全适应构建和谐社会要求的方面，这就要求我们应与时俱进，创新思维，不断深化税收制度改革，确立适应和谐社会建设需要的税收制度。

一、促进人与人和谐的税收制度改革

人与人和谐的核心是利益的均衡，其实现机制是通过收入（财富）分配制度的调节，实现收入分配的公平化和社会正义。中央提出构建和谐社会的一项主要任务是创建合理有序的收入分配格局，税收是调节收入分配的最为有效的手段。在这方面税收制度改革的重点主要是：

（一）个人所得税制度改革

改革个人所得税制度，目的在于通过税收手段调节个人收入分配，调整国民收入分配格局，逐步解决社会成员之间收入差距扩大问题，促进收入分配公平和社会正义的实现。

个人所得税制度设计应当更多地体现纵向公平的原则。改革主要内容是：第一，改现行分类税制为分类综合税制，逐步过渡到按年计征的综合所得税。第二，逐步扩大征收范围，尤其是高收入者的尚未征及到的收入。第三，合理确定并拓宽税基，取消或减少某些特定的税负减免项目，把原来未列入应税项目的收入如个人证券交易所得、个人股票转让所得、资本利得等归入综合所得之中，对个体工商户或个体专营种植业、养殖业、捕捞业的高收入者也要开征个人所得税。第四，适当调整税率，在税率的设置上，减少税率级次，拉大税率级距，减缓低税率级次的累进程度。对高收入者采用高的边际税率，对中等收入者采用低税率，对低收入者给予免税。第五，科学设计税前扣除标准（免征额），逐步实现费用扣除的合理化，扣除金额应根据通货膨胀的情况适时地做指数化调整，扣除标准应考虑基本的生计费用扣除。中国公民和外籍人员的扣除标准逐步统一，体现个人所得税制的公平性与内外籍人员平等的法律地位。生计费用的扣除，可从目前以个人为单位逐步向以家庭和个人为单位并存转化，充分考虑纳税人的家庭因素，如家庭成员人数和子女教育费用等，以充分照顾家庭利益。城乡税制一体化之后，农村人口的个人所得税扣除除了生计费用外，还必须考虑生产资料的扣除。对于慈善捐款，也应允许做扣除。第六，进一步完善源泉扣缴制度，全面加强个人收入自行申报纳税制度，推进个人财产、存款实名登记制度，对高收入者实行双向控管。

（二）财产税制度改革

财产税制度改革的重点是房地产税改革，改革的方向是对房地产开征物业税。我国实行多年的住房制度改革已使越来越多的居民拥有了私人住房，高收入群体也将购买住宅作为保值投资的手段。住房占有量的多寡，一定程度上反映了人们财富的多寡和贫富的差异。对房地产税加以改革，就是把原先在房地产交易买卖环节征收的税，改为在房地产保有环节征收物业税，并同时设置起征点，实行累进税率，以照顾弱势群体的住房需求。这样做一方面可以对富人的财产和收入起到调节作用，另一方面也可以避免其多购房进行投机而造成房价的不正常上涨。此外，还要扩大房产税收的税基，建立和完善房产估价制度，改革内外有别的房地产税收制度，对内资和外资企业征收统一的房地产税。

（三）开征遗产税和赠与税

从完善税制、财政收入、公平社会财富分配、鼓励勤劳致富以及国际惯例等方面考虑开征遗产税和赠与税是必要的。首先，在税制模式上应选择总遗产税制和总赠与税制。目前，我国的遗产继承无需经过法院的认定，继承人可自行分割交接，同时我国公民的纳税意识短期内难有质的飞跃和大幅度的提高，基于这些实际情况，我国宜选择总遗产税制和总赠与税制，即对被继承人的遗产总额征收遗产税，对赠与人的赠与财产征收赠与税，既保证税源可靠，税收收入及时，又简便易行，适用于我国的征管水平并可以被纳税人所接受。其次，课税对象范围应包括动产和不动产，实行超额累进税率并规定适当的起征点，合理确定扣除项目，如设丧葬费用扣除、遗产管理费用扣除、债务扣除等。再次，对向慈善机构或其他公益事业的捐赠实行免纳遗产税或允许扣除的制度，以鼓励人们捐献。最后，制定有关部门相互协调配合的征管措施，任何管理与个人财产相关的部门，未有税务机关开列的遗产税和赠与税完税证明或免税凭证，不得办理任何转让遗产的手续。各有关部门有义务为税务机关提供查证遗产的资料和情况。

（四）消费税制度改革

消费税作为选择性商品税，实行的是特殊调节，既体现国家特殊的调节意图的政策导向，又体现消费公平并兼顾效率。消费税的特点决定了其政策应该根据经济发展水平、国家的消费政策和产业政策，人民的生活水平、消费水平和消费结构做适时适当的调整。

消费税的改革方向主要是调整现行的课税范围，进行有增有减的税目调整，再加上税率的调整。消费税课税范围的确定主要考虑两点：寓禁于征，纳税能力公平。前者如对烟、酒的征税，后者如对奢侈品征高税。这样，课税范围应是有选择的：一是，根据收入水平和消费水平的变化，将一些未纳入课税范围的高档消费品和奢侈品，如高级皮毛及裘皮制品、别墅、摩托艇、房车、沙滩车、高档家用电器等高档消费品纳入课税范围，并制定较高的税率。二是，对某些高消费的劳务和行为，如高尔夫球、赛马、垂钓、射击等高档体育活动和休闲行为，高档夜总会、歌舞厅等娱乐行为，高档美容美发、洗浴、桑拿按摩、影楼等场所的消费行为等，在征收营业税的基础上再征收消费税，发挥消费税引导消费、调节分配的作用。三是，将汽车轮胎、酒精等生产资料和护肤护发品这类生活必需品从消费税课税范围中去除。四是，可以考虑将更多的应税消费品和全部的应税消费行为，明确在零售环节或消费环节实行价外征收，突出消费税的特殊调节作用。

二、促进人与社会和谐的税收制度改革

人的发展和社会的发展是一个同步协调发展的统一运动过程，社会发展是人自身发展的前提，人自身发展又是社会发展的终极目的和最高体现。人与社会和谐，既要求个体自身权利与对社会应尽义务相对称，又反过来要求社会提供良好的条件满足人们全面、充分和自由的发展。应当看到，与多年来我国经济的快速发展相比，我国在社会事业发展方面相对滞后，与满足人的发展要求存在着不小的差距，在涉农、就业、社会保障、收入分配、教育、医疗、住房、安全生产、社会治安等关系群众切身利益方面的问题还比较突出，这也就需要通过税收制度的改革

来促进社会事业与人的协调发展。

（一）涉农税制改革

涉农税制的改革的远期目标是构筑农工商业统一的财产税、流转税、所得税及社保税组成的一元复合税制，并以财产税作为地方基层政府的主要税收收入。现阶段，拟采取以下措施：

1. 在个人所得税的征税项目中增设“农业生产经营所得”项目，同时设置最低生活费用扣除额或扣除率，这样可以把大部分收入水平较低的农民排除在纳税范围之外，而对某些收入高的种植、养殖大户征收个人所得税，作为在农村开征个人所得税的试验。

2. 在企业所得税的调整上，凡是符合法人经营条件的国有农场、集体农业生产组织和股份制农庄、外资投资企业及合伙农庄等均应作为企业所得税纳税人，按照税法规定进行税务登记，按时申报所得额，按照农业生产的净收益和统一的税率缴纳企业所得税。但对农副产品链式产业化开发的企业给予减免企业所得税的优惠，以推进农村工业化的进程。

3. 在增值税制度的调整方面，一是，把农业生产纳入到增值税体系中，此举既可以使农业生产者抵扣掉农业生产资料的进项税额，促进农业投资和农业发展，也可以规范农产品购买者的抵扣行为，完整增值税的征税链条；二是，提高农民销售农产品缴纳增值税的起征点，对年销售收入低于一定数额的农业纳税人实行免税；三是，提高收购农产品增值税进项税额的扣除比例；四是，制定较低的税率，减轻农民负担、促进农业发展；五是，规定对农民购进的农资中，如农机、种子、肥料、农药等所包含的增值税进项税额允许扣除，防止农民承担双重税赋。

4. 在城乡统一征收土地使用税。将现行耕地占用税和城镇土地使用税合并，城乡统一征收土地使用税，把农业用地作为土地使用税中的一个税目。税率实行差别比例税率。税率设计可在现行土地位置标准的基础上，同时采用土地用途标准，使前者起到调节级差收入的作用，后者达到调节土地使用结构的目的。

5. 对特殊农产品实行消费税的二次调节。征收消费税的农业特产品应限定在国家限制生产、对人和环境有害的农产品或高档奢侈品的范围内，而一般的土特产品不作为消费税的征税对象。可以列入消费税征收范围的主要是三类农产品：一是，以其为原料的产品对人类健康有害的农产品，如烟叶；二是，少部分改征增值税后，税负有大幅度下降的农业特产品，如毛茶；三是，贵重或非生活所必需的产品，如海参、鲍鱼、燕窝、龟、鳖。

6. 适时开征农村财产税。在我国，农村有“有了钱，先盖房”的传统，住宅条件的好坏可以直接反映农民收入水平的高低。所以，随着农村经济的发展，房产将成为农村地区极为丰富的税源，财产税的征收可以增加地方政府收入，也可以调节农村居民日益扩大的收入差距。农村财产税可以按用途设置税目，包括住宅、生产用房和商业用房。其中，居住面积在当地人均居住面积标准之下的住宅免税，住宅的税负轻于生产用房，生产用房的税负轻于商业用房。对于新建和重建的农业生产用建筑物可以规定免税期，一些特殊的农业生产用建筑物（如储肥池和处理设备等）可以规定永久免税，以鼓励农民进行可持续发展的农业生产。

（二）开征社会保险税

社会保障制度的建设关系到人民的切身利益，完善的社会保障制度将有利于国家的长治久安，有利于人民生活水平的提高。目前我们面对的一个难题是如何筹集充足的社会保障资金，来满足日益增长的社会保障的支付压力。从国际上的情况来看，社会保障资金的来源渠道大体有两个：一是征收社会保险税，二是政府财政社会福利支出。目前世界各国基本上是两条渠道都采用，但有所侧重。我国目前还没有开征社会保险税，现行的社会保障体系是由政府的社会救济、优抚等社会福利事业和市场运作的养老、医疗、失业等社会保险构成的。这种社会保障体系具有明显的过渡性质，其模式本身与规范化的市场经济的要求尚有一定距离，尤其是社会保障覆盖面和覆盖能力都难以满足日益扩大的社会保障需求。因此，我们有必要完善社会保障体系，寻求新的、有效的筹资模式。

目前看来，开征社会保险税是一个长期规范的选择。社会保险税是当今世界各国所得课税体系中的一个重要组成部分，是随着社会保障制度而形成并发展起来的，它已成为许多国家的主要税种（甚至是第一号税种），并且依然具有良好的发展势头。

开征社会保险税有利于扩大社会保障资金的来源，实现社保资金筹集的法治化和规范化，并且具有较好的税收调控功能；有利于实现社会保险事业的法制化管理，克服缴费办法存在的“政出多门”的松散管理弊端；有利于建立规范化的收、用、管和资金余缺调剂管理的责权制度，改变缴费办法中存在的收、用、管三不分，资金缺乏统一管理，挪用浪费严重的状况；有利于公平负担，改变目前缴费办法中存在的筹资比例相差悬殊的现状；有利于资金统一调度，实现地区间、行业间的资金余缺调剂；有利于确保收入的稳定可靠，改变社会保险缴费中存在的不交、少交、拖交的现状；有利于建立规范化的基金预算管理，确保社会保险支出的稳定性和资金的保值、增值；有利于建立社会保险基金社会化管理体系，节省管理成本，提高基金管理效率；有利于强化公众参与社会保障意识，使社会保险与个人利益直接挂钩，形成自我约束机制，提高个人缴纳保险税和控制支出的自觉性，提高社会保险支出效果。把社会保险税扩大到农村，构筑惠及全体农民的社会安全网，则可以保障农民的基本生活和健康，有利于改变农民养儿防老的老观念，有助于计划生育政策的推行，防范农业生产经营风险，从而最终促进农业的发展和农村的稳定。因此，在我国应建立的是与个人所得税挂钩的城乡统一的社会保险税制度。在农村，应包括养老保险、医疗保险和农村自然灾害保险等。农业企业应为其雇员按照固定比例上缴社会保险税，对于单个农户应在申报上缴个人所得税的同时按比例缴纳社会保险税。

（三）完善促进就业、再就业的税收制度

通过改革现行税制和调整税收政策大力促进中小企业发展，形成新增就业能力。企业所得税按企业组织类型设置差别税率，对中小企业专门设置一档税率。适当降低金融业的营业税税率，以增强金融机构对中小企业的贷款能力。实施促进第三产业发展的税收政策，增强劳动力的吸纳能力。对商贸、旅游、社区服务、餐饮、流通等投资少、就业成本低、就业容量大的行业，实施减免所得税、降低营业税率等优惠措施，加快其发展。发展多种所有制的服务业，采取减免税等政策支持、鼓励和引导个体、私营企业大力创办服务业，如对从事就业介绍、劳动者岗位能力培训的中介机构给予所得税、营业税和其他税费的优惠，对对外输出劳务的中介给予税收补贴等。另外，要进一步放宽再就业安置企业范围的限制，各类企业不分性质，都可享受税收优惠，如可将适用对象放宽到民营企业和外资企业。同时，取消对建筑业、娱乐业安置下岗失业人员的税收优惠限制。对现行仅给予下岗失业人员的优惠扩大到尚未获得就业机会的群体，如农村富余劳动力、高校毕业生和中专技校毕业生等。

三、促进人与自然和谐的税收制度改革

人与自然的和谐，强调的是人的发展与合理开发利用资源和保护生态环境之间的协调。中央提出要“以解决危害群众健康和影响可持续发展的环境问题为重点，加快建设资源节约型、环境友好型社会”。[①] 就税收促进人与自然的和谐发展而言，必须树立生态税收观、绿色税收观，在税制设计和税收政策的制定上，要特别注重人均资源占有量较少和生态环境比较脆弱的国情，发展循环经济，建设节约型社会。

（一）增强资源税的环境保护功能

要充分运用税收手段建立有利于资源节约与合理开发的约束机制和补偿机制，就必须通过改革资源税强化其环境保护的功能。

首先，扩大征收范围。资源税的开征不仅是取得财政收入的一种形式，也应起到全面保护资源、提高资源利用效率的作用。为此，应将那些必须加以保护性开发和利用的资源纳入征收范围，如土地、森林、草原、滩涂、海洋和淡水等自然资源。

其次，调整计税依据。把现行的以销售量和自用数量为计税依据，调整为对一切开发利用资源的企业和个人按其产量从量课征，尽可能减少产品的积压和损失，使国家有限的资源得到充分利用。

再次，对不可再生性、不可替代性、稀缺性的资源提高单位计税税额，课以重税，减少资源的过度开采，杜绝资源的破坏性开采，维护和改善生态环境。

最后，建立统一规范的资源税调节机制。主要解决两大问题：一是简化税制，合并税种；二是改费为税，杜绝乱收费。可将目前的耕地占用税、土地增值税等直接合并征收资源税，并将各类资源性收费，如矿产资源管理费、林业补偿费等也并入资源税，彻底清理资源产品的收费项目，取缔乱收费，必要的收费纳入资源税征收范围，统一用税收手段予以调节。

---

① 《中共中央关于构建社会主义和谐社会若干重大问题的决定》，人民出版社，2006 年 10 月。

（二）开征环境保护税

将现行的环境污染收费制度改为征收环境保护税，包括水污染税、大气污染税、固体废物税、噪音税、土地污染税、林草植被生态税等。环境保护税以污染物排放量为计税依据，实行负担较重的税率，这会加强税收的强制性和固定性，实现“谁污染，谁缴税”，且税额不低于其污染项目受益额，也不低于所造成的损失额，真正将污染的“负外部效应”内化为生产项目的“内部成本”，让污染者承担纳税责任，遏制其损害环境的行为。环境保护税取得的收入必须专项用于环境保护，以保证环境资源的治理和改善。

（三）加强消费税的环境保护功能

首先，对使用无法回收利用的原材料、资源消耗量大的消费品和消费行为，如高档家具、高档一次性纸尿布、高档建筑装饰材料等，列入消费税的征收范围或征收较高的消费税。其次，对导致环境污染严重的消费品和消费行为，如大排量的小汽车、越野车、摩托艇，征收较高的消费税，把煤炭、电池、一次性塑料包装物及会对臭氧层造成破坏的氟利昂产品列入消费税的征收范围，从而限制环境污染产品的生产和消费。第三，对于资源消耗量小、循环利用资源生产的产品和不会对环境造成污染的绿色产品、清洁产品，应征收较低的消费税，如对达到清洁排放标准（欧Ⅲ及以上）的小汽车可以给予一定优惠。

（四）完善促进循环经济和可持续发展的税收优惠政策

循环经济是指通过资源循环利用使社会生产投入自然资源最少、向环境中排放的废弃物最少、对环境的危害或破坏最小的经济发展模式。循环经济从本质上改变了传统经济呈现的“资源—产品—废物”的线型增长方式特征，表现出“资源—产品—再生资源”的循环发展模式特征，是以有限资源支撑人类社会无限增长的必然趋势，是构建和谐社会的重要途径。[①] 为了促进循环经济，应当充分运用税收优惠的政策手段，实现可持续发展的战略目标。

一是，对销售工业余热、热电联产、煤气综合利用项目、利用废弃物、资源综合利用和清洁生产等给予一定形式的税收优惠，可以采取免

① 苏建、孙立冰：“构建和谐社会的税收政策选择”，《当代经济研究》，2006 年第 12 期。

征增值税和所得税形式。二是，通过税收优惠大力推行节能产品，对循环经济的科研成果和技术转让可以通过免征营业税加以鼓励。三是，继续执行对废旧物资回收企业的税收优惠政策，同时通过征税措施严格限制过度包装和一次性用品的使用数量和范围。四是，完善科技税收优惠政策，推动环保产业发展。除继续保留我国原有的减税、免税和零税率等税收优惠形式外，还应针对不同优惠对象的具体情况，采取多种税收优惠形式。主要包括：在增值税中增加对企业生产用于消烟、除尘、污水处理等方面的环境保护设备给予减免增值税的优惠规定；在企业所得税和个人所得税制度中增加对企业和个体经营者为治理污染而调整产品结构、改革工艺、改进生产设备发生的投资给予税收抵免的规定；在企业所得税制度中增加对环保设备生产企业和实行企业化管理的污水处理厂、垃圾处理厂（场）等防治污染企业的固定资产实行加速折旧的规定。这样可以增强税收优惠手段的针对性，便于灵活运用各种不同税收优惠形式激励企业采取措施保护环境，治理污染，提高税收优惠措施的实施效果。五是，对从事环保科学技术研究和成果推广给予支持，对环保类企业和一般企业的环保类的研究与开发费用允许加倍扣除。六是，对用于清洁生产的进口设备、仪器和技术资料，免征关税和进口环节增值税。

四、促进人与经济发展和谐的税收制度改革

人与经济发展的和谐，应当是这样一种关系：人的全面发展和社会和谐是经济发展的出发点和终极目的，而经济又好又快的发展和雄厚的经济实力是人的发展和社会和谐的物质保证和物质基础。十六届六中全会的决定明确指出："社会要和谐，首先要发展。社会和谐在很大程度上取决于社会生产力的发展水平，取决于发展的协调性。必须坚持用发展的办法解决前进中的问题，大力发展社会生产力，不断为社会和谐创造雄厚的物质基础。"[①] 因此，税收制度的调整和改革也应着重于促进经济又好又快的发展，进而保证人的发展和社会和谐目标的实现。当前在促进经济发展的税收制度方面，应着重实行以下几项改革措施：

① 《中共中央关于构建社会主义和谐社会若干重大问题的决定》，人民出版社，2006 年 10 月。

（一）实行促进产业结构优化升级的增值税制度改革

产业结构优化升级是建设创新性社会的要求，税收政策调整变化将直接影响产业构成及发展，要充分发挥税收调节经济的杠杆作用，把支持产业技术升级作为深化税制改革的一个重点。反观我国的增值税制度，尚存在着一些不利于产业结构优化升级的规定和做法。对此，第一，尽快实现生产型增值税向消费型增值税转型，解决对资本性投资的固定资产重复征税和出口产品含税问题，有利于资本、技术密集型与劳动密集型企业的税负公平，推动企业技术进步和产业结构的优化升级。2006年在东北地区实行的增值税转型试点应尽快在全国推广实行。第二，拓宽增值税征税范围，实行普遍征收，完善增值税的抵扣链条，让高新技术企业在购买技术时能够取得进项发票，抵扣进项税款，降低高新技术产业增值税实际税负率。第三，充分考虑高技术研究投入巨大而原材料消耗少等行业特点和资本有机构成高的企业购进的技术先进的资产多的实际情况，应增加增值税的抵扣，即允许抵扣外购的专利权和非专利技术等无形资产和技术设备的固定资产进项税金，以减轻企业税负，促进企业加大科技研究与开发投入。第四，企业研制属于国家产业政策重点开发的高技术含量、高市场占有率、高附加值、高创汇、高关联度且对经济发展有重要影响的新产品，其缴纳的增值税，可根据不同情况给予不同的定期“先征后返”的照顾。①

（二）实行统一的企业所得税制度

企业所得税制度改革的主要内容包括：第一，统一内外资企业所得税制，对内外资企业实行统一和平等的国民待遇。第二，合理确定、统一税基。不论企业经济性质、行业差别，所得税应税收入的确定和税前扣除范围与标准应基本统一，改变内资企业税前扣除不充分的状况。参照国际惯例，凡是与生产和经营有关的费用，均可列入成本从应税税基中扣除，包括：企业的研究与开发费用，均可实行据实税前列支；企业的计税工资按实际发放工资在税前扣除；提高内资企业用于公益、救济性支出的税前扣除标准；企业广告、业务宣传费用按实际发生数在税前扣除。第三，妥善处理优惠待遇，清理内外资企业所得税优惠政策。平

---

① 韩凤芹：《促进高技术产业发展的税收政策》，转引自国家科技部网站，http://www.most.gov.cn/kjjr/jyjl/200410/t20041008_16000.htm。

衡新办第三产业企业与新办劳动就业服务企业、内资企业与外资企业的政策差异；统一高新技术开发区、经济开发区、经济特区的优惠政策；授予地方特别是经济不发达的中西部地区一定的减免税权力；实行严格的企业所得税优惠政策的检查制度、追踪反馈制度和审批制度。所得税优惠政策主要应体现在高新技术产业和在国际竞争中具有比较优势的行业，形成以产业优惠为主，区域优惠为辅的税收优惠政策新格局。优惠形式更多采取加速折旧、投资抵免、费用扣除、科研开发基金等间接优惠形式，减少减免税额、降低税率等直接优惠形式，建立以税基式减免为主、税额式减免为辅的税收优惠机制。第四，适当降低税率，不分经济性质、规模大小、地区差别，统一实行25%左右的比例税率。由于现行外资企业的所得税实际负担率只有10%左右，因此，统一后的企业所得税可以采取调整税基或税额等一些间接优惠的措施来实现新老所得税制的顺利过渡。

（三）实行促进第三产业发展的营业税制度改革

我国征收营业税的行业大都属于第三产业，因此，营业税与第三产业的关联度极大：科学设计营业税制度能够有效促进第三产业发展，第三产业发展又能为营业税提供充足和持续的税源。发展第三产业及增加营业税收入，必须大力推进城市化进程和乡村城镇化建设步伐，同时积极发展物业管理、金融保险、技术服务、信息咨询等新兴产业，发展旅游业、房地产业和大众服务业等。为此，应当对营业税的行业差别比例税率实行调整，适当降低旅游业、金融业、保险业、证券业、饮食业等行业的营业税税率，以减轻税负和减轻税负，进一步扩大内需；对高档娱乐业和和服务业中的高档消费行为应实行较高的税率，以调节高消费；对环保产业要重点扶持，其应税收入税率从低设计，鼓励其尽快发展；对科技推广服务业应免征营业税；对同一收入税不重征，例如对房屋出租的租金收入，征收了房产税就不再征收营业税。

（四）增强高新技术产业税收优惠的力度

一是，要扩大税收优惠政策的覆盖面，以企业是否真正属于高新技术企业为判断依据。只要是高新技术企业就可以享受到有关的税收优惠政策，引导和促进高新技术产业的健康发展。对于非高新技术企业，只要其投资于高新技术项目、进行高新技术开发和研究，或进行技术改造，也应纳入税收优惠的范围之内。二是，适当取消或降低部分优惠政策的限制条件，如对购进国产设备抵扣所得税的办法进行改进，取消以上年所得税为基数的限制；允许高新技术企业当年购进国产设备的投资，当年可以全额抵扣，不足部分结转下年度延续抵免。三是，加大税收优惠的幅度和力度，如实行加速折旧，缩短资产折旧的年限，还可以适当提高“四技”收入的免征额度，使更多企业可以享受到税收优惠。①

参考文献

1.《中共中央关于构建社会主义和谐社会若干重大问题的决定》，人民出版社，2006 年 10 月。

2. 阎坤：“和谐社会与公共财政的相互关系研究”，《热点与对策：2005—2006 年度财政研究报告》，中国财政经济出版社，2006 年 9 月。

3. 苏建、孙立冰：“构建和谐社会的税收政策选择”，《当代经济研究》，2006 年第 12 期。

4. 谢旭人：“发挥税收职能作用　促进和谐社会建设”，《中国税务》，2005 年第 6 期。

5. 张崇明：“税收服务和谐社会的几点思考”，《中国税务》，2005 年第 5 期。

6. 陈柳钦、张琴：《完善我国高新技术产业发展税收政策的基本思路》，转引自中国会计网站，http：//www.canet.com.cn/html/051003/120714555_2.htm。

7. 韩凤芹：《促进高技术产业发展的税收政策》，转引自国家科技部网站，http：//www.most.gov.cn/kjjr/jyjl/200410/t20041008_16000.htm。

8. 李文：“税收政策与产业结构优化”，《公共经济评论》，2003 年第 4 期。

① 陈柳钦、张琴：《完善我国高新技术产业发展税收政策的基本思路》，转引自中国会计网站，http：//www.canet.com.cn/html/051003/120714555_2.htm。

公共财政制度改革与公共服务均等化研究

岳 军* 汪崇金**

一、问题的提出

公共服务均等化是我国公共财政制度改革的基本目标之一，是指政府要为社会公众提供基本的、在不同阶段具有不同标准的、最终大致均等的公共物品和公共服务。也就是说，在基本的公共服务领域政府应尽可能地满足人们的基本物质需求，尽可能地使人们享有同样的权利。公共服务领域包括公共设施、公共医疗、文化教育、环境保护、社会保障等等，这些服务和设施，涉及老百姓的切身利益，与经济社会发展密切相关，而市场又无法满足人们的需求。因为以市场化手段配置资源，追求的是资本利润的最大化。而在上述领域，资本却往往不能实现利润最大化——价格太低，投资者不能获利，价格太高，则消费者难以承受，因而私人资本往往不愿进入，这就需要政府负起责任，在这些市场失灵留下的"服务空白"中，由政府和社会给予制度性保证和有效的支持，确保社会领域基本公民权利的实现，这就是"公共服务"的真正涵义。

推进基本公共服务均等化具有重要的现实意义。在过去20多年的改革开放中，我国经济大大增强，人民生活水平显著提高，国家财政收入大幅增加，但在基本公共服务上却走了一些弯路。一是在公共服务领域推行了过分市场化的改革路径。二是公共服务分配严重失衡，人们在

*、** 山东财政学院财税与公共管理学院。

就业、公共医疗、义务教育、社会保障等的基本公共需求仍然得不到满足，特别是广大农村义务教育得不到落实，养老保障体制不完善，各种社会保障机制不健全，农村发展滞后，困难群众、弱势产业得不到保护等，导致困难群体的增多，城乡差距、贫富差距拉大。三是我国正处于经济社会的转型时期，利益主体和社会结构正在发生重大变化，社会矛盾和社会问题日益显现，影响着社会公平、公正和社会和谐发展。

推动基本公共服务均等化是发达国家政府的惯例，也是我国政府义不容辞的责任。近年来，我国在调整财政支出结构的过程中，也将更多的财政资金投向了公共服务领域。今后一个时期内，在公共服务方面，政府将着重解决好以下五个问题：一是就业与再就业，努力建立起多层次、多渠道的就业服务体系；二是公共卫生和初级医疗保障，在制度上保证使人们能够享受基本的公共卫生和医疗服务；三是义务教育，实现义务教育的全部免费，已成为社会对政府公共服务的基本要求；四是社会保障，努力将所有的社会成员纳入社会保障体系；五是公共安全，切实解决生产、卫生、食品等公共安全方面的问题。这是实现全国人民公共服务均等化的具体步骤，也是建设社会主义和谐社会的一个重要途径。

本文提出的问题是，如何加速财政制度改革，在不断加大的财政支出的条件下，保证基本公共服务均等目标的实现？如何进一步促进基本公共服务与基本公共需求之间的均衡性和统一性，从制度上保证财政资金的公共性、公平性和公开性？

二、国内外研究现状述评

公共服务均等化是公共财政的基本目标之一，公共服务均等化有助于公平分配。公共服务均等化在有效缓解城乡差距、区域差距和贫富差距中具有重大作用（迟福林，2007），也可有效缓解县乡财政困难（金人庆，2005）。公民享受基本均等的公共服务被认为是一项基本权利，所以说公共服务均等化，不仅是一个文明社会的基本要求，也是中国社会实现可持续发展的保证（王雍君，2006）。现阶段，我国公共服务均等化实现程度低下已成为制约社会政治经济协调发展的重要因素。因此，研究公共服务均等化问题，解释公共服务水平差距拉大的形成机理，提出切实可行的对策思路，有助于促进和谐社会目标的实现。我国公共服务均等化理论研究起步较晚，特别是公共服务均等化与公共财政制度的研究还有待深化，现实中提出的有关公共服务均等化与财政方面的问题迫切需要理论上的解析和指导。所以，开展对这一重大课题研究无疑具有重大理论意义。

“公共服务均等化”（the equalization of public services）的概念和理念源于西方（唐钧，2006），且公共服务均等化早已成为发达市场经济国家基本施政纲要（江明融，2006；刘尚希和李敏，2006）；国内多数学者认为，基本公共服务均等化是指政府要为社会公众提供基本的、在不同阶段具有不同标准的、最终大致均等的公共物品和公共服务（课题组，2005；金人庆，2006），国内外关于公共服务均等化的内涵理解有所差异；国内正式提出“完善公共财政制度，逐步实现基本公共服务均等化”的目标较晚（中央《决定》，2006），王雍君（2006）将“财政均等化”定义为“能力均等”与“服务均等”两个方面。目前仍缺乏深入系统的研究公共服务均等化与财政制度的相关文献。

一些学者认为，历经 20 多年的高速经济成长，包括基础教育、基本卫生保健在内的基本公共服务方面的不平等程度，已经超出了经济财富和收入分配的不平等程度，成为影响城乡实际收入差距的重要因素（迟福林，2006）。针对我国公共服务均等化问题，West and Wong（1995）通过考察一系列教育和医疗方面的指标，发现中国各地在公共服务水平和质量方面存在巨大差异。

贾康（2006）、刘尚希和李敏（2006）认为，导致公共服务水平差异的原因主要有三个，其中地区收入能力差异是根本；West and Wong（1995）认为，现行的政府间财政关系削弱了中央政府实施地区间均等化的能力；迟福林（2007）指出，公共服务非均等化的根源在于体制机制不健全，其中没有形成公共服务可持续的财政支持体制是重要原因，主要表现在财政功能性支出中比例最大的仍然是经济建设支出。总之，自 1994 年以来，规模庞大且迅速增长的政府间转移支付并未产生令人满意的均等化效果（Anwar Shah，2005；王雍君，2006）。

早期的财政联邦制理论提出了分权对公共服务均等化实现的作用。认为地方政府具有信息优势（Hayek 1945，Musgrave 1959），因此，地方政府理应更加了解当地居民的偏好、需求和成本，居民也可以对地方和省级官员产生更大的影响力（Ostrom，Schroeder and Wynne 1993），不过，地方政府的效率源于各辖区之间的竞争（Tiebout 1956，Oates 1968，1972，1999，King 1984，Salmon 1987，Breton 1996，Qian and Weingast 1997）。因此，通过促进地方政府之间的竞争，在人口完全自由流动的情况下，允许居民“用脚投票”（Tiebout 1956），应该会使得政府更加关注地方居民的公共需求，并实现地区间的公共服务均等化（Oates 1968，1972，1999）。

许多学者强调政府间转移支付制度对实现公共服务均等化的重要性。Shin and Ha（1998）论证了均衡的地区间财政转移支付制度对实现韩国公共服务均等化的重要意义。Brodjonegoro and Martinez - Vasquez（2002）考察了印度尼西亚 2001 年新引入的转移支付制度的结构和绩效，他们强调扩大地方政府收入自主权的重要性。Rao，Bird and Litvack（1998）证明了越南 20 世纪 90 年代转移支付对公共服务均等化的积极作用。Anwar Shah（2005）探讨了中国不同类型的转移支付的均等化效果，Sally Wallace（2005）提出了通过完善转移支付制度以实现公共服务均等化的思路。

针对目前我国公共服务均等化的现状，国内学者也提出了相关对策。迟福林（2007）指出，培育地方政府履行公共服务职能的稳定财源，实现中央地方关系从“以经济总量为导向”向“以基本公共服务均等化为重点”转变，并不断加强公共服务体制建设是实现公共服务均等化的重要途径。王雍君（2006）提出应当系统地推进财政均等化进程，改革的范围应扩展到政府间财政安排的各个方面，包括建立旨在规范和调节辖区间税基分配、税收竞争和税负输出的制度框架和实施机制，以形成更具再分配功能的财政结构。郭艳茹和孙圣民（2006）认为，对于中国当前的政治经济改革而言，不管是宪政优先还是增长优先，都必须通过改变权力结构来实现制度的根本变革。

三、财政制度模式与纵向财政制度模式下公共服务不均等的内生性

从世界范围来看，财政制度的安排有两种模式，一是以调整中央与地方关系委托代理形成的纵向制度安排，这种制度安排在决策程序上是由上而下的；二是以公众—人大—政府的横向委托代理关系形成的横向制度安排，这种制度安排在决策程序上是以基层决策为主自下而上形成的，即公共财政制度。我国当前的财政体制度总体上属于前者。这种制度安排的特点是：（1）财政预算决策程序由中央到地方，经历了中央到地方五级预算的过程。在上一级政府预算计划没有完成之前，下级政府预算不能进行；（2）财政预算权利从中央到地方逐级缩小；（3）代表民

主程序的各级人民代表大会对各级财政预算的决策和监督非常有限，财政预算是由政府来完成的。

纵向的财政制度背景下，能否通过一系列具体政策的设计实现公共服务的均等化？这是讨论实现公共服务均等化问题必须首先回答的。公共选择理论为我们回答这个问题提供了一个理论框架。

第一，从决策的过程来看，由上而下的财政制度不能根本解决公共服务均等化问题，反而使公共服务非均等化程度加大。政府作为最重要的公共管理组织，其所有行为理所当然地应从公共利益（Public – interest）出发，以社会福利最大化为目标。在这一假设前提下，实现社会福利最大化则成为政府存在及实施政府行为的逻辑起点。凯恩斯以来的经济学家们正是从这一假设出发创立了政府调控理论和政府管制学说。然而，20 世纪 60 年代后，以布坎南、斯蒂格勒、配尔兹曼为代表的公共选择学派在继承亚当·斯密的“经济人（Economic – man）”思想的基础上，把“经济人”假设推广到政治领域，不仅认为由“经济人”理性个体组成的政府的行为是理性的，实施政府行为的政治官员也会追求自身利益的最大化，即“政治家们被假设为具有能使他们再次当选的机会最大化的行为。”[①] 并认为，许多政府成员既然是某些特殊部门利益集团的受益者，就很可能为这些既得利益集团服务，这样的政府就也很可能是被利益集团“俘获的政府（Captured Government）”[②]。部门利益理论是对公共利益理论最具影响力的挑战。关于政府行为的这两种假设前提，意味着政府的两种行为目标：一是以公共利益假设为出发点的社会利益最大化目标，二是以经济人假设为出发点的集团利益极大化目标。

客观地说，两种假设在现实中都不难找到一定的事实依据，由于受外界各种条件的约束，政府管理者在具体决策中难以完全排斥其中任何一种利益，基本上是两个目标在客观条件下的相互博弈和妥协。

由此，政府行为的一般性目标函数可表示为：

$$\Pi = f(T_S, T_G)$$

其中 Π 表示政府行为效用；T_S 表示社会福利最大化目标；T_G 表示集团利益极大化目标。

利益集团的博弈行为导致强者更强，获得更多的资源和更多的公共

① 萨缪尔森·诺德豪斯：《经济学》（下册）第 12 版，中国发展出版社，1992 年，第 1176 页。

② 斯蒂格勒：《产业组织和政府管制》，上海三联书店，1989 年，第 210 页。

服务。在市场条件下，决策的过程日益转变为一个竞争的过程，在政治领域，这种过程体现为不同利益集团博弈的过程。布坎南认为，要向政治家提建议或对特定争议的结局施加影响往往是无效的，在给定的规章制度中，结局很大程度上取决于既定的政治集团。奥尔森则从利益集团的角度分析了集体行动的逻辑，解决了公共选择的动力和公共选择中的均衡问题（即利益集团间的冲突问题），对财政学作出了贡献。依据奥尔森的理论，利益集团经常为达到自己的目的采用各种手段对立法进行影响、抵制、阻挠、拖延，甚至否定，使政府行为按照他们的意图进行或偏向于他们的意志。不同利益集团力量的对比决定了他们与政府的谈判能力。

我国在改革开放前实行高度集中的计划经济体制、相对单一的所有制模式，强调集体利益和国家利益，因此不存在独立的利益集团。经过向社会主义市场经济体制的不断推进，社会由同质的单一型社会向异质的多样社会转型，社会利益结构逐渐发生了分化和重组，新的利益群体和利益阶层逐步形成，使得利益集团的争利活动在我国有了日渐明显的体现。很明显，按照集团利益最大化目标，在自上而下的财政决策制度下，谁的权力越大，谁为自己的利益集团争得的利益就越多，我国自上而下的财政制度决策权力形成的中央——地方金字塔权力分布，对应了公共服务分配的金字塔结构，金字塔的较上层部分占有了更多的资源。

第二，纵向的财政制度设计了以均等化为目标的转移支付制度，也不能从根本解决公共服务均等化问题。

通过均等化转移支付解决横向的财政不平衡，逐步缩小地区的财力差异，实现全国各地区公民享受到大体均等的公共服务目标，是经济发达国家财政转移支付的一般做法。在我国实现标准化转移支付制度的条件并不充分，特别是在非民主预算的前提下，从转移支付资金拨付到使用的过程成为一个黑箱，各级政府的扣留和挪用成为这个黑箱里不透明的成分，最终到达目标主体并运用于公共服务均等化目标的资金被缩水，目标因而大打折扣，这是问题的关键。

1994 年分税制改革后形成的我国政府间转移支付制度实质上进一步加大了我国地区间不均等化程度。具体地讲，政府间转移支付主要包括：税收返还、原体制补助、一般性转移支付（过渡期转移支付）、各项结算补助和专项拨款等。

税收返还是中央对地方转移支付中规模最大的部分。税收返还制度的实施确保了地方政府在分税制财政体制实施之前的基本利益，减轻了地方政府对改革的阻力，确保了分税制财政管理体制的顺利实施，但是从实施的效果来看，税收返还不利于公共服务均等化的实现。原因在于：一方面，建立在基数法基础上的税收返还制度在一定程度上加大了地区之间的财政收入能力的差距。① 另一方面，经济发达地区增值税与消费税增长速度快于经济落后地区两税的增长速度，按各地区增值税和消费税的平均增长率的1:0.3系数确定的递增率，使经济发达地区获得的税收返还额的增速快于经济落后地区税收返还额的增速，使得地区间的财政收入能力差距增大。

一般转移支付技术设计上的基本特点是把各地“财力”低于“标准支出”的差距作为确定转移支付数额的基础，同时适当考虑各地的收入努力程度及支出结构，并对民族地区增加政策性转移支付，在这一办法中，选取的因素包括客观因素30余项，政策性因素7项，各省区应当得到的转移支付补助额 = 该省区标准财政支出 - 该省区标准财政收入。一般性转移支付，具体包括弥补分税制改革以前收支差额的转移支付和分税制补差、过渡期转移支付、少数民族地区补助、公务员增资补贴、其他一般转移支付。从内容上看，除弥补分税制改革以前收支差额的转移支付和分税制补差、过渡期转移支付，其余转移支付形式都有特定的用途，在缩小公共服务均等化方面所起的作用不大。

过渡期转移支付是我国首次参照国际通行的办法，即采用因素分析法对各个地区的基本的财政能力和基本的财政需求进行测算，设计了一整套体现均等化目标要求的计算公式，按照该转移支付办法，某个地方政府经过核定的财政收支缺口越大，该地区应当从中央政府得到的转移支付金额也越大，从这个意义上说，一般性转移支付有利于缓解接受转移支付地区的财政困难，提高其供给公共产品的能力，在一定程度上为缩小地区间的公共服务水平的差异创造了条件。

目前，我国中央政府用在政府间转移支付的财政资金规模太小，在转移支付总额中的比重不超过20%，绝大多数年份维持在10%左右，对于缩小地区间公共服务水平差异的作用明显不足。据资料显示，青海省1999—2004年间，所占比重不超过25%，2000年所占比重最低为5.4%，因此，一般性转移支付在缩小公共服务均等化中的地位微乎其微。中央政府虽然从1999年开始逐步加大了促进地方财政均等的一般

① “我国政府间转移支付制度对公共服务均等化的影响”，《经济体制改革》，2006年第1期，第25页。

性转移支付，但目前转移支付体系过于复杂，整体转移支付的目标不清晰，许多项目是出于短期的考虑，缺少客观的标准、稳定性和透明性，不利于改进地方财政的独立性和提高地方政府在公共服务供给上的财政努力。

第三，一个基本判断。按照功利主义、罗尔斯主义、折中主义关于公平的理论和标准，从起点公平、规则公平和结果公平出发对公共服务均等化的程度作出具体判断。也可以根据基本公共服务均等化实现程度的评价指标进行分析，包含支出类指标、收入类指标、公共产品提供能力等综合指标，并设计包含一系列指标在内的基本公共服务均等化的具体测量方法。依据上述指标对我国基本公共服务均等化实现程度进行定量分析，或以核定我国基本公共服务在城乡之间、地区之间的差距。根据时间序列数据计算基本公共服务城乡、地区差距的收敛系数，判断其发展趋势。大量的研究表明，我国基本公共服务非均等化现象日益严重。

对此，可以从经济行为和经济现象的公平性方面评价，也可以从社会和政治等方面进行评价和解释，尽管答案有所差别，方法和标准可能不尽相同，但是结论却是不可否认的。这些指标不仅可以解释市场行为的公平性，它对政府行为也应当具有一定的解释力。对于由于市场因素和政府因素形成基本公共服务的差异，可以区别对待。但无论什么原因造成的差异，政府都有责任把它限制在社会所能容忍的限度以内，以保持社会和谐发展。根据我国城乡基本公共服务供给的差异情况判断，我国城乡基本公共服务的差异性已接近社会所能容忍限度的边缘，政府进行必要的调整已势在必行。

随着社会主义市场经济体制的不断演进，财政制度安排与公共服务均等化的矛盾进一步加剧。多元化的市场经济行为主体具有独立的目标函数，可能出现两种结果：一是各级政府行动目标函数与公共服务均等化目标不相一致，二是社会利益集团在争取自身利益的过程使得预算执行过程充塞了博弈活动，财政预算不可能完全服从公共服务均等化目标，从而使公共服务非均等化的程度加大。同时，多元化的市场经济行为主体独立目标函数的确立，使得财政活动日益满足了公共选择理论分析框架的基本条件，改革的时机已经成熟。

四、实现基本公共服务均等化的公共财政制度安排

（一）我国横向财政制度模式的产生基础

本文提出一个理论假说：财政制度模式的确定是不同国家面对政治上的主要矛盾主动选择的结果，财政问题本身是一个政治问题，财政和政治从来是不可分的。

“公共选择（Public Choice）可定义为非市场决策的经济研究，或仅仅是经济学在政治科学中的应用。”[①] 它对财政理论产生了深远的影响。

阿罗不可能定理（1951 年，《社会选择与个人价值》），证明了不存在一个理想的规则，使社会或任何一个集体，从个人序数偏好得出社会的偏好和选择，阿罗不可能定理实际上对社会福利函数存在的可能性提出了质疑。而社会福利函数这一概念，是以序数效用价值论为基础的新福利经济学的核心，阿罗不可能定理在相当程度上使新福利经济学陷入了困境。这不单在福利经济学上，而且在政治学与实际民主操作上都有重大而令人不安的意义。由个人偏好不能推导出社会偏好，由此引起激烈的争论。公共选择理论，主要是围绕着阿罗不可能定理展开的。

从威克塞尔等人开始，就将财政支出与税收结合起来，且将公共部门的决策过程视为政治的、集体的选择过程。公共选择论涉及的就是长期被财政理论忽视的政治程序在财政活动中的地位和作用问题。布坎南和塔洛克在《同意的计算》一书中，认为多数人并不能代表全体选民的意志，采用多数原则实际上是否定了在订立契约过程中部分人的利益，在某些情况下，它会使那些受到压迫的人的利益受到侵犯。

如果说以上公共选择论的说法意味着社会上存在着一个弱势群体，他们的利益不可能通过多数原则决定，那么我们不仅要问，公共财政制度的价值观基础和标准到底是什么呢？

约翰·罗尔斯在《正义论》[②] 中提出一个一般的正义观：所有的社会基本价值（或者说基本善）——自由和机会，收入和财富、自尊的基础——都要平等地分配，除非对其中一种或所有价值的一种不平等分配合乎每一个人的利益。他将这一正义观阐述为正义二原则：第一个正义

---

① Mueller，D.，1989，Public Choice Ⅱ，Cambridge University Press.1.

② ［美］约翰·罗尔斯：《正义论》（中译本），中国社会科学出版社，1988 年。

原则：每个人对与所有人所拥有的最广泛平等的基本自由体系相容类似自由体系都应有一种平等的权利（平等自由原则）；第二个正义原则：社会的和经济的不平等应这样安排，使它们：(1) 在与正义的储存原则一致的情况下，适合于最少受惠者的最大利益（差别原则）；(2) 依系于在机会公平平等的条件下职务和地位向所有人开放（机会的公平平等原则）。

罗尔斯实际上总是从最少受惠者（弱势群体）的地位来看待和衡量任何一种不平等。他的理论反映了一种对最少受惠者的偏爱，一种尽力想通过某种补偿或再分配使一个社会的所有成员都处于一种平等的地位的愿望。这些理念已经远远超越了经济学的范畴。

（二）我国的横向财政体制安排既有历史的传承性，也是我国市场经济发展中面临的主要矛盾政治选择的结果

中国幅员辽阔，民族和人口众多，统治的难度相对较大，因此，历史上中央与地方纵向关系的处理成为国家统治者需要解决的主要矛盾，中央与地方权力的集中与分散是协调二者关系的主要手段。建国之初，由于国际、国内形势所迫和经济发展任务的要求，政府选择了以提高政府资源动员能力、实现重工业优先发展为目的的计划经济体制。为了保障中央政府行政性命令和计划配置资源在全国畅通，因此在制度设计上进行了相应的安排，以维护中央的权威性，保障集中全国力量办大事。在这个总体制度设计中的财政制度选择就是决策过程自上而下的纵向财政制度模式。改革开放以来，我国对原有的财政制度进行了多次改革，这些改革在一定程度上改变了过去高度集中的财政体制，增加了地方预算民主的成分，但是总体上由上而下的纵向财政制度没有实质性的转变。为什么在经济发展水平较高、财政收入大规模增长的阶段，基本公共服务均等化的问题日益凸显出来？

本文借鉴西方公共选择理论，结合中国的国情，从政治视角对影响基本公共服务均等化的制度基础予以解析，提出进行“财政分权模式”改革的思路，即由传统的中央向地方分权的“自上而下”的纵向“分权”模式，转向“自下而上”的横向“授权”模式，强化各级地方财政预算的相对独立性，从根本上确立公共服务均等化的制度基础。这个思路来源于近年来中央把教育、医疗和社会保障作为政治任务而得以顺利推行的启示。在我国经济的高速增长和财力迅速扩大的条件下，只有将政治动员和政治程序统一于公共服务均等化这一目标，并以上述制度基

础为保证，才能真正完成我国公共服务均等化的艰巨任务。

(三) 以财政预算改革为突破口，将“政治程序”改革和“预算程序”改革有机结合起来，建立新的公共财政制度框架

这个思路的特点是突出预算中的公共选择过程改革，把比较敏感的“政治程序”改革融于具体的财政预算改革中，“务实而不张扬”。一是试图通过财政预算改革推动政府治理模式的变革，二是试图通过财政预算的公共化和公开化推进财政资源配置结构和方向改革，将政府治理目标逐步调整为社会性和公共性目标，进而解决公共服务水平差距不断拉大的问题。

以财政预算程序改革为突破口，可以实现政府公共治理的变革。这一路径的改革可以将财政资源配置和政治程序改革统一起来。(1) 只有这样，才能真正改变和调整政府间的财权事权关系和转移支付关系，基层政府的相对独立性得以增强，从而各级政府的关系趋于平等。(2) 只有这样，才能有效地调整我国的财政分配格局，改变各级政府目标与公众目标相分离的状态，建立公共服务均等化的制度基础，保证各级政府治理的目标统一于实现公共服务的均等化方向上来。(3) 只有这样，才能保证各地区在经济增长和财力扩大的基础上，逐级次（县—市—省）、分阶段（地区间均等化、城乡间均等化和居民间均等化）完成基本公共服务均等化目标，才能逐步提高整个公共服务领域的均等化水平。(4) 只有这样，才能从加强财政资源约束这一根本出发，建立新的财政“授权”模式，才能约束政府公共产品供给和公共服务提供行为，促进公共服务分工体制下的问责制和以公共服务结果为导向的干部政绩考核制度（迟福林，2007）的建立，推动各级政府不断降低运行成本和努力提高财政资源的配置效率。(见图 1)

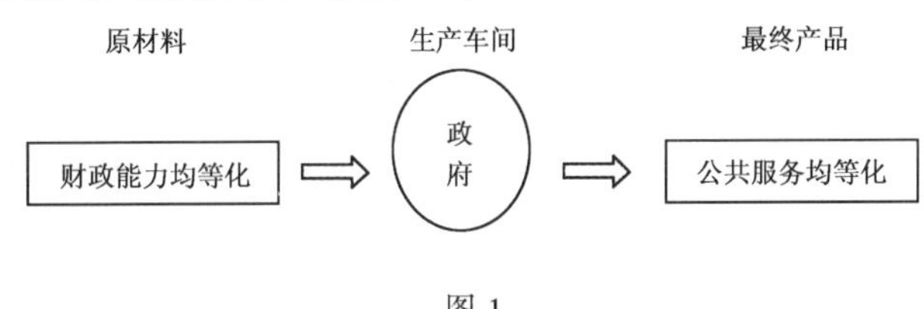

图 1

积极推进以财政预算改革为核心的公共财政制度创新的具体内容是：(1) 财政预算决策权力的公共化和公开化。由各级人民代表大会行使财政预算决策权，将政府的收支行为置于人民及其代议机构的监督之

下。这种财政制度对财政预算编制和执行从外部进行政治控制，促使政府更好地履行公共服务责任。(2) 财政预算程序的自下而上。在中央与地方根据外溢性原则承担相应的公共服务类型的基础上，由县—市—省人大行使财政预算安排程序，全国人大在省级人大财政预算安排的基础上作出全国的财政预算安排，包括根据标准核定的转移支付。各级政府只能作为财政预算的执行者，由此限制和削弱上下级政府间及利益集团的博弈活动。(3) 财政预算目标的横向均等化。根据我国当前及今后一个时期所面对的主要矛盾，由调整纵向矛盾转为调整横向矛盾为主的财政制度是一种公共选择和政治选择。(4) 财政预算的法制化、规范化和精细化。改革预算年度，保证足够的预算准备时间；对预算内容进行细化，以结果为导向；通过人大控制和规范税收“超收”和财政“增支”等收支过程；缩短财政支出的价值链，完善国库集中收付制度改革；建立农村财政预算，统筹支农资金。

在此基础上，研究建立主体功能区划分的指标及其标准体系（杜平，2006），完善以社会性支出为主体的新的财政收支体系。(1) 根据外溢性原则，对各级政府财权和事权的重新划分，实现中央和地方公共服务职责规范化、法制化。(2) 重新调整财政收支体系。在财政收入方面，以分税制为基础，根据财权与事权相统一的原则，重新划分中央与地方税种和比重；在财政支出方面，根据公共财政的基本要求，增加社会性支出比重，实现更加“专注的政府支出”（坦齐，2005）。(3) 建立自下而上横向财政制度安排下的转移支付制度安排。主要按照基本公共服务均等化目标要求和标准，对由于历史性原因和资源禀赋差异而形成的区域间财政能力进行调整。(4) 设计一个可供决策参考的改革试点方案。

按照不同地区的财力水平和社会条件，逐级次（县—市—省）分阶段（地区间均等化、城乡间均等化和居民间均等化三个阶段）完成基本公共服务均等化目标，再逐步扩大整个公共服务领域的均等化范围。

建立新型的公共财政制度，主要依靠自下而上的财政预算制度和外生的公共选择制衡力量，所涉及到的不仅是“预算程序”的调整，显然是一次大的利益格局的变革，所面临的困难是多方面的，这毕竟不是一个简单的理论所能解释清楚的。中国走过的财税改革道路已经表明，改革中的难题不会自动化解，必须要以“政治承诺”作保证，精心设计和规划，才能取得成功。但现实中的问题往往比我们的想象要复杂得多，基本公共服务均等化水平的测度及相应的财力资源需求量预测，无论在技术上还是在方法上都是需要突破的一个难点。

参考文献

1. 阿特金森、斯蒂格里茨:《公共经济学》,上海三联书店、上海人民出版社,1994 年。

2. 迟福林:《公共服务均等化与人的全面发展》,http://www.chinareform.org.cn,2007 年。

3. 刘尚希、李敏:"论政府间转移支付的分类",《财贸经济》,2006 年第 3 期。

4. 王雍君:"中国的财政均等化:困局与选择",《中央财经大学学报》,2006 年第 12 期。

5. 叶建亮:"公共产品歧视性分配政策与城市人口控制",《经济研究》,2006 年第 12 期。

6. Buchanan、James M. Equalization: Welfare Trap or Helping Hand?. Conference Paper. 2002.

7. Anwar Shah、Chunli Shen. The Reform of the Intergovernmental Transfer System to Achieve a Harmonious Society and a Level Playing Field for Regional Development in China. Working Paper. 2005.

8. Anwar Shah、Thersesa Thompson. Implementing Decentralized Local Governance: A Treacherous Road with Potholes Detours and Road Closures. World Bank Policy Research Working Paper. 2004 (June).

9. Tiebout. C. A Pure Theory of Local Expenditures. Journal of Political Economy. 1956 (64).

公共财政的宪政分析

陈志勇* 姚 林**

财政是指国家为了满足公共需求对剩余产品进行分配而产生的经济行为和现象。[①]这种活动是建立在一定的经济与政治体制基础之上的，经济政治体制不同，财政模式也不同。随着有中国特色的社会主义市场经济的不断发展与完善，构建与社会主义市场经济体制相适应的公共财政模式已成为我国学界及实务部门的基本共识。但是，公共财政作为一个舶来品，其在西方国家的存在与发展，除了与西方发达的市场经济相联系外，更有西方的宪政、法治、人权等思想为其提供政治土壤和价值基础。因此，构建中国的公共财政体系，不仅要研究借鉴西方公共财政的基本理念和运行方式，还要对公共财政赖以运行的土壤——西方宪政理论进行分析，以期对公共财政有更深入的认识，有利于将我国公共财政制度建设置于社会主义法治国家建设的大环境下有序推进。

一、西方宪政的基本理念

宪政是西方近代史上重要的政治成果之一。我国自清末掀起立宪运动，至今已有上百年历史。尽管目前学界对宪政的定义存在不少分歧，但对这一范畴的理解仍包含了许多共同之处，具体到公共财政领域，主

*、** 中南财经政法大学。

① 刘京焕、陈志勇、李景友：《财政学原理》，中国财政经济出版社，2001 年。

要体现在宪政与民主、法治以及纳税人权利等的关系方面。[①]

宪政是民主的政治。[②] 现代民主理论认为，人民是国家与社会的主人，是国家一切权力的最终来源。在民主制度下，法律的力量在于承认和保护个人的尊严和权利，人们通过自己选举出来的代表制定合乎众意的法律来控制权力，形成限制公权、保护私权的法律体系，同时受到所制定的法律的约束。一方面，民主是宪政最根本的价值追求。民主要求一切权力属于人民，并且要将这种隶属关系普遍化和制度化。可以说，这一要求只有在宪政秩序框架下才能得到实现，理想的政体是建立在民主基础上的宪政体制，宪政是民主存在的政治形式。另一方面，宪政是民主的保障。宪政通过对多数决定规则（民主）的限制防止侵害个人自由的行为的发生，从而达到强化和保护民主的目的，在某种意义上可以说正是宪政制度的出现，使社会的民主、正义得到了实现。

法治是宪政实现的有效保障。宪政要求对政府的权力加以约束，建立一个负责的、有限的政府，反对专横的威权和强权的统治，其核心是以法律确定国家权力并对国家的管理者进行限制，使政府权力受到法律的控制。法治是民主国家的一项基本宪政原则。法治意味着法律的权威高于一切，所有的统治者和被统治者都应当在既有的法律框架内活动，不容许有任何超越法律的特权存在。在这一点上，法治与宪政具有共同的价值追求，即对专断权力的否定和对个人尊严等基本权利的保障。同时，法治是依据一部合乎宪政精神的宪法之治，而不仅仅是一般的法律之治。因此，实现真正的依法治国，首要的是宪法至上，依宪治国。这要求按照宪法所确定的民主精神和原则来治理国家，巩固和保证人民权力至高无上的地位，使公民和各种合法的社会组织的权利有法律的保障，权利受到侵害时可以得到法律的保护和救助；使政府的权力得到制约，权力被滥用时能受到法律的追究。

纳税人权利是宪政的出发点和归宿。一国宪法主要涉及两方面的内

① 需说明的是，宪政概念有大小之分，“大宪政”一般指的是实践中所有的法律制度，主要包括了宪法和其他法律、行政立法、授权立法等；而“小宪政”则是“大宪政”所体现的最高形式，即国家宪法对普通法律的权威。“大宪政”着重强调整个社会的民主与法治状况，“小宪政”则强调宪法的最高地位，“大宪政”包含了“小宪政”。本文用的是“大宪政”概念。

② 关于宪政与民主的关系问题，1940 年 2 月 20 日毛泽东同志在延安宪政促进会上以《新民主主义的宪政》为题的演说中指出，“宪政是什么呢？就是民主的政治。”同时在讲话中，他还在总结西方立宪和行宪状况的基础上，提出了宪政是争取尚未得到的民主以及真正的宪政绝不是容易到手的，是要经过艰苦斗争才能取得的观点，为我们今天探讨宪政基本问题提供了重要的指导。具体参见《毛泽东选集》（第 2 卷），人民出版社，1991 年，第 732 页。

容，即国家公权力的划分与制约和公民私权利的规定和保护。就国家公权力和公民私权利之间的关系而言，公民私权利的保障又处于宪政保障的主导地位。因为依据宪政理论，国家是纳税人通过契约成立的行使纳税人所让渡的部分权利的组织，国家的权力来源于纳税人，它必须为纳税人提供他们所需要的公共产品与服务，而一旦政府违背人们的意愿，人民有权反抗政府的统治，改变或废除这样的政府，重新创立可以有效保护纳税人权益的新政府。历史上各国宪政起源与发展历程可以印证，一国宪法的诞生，宪政体制的形成无不与纳税人权利的主张紧密相连。[①]“宪政就是一张写着人民权利的纸”[②]，没有了宪政的保障，纳税人权利将无从实现。

二、公共财政的基本特征

公共性可谓是财政活动的一个天然属性，不管是“朕即国家”的王权财政或是集权型的计划财政，它都具有在一定程度上满足公共需要的特性。但我们现今所强调的公共财政，有着与王权财政和计划财政根本不同的资源配置机制和运行方式，它是以市场经济为基础的一种财政形式，其活动主要在为社会公众提供公共商品和服务的所谓公共领域中开展，是对市场配置资源的补充或替代。从宪政的角度来看，公共财政主要有如下几个方面的特征：

公共财政是民主化的财政。公共选择理论认为，财政的公共性源于公共需要，只要财政行为是为满足公共需要开展的，那它也就必然具备了公共性的特征。而要保障社会公共需求的满足，就必须有顺畅的社会公共需求表达和实现机制，即通过民主的形式，由社会公众、团体等利益主体，在“追求自身利益最大化”的公共选择程序中完成。同时，公共选择理论还指出，政府自身也是一个利益主体，政府的财政行为不会只代表公共利益，它还代表了内部工作人员、地方部门等小集团的利益。因此，在公共财政体制的设计上，应通过民主机制，体现出宪政与民主的基本理念，由社会公众自己决定何谓公共利益，公共利益应通过何种途径实现等问题。“从根本上讲，公共财政一定是民主财政，民主

① 如英国为了限制国王的征税权力，颁布了具有宪法性质的文件《权利法案》；美国公民为反对英国殖民者征收的税赋，申张纳税人的权益，爆发了北美独立战争，制定了历史上第一部成文宪法等。

② 高培勇：“公共性：公共财政的实质”，《人民日报》，2004 年 10 月 22 日。

活动"[1]，只有通过民主政治，实行民主财政，才能确保公共财政有效提供公众所需的物品和服务，确保公共资源的最优配置。

公共财政是法治化的财政。市场经济是法治化的经济形式，公共财政是与市场经济相适应的财政模式，因此，法治化也是公共财政应遵循的基本准则之一。一方面，财政权力必须受法律的约束。宪政主义认为，政府的财政权力并没有独立于社会公众的价值，它来源于社会公众，当然必须受公众的制约。社会公众通过制定反映他们意志的法律、法规来规范政府财政活动的界限。在法律规定的活动界限以内，是财政必须履行的义务，既不能推脱也不能懈怠；超出界限的事项，财政则不能擅自越位。另一方面，具体的财政行为必须有法律的依据。这要求立法机关必须切实履行职责，对财政支出、收入及管理等方面的重大事项，制定实际可行的法律规则。法治的作用不仅在于约束微观主体的行为，更在于对政府行为的约束，一旦政府的行为不受法律的约束，将会严重动摇市场经济赖以存在的基础。

公共财政是"纳税人"的财政。在西方宪政国家，"只有死亡和纳税是不可避免"的观念早已深入人心，这就使得这些国家的公民多以纳税人自居，纳税人的权利得到广泛认可和普遍接受。随着我国经济的发展、法治的进步以及租税理念的广泛传播，越来越多的人也认识到了其作为纳税人所应当享有的各项正当权利，"政府必须为纳税人服务"、"政府花的是纳税人的钱"等观念逐步深入人心。因此，财政活动必须适应经济社会环境和人们价值理念的变化，改变以往那种只收税，不服务或少服务的局面，在执行公务活动中尽量做到节约税款，不得随意浪费纳税人的钱财，真正成为纳税人的"管家"。同时，政府行为要接受纳税人的监督，通过规范化的政府行为，赢得纳税人的信赖。因此，可以说，市场经济条件下的财政之所以是公共财政，主要的原因就在于纳税人是公共财政制度的基础。

三、公共财政与宪政

宪法作为体现现代宪政精神的法律文本，其基本使命在于以最高权威的形式确定国家权力与公民权利的边界，限制公权力，保护私权利。在宪政国家，政府处于宪法及法律的约束控制之下，履行为社会公众提

[1] 刘云龙：《民主机制与民主财政》，中国城市出版社，2001年，第49页。

供公共产品和服务的职责。人民通过社会契约及公共选择过程组建所意愿的政府，并有权制定相应的规则和制度，确保人民主权、法律至上、权力制约等一系列宪政、法治原则的实现。因此，宪政下的财政必须是一种公共的财政，一种围绕政府财力如何更好的为纳税人掌控，为纳税人服务的财政。

（一）公共财政的宪政意义

市场经济条件下的公共财政是以税收为基础的有偿财政，是社会公众基于共同利益的需要，通过让渡其部分财产所有权来换取他们所需的公共产品和服务的一种契约安排。国家则是这种契约安排的一个结果，它被要求必须为公众提供他们满意的公共产品和服务，并且接受公众的监督。从本质上看，公共财政体现了纳税人与国家之间的一种社会契约关系。这种契约关系很好地解释了公共财政在宪政形成过程中所起到的巨大作用以及宪政对公共财政行为所产生的制度约束。

公共财政是国家权力公共化的基石。政府作为国家权力的行使者，正如孟德斯鸠所言："任何掌权者都倾向于滥用权力，他会一直如此行事，直至受到限制。"为了确保国家权力的公共性，使其只用于为公众提供公共服务，公众迫切需要有效的手段来制约政府可能的违背民主法治行为的产生，西方立宪历史上的关于征税权的斗争很好地说明了这一点。马克思论证道："究竟为什么赋税、同意纳税和拒绝纳税在立宪主义历史中起着这样重要的作用呢？其实原因非常简单，正像农奴用现钱从封建贵族那里赎买了特权一样，各国人民也要从封建国王那里赎买特权。国王们在与别国人民进行战争时，特别在与封建主进行斗争时需要钱。商业和工业越发展，他们就越需要钱。但是，这样一来，第三等级，即市民等级也就跟着发展起来，他们所拥有的货币资金也就跟着增长起来，并且也就借助于赋税渐渐从国王那里把自己的自由赎买过来了。为了保障自己的这些自由，他们保存了经过一定期限重新确定税款的权利——同意纳税的权利和拒绝纳税的权利。"[①] 正是基于这种税收契约关系，建立了国家与人民之间的税收债权债务关系，使得人民和国家之间的权力义务得到了重新调整与定位，让人民意识到，国家的财政行为若不符合公正原则，不为公众服务，那么国家就不具备公共性，它也就从根本上丧失了存在的合法性。

---

① 《马克思恩格斯全集》（第6卷），人民出版社，1961年，第303页。

社会公众对国家征税权力的有效制约，促进了现代西方宪政制度的发展，反之，西方宪政制度的进步也对公共财政提出了更高的要求。宪政精神强调公权力与私权力的直接分离，通过私权力来限制公权力，因此，政府作为一种公权力组织，它的作用应当只限于经济调节、市场监管、社会管理和公共服务等几个方面，进而成为一种“有限政府”。人们通过代议制、分权制、司法独立等方式对这种“有限政府”的权限和规模进行限制。在此基础之上，公共财政也必然是一种有限财政。一方面，公共财政的职能必须是有限的。市场经济条件下，公共财政的运行要以弥补市场失效，满足公共需要为目的。也就是说，市场经济中，政府只是一个“配角”，市场干不了或干不好的事，才需要政府去干。当然，政府这个“配角”并不是可有可无的，在市场失灵或公共需要领域，政府可做的或必须由政府做的事情依然很多，只是它的活动范围只限于该领域而已。另一方面，公共财政的规模也必须是有限的。政府规模的过度扩张必然造成政府机构臃肿、人员增多、权力寻租等问题，以致造成沉重的社会负担。因此，以满足公共需要为目的的公共财政必然要求提高财政资金的使用效益，降低政府运行的成本，使政府更好地从事“份内”的工作，避免扩张性的政府行为。

（二）公共财政与宪政的契合点：代议制

理论上，现代宪政国家应是无产者，其履行公共职能所需的财政收入主要依赖于税收，进而国家成为“租税国家”，而“租税国家”的宪法政治甚至可以归结为如何征收租税以及如何对征收的税金加以使用。[①] 作为西方制度文化的代表，代议制所代表的人民主权制度可谓是税收与宪法关系的一个共同基础。所谓代议制指的是一国统治阶级从各阶级、阶层、集团中，选举一定数量能够反映其利益、意志的代表组成代议机关，并根据少数服从多数的原则决定、管理国家政治、经济、文化和社会生活等重大事务的制度。考察西方国家宪政发展历程可以发现，随着私有财产的不断增加，在直接民主不可行的情况下，各国无一例外的采用了代议制这种间接民主的方式管理国家事务，用邓恩的话说，此时代议制成为了“宪政的民主规则模式”。之所以能够做到这些，

---

① 参见［日］北野弘久：“和平、福利国家的发展与纳税者权利保护”，郭美松等译，载刘剑文主编：《财税法论丛》第1卷，法律出版社，2002年，相关租税国家的理论可参见北野弘久著：《税法学原论》等著作。

应该要归功于代议制很好的实现了对政府财政行为的控制，包括对政府财政收入的控制及对政府财政支出的监督。

在控制政府的财政收入方面，最突出的表现就是议会对政府课税权的制约。议会成立的最初目的就是为了限制政府的课税权力。如资产阶级革命时期的英国，国王约翰被迫签下的《自由大宪章》，规定了国王要征收除固定税金外的其他税金必须召开贵族会议才能决定，明确了批税权属于议会，从而正式确定了“无法律则无税”的税收法定主义原则；作为美国独立战争果实的《独立宣言》，也规定“政府的正当权力，则系得到自被统治者的同意……而唯一能代表这些殖民地人民的是那些由他们自己选出的人，除非经由他们自己的议会，谁也不能向他们征税”，使得“无代议则无税”成为了世界上第一部成文宪法的税收原则规范。可以说，正是发端于英国的资产阶级宪政运动，成功的限制了国王的征税权，确立了“无代议则无税”的新型税收范式，才为新兴的宪政制度提供了强有力的保障，使得来自民间的代议力量有效约束了至高无上的王权，巩固了代议制民主。可见，这种“主权在民”的代议制民主从根本上改变了税收的性质，它不仅通过宪法宣示了宪政国家税收的正当性与合法性，更重要的是，它将税收纳入一个法治轨道，使得一切课税活动都必须按照议会制定的法律实施，“法无明文规定不纳税”，进而从实质上提高了代议机关的法律地位与权威，更好地实现了“人民主权”的宪政原则。

议会通过对税收立法权的控制制约了政府的征税活动，实现了公众对自身财产权的保护，但另一方面，如何让政府的支出也反映公众的意志，提高财政资金的使用效率呢？显然，议会通过对政府预算的审核与监督有助于实现这一目标。政府预算包括了政府的财政收入和支出，财政支出指政府在一个财政年度内提供公共商品和服务、满足公共需要所耗费的资财，但就其本质而言，它反映了政府的政策选择，是政府职能行为的成本。议会通过对政府的预决算支出的审核、监督与控制，可以截断政府滥用权力的物质来源，迫使政府依法合理运用权力，不得逾越法定权限随意侵害公众的权益。同时，议会审议与批准财政预算法案也是确保政府行为规范化的最重要的手段，一旦代表公众意志的议会实质控制了政府的财政预算，也就相当于牢牢掌握了政府的“经济命脉”，进而取得对政府行为的掌控权。由此可见，公共财政的预算机制是限制政府权力、保障公民权益的最主要的宪政机制之一。

（三）公共财政与宪政的共同追求：纳税人权利保护

我国财政公共化改革的一个重要目标就是建立一个民主化、法治化的和为纳税人服务的财政体制。在市场经济和宪政制度下，纳税人是社会的主人，纳税人和所有公民的主体利益在政府所提供的公共产品和服务上获得显示，政府向纳税人提供公共产品和服务，纳税人则要为享有这些产品和服务，通过向政府纳税的方式支付相应的对价，总体税负的高低通常取决于纳税人所希望获得的服务水平及政府提供服务的数量与质量，两者通过公平、公正等税收原则进行交换，最终达到均衡与统一。但从本质上讲，税收毕竟是国家权力对公民财产权的一种侵害（尽管这种“侵害”被看作是公民获得公共产品和服务所应该付出的对价而被认为是必要的），这仍然会促使纳税人谋求更好的手段保护自己的权益，在宪政国家，这主要通过宪法法则对纳税人的具体权益进行规定来实现。在宪法层面上，要确保公民的财产权是一种神圣不可侵犯的自然权利，它优先于政府被赋予的征税权力，使得不经同意的征税被视为非法，给政府的征税行为设置了体现民主契约精神的宪法约束，在最高程度上保护了纳税人的合法权益。在普通法层面上，通过“税收法定”原则来限制课税，对纳税人合法权益进行保护。税收法定原则主要指征税主体必须依据且仅依据法律的规定征税，纳税主体依据且仅依据法律的规定纳税。具体来说，主要包括三个方面的内容：一是税种法定原则，即税种的开征、变更等必须由法律予以规定；二是税收要素法定原则，即与课税有关税收要素要在法律中予以明确且无歧义的规定；三是税收程序法定原则，指税收关系中，税收实体权利义务得以实现所依据的程序性要素必须由法律明文规定，征纳双方必须依法定程序行事。由此可见，宪政精神的核心就在于限制政府权力、保障公民权利，而法律将宪法对公民权利的保护予以了具体化，以“有税必有法”、“未经立法不得征税”的原则确保人们的私有财产不受非法侵犯，这也就与公共财政提出的为纳税人服务，保护纳税人合法权益的目标不谋而合了。

参考文献

1. 刘京焕、陈志勇、李景友：《财政学原理》，中国财政经济出版社，2001 年。

2. 列宁：《列宁全集》（第九卷），人民出版社，1987 年，第 448 页。

3. 高培勇：“公共性：公共财政的实质”，《人民日报》，2004 年 10 月

22日。

4. 刘云龙:《民主机制与民主财政》，中国城市出版社，2001年，第49页。

5. 张馨:《财政公共化改革：理论创新·制度变革·理念更新》，中国财政经济出版社，2004年，第420页。

6. 马克思、恩格斯:《马克思恩格斯全集》(第6卷)，人民出版社，1961年，第303页。

7. 周叶中:《代议制度比较研究》，武汉大学出版社，1995年10月。

8. 约·邓恩:《民主的历程》，吉林人民出版社，1999年，第246页。

构建社会主义和谐社会中财政职能的特殊问题

何振一*

市场经济条件下，在构建社会主义和谐社会中，财政除了要发挥为市场经济服务的职能之外，还要发挥什么样的特殊职能作用，才能有效的满足构建和谐社会的需要。这是当前急需从理论与实践结合上，给予回答的一项重大课题。

一、社会主义和谐社会的内涵

构建社会主义和谐社会理论，是以胡锦涛同志为总书记的党中央对邓小平理论和“三个代表”重要思想的继承和发展，是马克思主义科学社会主义理论的创新成果，它进一步回答了什么是社会主义，怎样建设社会主义和社会主义建设目标的问题。这一重大理论，是新世纪、新阶段全国人民团结奋斗的重要思想基础，是推动中国特色社会主义事业发展的强大思想武器。

建设和谐社会，始终是人类追求的理想社会形态。在我国乃至外国的历史上，都产生过不少追求社会和谐的思想。例如，在我国古代孔子等儒家思想中，就有“和为贵”、“兼相爱”、“中庸之道”“天下为公、送贤与能、讲信修睦”的大同社会的主张（见《礼记·礼运》），道家则

* 中国社会科学院财政与贸易经济研究所。

有追求人与自然和谐的主张；在近代，有太平天国洪秀全的“天下共享”，康有为在《大同书》中提出的建立“人人相亲、人人平等、天下为公”的理想社会的主张。在外国，如古希腊柏拉图的“理想国”，近代的空想社会主义者的《乌托邦》和《太阳城》关于理想社会的论述，以及于1842年英国空想社会主义者欧文，在美国印第安纳州进行的构建“新和谐”社会的试验。然而，在阶级社会里，阶级矛盾是不可调和的，只有通过激烈的阶级冲突才能解决。所以马克思主义认为阶级社会的全部历史，从根本上说就是一部阶级斗争史。希望在阶级社会中建设和谐社会，只能是一种良好愿望，是不可能成为现实的，只有在消灭阶级，建立起社会主义制度后，建设和谐社会方能成为现实。所以党的十六届六中全会决议中，开宗明义就明确指出：“社会和谐是中国特色社会主义的本质属性”，就是说和谐社会天然是社会主义社会特有的形态，它始终是建设社会主义社会的目标和战略任务。因此，那种把我国历史上出现的“文景之治”、“康乾盛世”及西方的“福利国家”也看成是和谐社会是不科学的。

那么社会主义和谐社会的内涵是什么，依据党中央关于科学发展观、构建和谐社会等一系列理论论述和战略部署，就广义社会而言，我理解社会主义和谐社会的内涵至少要包括以下几个要点：(1) 社会生产力得到高度发展，消灭了阶级、消灭了剥削、消除了贫富差别和消除了城乡差别和地区差别，实现了共同富裕，这是和谐社会形成的经济基础；(2) 全体人民当家做主，经济、政治、文化、社会生活全面实现了法制化，这是和谐社会形成的政治前提；(3) 社会先进文化得到高度发达，人人都得到全面发展，人与人关系上诚信友爱、相互尊重、平等相待、团结互助，人人都成为有道德的人、高尚的人、有利于社会的人，这是和谐社会的狭义社会层面的基本形态；(4) 人与自然关系高度协调，这是和谐社会赖以存在的自然承载。所以，和谐社会的内涵如果用一句话来概括可表达为：和谐社会是以先进生产力、消灭了剥削和实现共同富裕为经济基础的，以民主、法制、平等为政治前提的社会内部诸关系，及人与自然关系全面和谐的社会主义社会的外在形态。

二、构建和谐社会中财政职能的特性

构建社会主义和谐社会，是社会主义建设事业的宏伟战略目标，实现这一目标是一个长期历史过程。任何一种社会制度，只有在一定阶级的财政支持下才会产生。在构建社会主义和谐社会的历史过程中，充分发挥财政职能作用，乃是实现这一伟大战略目标的重要保证。

财政一般与财政特殊及财政职能的共性与特性关系的理论，是研究和认识和谐社会构建中财政职能发展变化的一个重要指导思想。我国的财政学界，对财政职能的认识，虽然存在着这样那样的不同，但有关财政和财政职能的一般和个别，共性与特性关系的认识基本是一致的，这样我们就有了讨论的共同思想基础，故这里对财政职能的共性与特性，或一般和个别关系不再赘述。这里需要说几句的是，任何类型的财政及其职能，都是共性寓于特殊之中，都是共性与特性的统一体。在财政理论研究上，只注意其共性而忽视其特性的研究是不完整的。财政职能的共性，反映的是财政一般的本质，而特性才是各个不同社会制度下和不同的经济运行方式下的财政职能内容的具体表现。因为，财政作为满足社会共同需要的社会集中化的分配范畴，它是社会的生产关系的有机组成部分，与生产关系是同一体，是生产关系的另一方面。所以财政分配，它不能不受社会制度性质和不同的经济运行方式的直接制约，这就决定了财政职能作用范围不是固定的而是发展变化着的，在不同社会制度不同经济运行模式下的财政职能，除了共性之外，又必然都各自有其特殊的职能作用，因此，在我国构建社会主义和谐社会，就理所当然的在财政职能作用上有其特殊性。

在构建社会主义和谐社会中财政职能特殊作用是什么？有一种意见认为，我国的经济运行方式是市场经济，基于市场经济要求而形成的财政职能，相对计划经济财政职能，也就是财政职能特殊，我国的财政职能只能限于为市场经济服务这个范围，即是西方财政学体系中所揭示的资源配置、收入分配和经济稳定等三大职能所覆盖的范围，这三大职能已把市场经济下的财政职能特殊概括无遗，无需探求新的职能。然而市场经济不可能离开一定的社会制度而独立存在着，它总是要在一定社会制度下运行着，在我国的市场经济是与社会主义制度结合在一起的，是在社会主义制度下运行的。如前所述，财政职能是受社会制度和经济运行方式双重制约的。在财政职能上就必然是既有与西方市场经济财政相同的部分，即市场经济下财政职能的共性，又有受社会主义制度制约的，为社会主义建设服务职能的特殊部分，即社会主义市场经济下的财政职能特性。因此，西方财政学概括的财政三大职能的作用范围，无论将市场经济下财政职能概括的多么科学，多么无遗，都不可能把我国的社会主义市场经济下的财政职能包括进去。在构建社会主义和谐社会中，我国的财政除了具有为市场经济服务的三大职能之外，还有哪些特殊的职能呢？

依据社会主义和谐社会内涵的理解和党的十六届六中全会提出的新阶段构建社会主义和谐社会的目标与任务，看来至少要有以下几项：

1. 维护社会主义公有制主体地位的职能作用。所谓公有制的主体地位，是指公有制在社会总资产中占优势，国有经济控制国民经济命脉，对经济发展起主导作用。在多种经济共同发展的条件下，巩固和发展公有经济乃是保障我国社会制度的社会主义性质不变的前提条件，也是构建和谐社会所必需的经济基础。要发展公有制经济、保障公有制经济的主体地位，就必须有持续增长的积累和投资，而这些积累与投资的资源从哪里来，只能是从财政集聚集起来的公共资源中供给。说到这里也许有人会问，不是说财政要从营利性经营领域退出去吗？财政怎能再向生产建设领域投资呢？是的，为了更好地发挥市场经济优化资源配置的作用，财政是要从营利性投资领域退出去，问题是要正确理解从营利性投资领域退出去这一概念的内涵。所谓从营利性投资领域退出去，是指财政不要再从事单纯出于营利目的的投资，而不是说财政对任何会产生盈利的投资领域都不能再投资。正如邓小平同志指出的，在改革中我们始终要坚持两条根本原则，一是以社会主义公有制为主体，一是共同富裕。出于保卫我国社会的社会主义性质不改变，出于巩固和发展公有制经济和调节控制市场经济，使之沿着有利于社会主义建设的方向发展，以及借助国有资本的力量，诱导社会资本进入农村改造农业小生产，使之转向产业化的社会化大生产，服务于新农村建设，发展壮大集体经济，财政对那些关系国计民生和经济命脉、对经济发展起主导作用领域的投资，无论它有无盈利，都必须发挥出资者职能作用，这是社会主义社会性质决定的，也是构建社会主义和谐社会的必然要求。

2. 促进全体人民逐步走向共同富裕的职能。实现共同富裕乃是和谐社会的基础性内容，因为存在贫富差别的社会是不可能和谐的。实现共同富裕目标，靠市场机制的自发作用无从解决，仅仅靠前述的旨在为市场经济服务的财政调节分配的一般职能也无从解决。因为市场经济下的收入分配，是按要素贡献实施的，即等量贡献取得等量的所得，依据的是等价交换原则。在生产成果分配上，只要各个要素投入者之所得都符合等价交换原则，就是公平的或符合正义的。显然这种公平或正义，是不能解决共同富裕问题的。这是因为，在市场经济下劳动、资本和土地等要素同样都是商品，而劳动要素投入却只能以劳动力形态出现。在以等价交换为原则的成果分配中，劳动力要素是以劳动力价格为尺度，并不是按劳动力所付出的实际劳动质与量为尺度的，再加上在诸多的生产要素中，劳动力要素相对资本与土地等要素，是稀缺程度最低的，从而在分配中始终处于劣势。资本始终处于优势，从而在等价交换的表面公平分配下始终掩盖着严重的不公平。这种分配机制不仅不能实现共同富裕，而且还会不断的扩大着收入差距。这一点已为西方发达的市场经济国家的实践所充分证明。美国是世界上市场经济最成熟的国家，也是自我标榜最注重“公平”、“公正”的国家。从罗斯福实行新政以来，历届政府为了实现收入分配的公平、正义，不断的运用财政职能作用进行调节。然而多年实践的结果，收入差距不但没有缩小，反而日趋扩大，现已成为世界上收入分配两极分化最为严重的国家。据香港 2006 年《东方日报》透露，美国农业部 2006 年 11 月中旬的报告指出，美国共有 3400 万人贫困得无法得到足够的食品。美国《纽约时报》网站 3 月 29 日报道：2005 年纳税数据分析表明，收入排在前边的 30 万美国人的总收入相当于社会底层 1.5 亿人的总收入，前者是后者人均收入的 440 倍。可见在我国发展市场经济条件下，构建社会主义和谐社会，逐步使全体人民走向共同富裕，仅靠运用适应市场经济要求的财政调节收入分配手段是不行的，只有寻求特殊的财政职能作用，构造一个在全民建设和谐社会中，能够鼓励先富带后富，在共建中共享，共享中共建设的长效机制方能实现。

3. 促进城乡差别和地区差别逐步消除的职能。在我国消除这两大差别，是构建和谐社会中具有决定性的战略重任。从发达国家经验来看，实现这两大目标，靠市场经济发展也能起到一定作用，但单靠市场机制的作用来解决，不仅要经历一个漫长的时日，而且还得不到全面的彻底解决。特别是在我国还处于工业化发展的中初级阶段，弄不好还会有差别进一步拉大的可能。只有依靠政府的有力干预，通过行政的、法律的、经济的，特别是财政的干预方能成功。日本的实践，就是一个很好的例证。日本从明治维新开始，就试图借助发展市场经济解决地区间发展差距问题。当时日本的北海道地区是最为落后地区，为了开发北海道，使其快速发展起来以缩小地区差距，专门设置了北海道拓殖银行以支持其开发。这种单纯寄希望于发展市场经济来实现开发目的设想，直至第二次世界大战终了时也没有多少实效，北海道依然处于落后的小农经济为主的状态中。至 20 世纪 70 年代在日本内地出现了企业布局过度拥挤，环境污染严重，土地供给紧张，交通堵塞等问题，经济发展呈现出不可持续性危险。日本首相田中角荣上台后，为解决经济社会所面临的困难，提出了“列岛改造论”，编制了全国改造与发展规划，在公共资源配置上采取了一系列向欠发达地区倾斜的举措，诸如中央财政加大在这些地区交通、公共事业投资的力度；通过中央十大金融公库，加大对欠发达地区支援力度；运用财政政策投融资的领头羊作用，诱导私人资本向边远不发达地区投资开发；办企业及转移与扩散企业。通过财政这些独特的职能作用，北海道等后发达地区的经济社会发展才逐步加快起来，工业化、农业产业化和城市化都得到了较快推进，地区之间、城乡之间差距也开始逐步缩小。我国近些年来所采取的财政资源配置向中西部地区、向农村倾斜的措施和政策，以及运用国有经济的主导作用，加大向后发展地区投资力度，运用财政政策引导外资及内资到中西部开发等举措，所取得的显著成效也证明了，只有政府加大干预力度，在财政上采取特殊的职能作用，方能在缩小地区差距和城乡差距方面，取得切实成效。

总之，在构建社会主义和谐社会中，必须在发挥满足市场经济要求的财政职能一般作用的同时，大力发掘新的财政职能作用，构建一个促进社会主义和谐社会建设的财政特殊职能作用的长效机制。

参考文献

1.《中国共产党第十六届中央委员会第六次全体会议文件汇编》。
2.《邓小平文选》(第三卷)，人民出版社，1993年。
3.何振一：《理论财政学》(第二版)，中国财政经济出版社，2005年。

新疆公共投资与农村发展战略的协调性研究

周　莉*

公共投资是政府对公共物品的投入，公共产品是农村经济社会发展的前提和基础，一系列农村政策的实施，都依赖于农村公共产品的有效供给。一般来说，公共投资即为财政投资。按照现行预算科目，主要是支援农村生产支出和农林水气部门的事业费、农业基本建设支出和农业科技三项费用。现代经济学理论认为，公共投资具有私人投资不可替代的作用，可以处理市场经济中不可能或低效的事情。农村的科技、教育和基础设施的发展以及政府在这些方面的公共投资是农村长期经济增长的源泉，不仅对农业生产的增长影响巨大，而且对非农产业的增长也有巨大的促进作用，政府投资是形成农村公共物品的主渠道。

一、新疆公共投资与农村发展战略的协调性分析

改革开放以来，随着工业化、城镇化进程的加快，我国的农业人口比重以及第一产业占生产总值的比重呈相对下降趋势，新疆也呈现相同的发展趋势。从图 1 看到，自 1990—2005 年间，新疆第一产业占 GDP 的比重始终高于全国平均水平，农业人口所占比重也高于全国平均水平“双高”的现状，说明新疆工业化、城镇化发展滞后，吸纳农村剩余劳动力有限。按照和谐社会的总目标和社会主义新农村建设的具体要求，

* 新疆财经学院。

发展现代农业，提高农业生产率，实施农业强省战略是新疆建设新农村的务实选择，政府应加大对农业和农村的投资，才能实现农村社会经济的和谐发展。但1990年至2005年新疆农业投资强度不大，平均投资强度仅为0.35（见表1），同期全国平均农业投资强度为0.46，且在各年之间起伏较大（见图2），最高年份为0.42（1993年），最低年份为0.29（2003年）。由于政府的财力有限，在短时期内又难以大幅度地提高支农支出，优化现有的财政支出结构又面临着种种现实的困难。公共投资与农村发展战略目标不相匹配，新疆农村经济建设面临着现实的障碍。

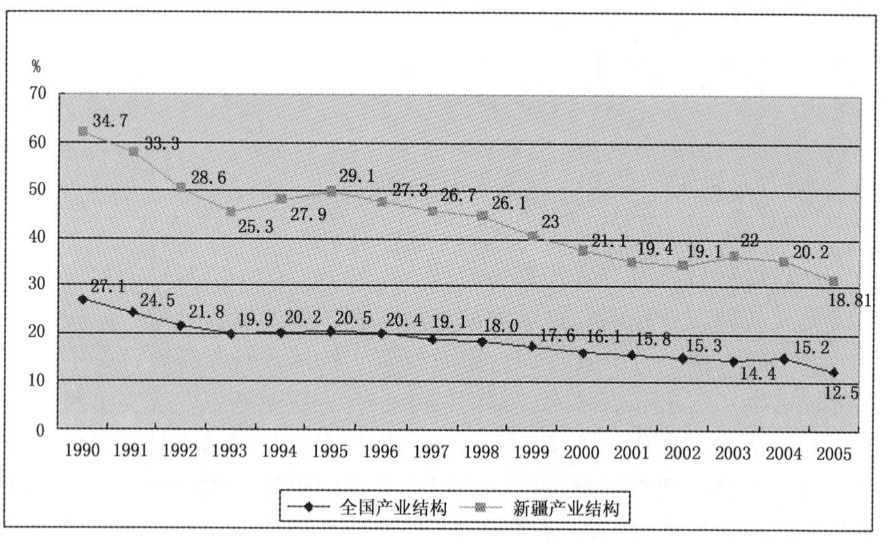

图1 新疆第一产业占GDP比重与全国比较

表1 **新疆与全国农业公共投资强度比较** 单位：%

年份	农业支出占财政支出的比重	农业GDP占全部GDP比重	新疆农业投资强度	全国农业投资强度
1990	11.76	34.53	0.341	0.37
1991	11.10	33.3	0.333	0.42
1992	11.38	28.46	0.400	0.46
1993	10.48	25.09	0.418	0.48
1994	10.84	27.86	0.389	0.45
1995	9.72	29.17	0.333	0.41

续表

年　份	农业支出占财政支出的比重	农业 GDP 占全部 GDP 比重	新疆农业投资强度	全国农业投资强度
1996	9.65	27.33	0.353	0.43
1997	8.79	26.64	0.330	0.43
1998	7.59	26.06	0.291	0.58
1999	7.68	22.98	0.334	0.47
2000	6.71	21.12	0.318	0.47
2001	7.03	19.4	0.362	0.49
2002	5.64	19.08	0.296	0.47
2003	6.30	21.99	0.286	0.49
2004	8.03	20.87	0.385	0.48
2005	6.58	19.39	0.339	0.49
平均			0.35	0.46

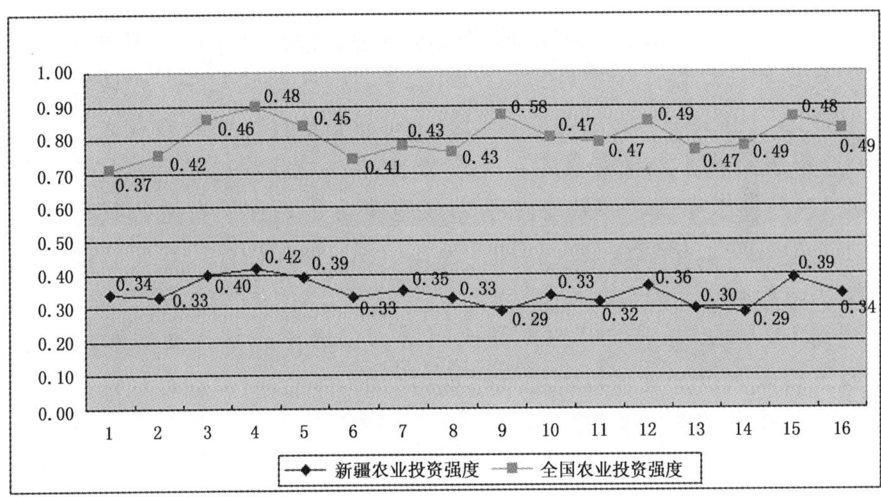

图 2　新疆与全国农业公共投资强度比较

二、原因分析

(一) 自然和经济因素决定了农业在国民经济中的重要地位

新疆地处祖国西部，经济发展相对落后，工业化、城镇化进程缓慢，农业在国民经济中占有重要地位，全部人口的 60% 以上分布在农村，农民收入主要来自于纯农业。新疆新农村建设的近期目标也是要实施农业强省战略。而且由于自然环境、地理位置等原因，新疆具有发展农牧业的天然优势，以棉花和畜牧业为主的农业资源在全国占有重要位置，成为新疆优势产业的一个方面。新疆农牧业的优势主要集中在棉花、畜牧和林果业。其中棉花在中国首屈一指，2003 年播种面积 103.71 万公顷，占总耕地面积的 33.8%，占全国产量的 1/3，居全国第一位。畜牧业是中国传统五大牧区，并以绿色生态而著称，天然草场面积 7.2 亿亩，2003 年末牲畜存栏 5026.5 万头（只），出栏 3202 头（只）；肉类总产量 115 万吨，绵羊毛产量 7.84 万吨，牛奶产量 113 万吨，禽蛋类产量 23.62 万吨。凭借得天独厚的气候条件，新疆林果业生产也是享誉国内外，2003 年水果种植面积 34.42 万公顷，占耕地总面积的 11.22%，水果产量 218.34 万吨。

（二）地方财力有限，有效供给不足

目前农业公共投资主要由地方财政承担，虽然新疆地方财政支出中支农支出比重均高于中央和地方平均水平，但这是建立在一个较低的支出基数上，由于年均支出绝对数较低，对新疆这样一个农牧业大省来说（2005 年新疆农业人口占全部人口的 62.85%，高于全国平均水平 6 个百分点），是杯水车薪，导致农业基础设施滞后、老化，农村公共产品供给水平低，农民增收缓慢。如图 3 所示，从 1988 年至 2005 年，政府支农支出占财政支出的比重从 7.9% 下降到 7.2%，最高年份（1998 年）才达到 10.7%，由于政府的投资比例低，在修正经济发展的非均衡性以及发挥公共投资的乘数效应方面效用有限。地方财力的有限性制约了农村公共投资的能力。

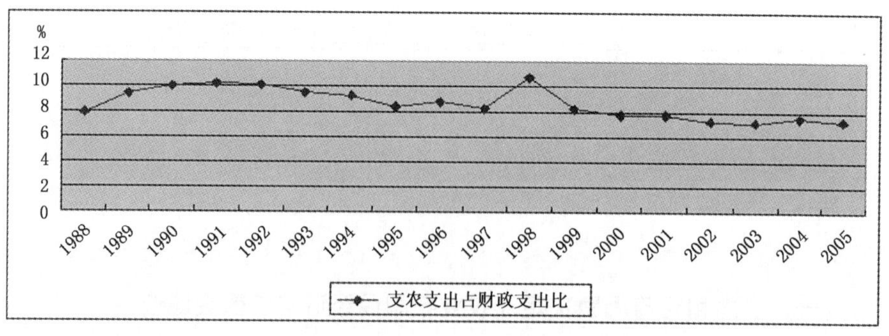

图 3　新疆财政支农支出占财政支出比重变化

由于公共投资不足，农村公共产品严重短缺，很难吸引社会资本投入农业。从1996年至2005年，在全社会固定资产投资总额中，农业投资的比重从1996年的23.33%下降到2005年的15.25%。随着政府对农业投资的不断降低，包括社会资本在内的全部投资也逐步从农村撤出，投向经济效益更高的产业和行业，农业投资不足的问题更加严重。

三、实现新疆公共投资与农村发展战略的协调发展的对策

（一）加大在农村建设的重要领域的公共投资规模

针对新疆农村公共投资与农村发展不协调的矛盾，一方面要努力提高地方财力的投资规模，明确各级财政支持农业的职责和资金使用方向，确保财政支出比例不断提高；另一方面将有限的投资着重投向重要领域，从农民最关心的问题入手支持新农村建设。

1. 完善对农业的投入机制。1994年的分税制改革仅仅初步划分了中央和地方的财权，但对政府间的事权和支出范围没有做重大调整。在体制运行中，事权划分不清、政府职能界定不明、交叉的现象依然存在，造成各级政府在一些事务上相互推诿、财权分配上纠缠不清。在农业资金的使用和管理上，投入缺乏相应法律和制度建设，资金流失严重，使用分散问题突出。

2. 不断扩大农村的教育投入。20世纪80年代以来，义务教育的经验事实表明，教育在我国的社会分层中起到越来越重要的作用。教育公平已经不再是一个抽象的理论问题，而开始带有具体的人道意义：它将直接或间接地决定着儿童和少年在未来的竞争中处于优势还是劣势，进而会因为它的代际传承作用影响到其下一代发展的可能性。只有提升农村人口的素质，才能彻底改变农村面貌。考虑到教育投资滞延期的影响，既要有近期的打算，更要有长远的规划。首先是完善转移支付制度，增加中央和自治区政府的投资力度，在保证九年义务教育的前提下，将义务教育延伸到12年（高中阶段），以新疆地方财力的增长速度来看增加这一部分投资是可能的。其次是优化农村义务教育布局，整合教育资源，提高农村办学效益，实现“应试型”投入向“素质型”投入转变。第三是调整农村教育发展重点，强化职业教育，把职业教育摆在继普及九年义务教育工作后的又一个战略重点，加大对职业教育投入，营造有利于职业教育改革与发展的社会氛围。

3. 支持农业科技进步。农业科技推广使农业生产条件大大改善，对农业生产以及农村经济贡献最大。对国家来说是一个“三赢”（经济增长、缓解贫困与地区差距、粮食安全）的发展战略。许多研究表明，农业科研投资不仅回报率高，而且对农村扶贫、农民增收和缩小地区差距亦具有重要作用，也是确保粮食安全的有效途径。近期新疆科技兴农的重点在于：一是加大农业科技投入；二是以现有科技推广服务体系为基础，逐步放活用人机制，鼓励产学研联合开发，加强农业新技术引进以及组装配套，推广先进实用技术；三是结合新疆特点进行科技创新，品种创新，特别是瓜果园艺业；推广节水技术和农作物的标准化栽培及实用技术，提高单产，改善品质；推广贮藏保鲜技术和病虫害检疫及防治技术。通过新技术的综合运用，提升科技在农业增产、增效中的贡献份额。

（二）用足用好国家对西部和新疆的各种优惠政策

改革开放以来，为了支持和促进西部和新疆等民族自治地区的经济发展，国家给予了比其他省市更大的财权和更多的优惠，政策的“含金量”较高。优惠政策本身也是一种资源，一种生产力。政策资源浪费是最大的浪费。新疆应认真领会政策的“精髓”，用足用好，以发挥政策的辐射效应。

1. 在中央和地方的收支划分上向民族自治地方倾斜。现行的分税制体制在一定程度上制约了欠发达地区的地方财力的增长空间，对欠发达地区来说，完善分税制应考虑两个方面的问题：一是中央与地方之间的收入划分问题。全国“一刀切”的办法不利于欠发达地区的经济增长，欠发达地区地方财政收入增长与 GDP 不相匹配的矛盾日益突出，如新疆油气企业的 GDP 占新疆 GDP 总额的 40% 以上，但形成的地方财政收入仅占新疆地方财政收入的 24% 左右（以 2004 年数据计算），税收任务又是以新疆 GDP 总量为依据确定，在油气企业的 GDP 不能带来应有的地方税收时，过高的税收任务转移到非油气企业，使地方企业的经济负担居高难下[①]，与地方财力增长关联度较高的第三产业又不发达，因此应考虑欠发达地区的实际情况，在中央与地方财力的划分时向西部和欠发达地区适度倾斜，建议降低上划两税收入比重，以保证地方的新增财力用于农村建设。二是中央和地方的责权划分问题。从欠发达地区

---

① 文桂江：《新疆财政收入问题研究》，新疆大学出版社，2006 年。

农村的实际情况出发，理顺中央与地方之间的协调配合与分工合作关系。为保证全国大体一致的供给水平，农村纯公共产品的供应主要由中央财政负担，地方政府提供配套财力和地区性的混合物品的投资。

2. 加大中央财政转移支付力度。新疆农村经济发展离不开中央的大力支持，以新疆现有的地方财力规模和增长情况看，很难满足农村发展的投资需要。因此，要严格按照《农业法》等有关法律法规的要求，增加地方财政预算内的支农支出，确保预算内支农支出增长不低于同期GDP的增长幅度，保证新增财力向农业倾斜；二是调整国民收入分配格局，增加中央财政预算内支农支出，并加大对欠发达地区的转移支付，确保欠发达地区农业公共投资规模保持在较高水平，尽快实现地区间的平衡发展。

（三）优化公共投资结构，提高公共投资效率

首先是整合支农资金渠道。现行支农投资除财政部门管理一部分以外，农业、林业等部门也管理一部分，这种撒胡椒面的做法降低了投资效率。建议由新疆农村工作办公室牵头，会同有关部门清理各自为政的支农政策和重复建设项目，集中财力，有的放矢地进行农村公共投资。其次是加大和重点安排投资效率较高的农业科研、教育、基本建设支出，使有限的资金发挥最大的效益。

如何提高农业投资的使用效率是所有国家都要面对的问题。国际上成功经验中值得借鉴的是资金的项目化运行模式。许多国家的农业支持保护政策都是以项目（或计划）管理的，有较强的操作性。落实农业政策就是落实项目。为此，要建立和完善法律体系，健全涉农资金的运行机制，提高资金运用效率。

（四）多渠道筹融资支持农村经济建设

我国区域间差异很大，国情决定了农业公共投资应采取多元模式。在以政府投资为主的前提下，亟待多渠道融资，逐步解决资金缺位的问题。得益于多年来党中央、国务院的高度重视和《农业法》等相关法律的支持以及新疆整体经济实力不断提高，新疆已经具备了多渠道融资的能力，多渠道融资用于新农村建设具有了现实的可能性。

1. 农村基础设施建设中可尝试PPP模式和BOT模式。PPP是英语“Public – Private Partership”的缩写，通常翻译为公私部门的伙伴关系。BOT是英语“Build Operate Transfer”的缩写，这两种模式是目前国际上

愈益为人们所看重的基础设施和公用事业进行融资与管理的模式，目前一些国家的基础设施建设中已较为广泛地使用这两种模式。农村基础设施具有混合物品属性，受益范围具有区域性、有限性和使用上的相对低效性，可经营性较弱，私人参与意愿不高，采用 PPP 模式不仅需要而且可能。因此首先应积极宣传和探索，政府应构建民间资金进入农业的激励机制，制定相关的法规，形成政策保障，鼓励更多的民营资本和信贷资本参与农业。

2. 增强农民的积累意识，引导农民投资农业。农民是新农村建设的主体，在加大政府的投资时，还应引导农民扩大投入。因此除了提高农民自身的经济实力外，还应增强农民的积累意识，引导农民以自愿出资出力的方式，或自愿与公共资金"拼盘"从事本地基础设施建设，有条件的地方可采取以奖代补、项目补助等方式给予支持，并由政府方面实施必要的监督。

3. 构建多元化的农村金融服务体系。中央银行应加强信贷政策的引导，完善农村金融组织体系，构建功能完善、分工合理、产权明晰、监管有力、适应农业和农村经济发展需要的农村金融体系。"政府与市场分工而治，相互支持"是支农资金多元化供给的理想选择。首先，各级政府必须集中有限财力投入到农村基础设施建设，栽下"梧桐树"，为政策性和商业性金融机构跟进创造条件；其次，政策性金融机构应将信贷资金投放到风险较高、商业信贷不愿投放的领域，分散商业信贷的风险；第三，用良好的金融生态环境和项目引来商业性金融机构的参与以及合作性金融、民间金融的跟进，使农村金融繁荣起来。

参考文献

1. 王红林、张林秀："农业可持续发展中的公共投资作用研究"，《中国软科学》，2002 年第 10 期。

2. 贾康、孙浩："新农村基础设施建设中 PPP 模式的应用"，《地方财政研究》，2006 年第 5 期。

3. 秦富："社会主义新农村建设的若干思考"，《农业经济问题》，2007 年第 1 期。

4. 杜昊荣："建设社会主义新农村的财政政策"，《财经前沿》，2006 年第 4 期。

5. 文桂江：《新疆财政收入问题》，新疆大学出版社，2006 年。

和谐社会与政府公共服务的提供

李　燕*

一、公共服务的内涵及提供

目前，对于公共服务的概念，没有一个明确而统一的界定，可以从不同的角度，对之进行不同的考察。

（一）从公共服务的范围

所谓公共服务，在经济学中也称为公共产品。公共产品在严格的经济学意义上是指具有受益的非竞争性和消费的非排他性等特征的产品，按照非竞争性与非排他性是否同时满足又分为纯公共产品与准公共产品。但在实践中，公共服务的范围又是一个实证的范畴，有广义和狭义之分，而不能完全套用经济学意义上的公共产品的定义。广义的公共服务基本上等于从公共行政和公共管理角度的定义，即所有为公众利益服务的事物，如国防行政、基础设施、教育、卫生、社会公平与正义、宏观经济管理、政府管制与法律。而狭义的公共服务一般指产出是无形的，并直接关系民生和给社会带来福祉的产品，主要包括基础教育、医疗卫生、社会保障、环境保护、公共安全。

* 中央财经大学财政学院。

（二）从公共服务所处的经济发展阶段

公共服务的范围是有其历史性和动态的，随着经济发展与社会的变迁，人们之间的社会交往日益密切，外部性发生的频率和强度在增加，新兴的领域不断涌现，使人们对公共服务的需求不断变化，公共服务的范围也在不断调整。

在经济发展的初、中、高级阶段公共服务的提供是不尽相同的，财政学家马斯格雷夫和罗斯托用经济发展阶段论来阐述了公共服务提供的阶段特点。他们认为，在经济发展的早期阶段，政府投资在社会总投资中占有较高的比重，在提供最基本的经济基础设施特别是道路、供水、电力和通讯基础设施方面起着重要作用，并且在很大程度上替代了私人投资；在经济发展的中期，民间部门力量逐渐成长，市场失灵有所减弱，因此社会总投资占 GDP 的比重会继续上升，但政府公共投资比重会下降，并且应该对私人投资起着补充作用；一旦经济达到成熟阶段，公共服务领域将从基础设施转向不断增加的教育、保健与福利服务、法律、秩序与监督等方面，而且此类公共服务支出增长将大大超过其他方面支出的增长。这一理论也为我国公共服务需求的变化及政府财政支出结构的调整提供了理论依据。

（三）不同治理模式下公共服务的提供

在不同的治理模式下，公共服务提供的主体是不同的。在计划体制模式下，政府无所不包，“经济建设型”和“管制型”政府成为社会投资和经济活动的绝对主体，政府主管部门既是“运动员”，又是“裁判员”，存在较严重的政府失灵。而那时的公共服务，从本质上而言并不完全具有“公共性”，因为现代意义上的“公共性”，是以政府与社会的良性互动，公平、透明、责任等行为特征为内核的。

在市场经济体制模式下，公共服务体现为现代市场经济对政府职能的本质规定，也是我国经济社会转轨进程对政府转型的基本要求。由于市场主体和非政府、非营利的第三部门蓬勃发展，使得公共服务提供的政府单一主体局面被打破，此时政府的公共服务提供的重点是弥补市场失灵，政府的公共服务角色也由过去的大包大揽式的直接提供者转向不仅是主要提供者，而且是促进者、合作者和指导者。

（四）从公共服务的层次

公共服务的提供有其层次性，分层次界定公共服务，主要是按受益范围来划分全国性公共服务或区域性公共服务。全国性公共服务是那些基于全国范围的公共服务，其受益者是某国国民全体；区域性公共服务是地方特定的公共服务项目，受益者较明确地限定在某地之内。

二、政府职能的转换

不同的公共服务对应于不同的政府职能，而政府的职能一般随着社会经济发展的不同阶段而逐渐地调整变化。早期的经济学家对政府的职能持消极的主张，认为政府的职能范围越少越好，将其限定为国防行政、公共秩序及教育等最基本的核心职能，而 20 世纪 30 年代资本主义大危机以后，人们开始逐渐倾向于政府在克服市场失灵中的作用发挥，使得政府在经济发展及社会进步中的职能范围越来越大。而现实生活中公共服务提供的政府失灵与市场失灵问题，又使得人们又不断地去思考有关政府与市场的边界划分问题，这应该成为讨论公共服务提供的首要问题。

（一）不同发展阶段国家的政府职能

如前所述，政府的职能并不是一成不变的，它的大小决定于不同经济社会发展阶段所反映出来的社会公共需求以及政府能力的大小。一般来说，发展中国家的政府由于其社会的公共需求处于较低层次的基本需求上，同时政府满足需求的能力也较低，因此从可能性和必要性来说，都决定了政府将关注点放在了基本职能作用的发挥上，即提供基础性的公共产品和服务。如国防安全，基础设施、教育卫生等。而发达的工业化国家或成熟的市场经济国家，由于经济关系的日益复杂化和社会公共需求的高层次化，其政府的职能作用逐渐扩大，除基础性的公共服务外，又派生出了对经济进行宏观调控的职能，以及提供城市建设与管理、环境保护与美化、科技进步与发展、社会公平与正义、社会保障与福利等高层次的公共服务。同时由于经济的发展和社会财富的增加，使得政府提供公共服务的能力也大为增强，加之发育完善的市场主体与社会第三部门的广泛参与，都为满足公共需求提供了可靠的保障。而处于经济转轨时期的国家政府职能则表现出其复杂性。这些国家由于历史原因和体制惯性，一方面政府对经济生活的直接介入仍比较多；另一方面市场体系发育不完全，适应市场经济的基本制度和法律法规尚待建立和完善，因而出现了政府职能的越位和缺位并存的问题：一方面一些应该由政府提供的公共服务没有提供或提供不足，在政府职能转轨过程中还出现了政府本不该退出或不该完全退出的领域出现了过度市场化的倾向，而另一方面许多应由市场主体承担的事情却仍由政府提供；一方面由于经济处于起步或加速过程中，社会财富正在逐步积累，政府的可支配财力有限，另一方面由于经济的快速发展和不平衡，使得在一部分地区和人群的基本需求还没有得到满足的同时而另一部分地区和人群又要向更广的需求范围和更高的需求层次跃进，加之第三部门的严重缺乏，就使得强大的社会需求和有限的政府能力发生激烈的碰撞，社会的种种矛盾日趋尖锐。

（二）我国政府职能的转轨

从我国的现实来看，在经济体制的转轨和社会发展等多种因素的推动下，政府的职能也在进行着转轨。

1. 从经济发展阶段来说。建国以来，我国政府职能的核心是政府主导并参与社会经济建设与管理，不可否认的是，这样一种政府职能特征在当时的历史条件下是有其客观必然性的，也曾对在我国迅速建立起强大的国民经济体系，为国民经济的快速增长与综合国力的提高作出了重要贡献。可以说，在特定的历史时期内，政府的这种职能特点在客观上符合了经济社会发展形势的需要，起到了推动经济发展、积累社会财富的作用，也为向“公共服务”型政府的转型打下了较为坚实的经济基础，这是在特定生产力与生产关系条件下的必然选择。但是，与此同时，政府也形成了“重经济、轻社会，重管制、轻服务”的行政理念。随着市场化改革进程的加快，市场在经济资源配置中的基础性作用日益发挥出来，政府的管理理念和方法也应随之变化，及时进行角色转换与职能调整。但是在现实经济生活中，由于长期形成的管理思维定势和管理模式的固化，特别是在原有的管理模式中形成的各级政府间及部门的利益格局问题，使得我国政府重经济管理、轻社会服务的理念没有根本改观，所以造成了一些矛盾，突出表现为政府职能的越位与缺位：一是政府充当经济建设主体和投资主体，既当裁判员又当运动员，越来越不适应市场经济发展的要求，而在为市场主体服务和创造良好的发展环境方面却不到位；二是片面强调对经济增长的投入，忽视社会事业投入的巨大社会效益，忽视环境保护和资源节约，造成经济与社会发展失衡、区域经济发展失衡、经济发展和生态环境的失衡等；三是不恰当地把一些本应该由政府提供的公共服务推向市场、推向社会，如义务教育和基础医疗，出现功能缺位。因此，随着传统计划经济体制向市场经济体制的转变，我国传统的“经济建设型”政府在市场化大潮中逐渐向“公共服务型”政府的职能转型，提供满足社会公共需求的政府公共服务已成为迫近之举。

2. 从社会发展阶段来说。随着我国的经济社会转型，社会结构和利益主体正在发生重要改变，社会矛盾和社会问题日益突出，并已成为世界上收入差距比较大、城乡及区域差距比较严重，公共需求和公共服务方面矛盾问题比较突出的国家之一。

经验证明，一国人均 GDP 从 1000 美元向 3000 美元的过渡时期，也是该国公共需求快速扩张的时期。而我国正处在这已从一般温饱社会向全面小康社会加快发展、从传统农业社会向工业社会加速转型的关键时期。这一特定时期的主要特点是：首先，公共需求呈现快速增长的趋势。从 20 世纪 90 年代中期至今的 10 多年间，我国城镇居民在教育、医疗、社会保障等方面公共需求的比重大幅上升。有专家估计，近 10 年城镇居民的总需求中，公共需求年均提高比重，相当于以往 5 年公共需求比重的总体增幅（迟福林，2005）。其次，随着人们收入水平的不断提高，公共需求的结构变化相当快，并逐渐由支出消费导向向支出发展导向升级。近 10 多年来，无论是城市还是农村，人们衣食支出的年均增长普遍低于总消费的增长，而文化、教育、医疗等方面的年均增长则大大高于总消费的增长。第三，由于收入差距的不断扩大，社会结构和公共需求的主体进一步分化，并由此使社会矛盾复杂化。第四，随着我国经济结构和社会结构的快速变化，就业、人口、资源、环境等矛盾和问题快速显现，公共服务的供给面临严重不足。最后，广大农民在义务教育、医疗、养老保障、就业培训等方面潜在的公共需求开始转化为现实需求，尤其是上亿农民工日益强烈的基本公共需求，要尽快采取措施妥善解决。

以上种种改革发展和建设的要求及谐社会中的不稳定因素，都给政府职能的转变，加强社会管理和公共服务提供提出了严峻而迫切的重大课题。应适应时代的要求向为“包括加强城乡公共设施建设，发展社会就业、社会保障服务和教育、科技、文化、卫生、体育等公共事业，发布公共信息等，为社会公众生活和参与社会经济、政治、文化活动提供保障和创造条件。”[①] 转变。

三、转变政府职能，提高政府公共服务能力的财政思考

如前所述，目前我国政府的公共服务提供范围和能力，正受到服务理念、服务财力、服务方式等因素的制约，从而导致了公共服务的供需矛盾加剧和公共服务方面的政府失灵，致使一些直接关系民生的公共服务，在现实生活中表现得不尽如人意。如教育资源配置的严重不均衡、公共卫生医疗服务供应的严重不合理、科学技术公共服务提供的匮乏，社会保障与就业服务需求与供给的明显差距等等，这些社会矛盾的积累也使社会对政府在某些方面的不作为和少作为“怨声不绝于耳”，同时也将政府财政推向了前台，某种意义上也成了“千夫所指”。但问题的解决还应取决于科学理智的分析、实事求是的态度和切实可行的转变。

（一）转变政府管理理念，加强对服务型政府的理解与认同

要提高政府提供公共服务的能力，首先就要加强对建设服务型政府的理解和认同，转变在传统管理体制下的管理思维定势和对传统服务对象和方式的路径依赖。树立服务型政府的理念，这是提高政府提供公共服务能力的首要问题，它决定着公共服务提供的原则和政策的制定。

因此，要转变政府的职能首先要从转变政府的理念入手，实现由管制型理念向服务型理念的转变、由服务经济的理念向服务社会的理念转变、由服务政府的理念向服务社会公众的理念转变。

（二）调整财政支出结构，发挥公共财政的保障作用

从我国经济和社会发展所处的阶段及现实来看，我国政府正面临着公共服务供给的双重压力：一方面要承担经济转轨、社会转型的改革成本，解决历史欠账问题；一方面又要着眼于发展，并为中长期发展创造条件；还要适应公共需求的全面增长提供公共服务。诸如农业是基础，工业是命脉，教育关系民族的兴衰、科技是生产力，宏观调控关系经济的健康，公平分配关系到社会的稳定等等都需要财力的保障。

财政是政府工作的血脉。它与政府的施政能力密切相关。如前所

① 温家宝总理2004年2月21日在省部级主要领导干部“树立和落实科学发展观”专题研究班结业式上的讲话。

述，与新中国的成长轨迹相适应，我国财政长时期属于经济建设型的财政。改革开放以来，随着我国财政收入的持续快速增长以及公共财政的逐步建立，财政在教育、卫生、文化、科技、社会保障与就业等社会公共服务项目的投入力度在不断加大，经济建设类的支出在不断降低。但由于历史的原因，加之经济体制的转轨及前些年实施积极财政政策的惯性，我国财政的经济建设型特征仍然十分明显（见图1）。

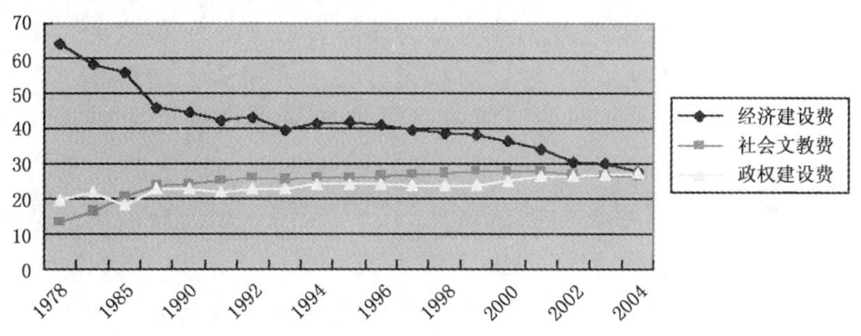

图1 各项财政支出占财政总支出的比率（%）

注：政权建设费包括国防和行政管理费。

资料来源：《中国统计年鉴2005年》。

因此，从我国现实来看，政府公共服务提供的不充足和不均衡，特别是某些领域的短缺、不到位，的确已成为一个相当突出的问题。但应该认识到，问题的形成既与公共财政尚在逐步建立之中有关，也和我国所处的特定发展阶段有关，因此需要有一个逐步完善的过程。所以，在建设公共财政和提供公共服务的过程中，应结合我国现阶段的国情，在努力做大财政“蛋糕”的前提下，从界定财政的保障责任、调整支出结构等几方面去综合考虑。

1. 财政的公共服务保障责任。如前所述，从我国目前所处的发展阶段来说，公共服务的范围应是大口径的。但是否都应由政府及其财政给与充分的保障则是应该研究的问题。与我国现阶段经济发展水平相适应，我国财政支出规模整体上仍受制于财政收入的规模。因此，在解决巨大的社会需求与有限的财政可能矛盾时，首先应明确现阶段我国政府财政的主要责任。一般来说，涉及国家基本职能的主权服务，如国防行政、公共秩序与安全等是最基本的公共服务，财政责无旁待应予以保障；而社会服务，主要包括教育、卫生、文化、社会保障等，目前财政应满足其中最基本的需要，如基础教育、公共卫生与基本医疗等，即应该提供“雪中送炭”，而非“锦上添花”的保障，并鼓励第三部门发挥拾遗补缺的积极作用；至于经济服务，主要是铁路民航、邮政电信、供水供电等则可以根据其重要程度，采取政府财政支持与市场提供相结合的方式。具体内容及方法还有待进一步研究。

要使公共服务落到实处且真正有效，还需要将财政的公共服务责任在各级政府间进行合理划分。由于公共服务的多层次性决定了要求不同层级政府的共同参与，根据公共服务外部性的大小承担不同的事权责任。目前在我国各级政府间的职责划分中，存在着一定程度的“上下不清”问题，事权长期层层下移，财权过分集中在中央，即存在“纵向不均等”问题。以2004年为例，地方政府平均44.6%的支出要靠中央转移支付，多数省份在50%—60%，高的则达80%—90%，如青海、西藏。如此巨大的对转移支付的依赖性，大大束缚了地方政府的手脚和创新能力，也造成了公共服务提供主体不明，责任不清和不到位的问题，而事权与财权不对称也影响到了各级政府对迅速增长的公共服务需求的满足。因此，从改革方向看，要尽快细化和明晰各级政府的事权，从国外经验来看，经济越是发达，地方政府承担的职能就越重要。有人担心，当地方有了相当的财政自主权后，在地方本位主义思想的影响下，是否能够用好财政资金。应该说，从管理能力来说，现在地方政府官员的教育和管理水平都已有了很大的提高。从管理效率的角度来看，地方政府应比中央政府更了解本地的公共需求，会为官一任，造福一方。至于目前现实中出现的地方存在的预算外违规收入、卖土地热潮和驻京办事处现象等种种问题，除了简单的指责和行政约束与处罚外，是否能多从厘清各级政府间的事权，并使财权财力与之匹配上多些考虑呢？事实上，如果地方政府了解自己所掌控的资源，并有相当的调配能力，在明确的支出责任、健全的监管制度和严格有效的措施约束下，他们会更有优化资源配置的动力。只有这样，重视社会公平、建设和谐社会才会落到实处。另外，目前我国地区间还存在着公共服务供给的“横向不均等”的问题，从我国现实来看，短时间内还不能追求公共服务提供的地区间无差别的完全均等化，地方性公共服务的范围和标准应允许出现地区差异，但中央应制订服务提供的最低标准，即将基本服务水平均等化作为近期目标，而将一般服务水平均等化作为转移支付远期目标。

2. 调整财政支出结构。财政支出作为政府提供公共服务、满足社会公共需求的最主要的手段。在可集中支配的财力一定的条件下，还要实现财政支出结构的调整，即压缩财政的经济建设类支出，把更多的财政资金投向公共服务领域，“加大财政在教育、卫生、文化、就业再就业服务、社会保障、生态环境、公共基础设施、社会治安公共等方面的投入”，还要让公共财政的阳光普照农村，逐步由“经济建设型”财政向“公共服务型”财政转变。

（三）构建公共服务提供的政府与社会分担机制

应改变公共服务完全依赖政府提供的观念，公共服务的提供主体可以是多元化的。构建公共服务提供的政府与社会分担机制，就是政府充分利用市场和社会的力量来提供公共服务。

长期以来，政府是唯一的公共产品或公共服务的提供主体，然而随着经济和社会的发展以及完善，人们需求的公共服务的种类和数量都会急剧的增加。从资本主义发展初期的仅限于市政设施、公路、水利工程等狭窄领域到如今的电信、航空航天、环保、大型水电工程、社会保障、教育、医疗卫生等众多领域，“从摇篮到坟墓、从治安到环保、从教育到就业、从保险到救济、从感冒到艾滋，方方面面都要求有政府的协调与管理”。随着公共服务需求的增长，政府的财政开支必然要不断扩大。然而政府的财政总是有限的，它无法满足日益扩大的财政开支，从而造成财政供给危机，又进一步造成公共服务提供危机，最终造成公众对政府的信任危机。

公共需求的不断扩大与政府供给能力有限的双重压力，客观上使政府对公共服务大包大揽的局面难以为继。过去是由于公共服务的高投入和高风险、非竞争性和非排他性、外部经济效应等特征，限制了社会、市场在这个领域内的投资和经营，但是，随着市场主体和第三部门的不断发展，公共服务由市场和社会参与提供成为可能：一是技术的变革在某种程度上，部分地改变了公共产品的非竞争性和非排他性这一客观属性，部分或全部消除了市场准入的一些障碍。这种变革，既包括市场管理上的规则创新，如公共工程的招标投标、承包合同的制定、公共管制与定价等，还包括一些技术变革，如项目融资的多元方式、特许经营权转让、服务外包及购买、服务的分割量化技术等等，使市场主体得以介入公共服务领域；二是以慈善和公益为目的第三部门在教育、医疗、社会救助、环保等社会慈善事业中也发挥着日益重要的作用。

因此，政府要重新界定和调整自己在公共服务提供中的角色，与市场主体、第三部门结成伙伴关系，由公共服务的直接提供者、生产者，甚至是独家垄断者转变为购买者、合作者和管理者。市场主体和第三部门介入的结果，一方面在一定程度上减轻了公共需求的快速增长对政府财政的压力，另一方面也有利于消除政府对公共服务的垄断，促进市场竞争机制的形成，以增加提供的范围和数量，提高服务的质量和效率，降低服务成本，最大限度地满足社会需求。

四、完整构建公共服务提供机制，提高公共服务的有效性

要有效提供公共服务，除了财政提供保障及社会合理分担以外，还应构建链条完整公共服务提供机制。

（一）公共服务提供的科学决策机制

在公共服务的提供中，决策机制的创新是根本性的。合理科学的决策机制能够反映社会各方面的利益和诉求，公众参与更加广泛、信息更加透明、民智或民意的表达将更加充分，公共服务提供的内容也会更加贴近现实。因此，应建立公众参与、专家咨询、政府决策三者相结合的决策机制，保证公共服务决策的科学化、透明化、民主化和制度化。在重大公共服务的决策上，除必须依据法律法规和国家政策的要求和规定的程序、权限进行决策外，还应引入集体决策和专家咨询制度，重视社会公示和社会听证制度，建立立项调研制度等，提高公共服务决策的社会化参与度和有效性，强化公共服务决策责任制。

（二）公共服务提供的绩效评价机制

评估公共服务提供的绩效，是对政府支出活动的效益、效率和有效性进行评价，其评价的出发点是基于公共资金的性质，评价的指导思想是“战略导向”、“结果导向”与“公共导向”，评价的目的是考量服务的投入、服务的过程、服务的产出以及服务的效果，以实现良好的公共服务政策目标。

（三）公共服务提供的激励约束和协调机制

怎样让公共服务的提供数量与质量快速上台阶，以尽快与公共需求的发展变化相对接，构建激励约束机制也是现实有效的策略。在建立财政激励约束机制方面，应坚持依据绩效综合评价结果来调节对公共服务提供多元主体的支持力度，奖惩结合，充分发挥正向激励、逆向约束的作用。如在吸引社会力量参与公共服务提供中，可采取税收优惠、政府采购、财政贴息等手段，充分发挥财政“四两拨千斤”的作用。而协调

工作是公共服务提供中的又一核心，在公共服务提供机制中，应该营造一种“和谐提供”的体制氛围。这里的协调，既有政府间的协调，也有政府与社会的协调，目前这两方面都要有所突破。

（四）公共服务提供的管理和监督机制

与我国政府提供公共服务不足的同时，公共服务提供中的“重建设、轻管理”，经营管理效率低下是一个较为普遍的现象，特别反映在政府财政全资提供的公共服务项目中，这主要是由于责权不明晰所导致的结果。因此，在强调公共服务提供的同时，还应加强对其的管理，引进先进的管理模式，如以PPP模式提供并管理某些公共服务事业，其效率则有望得到大幅度的提高。只有在提供与管理并重的前提下，财政资金才会得到合理、节约、高效的使用，政府对公众提供的服务才能真正落到实处。而财政监督是公共服务提供管理的内在要求，国家权力机关、政府财政部门、专业审计部门以及社会公众对公共服务提供的规模、结构、效率、合法性、合规性都负有监督的责任和义务。对公共服务提供进行监督的一个重要目的是提高有限资金的使用效益，从原则上说，公共服务监督是否取得成效，关键在于其是否促进了公共服务的提供。

总之，财政改革的目标是要建立起符合市场经济体制的公共财政基本框架，实现公共服务提供的规范化、法制化，提高财政资金运行的质量和效益。只有建立和进一步完善公共服务的提供机制，严格管理、强化监督，才能真正实现这一政策目标。

参考文献

1.《中共中央关于构建社会主义和谐社会若干重大问题的决定》，人民出版社，2006年。

2. 仇章建、李伟：《从经济建设型政府向公共服务型转变》，http://www.china.org.cn。

3. 迟福林：“公共需求变化与政府转型”，《政府转型与建设和谐社会》，中国经济出版社，2005年。

4. 梁志勇：“政府经济职能转变与和谐社会构建”，《政府转型与建设和谐社会》，中国经济出版社，2005年。

5. 郭魏青：“公共管理与地方政府”，《政府与公共管理》，广东高等教育出版社，1998年，第38页。

我国财政发展预测与政策选择研究

马海涛* 曾康华**

改革开放以来，我国经济呈现不断快速发展的趋势。“十五”期间GDP年均增长9.5%，财政收入年均增长18.6%。十届全国人大五次会议召开后，我国进入全面建设和谐社会的关键时期，财政政策作为国家宏观调控、实现政策目标的重要工具，财政要为未来几年内国家社会经济各项事业发展提供强有力的财力支持。因此，本文在回顾“十五”期间经济与财政发展现状的基础上，结合“十一五”各项经济、社会发展战略目标，探讨未来几年内支持经济协调、快速、健康发展的财政政策选择。

一、“十五”期间经济、财政发展概况

（一）“十五”期间经济呈现高增长低通胀的黄金时期

“十五”期间是我国踏入21世纪的第一个五年计划时期，同时也是经济快速增长、各项财税改革匹配推进、逐步完善的时期。“十五”期间，国民生产总值继续保持着高增长、低通胀的良好局面，国民生产总值保持了年均9.5%的增长速度，年均通货膨胀率低于2%。在2001年，我国人均GDP首次突破1000美元，2005年，我国国内生产总值达到

*、** 中央财经大学财政学院。

18.2 万亿元，跃居世界第 4 位，成为世界上经济增长最有活力的国家和地区之一。

（二）“十五”期间，投资和消费是带动经济增长的主导力量

“十五”初期，随着积极财政政策的实施和国家鼓励消费的各项政策的出台，投资和消费和推荐经济增长中发挥主导作用，投资在经济增长中的贡献度达到了 55%—66%左右的水平，随着 2003 年末全社会固定资产投资的高涨，国家采取了一系列调控经济的土地、信贷紧缩政策，2004 年以后投资在经济增长中的贡献度有所下降。“十五”末期，随着中国对外贸易额的不断增长，净出口在推动经济增长的三驾马车中异军突起，净出口对经济增长的贡献度达到了 16.9%（见表 1），但同时我们也应当注意到，消费在推动经济增长的诸多力量中呈下降趋势。

表 1　　中国“十五”期间 GDP 增长贡献度因素分析表　　单位:%

年　份	消　费	投　资	净出口
2001	46.8	53.6	-0.4
2002	41.6	52.1	6.3
2003	33.9	66.9	-0.8
2004	50.7	45.7	3.6
2005	38.4	44.7	16.9

数据来源：CEIC 亚洲经济数据库。

（三）“十五”期间财政收支快速增长，占 GDP 比重不断上升

“十五”期间财政收支更是保持着翻番的快速增长势头，“十五”期间财政收入年均增长 18.6%，五年中全国财政收入共计 11.5 万亿元，比“九五”时期增加 6.4 万亿元，增长 126.6%。2003 年我国财政收入首次突破 2 万亿元大关，2004 年又突破 2.5 万亿元，2005 年突破 3 万亿元大关。2005 年全国财政收支规模达到 31628 亿元，全国财政收入占 GDP 比重达到 17.4%，比 2000 年的 13.5%上升了 3.9 个百分点。

（四）以公共财政理论为指导，国家财政支出结构不断优化

自 1998 年我国在决策层面提出构建公共财政的框架体系以来，财政部门在实际工作中以公共财政理论为指导，不断优化财政支出结构，压缩经济建设类支出，加大社会公共服务类支出。“十五”期间，我国

财政经济建设费支出由2001年的34.24%下降至2005年的27.46%，并且这一比率仍在继续下降趋势之中，而社会文教费、国防费、行政管理费等社会公共服务类所占比重不断上升，目前已经占到财政支出的50%左右的水平（见表2）。随着“十五”末期“以人为本、建设和谐社会”等一系列战略目标的提出，“十一五”期间财政支出结构必将进一步转型，加大社会公共服务支出，满足社会公共服务需求。

表2　　国家财政支出结构按功能分类支出情况表　　单位：亿元

年份	经济建设费		社会文教费		国防费		行政管理费		其他支出	
	总量	比重	总量	比重	总量	比重	总量	比重	总量	比重
2001	6472.56	34.24%	5213.23	27.58%	1442.04	7.63%	3512.49	18.58%	2261.57	11.96%
2002	6673.70	30.26%	5924.58	26.87%	1707.78	7.74%	4101.32	18.60%	3645.77	16.53%
2003	6912.05	28.04%	6469.37	26.24%	1907.87	7.74%	4691.26	19.03%	4669.40	18.94%
2004	7933.25	27.85%	7490.51	26.29%	2200.01	7.72%	5521.98	19.38%	5341.14	18.75%
2005	9316.96	27.46%	8953.36	26.39%	2474.96	7.29%	6512.34	19.19%	6672.66	19.67%

资料来源：《中国统计年鉴》(2006)。

（五）财政社会公共服务类支出明细项目间增长不均

“十五”期间，财政社会公共服务类支出明细项目间行政管理费所占比重过大，且增长过快，文教科卫支出保持较高的增长水平，抚恤和社会福利救济费在较低的基数水平上增长，尽管增长速度很快，但总量在财政社会公共服务类支出中所占比重过小（见表3）。

表3　　“十五”期间财政主要支出项目增长对比表　　单位：亿元

年份	文教科卫支出	文教科卫年均增长率	抚恤和社会福利救济费	抚恤和社会救济年均增长率	行政管理费	行管费年均增长率
2000	2736.88	13.65%	213.03	18.43%	1787.58	17.17%
2001	3361.02	22.80%	266.68	25.18%	2197.52	22.93%
2002	3979.08	18.39%	372.97	39.86%	2979.42	35.58%
2003	4505.51	13.23%	498.82	33.74%	3437.68	15.38%
2004	5143.65	14.16%	563.46	12.96%	4059.91	18.10%
2005	6104.18	18.67%	716.39	27.14%	4835.43	19.10%

资料来源：《中国统计年鉴》(2006)。

二、未来几年内我国经济与财政发展预测

（一）“十一五”时期中国 GDP 增长预测

中国 GDP 总量呈现非平稳时间序列特征，不适宜用移动平均法和线性回归方法对 GDP 总量变动进行预测。因此，可考虑选择指数模型，尽管指数模型成立的条件是 t 期 GDP 与 t - 1 期 GDP 之比为常数，即发展速度为常数，但现实中 GDP 的增长速度不可能严格等于某一常数。从 1991—2005 年 GDP 变动的趋势看，可近似用指数曲线来模拟，并用指数模型进行预测。

设指数模型的一般形式为：

$$Y_t = ab^t \tag{1}$$

式中 Y_t 表示 GDP，a、b 为待定参数，t 为时间，从 GDP 变动的趋势看，呈现某种指数的形态。根据指数模型的性质，若 $b>1$，GDP 随着时间 t 的增加而增长；若 $b<1$，GDP 随着时间 t 的增加而降低。为估计指数曲线中的待定参数 a、b，这里对（1）采用“线性化”处理，对数直线形式，即两端取对数，得：

$$Ln(Y_t) = Ln(a) + tLn(b) \tag{2}$$

利用最小二乘法求出 Ln（a）和 Ln（b），再取其反对数，即得参数 a 和 b。选取 1991—2005 年的数据作为样本点，为简单起见，假定 $t=1$（1991 年），$t=2$（1992 年），以此类推。用最小二乘法估计结果为：

$$Ln(Y_t) = 10.1232 + 0.138t \tag{3}$$

$$t = (123.23)\ (15.34)$$

$$se = (0.0818)\ (0.0090)$$

$$R^2 = 0.9476 \qquad DW = 0.2722$$

设定显著性水平为 0.05，在自由度为 $v=15-2=13$ 下，查 t 分布表，得 t 临界值 2.16，显然，t 统计量要大于 t 临界值，时间变量对 Ln（Y_t）有显著影响。系数 0.138 表明，平均而言，在 1991—2005 年间，每年 GDP 的增长率 13.8%。

现以（3）提供的数据，利用反对数关系，把（3）还原成（1），得

$$Y_t = 24914.37 \times 1.148^t \tag{4}$$

根据（4），计算“十一五”时期中国 GDP 预测值，见表 4。

表 4 指数模型预测值 单位：亿元

年 份	2006	2007	2008	2009	2010
GDP	226658.55	260198.48	298701.49	342902.01	393643.12

（二）“十一五”时期中国财政发展规模预测

1. 中国财政收入规模预测。由于财政收入序列是非平稳序列，而且都表现为随时间变动的趋势特征，从图形看，呈现某种指数模型的形态，所以，在这里我们依然用指数方程来预测财政收入的规模。设预测财政收入的指数模型为：$G_t = ab^t$，预测财政支出的方程为：$E_t = ab^t$，这里 G_t 表示 t 期财政收入，表示 t 期财政支出，选取 1991—2005 年的数据作为样本点，为简单起见，假定 t = 1（1991 年），t = 2（1992 年），以此类推。

用最小二乘法对财政收入的指数模型线性化后的估计结果为：

$$Ln(G_t) = 7.8893 + 0.164t \quad (5)$$
$$t = (530.01)(100.02)$$
$$se = (0.0149)(0.0016)$$
$$R^2 = 0.9987 \quad DW = 1.3405$$

设定显著性水平为 0.05，在自由度为 v = 15 - 2 = 13 下，查 t 分布表，得 t 临界值 2.16，显然，t 统计量要大于 t 临界值，时间变量对 Ln（G_t)有显著影响。系数 0.164 表明，平均而言，在 1991—2005 年间，每年财政收入的增长率 16.4%。由（5）为预测模型，预测“十一五”时期财政收入规模（见表 3)。

2. 中国财政支出规模预测。同理，用最小二乘法对财政支出的指数模型线性化后的估计结果为：

$$Ln(E_t) = 7.9625 + 0.167t \quad (6)$$
$$t = (408.17)(77.91)$$
$$se = (0.0195)(0.0021)$$
$$R^2 = 0.9979 \quad DW = 0.9415$$

设定显著性水平为 0.05，在自由度为 v = 15 - 2 = 13 下，查 t 分布表，得 t 临界值 2.16，显然，t 统计量要大于 t 临界值，时间变量对 Ln（E_t)有显著影响。系数 0.167 表明，平均而言，在 1991—2005 年间，每年财政支出的增长率 16.7%。以（6）为预测模型，预测“十一五”

时期财政支出规模（见表5）。

表5　　指数模型预测值　　单位：亿元

年　份	2006年	2007年	2008年	2009年	2010年
财政收入预测值	36656.61	43178.72	50861.27	59910.74	70570.32
财政支出预测值	41654.85	49233.92	58191.99	68779.98	81294.45

三、未来几年内我国财政政策调整策略选择

“十一五”期间是我国全面建设和谐社会的关键时期，未来几年内我国既面临着有利的国际贸易环境、历史最佳的人口红利因素支撑等有利条件，同时，也面临着经济与社会发展中存在着部分行业投资过热、收入分配差距不断拉大等挑战。财政作为促进经济结构调整和稳定增长的重要手段，在支持经济增长方式由粗放型向集约型转变、建设社会主义和谐社会过程中能够而且必须发挥重要作用。

（一）进一步做大蛋糕，提高财政收入占GDP比重

过去六年间，我国财政收入有了飞跃的增长，财政收入占GDP的比重由2000年的13.5%上升至2006年的18.78%，国家财政对宏观经济的调控能力显著增强。对比同等工业化进程国家而言，我国财政收入占GDP的比重还是比较低的，加之“十一五”期间增值税转型的推广、两税合并等一系列税制改革的逐步推进，财政收入减收的因素还比较多，而财政支出压力一直比较大。而从国际上工业化进程相近阶段国家财政收入占GDP的比重来看，在人均GDP处于1000美元至3000美元之间，财政收入占GDP的比重普遍在30%左右，因此，在调整规范预算外资金收入的基础上，仍需进一步提高财政收入占GDP的比重，使财政收入占GDP的比重在“十一五”期间逐步达到20%—25%之间的水平。

（二）优化财政支出结构，支持国家各项战略目标实现

1. 调整经济建设支出，增加对基础设施建设投资。在社会主义市场经济体制下，随着政府职能的转换，财政用于经济建设的支出占财政支出的比例应有所降低，并且，对经济建设支出的结构也要随之进行变

化。政府财政支出应从竞争性的生产经营领域中退出来，该领域应该以企业作为投资主体，政府财政支出中经济建设支出的重点应为微观经济主体正常活动提供良好的外部环境，如基础设施、基础产业、环境保护等。

2. 推进政府机构改革，压缩行政管理支出。人员增长过快，机构臃肿，是造成行政管理支出规模越来越大、财政支出结构恶化的主要原因之一。优化财政支出结构，要与推进政府机构改革，提高政府行政效率，压缩行政管理支出结合起来。其具体做法是：一是结合政府结构改革，重新定岗、定编、定员，逐步规范财政资金的供给范围，减少财政给养人口，降低人员经费支出。二是严肃财经纪律，控制会议费、通讯费、差旅费、车辆费以及公费医疗等支出，控制集团消费性支出。三是适应市场机制的需要，大力推行政府采购制度，增加政府采购的透明度，降低采购成本，节省政府支出。

3. 建设社会主义新农村，加大农业投入，优化投入结构。扩大公共财政覆盖农村范围，逐步建立财政支农资金稳定增长机制。要逐步实现财政支农投入“三个高于”的要求，确保每一年的财政支农资金增量要高于上年，国债和预算内资金用于农村建设的比重高于上年，保证国家财政对农业资金投入的法定增长，并切实加强预算执行。同时，财政部门要配合有关部门认真落实新增教育、卫生、文化支出主要用于农村的政策和土地出让金一部分用于农业土地开发等各项投入政策，积极探索利用补助、贴息、保险、担保等方面手段建立投入的激励机制，积极鼓励和引导社会各方面增加对农业农村的资金投入。

4. 增加财政社会保障支出，维护社会稳定。目前我国的社会保障支出占财政支出的比例较小，无法发挥社会保障对经济发展的“减震器”或“缓冲器”的作用。为此，必须针对这一问题，调整财政支出结构，增加财政对社会保障支出。优化财政支出结构要与社会保障制度的改革相配合。当前，我国对社会保障制度改革的重点是完善养老保险、失业保险、医疗保险和城市居民最低生活保障。扩大社会保险的范围，逐步建立和社会主义市场经济相适应的社会保障体系，不断提高社会保障支出占财政支出的比重。

5. 建立基本公共服务最低保障为导向的财政转移支付制度。为了缩小地区间公共服务能力和水平的巨大差异，应矫正现行转移支付制度，将实现各地基本公共服务水平的最低保障供应、突出基本公共服务均等化作为转移支付的首要目标。理由是：同为中国公民，在享受政府提供的公共服务方面应该享有同等的权利。但是，考虑到我国的经济发展水平还不是很高，中央政府的财力非常有限以及各地区之间的公共服务水平差距悬殊，我国应将一般服务水平均等化作为转移支付远期目标，而将基本服务水平均等化作为近期目标。公共服务有许多类型，按照中国的宪法和有关法律，其中只有一般行政管理与法律服务、基础教育、基本医疗保健和计划生育等为数有限的社会服务，才具有公民基本权利的性质，也就是说，享受最低标准的这类服务是国民的基本权利，任何人的这一权利都不应该因为地理位置上的差别而被剥夺，也不应因此而受到歧视性对待。

6. 完善财政支出效益考核体系，提高支出的效益。完善财政支出效益评价系统既是市场经济的客观需要，又是提高财政支出管理水平，实现财政支出管理科学、规范的迫切需要。我国评价工作应着重以下几个方面：第一，财政投资应强化“成本—效益”评估。该方法旨在实现我国投资项目决策方法与程序的科学化。即当面对诸多投资被选方案时，经过规范化的成本—效益分析，选择经济与社会效益最佳之方案。彻底摒弃传统体制下主要凭借“长官意志”的决策方式，采用市场经济条件下科学的成本—效益分析方法，对各项投资预算支出进行详细的评估和考核，避免资源配置不合理以及盲目建设、重复建设和资金浪费现象的发生，提高投资支出的经济效益和社会效益。第二，将效益评价工作纳入国家法律法规体系，加快评价工作的制度化、法制化进程。市场经济是法制经济，在引进和实施市场经济体制的同时，也应引进和建立适合本国国情的健全可行的法制体系。国家及地方各级人民政府要以行政法规的形式，明确效益评价工作在整个财政资金使用、监督过程中的作用，把评价工作结果作为考核公共投资部门投资行为的重要依据。第三，在财政部门建立专门的评价管理工作机构，建立评价工作信息库，健全全国评价数据库。改变目前我国评价工作零碎涣散、缺乏独立性和权威性状况，使评价工作制度化、规范化。

（三）落实国家中长期科技发展规划，鼓励企业自主创新

从改革方向而言，政府研发资金的投入方式应尽快从“政府投入推动型”向“政府机制推动型”转变，吸引更多的社会资本进入全社会研发创新领域中来。首先，强化政府资金的“四两拨千斤”的带动作用，政府的研发投入方式应尽快从“政府投入推动型”向“政府机制推动型”转变。而要实现政府投入方式的转变，政府资金应更多地体现在建

立科技投入机制、创造投入环境，引导各类主体增加科技投入等方面，通过开放式科技创新平台的建设、多主体平等参与的科技准入制度安排以及政府投入的示范效应，将更多的投入主体吸引到科技创新活动中来。其次，政府的投入形式从“直接投入”转向“引导投入”。政府引导性投入是指政府通过财政政策、税收政策和金融政策引导各类主体的投入，政府直接投入是指国家财政或财政性资金的投入，如项目投入、基地建设、补贴、人才培养等，因此，在建立政府直接投入的稳定增长机制的同时，还需增加“引导性”投入的比重，如加快中介组织的培育等。同时，可利用金融、税收减免、贷款担保、财政贴息等方式，对企业的研发机构给予间接补贴。对间接技术投入项目，可采取政府采购的办法，鼓励技术创新和达到科技成果产业化的目的。

（四）运用财税政策手段解决收入分配问题

当前我国居民消费率过低、消费对经济增长的推动作用比较有限，一个很重要的原因在于国民收入分配体系的不公和失衡，而要构筑一个和谐、稳定和长治久安的社会，必须有效遏制贫富两极分化与分配过分不公，否则就只能导致社会失衡甚至出现社会动荡。财政作为调节社会分配关系、促进公正与公平的物质基础和重要政策工具，在构建和谐社会过程中具有不可替代的作用。逐步确立以个人所得税为主体、以财产税和社会保障税为保障、以其他税种为补充的个人收入税收调控体系，对个人收入实行动态的全过程监控。改分类所得税制为综合与分类相结合的所得税制，充分反映纳税人的综合纳税能力，拓宽税基，外延征收面，缩减减免税优惠，合理确定费用扣除标准，使法定扣除标准与纳税人实际生活负担相接近。逐步完善财产税，调整收入分配存量。完善社会保障体系，建立对贫困阶层的保护机制。

（五）制定实施支持循环经济发展的财税政策

推动资源价格改革，建立合理反映资源稀缺程度的价格形成机制；逐步实行矿业权有偿取得制度；逐步加大对清洁生产、可再生资源和新能源开发等项目的支持力度，并整合资金，重点用于支持与发展循环经济有关的科技研发、技术推广和重大项目建设示范。支持建立健全生态建设和环境保护政策机制。按照“污染者付费”原则，逐步提高排污收费水平，将环境要素成本化；按照“谁开发谁保护、谁利用谁补偿”的原则，建立健全我国生态补偿机制；以支持推进城市污水、垃圾处理产业化为突破口，推进污染治理市场化。

参考文献

1.《中华人民共和国国民经济和社会发展第十一个五年规划纲要》，2006 年 3 月 14 日第十届全国人民代表大会第四次会议批准，人民出版社，2006 年 3 月。

2.《以科学发展观统领经济社会发展全局——“十一五”规划〈纲要〉学习辅导》，人民出版社，2006 年 3 月。

3. 马凯：《〈中华人民共和国国民经济和社会发展第十一个五年规划纲要〉辅导读本》，北京科学技术出版社，2006 年 3 月。

4. 国家统计局：《中国统计年鉴（2006）》，《中国财政年鉴（2005）》。

5. 肖鹏：“技术创新过程中的市场失效与财税政策选择”，《改革》，2006 年第 10 期。

6. 王保安：“财税宏观调控现状与‘十一五’时期展望”，《宏观经济研究》，2006 年第 7 期。

政府对农业保险支持力度的抉择

王文素[*]　裘　实[**]

“三农”问题，目前已经成为全党、全国人民关注的焦点。无论从世界经济发展的实践过程进行考察，还是从经济发展理论的角度进行论证，政府都必须支持农业的发展。而如何支持农业发展正是我们迫切需要解决的问题。

一、农业保险定性分析

我们认为：农业保险是政府必须参与投保的保险品种。应该说，按照商业保险公司的经营理念，只要市场需要，只要可以盈利，商业保险公司在守法的框架内可以为任何一个行业、任何一个企业、任何个人提供保险产品，政府都无需参与。为什么农业保险政府就必须“过问”，必须参与？

世界上大多数国家的经济发展都经过或者将经过农业→工业→后工业→经济和谐发展过程。在一个国家的经济从农业向工业发展的过程中，工业化的速度越快，对农业剩余产品的掠夺就越残酷。许多国家更是以牺牲从事农业生产者的利益为代价完成了工业化的进程。而当一个国家的工业化完成后，经济发展的协调性又要求社会资源必须进行重新配置。农业是社会和谐发展必不可少的部门。随着经济的发展，社会的

*、** 中央财经大学财政学院。

进步，一些行业产生，一些行业消亡，而农业不可能被取代，它将与人类共生存：不仅为人类生存提供食物，也为人类生存提供良好的自然环境。

从现实考察，农业作为国民经济发展的基础产业，是一个公益性很强的特殊产业。这种公益性与市场经济中一般私人经济属性——竞争性和排他性相悖，即：现代经济和后现代经济的发展，使农业发展本身已不具备私人部门自我均衡发展的条件。首先，伴随着现代社会化大工业生产部门的出现，不仅使农业发展的根基——耕地越来越少，而且不断对农业生产形成侵害——工业污染不仅使农产品产量大幅度降低，甚至使许多产品已经不适宜人类和动物食用，健康的食物将成为一种稀缺产品。其次，每一个国家都清楚地认识到：现代战争可以使用最先进的武器装备致敌人于死地，但所有使用“最先进武器装备”的人必须是“食可果腹”的。在战争中，食物与武器装备同等重要，甚至比武器装备更重要。任何一个没有足够食物储备的国家，在对外战争中即使拥有世界上最先进的武器装备和勇敢的士兵，也会不战自溃。此时，农产品不再是一般的商品，而是战争的必备物资，是国家安全品。这就使得农产品，尤其是粮食成为准公共产品。即使是世界上工业经济最发达的国家也不敢轻视对农业的发展，国家保证农业在国内生产总值中占有一定份额，不仅是国民经济和谐发展的需要，也是保障国家安全的需要。最后，农业生产物的数量不仅受到土地这一稀缺资源的限制，也受到农作物自然生产周期的限制，使一般农业投资者的比较收益低于其他行业，使其逐渐沦为弱势行业。因此，为了使一个国家社会、经济达到和谐发展，就要求政府通过相应公共政策和公共财力推动农业发展，以满足社会成员和经济大循环中其他部门对农业的迫切需要。

但是，农业生产是一个受自然界影响非常巨大的行业。据民政部国家减灾中心网站称：“中国是世界上自然灾害损失最严重的少数国家之一。一般年份，全国受灾害影响的人口约 2 亿人，其中因灾死亡数千人，需转移安置 300 多万人，农作物受灾面积 4000 多万公顷，成灾 2000 多万公顷，倒塌房屋 300 万间左右。”[①] 在农业部官方网站公布的数字看，从 1983 年到 2004 年的 22 年中，成灾面积占受灾面积的比例，最高年份为 62.9%，最低为 43%，平均为 51.58%。[②] 每年全国自然灾

① 民政部国家减灾中心网站：http://www.ndrcc.gov.cn/fuwund.asp。

② 2005 年中国农业发展报告：http://www.agri.gov.cn/sjzl/baipsh/2005.htm。

害造成的直接经济损失均占到当年 GDP 的 10% 以上，仅从 2001 年到 2004 年就达 7065.9 亿元。①

人们不能改变自然规律，但可以预测、预防灾难，减少灾难造成的损失；分解、缓解、化解部分风险，尽量降低自然灾害给人们造成的精神伤害和生活困难。虽然我国政府在财政支出中安排了救灾款项，但由于自然灾害形成的原因复杂，即使是同一种灾害，在同一地区，给农民造成的损失在程度上也存在较大差异；更何况自然灾害的种类多，受灾面积广，国家财政资金有限。而这有限的资金只能满足灾民的生存需要及有限的恢复生产资金需要，不可能补偿灾害给农民造成的巨大经济损失。如果在政府的引导和支持下，利用商业保险公司为农民提供收入保障不失为一个明智的选择。

二、农业保险建立的可行性分析

目前世界上许多国家都建立了农业保险。如：法国，主要承保的险种包括：牲畜死亡，火灾、雹灾和意外事故。具体做法：（1）采取农民低交费率制，政府直接给予参保农民补贴。政府对农民的保险费补贴达到保险费的 50%—80%。（2）建立政策性农业保险机构。这些机构不以营利为目的，是政府行为。其行政经费和农业保险基金的赤字由政府以直接财政补贴的方式弥补。国家每年的预算中，按照农业保险费 20%—50%的比例进行安排，为农业保险公司提供资金保障。（3）建立多层次的农业保险体系。法国既有以政府为主体的社会共同联办的农作物保险集团公司，也有农民以自愿原则建立的农业互助保险组织。农协和基金会等民间组织也发挥了重要的作用。（4）国家立法保护农业保险。法国有《农业保险法》，对农业保险项目、保险责任、保险费率、理赔计算、再保险等都进行明文规定。（5）强制保险。《农业保险法》中明确规定对主要农作物（水稻、小麦、大麦、果树等）及主要饲养动物（牛、羊、马、猪、蚕等）实行强制保险。（6）政府对所有农业保险部门都实行了对其资本、存款、收入和财产免征赋税的政策，鼓励、支持商业保险公司和民办机构开展农业保险业务。美国农业保险主要内容包括：（1）政府成立农业风险管理局负责下列业务：①负责全国性农业保险险种条款的制定、费率的厘订；②负责与各私营保险公司协商，签

① 民政部国家减灾中心网站：http：//www.ndrcc.gov.cn/nav/onews.asp? id=104。

定标准再保险协议向私营保险公司提供再保险支持；③负责向私营农作物保险公司提供费用补贴，向农民提供保险费补贴；④负责私营保险公司和联邦农作物保险公司往来账户的决算，如：保费和费用补贴款的划转、代收费用上划等；⑤负责对私营保险公司执行法律和协议的情况进行监督、检查。(2) 政府提供大部分保险费补贴。2004 年政府提供的补贴占保险费的 59%；大的自然灾害的损失完全由政府提供补偿资金。(3) 政府提供商业保险公司 20%—25% 的业务费和联邦农作物保险公司的各项费用及保险推广费、教育费。(4) 其他政策。为了推进农业保险向市场化方向的发展，政府还采取下列措施：①向商业保险公司提供比例再保险和超额损失再保险；②各级政府对农作物保险免征一切税收；③联邦政府通过法律鼓励各级政府在财力允许的情况下为农作物保险提供补贴；④联邦政府向参加农作物保险的农场主提供保费 50%—80% 的补贴。从两个国家农业保险政策和制度可以看出，无论是以政府为主办理农业保险，还是以商业保险公司为主办理农业保险，只是具体操作机构的区别，实质上，政府必须以财政资金作为农业保险实施的保障。农业不仅仅是一个普通的产业，它的存在和发展需要政府的强力支持。开办农业保险的初衷是为农民能够生产、生存和生活提供保障；农业保险存在的前提是保险险种能够存续下去，无论政府亲自运作，还是交给商业保险公司运作，盈亏点即是标志。政府不可能置身事外。另外，农业保险中的主要对象——主要农作物和家畜等主要农产品必须推行强制保险。

我们认为，我国可以按照市场规则，依靠现代商业保险机制建立农业保险。但对于农业保险的供给主体——商业保险公司来说，他们的目标函数是利润最大化，如果按私人物品在竞争性市场上进行交易，目前农业保险有效需求和有效供给都不足以支撑起一个农业保险市场。(见图 1)

长期以来，农业靠天吃饭的传统观念在农民心中根深蒂固，即使当地自然灾害频发，农民也会以个人（家庭）财物储备作为抵御风险的主要方式，更何况长期以来农民收入就很低，经济能力差，对自然灾害只能心存侥幸，自觉利用现代保险机制规避风险的意识比较薄弱。因此，在自愿投保的条件下，农民对农业保险的购买不仅受到支付能力的约束，还受农业本身和农业保险预期收益的约束。农民对农业保险的需求较低，需求曲线是 D。而由于农业是遭受自然灾害最严重的行业，商业保险公司据此确定经营农业保险的成本和平均利润，所给定的供给曲线

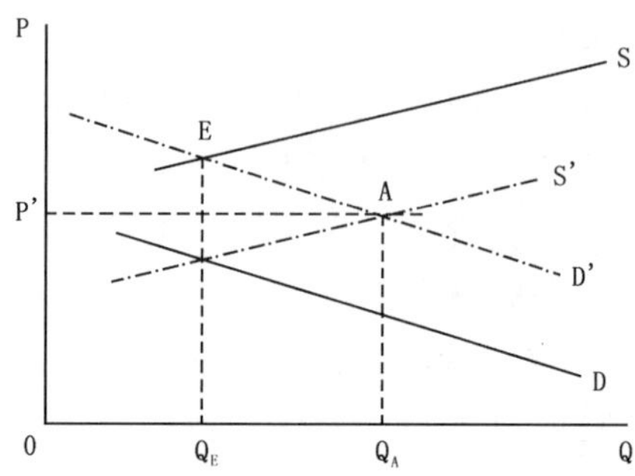

图1　农业保险的需求和供给示意图

是S，在这种条件下两条曲线不可能相交。国内外的经验表明，当政府愿意为农民提供一定的保费补贴，使农民实际支付的保费降低，需求曲线将向右上方移动到D'，此时需求曲线和供给曲线可能会相交于E点，成交数量为Q_E。政府如果给保险公司补贴经营管理费、减免相关税赋，供给曲线将向右下方平行移动到S'，此时需求和供给曲线可能会相交于A点，成交数量为Q_A。在20世纪90年代以前，美国政府给农作物保险的保费补贴占保费总额的1/3且支付全部管理费，但自愿投保的农场不过一半。1994年以后政府采取其他强制性措施并增加了保险费补贴，参加保险的农民人数才有了明显的增加。因此，商业保险公司在农民自愿投保又无政府补贴的情况下，严格按市场规则经营农业保险出现不断萎缩是必然的。

为了使农民在自然灾害后尽快恢复生活和生产，尽可能补偿其损失，利用财政有限的资金撬动现代商业保险机制，建立政府、商业保险机构和农民个人参加的农业保险已经成为世界很多国家支农的重要措施。它也是WTO“绿箱政策”的重要条款。在中共中央十六届三中全会通过的《关于完善社会主义市场经济体制若干问题的决定》中，第一次以党的正式文件的形式将“探索建立和完善农村政策性农业保险制度”作为深化农村改革、完善农村经济体制的一项重要措施予以确定下来。中国保监会也已研究制定了建立我国农业保险制度的初步方案，并着手在部分地区进行试点。

农业保险的保障原则，可确定为以自然灾害损失补偿为主，针对可承保风险，实行政府、经营主体和农民风险共担机制。在起步阶段实行低保额、低保障、低赔付的原则，即保险金额以物化成本为基础制定。

三、农业保险各相关主体行为的量化分析

（一）政府补贴承受力的量化分析

借鉴国外建立农业保险的成功经验，建立政策性农业保险制度，政府支持农业保险的主要行为是给予经费的补贴。到底在农业保险上要补贴多少呢？下面试作粗略分析。

我们认为，鉴于目前政府的财政能力有限，不宜对所有农业保险品种进行补贴。在所有农产品中，粮食最具有准公共产品的性质。我们认为，国家为了保证人民的基本生活需要和最基本的粮食储备需要，必须保证全国粮食作物的种植面积。而为了让农民安心种植粮食作物，国家应该保障种植粮食作物的农民的基本收入。当农民粮食丰收时，农民可以通过市场获得更多的收入，而一旦发生自然灾害，农民则可以通过农业保险获得基本赔偿。因此政府对农业保险的补贴可以根据粮食作物的最低收购价格向商业保险公司提供补贴。而在我国，目前政府作物储备的粮食作物中，只收购小麦和水稻。我们这里就选定小麦和稻谷两种主要粮食作物进行分析。假定农作物保险的保障水平为平均产量的70%，即保险金额以平均产量的70%计；政府对经营管理费补贴为纯保费额的20%（含税收优惠）；农作物的纯报废率以5%计；政府对农业保险费补贴为纯保费的30%。（见表1）

在这里我们选取了全国最主要的粮食作物：水稻和小麦作分析。应该说，数额还是比较巨大的（达到近80亿元）。而且一旦列入政府预算，就成为每年的固定开支，需要政府在做出建立政策性农业保险决定之前，进行财力的可行性分析。但我们认为，政府不能因为高额补贴而不建立农业保险。而且从建立农业保险的目的和性质考察，农业保险补贴应该由所有的公民共同承担。农业稳定的受益者并不只是农民，而是整个社会及其每个成员；农业出现灾害则受损的也不只是农民，将会波及整个社会以及每个成员。维护农业的稳定，全社会都有责任，而不单是农民的责任。因此，农业的稳定和发展是为了社会的整体利益。根据享受利益与负担费用相对等的原则，社会应该为农业生产者支付一定的“保险费”，进而取代“谁种田谁承担风险”的社会不公平现象。而且农业保险费的补贴由政府承担的部分，不应该由地方政府承担主要部分，而应该由中央政府承担绝大部分的补贴。因为如前所述，农产品是正效

益外溢性商品，成本和收益不匹配时，如果农业保险补贴主要由地方政府负担，就会出现某些地区为社会提供农产品越多，地方政府负担将越重的不合理现象。其结果只能造成地方政府逆向选择，减少对农业发展的支持力度，最终减少向社会提供的农产品数量。其结果，轻则造成农产品价格波动，重则将影响整个国民经济的和谐发展，甚至影响到社会秩序的稳定。因此，按照政府公共职能的划分原则，从公共财政理论的角度考察，对农业保险补贴应该由中央政府承担；鉴于目前中央政府还不可能在全国建立农业保险，对各地区的试点，中央政府应该提供保险费补贴的60%—70%，帮助地方政府履行该职能。

表1　政府对农业保险补贴数量的测算

项　目	稻　谷	小　麦	合　计（亿元）
播种面积①（公顷）A	28379000	21626000	—
公顷产量②（千克）B	6311	4252	—
单价③（元/千克）C	1.45	1.41	—
保险金额（元）D = B·C·70%	6405.67	5995.32	—
纯保费额（元）E = D·5%	320.28	299.77	—
保费补贴额（元）F = E·30%	96.09	89.93	—
经营费补贴额（元）G = E·20%	64.06	59.95	—
每公顷补贴（元）H = F + G	160.15	149.84	—
政府补贴合计（万元）I = H·A	454489.69	324139.14	778628.83

（二）农民保险费负担能力的分析

为方便计算，我们假设一户农民只种植一公顷单品种农作物，产量等于全国平均产量，而且农产品价格不变。（见表2）

①② 数字来源：2005年中国农业发展报告，http：//www.agri.gov.cn/sjzl/baipsh/2005.htm。

③ 此价格是将2006年国家粮食作物最低收购价格中早籼稻和中、晚籼稻的价格相加取平均值；白小麦和红小麦的价格相加取平均值。资料来源于2006年3月国家发展委员会、财政部、国家粮食局和中国农业发展银行四部门发出的联合通知。

表 2　　农民个体的农业保险投入与回报分析

项　　目	水　　稻
公顷产量（千克）A	6311
单价（元/千克）B	1.45
年收入（元）C = A·B	9150.95
保险金额（元）D = C·70%	6405.67
纯保费额（元）E = D·5%	320.28
应缴保费额（元）F = E·70%①	224.20
占其收入比例（元）G = F/C	2.5%
风险回报一：第 5 年遭灾 H = D/F·5·100%	571%
风险回报二：第 10 年遭灾 I = D/F·10·100%	286%
风险回报三：第 15 年遭灾 J = D/F·15·100%	190%
风险回报四：第 25 年遭灾 K = D/F·25·100%	114%

按照以上计算，农民把每年收入的 2.5% 缴纳农业保险费，如果第 5 年遭灾可以得到累计缴纳保险费 5.71 倍的补偿；如果第 10 年遭灾可以得到累计缴纳保险费 2.86 倍的补偿；只有在该农户第 26 年以后遭遇灾害，得到的保险赔偿才会小于所缴纳的保险费。但从保险的最终目的来看，投保的目的是分散风险，而投保后没有出现风险，应该也是人们心中的期盼。从经济学的角度考察，在不出现风险的情况下，投保人具有更大的经济利益：因为在出现风险后，农户也只能得到收获物损失的 70% 赔偿；而不出现风险，农户则可以获得收获物 100% 的价值；这一对比关系只有在农户第 41 年才遭遇灾害的情况下才发生改变：农户 41 年累计缴纳的保险费为 173.66 × 41 = 7120.06 元，这将大于农户一公顷农作物的年收益 7088.08 元，而在中国，41 年不遭遇灾害实在是一个极小的概率。

（三）商业保险公司盈亏分析

农业保险的确是风险很大的险种。从 1982 年起，中国人民保险公司本着为农业生产服务、为国家和农民分忧的指导思想，开展农业险业

① 保费的剩余 30% 由政府补贴。

务，至1993年达到高峰期，农业险保费收入8.3亿元，而赔付率高达116%，完全是亏损经营。1996年实行商业化经营后，农业险因为没有利润而逐年收缩、淡出。1982至2001年，人保农业保险的保费总收入为70亿元，总赔付额为62亿元，平均赔付率为88%，还有大致20%的经营费用，总共算下来赔了6亿元。中华联合保险公司（原新疆兵团保险）1986年7月挂牌经营以来的16年里，农险平均赔付率达81.57%，在经营费用率控制在19%以内的情况下经营损益总算账，亏损717.86万元。根据《中国统计年鉴》(1983—2003）显示，2003年我国农业保险保费收入4.32亿元，仅占全国保险业保费收入总额的0.081%和财产险保费收入总额的0.5%，按全国2.3亿农户计算，户均投保费用不足2元。如前所述，商业保险公司在没有政府支持的情况下，亏损是必然的。在什么情况下保险公司才能盈利？我们试做粗略的估算（见表3)。

表3　　商业保险公司农业保险盈亏测算

项　　目	水　　稻
年均播种面积（公顷）A	51024000①
年均绝收面积（公顷）B	2281210②
公顷产量（千克）C	6311
单价（元/千克）D	1.45
年收入（亿元）E=D·C·A	4669.18
保险金额（亿元）F=E·70%	3268.43
年需补偿金额（亿元）G=D·C·B·70%	146.13
纯保费额（亿元）H=F·5%	163.42
40%农户参保（亿元）I=H·40%	65.37
60%农户参保（亿元）J=H·60%	98.05
90%农户参保（亿元）K=H·90%	147.08
政府补贴方案一（亿元）L=H·30%	49.03
政府补贴方案二（亿元）L=H·（30%+20%）	81.71

为方便计算，我们假设：

① 该数字为2001—2004年全国水稻和小麦平均播种面积。数据来源于中国农业信息网：http：//www.agri.gov.cn/sjzl/baipsh/WB2004.htm#7。

② 该数字为2001—2004年全国平均数。因为水稻和小麦在2001—2004年平均播种面积为全国农作物播种面积的33%，因此，这里的数字是全国绝收面积的33%。数据来源于民政部国家减灾中心网站：http：//www.ndrcc.gov.cn/fuwund.asp。

①全国主要粮食作物播种面积只生产水稻（水稻和小麦播种面积均播种水稻）；

②绝收农作物为水稻；

③每公顷产量为2004年全国水稻平均产量；

④水稻单价为2006年国家对水稻的综合最低收购价格。

⑤保险公司只对播种面积上“绝收”的农作物进行赔偿。

很显然，商业保险公司盈利的前提是：（1）40%的农户参保+政府补贴方案二（补贴保费的20%+30%）；（2）60%的农户参保+政府补贴方案一（补贴保费的30%）；（3）90%的农户参保，不需要政府补贴。

在农业保险建立之初，如果采取强制农户参保，剔除农户中的贫困家庭，完全可以保证90%的参保率，但在目前情况下是难以实现的制度安排。尤其在试点阶段，政府不宜强制农户参保。当农户没有看到投保“实效”的情况下，参保积极性不可能很高，需要政府和保险公司进行前期的资金投入和广泛宣传、引导；待农户利用保险规避风险的意识逐渐增强后，参保率才可能提高，保险公司才可能按照市场原则进行经营。当然，这里有一些因素我们还必须考虑，如：我们只是计算了农作物绝收情况下的赔付，没有将所有受灾的农作物作为赔付对象进行估算，因此，实际每年需要的赔付金额应该大于我们估算的金额。

四、结论和建议

总之，虽然建立农业保险在目前还困难重重，但只要政府作出制度安排，政府、企业和农民共同努力，自然灾害给农民带来的损失会降到比较低的水平。因此，我们的建议是：

其一，根据国际社会和我国曾经开办农业保险的经验和教训，农业保险成功推行的条件是：由商业保险公司具体运作，政府给予相应资金补贴；

其二，根据我国目前的农业发展状况，应该由政府出面，大力宣传农业保险对保障农民收入的重要性，力争农业保险覆盖面达到全国播种面积的40%—60%；

其三，鉴于财政能力和我国粮食储备安全考虑，政府补贴的保险品种应该是主要农产品——水稻和小麦；

其四，政府补贴可按照每年小麦和水稻收购价格，向投保的农民和建立农业保险的商业保险公司进行补贴（综合补贴可控制在纯保费的

50%左右)。

其五，政府补贴资金以中央财政为主（不低于70%)。

参考文献

1. 吴扬:“上海农业保险发展的实证分析”，《社会科学》，2004年11月。

2. 梁敏:“我国应该建立有中国特色的政策性农业保险模式”，《保险研究》，2005年第12期。

3. 王海青:“我国农业保险补贴初探”，《山西税务专科学校学报》，2005年第4期。

4. 殷树荣、李新颜:“我国农业保险探析”，《农业经济》，2005年第7期。

我国财政性教育资金在不同教育阶段的定位

李　贞*

一、财政提供教育资金的理论依据

人们生产和生活所需要的产品，按照在消费上是否存在竞争性，供应上是否存在排除性，以及是否存在外部效应，分为私人产品和公共产品。在现实生活中，某人或某个团体的活动给他人造成了有利或不利的影响，但他们并没有因此取得报酬或提供补偿，这种现象称为外部效应，有利的影响称为正外部效应，不利的影响称为负外部效应。是否接受教育即是一例。个人在学校中获得知识，不仅对个人有益，同时也使整个社会受益：(1) 提高了社会的文明程度；(2) 提供了高素质的劳动者。而不接受教育对社会的影响正好相反。许多经济学家试图分析教育对经济增长的贡献程度。美国经济学家丹尼森教授采用系数法，计算出美国 1929—1982 年间教育对经济增长率的贡献为 13.7%。中国也有许多学者测算过教育收益对经济增长的贡献，其中林荣日教授计算出，1982—1995 年间中国教育对经济增长率的贡献为 10.46%。另外，巴罗和萨拉依马丁在其著作《经济增长》中对 1965—1985 年间的 87 个国家的样本，1975—1985年间的97个国家的样本，就实际人均增长率进行

* 中央财经大学财政学院。

了分析，结果是公共教育支出占 GDP 的比重每提高一个百分点，每年的经济增长率将提高 0.3 个百分点。

由上面的分析可以看出，教育具有强烈的正外部效应，它产生的社会效益远远大于它对个人的效益，而没有人自愿对得到的社会效益作出补偿，也无法准确计算每个人得到的具体社会收益。家庭在预测子女接受教育的未来收益时，仅仅计算私人收益，而不考虑社会效益，因此，如果教育完全由私人承办，面对高额的学费，家庭可能得出成本大于收益的结果，不愿意子女接受教育或继续接受教育，而文盲人数和低层次劳动力的增加对一个国家和民族未来发展的影响是致命性的，关系到国家和民族的存亡。因此政府应对教育产生的巨大社会效益提供补偿，即应将教育作为公共产品，由政府提供，作为政府对个人因受教育所产生的正外部效应的补偿。当然不同阶段的教育的正外部效应的程度不同，可将其划分为纯公共产品（完全由政府提供）和准公共产品（部分由政府提供），因此政府在其中扮演的角色也有区别。

二、我国的财政性教育支出

过去的计划经济体制下，我国将小学、初中、高中和大学教育全部视做纯公共产品，完全由财政负担支出，除了很少的学杂费和书本费，家庭几乎不承担任何支出。财政教育拨款包括各级政府对各级教育部门的拨款，各级教育部门对各级各类学校的拨款。政府对学校实行高度集中的管理体制，学校的财务管理工作也比较简单。主要是按照预算科目、内容和有关财务管理制度的规定审核报销各项支出。这种完全由政府办学的模式有其优点，但也存在着教育体制僵化，财政投入严重不足的矛盾。在长期的财政困难情况下，财政教育经费严重短缺，而民间部门的资金又不能进入教育领域，致使全社会教育供应不足，影响了我国教育事业的发展。

改革开放后，我国对不同阶段教育的财政性投入重新进行了界定：九年义务制教育的资金来源基本完全由财政承担，高中教育阶段的资金主要由财政支出，适当收取一定的学费。大学教育中个人缴费和其他资金来源的比重较高。因此，财政性教育投入额虽然在绝对额上逐年递增，但占社会教育投入的比重却逐年下降。

三、我国财政性教育支出中存在的问题

在向市场经济转轨过程中，我国财政性教育支出出现了一些问题，主要有：

（一）财政投入不足，教育资金严重短缺

国际通用的衡量财政教育投入的指标是公共教育支出（相当于我国的财政预算内教育拨款）占国民生产总值的比重。1993 年颁布的《中国教育改革和发展纲要》确定，教育经费占国民生产总值的比例到 20 世纪末要达到 4%。但进入 90 年代以后，我国财政性教育支出占 GNP 的比例并未如人们所期望的那样稳步地上升，而是呈现了持续下滑的趋势。1993 年和 1994 年平均为 2.52%，1995 年为 2.46%，到 2000 年为 2.90%，至今也未达到 4% 的目标。从国际比较来看，我国是世界上公共教育支出占 GDP 的比例最低的国家之一，而且此比例有下降的趋势。1995 年，世界平均水平是 5.2%，而我国是 2.3%，仅为世界平均水平的 44%，即使低收入国家的平均水平也比我国高出 1.3 个百分点。

（二）中央和地方财政性教育支出比例不合理

我国与许多国家一样，虽然政府是教育的主要提供者，但中央政府的教育投入一般都比较小，主要由地方政府承担提供教育经费的责任。如 1997 年和 1998 年，全国财政性教育支出为 1862.54 亿元和 2032.45 亿元，地方政府投入为 1630.04 亿元和 1771.69 亿元，占全国财政性教育支出的比重为 87.52% 和 87.17%。由于我国各地经济发展情况严重不均衡，导致了各地教育，尤其是城乡间的基础教育投入相去甚远。虽然国家为此采取了很多措施，如 1995—2000 年，教育部、财政部实施了“国家贫困地区义务教育工程”，其中中央拨专款 39 亿元，加上地方政府配套资金共 100 亿元，用于改善贫困地区义务教育办学条件，但成效并不明显。农村教育发展滞后，城乡之间差距较大并有扩大的趋势。农村从业人员受教育程度低，小学以下文化程度的占 40%，初中文化程度的占 48%。农村劳动力的平均受教育年限为 7.3 年，同城市相差 3 年。2001 年的生均预算内公用经费，农村小学仅为城市平均水平的 29%；农村初中仅为城市平均水平的 31%。许多农村中小学基本办学条件亟待改善，教师队伍素质有待提高。特别是还有相当一部分西部地

区至今还没有普及九年义务教育。许多已实现“两基”的农村地区，巩固提高任务繁重。经费投入不足仍然是影响农村教育发展的突出问题。2001年以来年农村义务教育实行“在国务院领导下，由地方政府负责、分级管理、以县为主”管理体制，需要进一步改革。社会上有关“教育公平”的呼声很高，矛盾直指现有的财政对教育的拨款体制。另外，地方本级教育支出占本级财政支出的比重不高，这说明我国地方支出结构不尽合理。

（三）财政对不同阶段教育的拨款力度倒置

虽然国家明确九年义务制教育主要由财政负担，但我国财政对小学、中学和大学教育的拨款体制呈倒三角状态。根据公共产品理论，小学、中学和大学教育的边际社会效益呈递减分布，公共产品性质越来越弱，财政提供的程度应越来越低，但我国目前的情况正好相反。这在一定程度上导致了乱收费情况。主要表现是：在义务教育阶段，将“捐资”、“赞助”等与学生入学和考试成绩挂钩，贫困地区的农村中小学未严格执行“一费制”（除住宿学生收取住宿费外只收取学杂费）收费政策以及提高标准收取借读费等。在高中阶段，未严格执行择校生的“三限政策”（限人数、限钱数、限分数），收取高额“择校费”、“赞助费”，擅自扩大调节生比例，变相超收学费等。

（四）财政教育经费的使用效益有待进一步提高

在教育经费短缺的同时，也存在教育资金使用浪费的情况——冗员过多，专业、院校重复设置，资金使用效益较低。教育的投入，未能取得相应的教育效益，“实际产出小于应有产出”的现象的存在，进一步加剧了“教育经费短缺”的现状。

四、我国财政性教育支出的改革方向

（一）原则

借鉴国外的经验，结合我国实际情况，在安排教育资金时，应遵循以下原则：

1. 政府责任原则。教育是国家的事业，国家是义务教育经费的主体，增加教育投入是各级政府义不容辞的责任。

2. 依法筹资原则。中小学教育经费的筹集，必须通过立法和政策倾斜，严格“依法办事、违法必究”，才能保证筹资渠道畅通，经费来源稳定，逐步达到“超前增长机制的形成”。

3. 教育公平原则。由于地区、校际之间现存的条件不同，只有通过强有力的政府调控，才能有效地抑制微观层次上各单位日益扩大的差距。

4. 有效配置原则。从宏观与微观两个方面，从教育经费的投入与支出两个方面，讲求合理配置，以便使本来就很少的教育投入合理安排，发挥最大的办学效益。

（二）改革措施

1. 确立政府在教育资金来源中的主导地位，加大财政对教育的投入。2006 年中央十六届六中全会指出，要“坚持教育优先发展，促进教育公平……普及和巩固九年义务教育，落实农村义务教育经费保障机制”。因此，政府应在教育资金来源中占据主导地位，加大财政对教育的投入。否则，我国的教育水平将与世界发达国家越来越远，导致经济、文化等全面落后。教育的根本任务是要把我国巨大的人力资源转化为人才资源，把巨大的人口负担转化为强大的智力优势。同时，应鼓励民间资金进入教育领域。

2. 不同阶段教育的财政性资金定位不同。小学、中学和大学等不同阶段的教育，其边际社会效益是递减的，财政对它们的拨款也应区别对待。小学和初中作为义务教育，具有纯公共产品性质，它使一个人由文盲成为有文化的人，完成了质的飞跃，产生的社会效益是巨大的，应完全由财政提供资金。其中，重点是农村义务教育的资金来源问题。财政的教育投入应侧重于占中国人口多数的农村地区。教育是消除贫困的基础，提高农村地区和移民的教育质量是当务之急。虽然农村义务教育的经费投入由农民为主承担转向政府承担，但“以县为主”的管理体制难以适应中国地方发展不均衡的国情。为了国家长远发展大计，为了实现教育公平，为了确保资金来源，建议九年义务制教育由中央财政提供资金。如果不能一步到位，可先由省级提供，中央给予转移支付。

在发达国家，高中教育也属于义务教育范畴，由财政拨款。实际上，高中的教育属性是基础教育，而不是专业教育。它既区别于专业教育，也不同于高中阶段的其他门类的教育。由于它是高层次的基础教育，因此，以它广泛的适应性、较强的可塑性、发展的多样性，在整个教育体系结构中发挥作用。由于它定位于基础教育，人们常常把普通高中和初中、小学放在一块，叫做“中小学教育”。在义务教育法颁布以前，我们经常使用的是中小学这个概念。但义务教育法颁布以后，这个约定俗成的术语面临着新的情况。目前在中国将各地的高中教育全部纳入义务教育范畴不太现实。可考虑先在发达地区试点，将义务教育延伸至高中，由财政拨付资金。在落后地区仍由地方财政承担大部分资金，确定合理的个人付费额。

大学教育属于准公共产品，财政拨款比例可相对较低。国家应从政策上鼓励大学教育投资多元化，财政拨款应成为对高等教育改革和发展进行宏观调控、实现政策目标的主要经济手段。现在财政对大学的拨款制度中，在校学生数量是拨款的基本依据，生均成本实际是往年的决算数而非合理的成本。这种拨款方式，体现了学校之间在享有政府拨款上的公平，保证了学校工作的正常运行，但由于这种拨款标准不包括学校之间在资源利用效率与社会效益方面的差别，因而资源利用率较低。可将现有拨款实际数为拨款基数，将财政拨款逐年增加的增量部分作为机动拨款，制定高校绩效评价体系，按绩效高低拨款。

在非义务教育阶段，要合理确定政府和受教育者分担办学成本的比例，收费标准要与居民家庭承受能力相适应。要完善企业及公民个人向教育捐赠的税收优惠政策，探索企业合理分担职业教育经费的办法。扶持发展各种形式的公益性教育基金和信托基金，扩大彩票收益用于支持教育的份额。鼓励和支持学校开展勤工俭学、发展校办产业。积极鼓励和引导社会、企业和公民个人捐资助学、出资和投资办学。

3. 提高资金的使用效益。在财政加大教育投入的同时，学校自身也应进行改革，提高资金使用效益。利用经济杠杆，有效地配置教育经费。美、日、英、法等国政府就运用“投资机制”来调节学科的发展，奖励办学较好的学校。良性的经费投入机制引导学校不积极性放在提高教学质量、办学水平上，并以高质量获得政府、社会和家长的经费投入。

参考文献

1. 郭庆旺、赵志耘：《财政学》，中国人民大学出版社，2002 年 7 月。

2. 中国教育和科研计算机网。

西方财政理论在晚清中国的传播及影响

马金华*

晚清是我国近代社会发展的一个转型时期，是中国传统制度向近代制度转折的肇始期，它从社会经济的各个方面开始了中国近代化的艰难转轨。从先秦时期始至20世纪上半叶止，三千年来中国传统的古典财政思想到清朝末年已难以为继，不得不参照西方财政思想和财政体制进行改革。伴随着晚清财政体制改革的酝酿和展开，传统的中国旧财政理论逐渐退出了历史舞台。在西方经济学诸说特别是财政思想腾涌国门的影响下，撇开传统的"国计"、"邦计"、"度支"、"会计"思想而独立形成的近代财政理论在中国传播开来，近代财政研究也在满清王朝财政百孔千疮、危机四伏中，在企图清理、改革财政的实践推动下艰难起步。

一、西方财政理论在晚清传播的兴起和途径

中国是一个具有悠久历史的文明古国，很早就出现了诸多理财家以及丰富的理财思想，但立足于农耕文明和封建专制制度之上的中国古代理财思想只能算是财政思想的萌芽，不能算是系统的财政理论。1915年梁启超在《大中华杂志》所撰的《论中国财政学不发达之原因及古代财政学说之一斑》一文中指出六个制约我国财政学发达的因素：（1）侈

---

* 中央财经大学财政学院。

谈道义而耻言功利的传统，不善治财货为主体的学问；(2) 封建王朝诛求无艺，无秩序规则足资披讨；(3) 重农抑商的经济政策专注农业取财一途，无甚奥衍繁赜之学理；(4) 货币无定制，财政无准确会计可言；(5) 专制国权践踏民权，竭泽而渔，财政实无研究之价值；(6) 社会经济缺乏紧密联系，财政失措尚未达到牵一发以动全身的重要性。梁氏所言揭示了中国古代系统财政理论研究匮乏的原因。但到晚清，当整个国家的崩溃危局集中体现在财政危机上，传统赋税结构的根本转变和君主立宪制度的鼓吹客观上推动了我国近代财政的研究，西方财政理论开始广泛传播到国内，对我国近现代财政理论的形成产生了直接的影响，财政研究亦在晚清骤然形成爆发之势。

晚清近代西方财政理论在我国的传播，存在三个传播路径：一是西方驻中国官员、商人、记者和学者开始关注中国的财政危机并予以研究报道；二是广大爱国留学生纷纷译注西方宪政理论，财政学说作为宪政理论的副产品介绍到中国来的；三是进入 19 世纪，新教传教士重新进入中国，带来了包括经济学在内的大量新知识，他们向中国传播西方科学技术知识的同时，财政学说作为“格致”之学的一部分介绍到中国。具体表现如：早在 1894 年初，英国驻上海总领事查密森就前三年清廷户部收支数与其调查数作了比较研究，并写成《中国财政考》(蔡尔康译为《中国度支考》)，引起广泛关注。1898 年日本东邦协会发表《中国财政》一文，被《清议报》转译为《中国财政一斑》，对清廷日趋混乱虚弱的财政提出忠告。同年，日本财政专家松岗忠美发表《论清国财政改革之急务》，提出“改革官制以先塞其弊窦；徐整理财政以图国家之健全发达”，并认为中国财政改革可仿日本之邮政、关税和陆军训练诸事。1903 年赫德总税司派员考察日本金本位制，而此前应中国政府邀请，美国财政金融专家精琦一行已来中国担任币制改革顾问，1905 年，其亲美的金本位币制改革方案被张之洞等否定。自 1907 年清廷实行清理财政方略后，列强对中国财政演变态势更加瞩目，尤其是日本财政金融界专家，借助留学生刊物纷纷发表时评，而西方列国对此也日趋热心。据爱·盖·熙礼尔（1910 年 10 月 22 日）致英国路透社记者莫里循信中提及，英人瓦伦丁·姬乐尔专门介绍中国财政状况的《中国：财政陷入困境》一书，在英伦反响巨大。同年在北京还专门刊出税务司荷兰籍官员阿拉巴德研究中国财政的《理财便览》，书中不仅有论述中国应行预算、改革税制理论，还系统分析了中国面临的巨额债务问题。与此同时，不少来华外籍人士（主要是传教士）也注意到中国的财政问题，他们引述日本或俄国实行预算制度以证明清政府也可以采取预算制度。如1896年某英人曾撰《驻日本英使预计日本度支》一文在中国发表，文中提及“预算”这一财政名词。美籍来华传教士林乐知（Young JohnAllen，1836—1907）也在其文中再提及预算一词。[①] 林乐知在主编的《万国公报》中呼吁中国改革科举制，建议中国的各级书院“不必专课制义，更当如泰西之法，分设天文、地舆、格致、农政、船政、理学、法学、化学、武学、医学”[②] 等实用之学，并在上海设立中西书院，学习西学，作为在中国创建学校的模式。

如同其他经济学说和词汇一样，近代西方财政理论在我国的传播途径实际上走的是一条“导源西籍，取径东瀛”的道路，经过日本的翻译和转入，日本的财政理论起了对中国财政起了直接和关键的影响。早在19世纪后期，江南制造局翻译馆便有传教士博兰雅主持并由张相文等翻译的《列国岁计政要》问世。由林纾主持的《译林》（1901—1902）开始连载日本世川洁《理财学》和织田一的《国债论》。《东方杂志》开辟“财政”、“外国财政”、“各省财政”三个专栏，财政多由留学生和日本专家撰文，后两个专栏则专门介绍国际国内的财政状况及政策演变。同时和稍后的《申报》、《国民报》、《游学译报》、《浙江潮》、《江苏》、《民报》等刊物专辟“法政”、“经济”、“理财”、“财政”等栏目，在介绍西方宪政制度时对其财政理论推崇备至。《时报》（1904年12月11日）也发表了留日学生的《论统合预算财政法》，引用日本浅井虎夫《支那法制史》的观点，认为中国面临“既非中央集权又非地方分权”的政治危局，应着手统一财政进而维护中央集权，始终把财政置于政治范畴来考虑。此后，日本财政研究会在《北洋学报》第7期（1906年）发表《财政学中新发明大义》，针对中国当时的经济危机，着眼于财政在社会经济中的功能谈了七个问题：（1）租税、公债之性质定义；（2）干涉主义与放任主义；（3）金为根本、银为活用的两本位制利益；（4）兴实业须用国民资本；（5）生财三要（易地、变形、保藏）和三宝（人力、土地、资本）；（6）铁路宜归国家所有之理由；（7）银行制约之新法。《民报》（1906—1907）刊登了留日学生朱执信等人介绍德国华格纳（即瓦格纳）《财政学》和日本小林丑三郎《比较财政学》的连载文章，特别论述了华格纳在税收方面提出的“四项九端”原则。当时商务

---

① 胡寄窗：《中国近代经济思想史大纲》，中国社会科学出版社，1984年，第151页。

② 李天纲编校：《万国公报文选》，第234—248页。

印书馆还出版了一系列日本法政译著，其中有不少财政学专著，如何津瞿等著的《货币论》、《政法理财讲义》和田中穗积所著《公债论》。1907年湖北法政学堂出版了系列法政丛书，其中即有叶开琼、何福麟等编辑的《财政学》，也是日本财政理论的翻版。在晚清宪政运动中颇出风头的留日学生汪荣宝，与叶澜著有《新尔雅》一书，其中即有《释财政》一节，所释税收、支出、预算、公债诸概念及分类无不照搬日本留学笔记。留日学生李景和、曾彝进等翻译日著《官制篇》一书，以较大篇幅讨论中央会计与地方会计关系，即预算理论，也反映财政问题及财政理论已成为宪政变革中的重大现实课题。[①]

二、西方财政理论在中国传播的主要内容

笔者主要从税制理论、预算理论及财政分权理论三个方面管窥中国财政思想早期近代化的历程。

（一）西方税收理论的传播

税收是财政学的最主要的组成部分。中国近代税制改革思想，系以西方财政学为理论依据，其产生和发展，与西方财政理论在中国传播的进展密切相关。而这种传播要追溯于鸦片战争以后，中国思想界的先进人物开始向西方寻求救国救民真理的过程。特别是19世纪60年代以后，在“向西方学习”这一历史潮流的推动下，关心和传播西方财经知识的人越来越多。他们中的佼佼者有冯桂芬（1809—1874）、郭嵩焘（1818—1891）、王韬（1828—1897）、薛福成（1838—1894）、郑观应（1842—1922）、马建忠（1845—1900）、黄遵宪（1848—1905）、陈炽（？—1899）、张謇（1853—1926）等人。其中郭嵩焘、黄遵宪尤其值得一提。

郭嵩焘是中国近代史上一位有影响的外交家、思想家，中国首任驻外公使，早期洋务派的重要成员。他在国内时，曾长期主持粮食、盐务、筹饷等经济事务，对中国财政赋税中存在的弊端了解甚深。而太平天国军兴之后，清政府遇到了前所未有的财税危机，也亟需寻找拯救危机的出路。为此，郭嵩焘一到西方，便认真考察西方财税情况，以求取人之长，补己之短。（1）关于财税总量情况。一个国家的税收总体规

① 龚汝富：“晚清清理财政与财政研究”，《江西师范大学学报》，1999年第2期。

模，能集中反映该国经济实力的强弱。郭嵩焘在其日记中多次记录了西方财政收支情况。例如英国，是当时首屈一指的经济大国，拥有雄厚的财税实力。1878 年，英国的财政收入高达 79763298 磅，支出为 78903495 磅，收支相抵结余 859803 磅。其主要收入项为：关税、酒税、印税（包括银票及遗产等项）、地亩及房租税、入息税、信局税、电报局税、地课、国家借出债息、杂税。税收收入占其财政总收入绝大部分。他举例说，英国的利息收入名目繁多，数量惊人，增长极为迅速。1865 年英国入息才 308 兆磅，而到 1875 年，利息收入竟高达 571 兆磅。这就为英国税务机关征收利息所得税（郭嵩焘称之为“入息税”）提供了非常厚实的税源。（2）关于税收政策。郭嵩焘详细了解了西方国家的税目设置及税率调整情况。关于这一点，他引用曾任日本户部尚书的井上馨所谈的情况，他说，日本“岁入五千万圆，取之商税者三百万，余皆地税。西洋各国皆然；经制所入，皆地税也。”“英国课税惟茶、烟、酒三事，余则听商人营运，物税则。”他还研究了英法两国的关税。他说：“法国关税分为三等。日用之物，民生所不能缺者，其税薄；粉饰铺排，及非衣食应有之需，其税厚；物之与国人争利者，其抽税与国内时价等，欲以绝其来也。”[①] 这反映了法国财税部门通过灵活运用关税杠杆以引导消费行为及调控外贸活动的情况。此外，郭嵩焘还介绍了英国财税部门的一些具体做法。如西文的票据管理、税收征管制度等。

在政治思想上与维新派接近的黄遵宪，曾出任外使十五年，悉心考察欧美日的文化制度，著有《日本国志》（该书出版于 1895 年）。书中对日本明治维新以后的赋税制度表示推崇。他介绍：一是日本地税的改革情况，日本于 1873 年废除幕府时期以土地收获量为课税标准的旧税制，征收地价税；二是关于日本地方税制的建立情况，日本于 1878 年实行地方税制，划分地方税，制定地方税则，实行地方自治。这两点内容，前者对孙中山地价税思想有过一定启发作用，后者对晚清民初的国地收支划分具有一定影响。对于中国的赋税问题，他主要有两个见解，其中一个是主张重税，认为如属取之于民用之于民，则重税“非惟无害，而损富以益贫，调盈以济虚，盖又利存焉。”[②] 这种观念显然是受西方近代财政思想影响的产物。

19 世纪末期的思想家大都只具有通俗的西方财税知识，而不具备

① 郭嵩焘：《郭嵩焘日记》（第三卷），湖南人民出版社，1982 年，第 525 页。

② 黄遵宪：《日本国志》，卷十七，食货志三。

专业性的理论知识。进入 20 世纪以后，研究财经问题的学者大多开始从国外财经科学原著直接吸取知识营养，从而加快了西方税制思想在中国传播的步伐。代表人物有严复、梁启超等人。

被誉为“五四”以前向西方寻求“真理”的四大代表人物之一的严复（1854—1921）对西方资产阶级经济学著作的涉猎范围相当广。从严译《原富》的“按语”看来，他阅读过英国的李嘉图、马尔萨斯、穆勒父子、马克洛赫、马歇尔和罗哲思，美国的加宙，德国的李士特，法国的巴师夏等诸多经济学家的著作。他于 1897—1900 年译成、1902 年出版了亚当·斯密的《原富》，该书的第五篇专论君主或国家的收入，斯密在此提出的西方财政学史上著名的公平、确定、便利、经济四大税收原则，被严氏译为“平”、“信”、“便”、“覆”，对国人的思想有一定的影响。他批评了“薄税敛”的传统教条，认为财政征课应以“赋无厚薄唯其宜”为原则，所谓“宜”并不在于税率本身的高低，而是以人民的负担能力为转移，主张国家应积极地“为民开利源，而使之胜重赋”。[①]

梁启超（1873—1929）则是 20 世纪初中国财政学界最多产的作家之一。在 1905 至 1913 年，他撰写了大量的财经论著，不仅数量超过了与其同代的任何一位学者，而且涉猎范围也相当广泛。在赋税方面，他信奉亚当·斯密的赋税原则理论，批判了“因民所急而税之”的传统观点，主张实行轻税、“人群主义”的“平税”政策。他谈到过租税转嫁问题，介绍过西方的分税制理论，对公债与租税的关系作过一定的理论分析。在其《政闻时言·湘乱感言》一文中，他说：“田赋虽征诸地主，而负担实转嫁于佃丁也；原金虽征诸行商，而负担实转嫁于小贩及消费物品之贫氓也”。梁启超认为一切租税都是可以转嫁的，这符合各资产阶级学派当时所公认的原则。特别值得一提的是，他还提到，所得税、遗产税、地价差增税（即土地增值税）等税种是“最良之税则”，“足以均贫富之负荷”。[②] 这是中国近代对优良税制的较早探讨。

近代中国向西方寻求真理的代表人物康有为、孙中山等人，也对西方税收理论和政策做了一定的阐述。特别是作为政治家的孙中山，他的有关税收论述主要是为其经济纲领（民生主义）服务的，他在财税领域里的主要思想成果是平均地权和征收地价税主张的提出，对推动中国的财政体制建设作出贡献。

---

① 严复：《原富》，上海商务印书馆，1930 年，第 893 页。

② 梁启超：《饮冰室从著》，第十种，《闻政时言·湘乱感言》。

（二）西方预算理论的传播

在人类历史上，传统财政制度向现代财政制度变迁过程中，预算制度的现代化是财政制度现代化的起点和核心内容。古代中国，财政收支及财政监督之权均操之君主，国家财政的收入和支出没有严格的程序和手续，更没有审批的机关。财政收支往往因皇帝或大臣的随意性而变化，因而不可能有完整系统的国家财政管理制度来规范皇室财产、生活开支与国家财政收支活动。因此，也就不可能有严格意义上的国家预算制度和思想。中国近代预算思想和预算制度也是伴随着近代西潮东渐而从西方舶来的。

早在19世纪末，一些曾经到过西方的清廷驻外使馆人员和留学生就开始不断地向中国引入西方预算知识，有些人还主张仿效西方，建立中国的近代预算制度。中国近代著名的思想家、企业家郑观应在其1893年刊行的名著《盛世危言》中建议颁行“度支清账”（即国家预算）。结合中国量入为出原则，他还建议：“凡一出一入编立清册，综核比较为赋财出入表。出有逾者节之，不可任其渐亏也。入有余者储之，不可供其虚耗也。”[①]“预算”这一财政名词当时还未被广泛采用，但郑观应在其《盛世危言·度支》一文后附录了一篇时人论文，题为《俄国出入度支总数考》，提到“预算”二字。可见，他较早地认识到这一问题的重要性。曾任驻日本公使馆参赞和驻美国旧金山领使馆总领事的黄遵宪在其1895年刊行的《日本国志》中介绍了西方的预算制度：“泰西理财之法，预计一岁之入，某物课税若干，某事课税若干，一一普告于众，名曰预算。及其支用已毕，又计一岁之出，某项费若干，某款费若干，亦一一普告于众，名曰决算，其征敛有制，其出纳有程，其支销各有实数，于预计之数无所增，于实用之数不能滥，取之于民，布之于民；既公且明，上下平信。”[②]值得注意的是，“预算”这一词汇，《日本国志》一书取材于日本，亦是从日本舶来的。近代中国的首任驻外公使郭嵩焘，在出使西方期间，广泛考察西方预算制度，他说：“西洋制用之经，均先核计一年出入总数何款应从减，何款应增，预为之程，至年终视所核计者有无赢绌及意外之费，而筹所以弥增之”，“西洋制国用，岁一校量出入各款，因其盈绌之数，以制轻重之宜，一交议院诸绅

① 夏东元：《郑观应集》（上），上海人民出版社，1982年，第578页。

② 黄遵宪：《日本国志》，国计。

通议，而后下所司行之。三代制用之经，量入以为出，西洋则量出以为入”。[①] 这说明制订预算的原则是量出以为入，与中国刚好相反；在实施程序上，西方的预算，先由议会讨论审定，有关部门在负责落实执行。有了这个机制，西方国家在税收总量的确定、税源选择和税种税率安排等方面，能够做到有规可循，有法可依，使得政府的征税活动具有相当的稳定性和可预见性，有效防止了征税过程中的随意行为和政府权力的滥用；对此，郭嵩焘给予高度评价，正是此种制度，“而后知其君民上下，并心一力，以求制治保邦之义，所以立国数千年而日致强盛者此也”。[②] 这里，郭嵩焘把西方国家的预算管理体制与该国的民主政治制度联系了起来，显示了郭嵩焘对西方观察的卓越识见。维新派主要代表人物康有为在戊戌变法期间所作的《日本变政考》中，主张仿效西方，实行预算公开。他说：“西泰国计，年年公布，有预算决算之表广，……今吾户部出入，百官无得而知焉，……是益以愚我百官而已。与民共者生爱力，不与民共者生散力。”[③] 光绪帝采纳变法人士意见，诏令改革财政，编制预算决算，此诏固随变法失败未及施行，而“预算”一词却因此为人们所习知。[④]

大体说来，19 世纪末中国思想界对于西方预算制度的介绍仅停留在常识的水平上，未能进入到理论领域。20 世纪初，随着大批留学生走出国门负笈东洋，中国对西方的预算制度和预算理论了解的人越来越多，认识也不断深化。与此同时，晚清预备立宪将建立国家预决算制度作为财政改革的重点。预决算制度改革实践的需要，也推动着当时思想界对预算的认识深化和系统研究。

1906 年 11 月 6 日，《南方报》刊载《论中国于实行立宪之前宜速行预算法》一文，对西方预算制度作了有一定理论深度的介绍。该文认为政府在财政方面要取之于民，用之于民，就必须建立预算制度取信于民，接受百姓监督。“所谓预算者，国家预定收入、支出之大计划也。盖国用之收入，收之于民也。收入自民，故不能不求民之允诺，不能不示以信用。预算者，示民以信用之契据也。国用之支出亦以为民也，支出为民，故不得不邀民之许可，欲民许可，不得不受其监督。预算者，

① 郭嵩焘：《郭嵩焘日记》（第三卷），湖南人民出版社，1982 年，第 4477 页。

② 郭嵩焘：《郭嵩焘日记》（第三卷），湖南人民出版社，1982 年，第 4477 页。

③ 陈光焱等：《中国财政史》，中国财政经济出版社，2001 年，第 109 页。

④ 邹进文：“晚清财政思想的近代转型：以预算和财政分权思想为中心”，《中南财经政法大学学报》，2005 年第 4 期。

授民以监督之凭证也。”关于如何建立预算制度，该文认为，关键在于区分经常预算和临时预算及确定预算权限：“预算之要点，全在经常预算与临时预算之分，而特别会计所以备要事特定之用，追加预算所以备意外无定之供，又有预备以为之补助，则组织之机关于是乎备。而预算案编成之权限其要点在发案权与定议权之分。发案权属于政府，定议权属于议会。政府对于预算费常有要求增加岁入之意，议会对于预算费常有要求核减岁出之心。”这里作者认识到预算的编制权属于政府，议定权属于代议机构议会，它们之间相互制衡、互相监督，这在当时是一个不同凡响的见解。对于在中国如何建立预算，他建议：“预算之法，须经宪法规定，议会协赞。今我国宪政未行，议会未立，果将依何法以行预算乎？不知预算之发案权既操自政府，则凡所有收入支出各款，经常特别各项必须报告全国，自不致有出纳极滥之弊。即使编成之预算案，我国民有不能承认者，议会虽未成立，而既有议定权之性质则监督财政为应尽之义务，我国民自可公举代表，向政府要求增损，初不必俟宪法颁布，而始行预算之法也。”① 可见，他推行在中国采取渐进式改革的方式来逐步完善预算制度。

1907年1月20日，《时报》发表《论中国整顿财政当以何者为急务》，引用日本经济学家高野岩和法国经济学家波利要（音译）的忠告，呼吁速行预算，并号召国民关心财政问题。4月21日，《时报》又发表《论国民当知预算之理由及其根据》一文，对为什么要制定预算及预算性质作了理论分析。关于预算的本质，该文认为，应注意四点：(1) 预算案之根据自租税承诺权而来，“欲维持国家之生存发达，不得不征收租税以应支用。然租税之负担在于国民，非得国民之承诺而徒恃强制力以征收之，未免为无理之举动。故立宪国家所以必待议会承诺者，盖恐国家流于专断有伤人民之感情也。”(2) 预算制度是专制政体向民主政体过渡过程中君民冲突、民权发达的结果；“各国之立宪也，莫不因君民冲突，乃由君主让其权力之一部于人民。而其始也，亦莫非因人民之要求而得之。租税之承诺权，其得之也亦同。”(3) 预算之目的在于公示于民，接受人民监督：“租税征之于民，用之何途，但使国民知之，若但供政府之浪用，纳税者其能无怨望乎？我国以财政困竭之故，百端罗掘以济要需，然其充何者之费用，吾民不得而过问也。今拟编制预算案，是欲公示于民矣。”(4) 预算的作用在于对政府支出形成约束力：

① “论中国于实行立宪之前宜速行预算法”，《东方杂志》，1907年第1期。

"国家之所以编制预算案者……凡立宪国家制定以后，收入支出皆不得越其范围，是谓有'拘束力'。此拘束力者非政府自拘束之，而议会拘束之也……凡立宪国家之预算案大抵皆首先提出于下议院，谓之'先议权'，盖以纳税者为全国民而下院议员大率由国民直接选举，岁出入之增减于其担负有密切之关系故也。"该文的结论是："预算一事乃政府引起，我国民对于政府而行使其监督权者也。国民如放弃其责任而不尽其监督之责，是谓自弃其天职。"[①] 从这篇论文的内容可以看出来，作者对预算的本质、作用等的认识已达到相当高的水平。

思想上认识的深化必然反过来推动行动上的进步。国人对西方预算制度的深入了解，也反过来推动着官方实行体制的改革。1908 年福建道监察御使赵炳麟上《统一财权整理国政》折，就预算制提出建议，他说："应由度支部收发，不得各自为计。每年责令各衙门分造概算书及预定经费要求书，送度支部办理，如是则各部财政可一。然后通盘算定，事先预筹海陆军经费应如何指定，京外官薪俸如何平均，振实业，广教育，应如何补助以收其效。"[②] 1910 年，清政府在基本清查各省财政收支的基础上，仿效西方国家制定预决算的新型财政体制，决定试办全国财政预算。编制的程序是：地方先由各省文武大小衙门局所预算宣统三年出入款项，编造清册，送清理财政局，由清理财政局汇编全省预算报告册，编竣后经督抚核准上报度支部；在京各衙门亦按照度支部颁定册式分别编制成各自的宣统三年出入款项预算报告。接着由度支部在汇核各省及各部预算的基础上，编制成了宣统三年岁入、岁出总预算。而后，总预算案经内阁会议政务处核议，送资政院开会议决。那么预算情况到底怎样呢？1909 年初度支部奏陈统一财政办法时有如下沉痛之语："臣部有考核外省庶政议准议驳之权，此无论旧制新章，同一事理。乃近年各省关涉财政之件，例如新筹一款，往往事前既不咨商，用后亦不关白，常有巨款出纳，日久竟不报部，莫可究诘，……且有款已挪用，无从弥补，明知正项必不能拨，并不咨商，迳行具奏，以冀仰邀俞允，迨阅邸抄，而臣部始知有其事！"[③] 由此可见，中央政府对地方财政收支无法控制，地方督抚常视中央执掌财政的度支部为形同虚设。所以在清理财政的实际运作中度支部只好上奏请饬各省督抚将"何项应入

---

① "论国民当知预算之理由及其根据"，《东方杂志》，1907 年第 7 期。

② 王先谦：《东华续录》，卷二一六，公记书庄，1899 年，第 12 页。

③ 彭雨新："晚清中央与各省财政关系"，《中央银行月报》第 9 卷第 1 期（1947 年）。

国税，何项应入地方税，详拟办法，咨明度支部分别核定。”[①] 这样，就把中央与地方财权划分的标准下放给了地方，出现各省编制地方财政预算计划时，自行其是，任意增减，弄虚作假的现象。其结果是因各省税种划分标准不一，河南所列地方税达56项之多，甘肃列66项之多。最后，在清政府和各省督抚通过发行公债和举借外债来弥补财政赤字后，又与资政院和咨议局发生了种种冲突，后者无法制约行政部门的借债权限[②]，使得预算名存实亡。

宣统二年（1910）清政府试办之宣统三年预算案发表后，梁启超发表《度支部奏定试办预算大概情形折及册式书后》一文，对清政府颁布的预算草案的收支不适合问题进行猛烈抨击，谓：“预算非他，实一国行政之悌鹄也。无论何种政务，行之必需政费。而立宪国之所以有预算者，则除预算表岁入项下遵依法律所收诸税则外，行政官不得滥有所征索；赊预算表岁出项下所列诸款目外，行政官不得滥有所支销，此立宪国之通义也。故无论采量入为出主义，抑采量出为入主义，要之其第一著必期于收支适合。而编制预算案之所以其难其慎，非大政治家莫克胜任者，则正以此调合收支之手段，非通筹全局确立计划不能为功。而全国人欲观政府施政方针者，皆于预算案焉觇之。”[③] 虽然这场改革由于清政府的覆灭而中断，但它为民国时期中国预算制度的现代化奠定了基础，在中国预算史上具有十分重要的地位。这一时期也是中国传统预算思想向现代预算理论转型的重要过渡时期，在中国预算思想史上同样具有非常重要的地位。

（三）西方中央与地方财政分权关系理论的传播

将国家财政划分为中央财政与地方财政（亦称国地财政），是西方现代财政理论和实践发展的重要历史成果。正确划分中央财政与地方财政，确定两者的财政收支范围，即划定哪些收支归中央，哪些收支归地方，明确划分中央与地方政权之间和地方上下级政权之间在财政管理上的权限和职责的主要内容，对于理顺中央地方的财政关系，促进国民经济的健康稳定发展，均具有重大意义。据有关资料介绍，早在18世纪末，西方国家就对国家与地方的财政收支按

① 朱寿朋：《光绪朝东华录》（五），中华书局，1958年，第5957页。

② 周育民：《晚清财政与社会变迁》，上海人民出版社，2000年，第416页。

③ 赵丰田：《晚清五十年经济思想史》，哈佛燕京学社，1939年，第298页。

其税种进行划分，实行分税制。美国自1878年通过宪法成立联邦共和国以来，一直实行分税制，现今已是世界上实行分税制最彻底的国家之一。日本在明治维新以后也实行过分税制。到19世纪中叶，欧洲的一些国家都已先后实行分税制，把它作为分级财政管理的重要形式。从时间上推移，西方国家实行分税制经历了一二百年的历程，已经发展成为一种比较完善成熟的制度。

古代中国，长期处于封建帝制统治下，实行高度的中央集权的政治体制。与此相应，财政亦高度集权于中央，一切财政收支原则上完全由中央政府统筹办理，地方政府只是中央政府的派出机构，其职权并不固定，中央可以随时变更，因此法律上并不存在地方财政。至于地方所需军政费用，则由中央拨付。由此，中央对全国财政高度垄断，各省在财政上不得不依赖中央，听命于中央。但从嘉庆以后，中央权威开始走下坡路，太平天国革命更动摇了清代中央集权的封建财政体制。戊戌变法期间，资产阶级改良派曾企图仿西方的作法对清朝的财政制度进行改革。如康有为在给光绪帝的变法大纲《应诏统筹全局折》中，提出了中央设立“十二局”的主张，其中就有专司财政的度支局，“度支局掌管的项目内容就有银行、纸币发行、印花税、证券、公债发放和一些税收等。显然，这个新的理财机构与过去的清廷财政机构在职能上就有很大不同，具有了近代资本主义的色彩。1898年，何启、胡礼垣共同署名发表了《新政始基》一文，宣传资产阶级的理财主张。文中特别提出：中国财政应划分中央和地方财政，并举出20余种归地方的税项和属地方费用支出的“十事”同时还针对清政府财政收支缺乏透明度的问题，提出了统计数字的重要性，“故夫财之有数也，犹户之有枢也，犹射之有的也，犹屠之有会也；一得其枢万户皆开，一破其的万矢皆废，一中其会万理皆解”。当然，这些财政改革伴随着政治改革的失败而宣告结束，但财政体制改革的思想却随着历史潮流的进步更加深入清廷内部。

晚清，封建财政体制已面临崩溃的边缘，宪政运动蓬勃兴起，西方财政划分思想更深入影响清廷上层。1905年9月，清政府为推行君主立宪制，派载泽，端方等五名满汉大臣分赴欧美日考察政治，历时半年。回国后，考政大臣奏请立宪。端方在《请改定官制以为立宪预备折》中主张中国仿效西方，确定中央与地方权限。他指出：“各国行政，大概可分为中央集权地方分权二种。中央集权，例如日本、美国，中央政府仅掌军事、外交、交通、关税荦荦诸大政，其余大小诸务，悉归各省巡抚自行办理。二者各有所长，不容轩轾，要皆各有其职守，而不能越出于范围……治泱泱之中国万不能不假督抚以重权，而各部为全国政令所出，亦不能置之不理，视为具文。诚宜明定职权，划分限制。”[①] 面对中央政府事实上日益受制于地方财政之实际情况，清政府要员们不得不开始仿照西方的财政体制，在光绪 34 年（1908 年）正式提出划分国家税与地方税，企图理顺中央与地方财政的关系。1907 年颁布的《清理财政章程》，表达了财权的统一于中央的意图。1908 年福建道监察御使赵炳麟上《统一财权整理国政》折，就分税制提出建议。他说：“一切租税，分作两项，一国税，以备中央政府之用，二地方税，以备地方行政之用。改布政使为度支使，每省一员，统司全省财政出入，征收国税和地方税，直接度支部，仍受督抚节制。遵照奕劻等所编外官制，限一年内将各州县主计官一律设立，归度支部管辖，分收各州县租税。各省地方进款若干，用款若干，责成度支使每年详细报部，其国税听部指拨，地方税即留为各该省之用。租税界限分明，疆臣无拮据虑，出纳造报确实，部臣有统核之权，如是则各省财政可一。”紧接着，1908 年宪政编查馆与资政院在预备立宪筹备事项中提及订颁国家税、地方税章程的三项条款，计划先于 1910 年厘订地方税章程，1910 年，中央及各地分别设立了清理财政局，整理财政，调查各省出入总额，准备进行国税与地方税的划分。1911 年颁布地方税章程，厘定国家税章程，1912 年颁布国家税章程，是为税项划分之滥觞。虽然此举纯粹是为了解决中央的财政危难，却第一次触及到带有现代性的财政划分制度。

每个国家的国情不同，税种和税制情况不一，因此清政府财权划分改革中，不能完全照搬西方国家的模式，必须就厘订国家税和地方税问题上，从中央到地方形成一套完整的方案。为此，1910 年 1 月 30 日，度支部进呈的《清理财政章程》规定各省清理财政局的职责之一是对如何划分中央税和地方税向度支部提出建议：“将来划分税项时，何项应属国家税，何项应属地方税，分别性质，酌拟办法，编定详细说明书，送部候核。”[②] 后来，在各省清理财政局编定的财政说明书，确有有些

① 《晚清筹备立宪档案史料》，中华书局，1979 年，第 367 页。

② 《晚清筹备立宪档案史料》，中华书局，1979 年，第 1030 页。

涉及到中央税与地方税的划分问题。如当时的税收大省江苏编订的《江苏苏属财政说明书》认为税收的划分应与国家行政体制相协调。该说明书指出："行政统系多一级，税项统系亦多一级。我国现行章制，中央为一级，省为第二级，府厅州县为第三级，城镇乡为第四级。钦定行政纲目，分配事务，区为直接官治，间接官治地方官治地方自治四级。中央一级纯属直接官治，省一级兼有间接官治、地方官治，府厅州县一级兼有地方官治地方自治，城镇乡一级纯属地方自治。税法统系应以国家地方为两大纲，而地方税中再分官治、自治二级，官治为上级，浑其称曰地方收入；自治为下级，别其名曰地方自治收入。"[①] 但在预备立宪中，清政府各级官员关于如何划分国地税收的讨论比较肤浅，往往拘泥于先定国税还是先定地方税，观点不一，矛盾重重。

1910年9月5日，度支部提出："国家税与地方税，名义虽分，征榷则一……地方税……自非与国家税同时厘定，则地方税即恐无所依据以为准则。"[②] 1911年2月9日，度支部在《试办全国预算拟暂行章程并主管预算各衙门事项》折提及国家税与地方税的划分："中国向来入款，同为民财，同归国用，历代从未区分，及汉之上计，唐之上供，留州，但于支出时区别用途，未尝于收入时划分税项。近因东西各国财政始有中央地方之分，然税源各别，学说互歧，界划既未易分明；标准亦殊难确当。现既分国家地方经费，则收入即不容令其混合，业经臣部酌拟办法通行各省，列表系说，送部核定，并于预算册内令将国家岁入，地方岁入详究性质，暂行划分。"[③] 该折所提到的国家税地方税划分办法制定于1911年1月间。公元1911年9月30日，度支部在一奏折中又提到该部已经开始正式厘定国家税。地方税章程，准备送内阁复查后，交资政院审议。可是，这一改革却遭到了各省消极抵制，加剧了中央与地方的矛盾。最终，以这一收财权于中央为原则的划分国地两税改革受挫，财政分权改革仅开端绪，清廷就寿终正寝了。

三、西方财政理论对晚清中国的影响

晚清，西方财税思想在中国的传播经历了一个由浅入深的过程。

---

① 江苏省财政志编纂办公室：《江苏财政史料丛书》，北京方志出版社，1999年，第221—223页。

② 《晚清筹备立宪档案史料》，中华书局，1979年，第1057页。

③ 《晚清筹备立宪档案史料》，中华书局，1979年，第1044—1045页。

1900年以前中国向西方学习主要停留在经济方面，政治体制包括国家财政体制并未根本触动。但由于国门开启，一批先进的中国人有机会通过各种渠道开始观察和了解近代西方近代财政体制和财政理论，认识到中国有必要学习西方先进的财政制度和财政思想。从此，中国人逐渐接触西方近代财政理论，中国财政思想在内忧外患中开始了历史性嬗变。由于他们自身知识结构和视野的局限，也由于中国经济发展水平和财政体制落后的制约，西方财政理论和思想在中国传播基本上还处于引进财税常识阶段，尚未深入到理论领域。1900年以后，西方财政思想开始独霸中国经济讲坛。在传播内容上深入到包括财税理论层面。据不完全统计，1900年至辛亥革命，中国共出版16部经济学专著，涉及西方财税理论和制度的主要有两部，即：黄可权编《财政学》（1907年出版）及张锡之、晏才杰等译《比较财政学》（1909年出版）。黄可权所编的《财政学》是笔者所知的国人出版的较早的财政学原理一类的译著，该书系根据日本早稻田大学教授松崎藏之助及神户正雄所著两种财政学讲义编译而成，分“财政学总论”、“经费论”、“岁入论”三编（原著“公债论”未曾译出），在“岁入论”中，对租税的分类理论、租税原则论、累进课税理论、租税的转嫁理论及近代各主要税种的有关理论和制度等作了介绍。《比较财政学》的原著作者为日本著名财政学家小林丑三郎，该书分财政学总论、国家经费论、国家收入论、国家公债论、国家财务论、财政史论六编，其特色是重视各国财政制度及各派学说的比较。该书以德国财政学家瓦格纳（1835—1917）的租税原则论为理论构架，详细阐述了租税诸原则、租税分类理论、各种税系理论的优劣。该书原著出版于1905年，反映了19世纪末西方财政学的理论研究和进展。①

进入20世纪初，清政府在政治体制领域开始移植西方君主立宪政体，这场政治体制改革的一项重要内容是引入西方近代财政体制，实行中央与地方财政分权和建立预算制度。财政改革实践的需要，推动着财政理论研究的深化。加之当时国内出现留学日本的留学潮，大批青年学子负笈东洋，使他们有机会亲眼目睹近代资本主义财政体制，有条件大量接触近代西方财政学文献。正是在以上因素的影响下，晚清最后几年，近代财政思想通过日本大量输入，从此中国财政思想改变了原来新旧财政思想并杂难分伯仲的局面，中国传统的财政思想在与外来的财政思想的斗争中败下阵来，西方近代财政学说广泛传播开来。这一时期是

① 夏国祥：“晚清民初西方财政学在中国的传播”，《江西财经大学学报》，2004年第6期。

中国财政思想史上一个承前启后的过渡时代，是为中国未来财政思想起飞而服务的创造前提的阶段。同时，清廷在日益窘急的财政危机中对财政问题和财政学说，在无法逃避的情况下转而采取了积极主动的态度，企图借清理改革财政、试办预算、划分财权以挽危局于狂澜，在客观上推动了近代财政研究的仓促起步。其主要表现在：

（一）大量翻译、搜集西方财政理论资料，注意吸取各国财政方面的经验教训

光宣之际，驻外使节的一个重要使命就是搜集所在国的宪政成果和理财成就汇报国内以供参考。如宣统元年驻义国（意大利）公使钱恂在其《二二五五奏疏》中对意大利的财政收支结构、预决算情况、国债发行利弊以及我国裁厘增税讨论在国外的反响等反馈了翔实的材料。清廷继1905年派载泽、端方五大臣考察东西洋宪政之后，于1908年派唐绍仪及随员九人专门考察日欧八国财政，为行将试办的国家预算提供参考。唐考察之后不仅带来了大量列国财政资料，而且提供了详细的考察报告，对缓解当时财政提出了“画一币制”、“定虚金本位”、“造币”、“修改税则”、“保护民间财产”、“国有营业”等七项经营财政最重要点。盛宣怀在宣统元年《致出使日本国大臣胡维德》中也提到：“弟已在沪设东文译书会，以丁福保、刘成志主之，现将弟所带回《明治财政史》付译。”

（二）开设财政学堂，招考财政学生，将财政学纳入国民教育之范围

担任清理财政处帮提调的刘世珩在上奏光绪的《财政条议》中提出了设立财政学堂（或名经济学堂）的建议，内设银行、税务、邮政、货币、商工、路矿六科，外设银行调查处、银行职业讲习科、银行研究所，1909年财政学堂设立后即面向全国招考学生。在各省设立的法政学堂和北京的贵胄学堂，除法制经济和理财学外，财政学正式纳入教学内容。《北洋法政学报》（1910年9月）发表《论国民宜亟求财政常识》，呼吁宪政国民应当具备起码的财政常识，“苟于财政学懵无所知，则监督曷由得当然而”。

（三）广泛关注讨论中国财政问题，大兴财政研究之风

财政是政治经济最集中的表现，因而，在清理财政、试办宣统三年预算的过程中，朝野舆论更加广泛关注财政问题，为此展开了激烈的争

议。

1. 财政性质问题。《浙江潮》(1903)第6期发表了署名“经济研究生”的《经济问题与财政问题》,指出财政问题虽与经济问题具有密切的联系,却存在根本区别,“盖国家财政含有强制的及不得止的二义,它更具有政治意义。”财政问题者决于政治方针,非政治方针迁就于财政之范围也。”

2. 财政收支的分类及征税之原则。1902年,金邦平译《欧洲财政史》和1907年黄可权编译的《财政学》以及与张锡之、晏才杰等3人编译的《比较财政学》(1909年)、安徽法学社根据京师法律学堂财政学讲义整理出版的《财政学》(1911年6月),皆宗师日本进行划分:(1)从预算安排来划分收入包括经常收入与临时收入;从国家取得收入的依据分为公收入(税收等)和私收入(官业收入);从享用主体划分为国税与地方税;从纳税与负税是否同一划分为直接税与间接税;从纳税对象划分为所得税、营业税、关税、消费税、盐税、交通税(动产与不动产转移税)。对国债收入也别以有期、无期和国内、外国及中央与地方之划分。(2)支出主要划分为经常费、临时费和征收费、政治费等。经常费与临时费也是后来宣统三年预算支出中的基本分类方法。对于组织收入即征税原则,阿拉巴德《理财便览·总论》引用英国亚当斯(即亚当·斯密)观点而扩为征捐六则:公利、易征、公道、利益确实、百姓有能纳之力、百姓有愿输之诚公利者,当时经世派所编辑的改革税政的文字中,其原则也多与此胎合。

3. 清理财政和筹划预算问题。对于晚清清理财政过程中产生的混乱局面,舆论界一片讥诮。如《广益丛报》先后发表《监理官之反被监》(1909年8月1日)和《清理财政之研究》(1909年8月25日),对此进行了热烈讨论。对于这次预算竟然得出财政赤字高达五千万两之巨的结果,梁启超称其为贻笑天下的“亘古未闻之预算案”。①

通过剖析晚清西方财政理论在中国的传播和影响历程,我们可以清楚地发现,作为近代部门经济学重要分支的财政学,在我国开始研究的起步阶段,就与我国政情发生了密切的联系,关注现实经济问题和政治变革,成为我国近代宪政理论的重要组成部分。由此可见,财政首先是一个政治问题,脱离国体和政体的具体国情侈谈财政改革,只能是治标不治本。其次,财政归根结底是个经济问题,财政是一个国家的心脏,

① 龚汝富:“晚清清理财政和财政研究”,《江西师大学报》,1999年第2期。

而作为财政最重要组成部分的税收则是一个国家的血液，它们共同维系着国家机器的运转。最后，财政学作为西学东渐的“舶来品”，从一开始就带有洋买办的特色。尤其是日本的财政理论，对我国财政学研究的发端，产生了直接的导向作用，使得我国最早的一批财政研究论著都深深地打上了日本国烙印。当前我们正处在一个财政体制的变革时期，在分析借鉴西方财政理论的同时，应尽快建立起适应我国国情、具有中国特色的新财政理论体系。

“三农”问题的解决与财政政策选择

杨　华*

一、解决“三农”问题的意义

随着工业化和城市化进程的推进，我国的城乡差距、工农差距日益突出。表现在农业、农村、农民的“三农问题”已经成为制约我国社会和经济进一步发展的“瓶颈”，同时“三农问题”也成为近年来我国各种社会矛盾的焦点。“三农问题”的解决不仅关乎9亿农民的生存和发展，如果处理不好，很有可能发展成为重大的社会、政治、经济问题。近年来，党和政府高度重视“三农”问题，党的十六大提出了建设社会主义和谐社会的宏伟目标，并把社会主义新农村建设确定为“十一五”期间必须解决的重大课题。2004至2006年，为了解决“三农问题”，中央连续三年下达了中央一号文件，提出了“促进农民增加收入”、“以工促农、以城带乡”和“建设社会主义新农村”等思路，三年中陆续出台了多项政策来保护农民的权益，推进农村的建设，加速农业的发展。

但是，“三农”问题由来日久，“三农”问题的解决是一项长期而艰巨的任务。财政部门作为政府重要的职能部门，在支持农业和农村发展方面，其作用是巨大的。在构建公共财政的新的历史时期，针对当前“三农”问题的实际状况，我国应及时调整财政支农思路，充分发挥财政对农村、农业、农民的调控作用。

* 中央财经大学财政学院。

二、我国“三农”问题的具体表现

建国以来，我国的农业发展取得了举世瞩目的成就，用占世界12%的耕地解决了世界约1/5人口的温饱问题。但是，我国农业在发展过程中也存在着许多深层次的问题。特别是改革开放以来，随着市场经济的进一步深化以及农村内外部环境的变化，“三农”问题也更加突出。所谓“三农”问题是指农业、农村、农民问题，其具体表现如下。

（一）农业问题

农业是我国的基础产业，但实际上也是弱势产业。现阶段，我国的农业问题主要表现在以下几个方面：

一是农业生态环境恶化，土地荒漠化严重，非法占用耕地现象屡见不鲜，人均耕地面积锐减，大部分农村仍以农作物秸秆等为燃料，能源利用低效，对环境造成了极大的污染。二是农业收益低，农业盈余明显下降。据统计，我国的农业盈余（指出售农产品现金收入减去用于农业生产的现金支出）1997年为655元，2001年下降为340元。如果计入农民自身的劳动工资，实际农业剩余是负值。据统计，近年来，在农民人均现金收入中，来自出售农产品的收入所占比重大幅下降，由1996年的43.9%下降为2001年的25.1%，减少了18.8个百分点，平均每年下降3.8个百分点。由此可见，农民的主要收入来源已经从农业转向了非农产业。三是农业产业化程度低，农业科技发展滞后、生产效率低下。四是农业经济结构和产品结构不合理。因缺乏农业信息指导，农民要么都种粮食，要么都种经济作物，加上粮食和经济作物的种植没有体现区域性差别，导致农产品结构性过剩。五是农产品市场化率低、生产成本高，农业生产非标准化和农产品中有毒有害物质超标现象严重，导致部分农产品经常性滞销。

（二）农村问题

由于我国农村地区区域广袤，城乡社会经济和生态环境差距显著，再加上我国长期以来重视工业发展和城市建设，国家财政用于农村的支出严重不足，致使城乡差距越拉越大，农村落后面貌一直难以改观。

中国农村尤其是中西部农村，在基础设施、文化、教育、卫生、医疗等公共福利和社会保障等方面与城市形成强烈的反差。例如农村电网建设滞后，和城市不能同网同价。农村电价比城市高出一倍，甚至几倍，使本来不富裕的农民雪上加霜；由于财政资金投入不足，农村学校义务教育难以保证，农村青少年辍学现象严重，农民文化素质难以提高①，这不仅限制了农村经济的发展，也使得农村剩余劳动力的转移难以实现；部分偏远农村至今连一条像样的公路都没有，对外流通不畅；卫生条件差、公共服务水平低是中国农村最突出的特点。据资料显示，目前我国农村还有6000多万人没有实现安全饮水；大部分农村人畜没有实现隔离，更缺少垃圾处理设施和污水处理设施；在医疗卫生服务方面，占全国总人口70%的农村人口仅享有不到20%的医疗卫生资源，广大农民看不起病的问题突出；农村地区的失业保险、养老保险、医疗保险等覆盖率低，大多数农村得不到相应的社会保障，这不仅影响了农村社会的安定，也阻碍了农村经济的进一步发展。

总之，中国农村在公共产品提高和公用基础设施建设方面严重滞后，已经不能适应农村经济发展和农民生活水平提高的需要，成为制约农业和农村经济发展的一个"瓶颈"。

（三）农民问题

农民问题是"三农"问题的核心，农民问题主要包括以下几个方面：

1."贫穷人口"比例大，农民增收缓慢。据统计，目前我国处于贫困线的人口约3000万人，暂时解决温饱的人口约6000万人，这两类人群属于"贫穷人口"，主要分布在中西部农村及偏远山区。由于农民在经济上的贫困，导致其他一系列恶性连锁反应，诸如无钱供子女上学、无钱看病。

从农民的收入变化情况来看，改革开放以来至90年代中期，我国农民的收入曾有过大幅度增长。据统计，1978至1995年，我国农民的收入增幅平均达9%。从90年代后期开始，农民的收入增幅放缓，1997年降为4.6%，2000年降至2.1%，2002年开始有所恢复，2002年农民收入增幅为4.8%，2003年为4.3%，2005年为6.2%。从农民人均纯收入的增长情况来看，1997至2003年七年间，全国农民人均纯收入只增加了695.9元，不到城镇居民收入增量的1/5，年均增长速度还不到城镇居民的一半；农民人均纯收入占人均GDP的比重也持续下降，由

① 据有关数据显示，当前我国农民平均受教育年限不足7年，而城市为9年。

1996 年的 34.54%下降为 2005 年的 23.89%。

2. 农村剩余劳动力转移问题严峻。据保守估计，目前我国农村剩余劳动力约有 1.5 亿人，占农村劳动力总数的 1/4。农村剩余劳动力的就业问题是今后中国社会、经济发展的头号大事。

3. 农民的权益得不到基本保障。一直以来，我国农民在社会中处于弱势地位，与城市居民在社会保障方面存在着巨大的差异。在城乡二元体制，实际社会中诸如外出务工农民利益受侵、失地农民利益受侵害等问题屡见不鲜。再加上农民缺乏相应的法律意识、维权意识和文化知识，其自身的合法利益得不到有效维护。

三、“三农”问题的成因分析

我国城乡差距及“三农”问题产生的原因是多方面的，既有历史原因，也有现实原因。

（一）城乡间的产业差异

目前农村虽然存在多种产业形式，但农业在其经济结构中依然占有重要地位。作为第一产业的农业与第二、第三产业不同，农产品的收入需求弹性小、农业劳动生产率往往低于非农产业，为此常常导致农业丰产不丰收等现象。就我国农村及农业的情况来看，人多地少、规模经营程度低、农业劳动生产率低等问题同时存在。小规模经营能够解决温饱，但不容易致富；近年来，随着农业科学技术的进步，土地产出率虽有所提高，但农业和非农产业的劳动生产率差距却在不断拉大。据统计，我国农业与非农业人均创造的 GDP，由 1990 年的 1∶3.9，扩大到 2001 年的 1∶5.2。农业的产业特征以及我国农业的现状决定了我国农业的发展与工业发展相比处于劣势，农民收入增长速度慢于城镇居民的收入增长速度。

（二）非均衡的发展战略及城乡二元体制

建国以来，由于我国长期实行优先发展重工业、快速推进工业化的国家建设方针，致使城乡高度分割，城乡生产和建设严重不对称，出现城乡差距悬殊的二元经济结构。

1. 非均衡的发展战略。众所周知，现代国家经济发展的重心已经由农业转向了工业，国家实力的竞争大多以工业指标来衡量。我国在很长一段时间内是依靠农业支持优先发展工业的，工农业产品间存在着严重的剪刀差问题。据统计，1950—1994 年的 45 年间，国家通过工农业剪刀差取得大约 20100 亿元收入，加上同期的农业税收入 2733 亿元，减去国家向农业投入的 5346 亿元，国家从农业中提取净额达 17487 亿元，占第一产业 CDP 的 25.2%。即使在市场化程度较高的今天，工农业产品的剪刀差问题仍未完全消除。“以农业补贴工业，优先发展工业”的非均衡发展战略是导致我国城乡差距拉大的主要原因之一。

2. 政府对农副产品价格的控制。政府对农副产品价格的控制直接影响到农民收入的增长幅度，从而进一步影响到城乡之间的收入差距甚至农村内部收入分配的变动。事实上，从历史上来看，我国农民收入增长较快、城乡收入差距缩小的年份，农副产品收购价格都有大幅上调。改革开放以来，我国城乡收入差距出现过两次缩小，一次发生在 1979—1983 年期间，城乡收入比率下降了 75 个百分点；另一次发生在 1995—1997 年，城乡收入比率两年中下降了 39 个百分点。相对于 1978 年，1983 年农副产品收购价格提高了近 50 个百分点；相对于 1993 年，1997 年农副产品收购价格提高幅度比农村消费价格指数的上升幅度高出近 90 个百分点。而 1997 年开始的城乡收入差距的扩大趋势又是与政府农副产品收购价格的不断回落相关的。1997—2000 年，农副产品收购价格降低了 25%，相应地城乡之间人均收入比率上升了 32 个百分点。

3. 城乡劳动力市场的分割。改革开放以来，我国农民的迁徙和择业自由虽有放宽，但农民想变成一个真正的“城市人”仍然是一件极不容易的事情。因为在户口等级背后存在着重大的利益差别，城市居民和农民在就业、子女上学、住房、医疗、保险、公共服务享有等方面形成极为不合理的“城乡二元结构”，农民的合法权益得不到有效保护。

（三）不合理的税费负担

城乡居民个人税费负担不合理是导致我国城乡居民收入差距不断拉大的又一原因。就目前我国农民的税费负担情况来看，主要包括四部分：第一部分是交给市以上政府的，主要包括需上缴国库的农业税和特产税（现已取消）、农业开发基金，以及全市统一征收的一级电排费和血防统筹费等。据统计资料显示，20 世纪 90 年代末期这部分资金全国每年约为 300 亿—400 亿元。第二部分是乡镇级政府征收的“三提五统”

和村共同生产费和村集资等。这部分资金在20世纪90年代末每年达600亿元。第三部分是义务工负担，每年大致在2000亿元以上。第四部分是各种名目的摊派和集资，这部分资金因缺少具体统计，无法计算其准确数字，但据保守估计每年至少在1500亿元以上。如果将上述四部分看作是农民上缴的个人收入所得税，很显然，农民的税费负担远远超过了城市居民。

（四）不合理的土地征用和补偿制度

工业化和城市化的推进使得对土地的需求不断增加，这为土地由农业用地向非农业用地、低收益用途向高收益用途流转提供了巨大的市场需求。而根据我国《土地管理法》及其他相关法律[①]的规定："国家对建设用地实行征地制度"，"任何单位和个人进行建设，需要使用土地的，必须依法申请使用国有土地"，"依法申请使用的国有土地包括国家所有的土地和国家征用的原属于农民集体的土地"。也就是说，按照我国现行的土地制度，集体非农建设用地不能出租、转让、抵押，集体土地只有变性为"国家所有"才能进入二级市场；农民集体土地无法与国有土地享有同等的财产权益。政府在对被征地农民进行补偿时，只是按照被征用土地的原用途给予包括耕地补偿费、安置补偿费以及地上附着物和青苗补偿费在内的产值补偿。根据现行标准，耕地补偿费加上安置补偿费为该耕地被征用前三年平均年产值的10—16倍。但是，这一补偿标准还是过低，根本无法与国家赋予农民的对土地长期且有保障的使用权、收益权和转让权对等。而城市政府巨大的土地收益[②]背后，有相当大一部分来自征地过程中农民利益的损失。城市政府以低廉的价格从农村集体手中征用土地，然后与有土地使用权的购买者分享土地用途转变过程中产生的级差收益，而土地原来的所有者农民则被排除在收益分享之外。一个时期以来，一些地方出现由于征地而引发的群体冲突事件等，充分暴露了这一问题的严重程度。类似的现象在城市拆迁安置问题上也同样存在，且随着城市房地产开发力度的加大日

① 主要包括1990年国务院的《城镇国有土地使用权出让和转让条列》和《外商投资开发经营成片土地暂行办法》，1993年的《房地产管理法》等。

② 据有关研究显示，2001年各级政府从土地一级市场获得的土地收入为1318亿元，占政府财政预算外收入的38%。资料来源："建设用地短缺：专家眼中的成因和对策"，《中国经济时报》，2003年6月3日。

益突出。

四、“三农”问题的解决与财政政策选择

当前我国正处于工业化发展的中期阶段，城乡关系和工农关系正处于调整的关键时期。一方面，经济增长主要来自非农产业，非农产业可以依靠自身的积累实现增长；另一方面，农业作为弱势产业，农民增收缺少重要支撑，又面临激烈的国际竞争，不能再为工业化发展提供积累。要使几亿农民分享到工业化和城市化带来的发展机会和成果，今后在国家政策取向上，应适当向农村和农业倾斜，着力于“三农”问题的解决。

财政部门作为政府重要的职能部门，在支持农业和农村发展方面，其作用是巨大的。在构建公共财政的新的历史时期，针对当前“三农”问题的实际状况，我国应及时调整财政支农思路，充分发挥财政对农村、农业、农民的调控作用。而要切实地解决“三农问题”，必须紧紧的围绕农业、农村、农民这三个基本点。针对这三方面的问题来采取相应的措施，并从战略的、全局的高度来综合进行。

按照建立公共财政框架的要求，财政支农的重点应从过去单纯支持农业转到支持“三农”，支持为农村发展所需的公共产品和准公共产品上；应从增加产量目标转向以增加农民收入为主要目标；应以促进农业和农村经济结构调整、产业结构升级为重要任务；应以提高农村各项社会保障制度为出发点。根据以上思路，其具体内容可概括为以下几个方面。

（一）加大公共财政向“三农”的倾斜力度

新中国建立以来，由于我国长期推行“城乡二元体制”，对农业和农民“与”少于“取”，农业成为工业的重要支撑。改革开放以来，随着经济的发展，中国农业在国民经济中的地位逐年却呈不断下降的趋势。改变农业和农村经济在资源配置与国民收入分配中的不利地位，加大公共财政的支农力度，多予少取，让公共服务更多地深入农村、惠及农民成为时代发展的必然要求。

1. 加大财政支农力度，整合财政支农资金。近年来，随着我国财力的不断增长，财政支农的力度有所加强，但在资金投入规模和规范使用方面还存在缺陷。为此，今后除了加大财政对农业的转移支付外，各级

政府还可通过设立农村、农业发展专项基金等形式，加大对农业的投资。其次，应整合各类财政支农资金，规范资金的使用和管理。在我国现行体制下，国家对农业的投入是由不同部门，包括财政部门、计划部门、农林部门等分别进行的，各部门自己拿钱办项目，项目选定依靠自己的渠道来完成。导致项目之间缺乏整体协调、支农资金配置不合理等现象。为此，今后应整合各类财政支农资金，把支农的统筹规划交给农业部门，让有限的资金发挥最大的作用。

2. 加大对农村公用基础设施的投入力度，改善农村公共服务水平。公用基础设施的健全和完善，是现代化承担的重要标志。任何国家，无论在其经济发展的哪一阶段，都把公用基础设施的建设作为政府经济发展计划和政策的重点。我国城乡之间在公用基础设施和公共服务水平上存在着巨大的差距。支持包括农田水利、道路交通、信息网络等在内的农村公用基础设施建设，彻底改变农村公共服务落后面貌是社会主义新农村建设的应有之义。

长期以来，国家对农村公共基础设施投入不足是导致农村公共服务水平落后的主要原因。特别是改革开放以来，中央财政和地方财政更多地倾斜于城市，农业建设投资比例增长缓慢，农村公用基础设施投资主要靠农村、农民自行解决。据资料显示，国家用于公用基础设施投资的99%投向了城市，农村只占1%，许多农村地区甚至是零投入。农村的公用基础设施投资大多依靠农村自身的积累和农民集资。

另外，我国财政建设性资金中用于农业大中型工程的比重较大，而对直接关系农民生产、生活的农村小型基础设施投入严重不足。今后，我国应加大对农田水利、乡村道路、安全饮用水等小型农村基础设施建设的支持力度，特别是道路交通整备方面尤其需要加强。道路交通是对外沟通的基础，对于发展农村经济具有极为重要的作用。近几年，虽然我国的县乡级公路得到了大规模的修建，但道路级别不高，农村道路网建设远未满足对外沟通的需要。今后在农村道路整备方面，我国可积极借鉴韩国的“新村”建设经验。在解决农村饮用水和环境污染方面，应着力从以下几个方面入手。在有条件的地方应积极整备自来水工程，不具备条件的地方应优先解决有害水质问题，如进行深水井改造等，解决农村的吃水问题；对人畜粪便进行集中处理，在条件适宜的地方推广和普及沼气，推广和普及清洁能源的利用。

就具体财政措施来看，可适当缩小财政对城市公共基础设施的直接投资规模，抽出部分资金，通过财政贴息、财政参股、财政担保等多种途径，以吸纳、带动社会资金参与农村公共基础设施建设。还可更多地采取“以奖代补”方式，鼓励农民积极兴修水利、修建道路、实施中低产田改造工程等。

3. 加大对农村教育、农业科技等的投入。提高农民的整体素质是农业发展、农民增收、农村进步的最根本出路。而要提高农民的科学文化水平，必须首先加大对农村教育的投入。从国际经验来看，义务教育多由中央财政和省级财政来负担。一直以来，我国的义务教育经费几乎全部是由地方基层政府承担的，这增大了地方财政的压力，特别是广大农村地区教育乱收费、乱摊派等现象时有发生。而从我国现今的经济发展程度和国家整体的财力来看，中央财政已经有能力提供和普及义务教育。就农村教育而言，中央与省级财政应尽快落实农村九年义务制教育，保障农村教师的工资，减免各项教育学杂费，让农民的子女都能上得起学。

随着农业科学技术的普及，现代化生产工具在农业中的应用越来越广泛，掌握一定的农业科技知识和现代化管理技能成为现代农业发展对农民的必然要求。而农民素质的提高将带动农业劳动生产率的提高，农民有一技之长也便于农村剩余劳动力的有效转化。为此，发展农村职业技术教育，普及和培训农业科技知识，积极建立农村就业培训体系、农村社会化服务体系、农业信息网络等成为财政不可推卸的责任。

加入 WTO 以后，中国农业面临的国际竞争压力越来越大，提高农业生产率、增强农业的科技含量是维持我国农业竞争力的客观要求。从发达国家以及我国部分发达省份的经验来看，农民收入比较稳定、农业产业结构调整顺利、农民增收较为明显的农村地区主要是以科技的投入为支撑的。为此，今后我国的农业政策应逐步从价格补贴和政策优惠转向加大技术投入上来。在加大财政对农业科研和农业技术开发投入的同时，应健全和完善农业开发投资机制，促使地方政府配套资金更多地投向农业技术开发上，加强对地方政府配套投入的督促，防止地方政府挤占农业开发项目资金，防止地方政府配套资金不到位，防止把国家农业开发投资作为“钓鱼项目”。同时，应使农业开发投资与农业科研机构科研项目有机结合，加快农业科技成果的推广和应用，使科研能够很快能转化为生产力。

4. 加大扶贫投入，管好用好扶贫资金。对于经济不发达、农业落后地区，国家财政每年都有一定的扶贫投入。从我国的扶贫情况来看，目前有 1/3 以上的扶贫资金没有管好用好，甚至部分扶贫资金被非法挪用或侵占。为此，今后在加大扶贫投入的同时，应加强对扶贫资金的管理，对于非法挪用、侵占扶贫资金者，实行从快、从严、从重处理，追究扶贫资金管理部门的责任，保证扶贫资金发挥真正的作用。

（二）加大农村产业结构调整，推进农业产业化进程

1. 调整农业经济结构，提高农业综合效益和竞争力。目前我国的农业经济结构面临着产业结构、产品结构和种植业内部结构的三重调整。一是由单一的种植业向种、养、加工业一体化的结构调整；二是农业内部农、林、牧、副、渔间的调整；三是种植业由粮食种植为主向粮食、经济作物并重，再向粮食、饲料、经济作物三元结构调整。

就农业自身发展而言，应从以下几个方面入手：全面优化农产品品种，提高农产品质量；优化农作物的区域布局，发挥各地农业的比较优势，发展特色农业，形成不同地区之间的互补，提高农业的整体竞争力；加大对初级农产品的加工转化，改变农村单一输出农产品的状况，积极利用现代流通方式，提高农产品的附加值，促进农民的就业和增收；将农产品生产、加工、储藏、运输、销售等多环节有机结合起来，实施一体化经营，实现农产品多层次增值；积极应对农产品进口对国内的冲击，扩大优势农产品的出口。

由于农业资源的有限性，通过扩大耕地面积来增加农产品供给的时代已一去不复返了，提高农产品的产量和质量、增强农业的综合效益和竞争力是今后农业发展的根本所在。为此，今后我国应积极推进农业市场化，建立农产品生产指导、质量检验、加工等服务体系，以达到国际标准为目标，以“高产、高效、优质、安全”为要求，推进农业生产的标准化和程序化；适应国内外农产品市场高层次的需求，增加绿色产品、无公害农产品的生产，提高农产品的综合效益和国际竞争力。

当然，农村经济结构的调整必须以市场需求为导向，以市场竞争为动力，有效地开发市场，创造和培育需求。同时，农村经济结构的调整应做好区域布局规划，引导农业生产向专业化、区域化方向发展，减少结构调整中的盲目性、趋同性及由此而带来的损失。

2. 推进农业产业化进程。增加农民收入、提高农业劳动生产率、加快传统农业向现代农业转变的重要措施之一是农业的产业化。党的十五届四中全会把农业产业化经营明确为推进农业现代化的重要途径，提出“大力发展优质、高效农业，建设农产品的生产基地，壮大农业龙头企

业，进行农产品深加工，合理调整区域布局，实现产前、产中、产后的一体化和产供销、种养加、农工商的全方位合作"。十六届三中全会通过的《关于完善社会主义市场经济体制若干问题的决议》中再次明确提出"鼓励工商企业投资发展农产品加工和营销，积极推进农业产业化经营，形成科技、生产、加工、销售一体化的产业链"。

转变农业增长方式，由传统粗放型经营向现代集约化经营转变，推进农业产业化，是现代农业发展的必然趋势。在促进农业产业化过程中，积极应用财税等优惠政策，鼓励和扶持工商企业，包括外资企业进入农业，让农户作为第一车间，分享农产品加工转化链条上的利润，形成以龙头企业带动千家万户的农业产业化；转变农村长期以来的小农经营模式，推广"公司 + 农户"、"订单农业"等产业化经营模式，把生产、加工、销售等环节有机地结合起来，延长农业的产业链条，提高农产品的质量档次，增加农业收益水平；因地制宜，扶持和培育有竞争力的特色产业，特别是第三产业，如商业、流通业、交通运输业、餐饮业和文化娱乐业等的发展，增强农村经济的内在活力，促进工业集聚发展。

从过去的经验来看，乡镇企业的发展对于活跃农村经济、推进农村富余劳动力向非农产业转移等方面发挥着积极的作用。为此，今后我国应把发展乡镇企业作为农业产业化的重要一环，采用低息贷款、财税优惠等政策，鼓励和扶持乡镇企业，促进农村中小企业发展。

（三）加快城镇化的步伐，积极转化农村剩余劳动力

当前，我国农村劳动力供大于求、就业不充分的问题较为突出。据保守估计，目前我国农村剩余劳动力达 2 亿人之多。而城镇化可以把农民从有限的土地上解放出来，从事其他产业的生产活动，提高国民产值；城镇化的推进，不仅能加快城乡一体化的进程，还使城市和农村得到了有机结合；城镇化的推进，可以带动第二、第三产业的发展，为农村剩余劳动力就地择业提供更多的途径和渠道；城镇化的推进，可以有效地实现"以城带乡"，从而改变农村落后的生产、生活面貌，推进农村现代化。

（四）扶持农村合作组织建设，发展农业合作经济

当前，我国的农业主要以农户个体生产为主，农业产业化程度低、规模小，农业合作经济发展滞后。在市场经济条件下，进行农业结构调

整最重要的是必须把农民和市场结合起来，而农民和市场的结合离不开各种形式的组织参与。借鉴国外经验，发展以农产品生产和营销专业户为主体的农民专业合作组织，是农业产业化经营中最富有生命力的一种组织形式。为此，积极扶持和推进类似于国外农会、农协等组织的建设，为农户提供诸如信息、技术、运输、销售等产前、产中、产后等各项服务，在农民与市场之间架起“风险共担、利益共享”的桥梁。

（五）健全农村医疗、养老等社会保障体系，保障农民的合法权益

在抓好财政支农和扶贫工作的同时，应建立农民收入市场风险补偿机制和农业灾害补偿机制，逐步建立、健全农村和农民的社会保障体系。

随着中国经济体制改革的深化和对外开放步伐的加快，中国的社会保障制度建设取得了突破性的进展。但目前主要局限于城镇，占全国人口30%多的城镇居民享有全部社会保障费的89%，而人口近70%的农民只享用全部社会保障费的11%。其中，农村享有养老金的农民、五保户和定期救济抚恤的人数仅占农村劳动者的1.9%，尚有4.1亿农村劳动者未纳入社会保障体系（1990年统计数据）。从年人均占有社会保障费上来看，城镇人均455元，农民人均仅为15元，相差约30倍。可见，我国城乡居民在社会保障方面存在着巨大的差异。

对所有社会成员都实行平等的社会保障，这是发达国家普遍实行的福利政策。把广大农民纳入社会保障体系是当前我国构建社会主义社会过程中的重要任务之一。为此，中央已经提出，到2010年，在全国农村基本建立公共卫生服务体系和新型农村合作医疗制度，农民人人享有初级卫生保健，卫生服务水平进一步提高，主要健康指标达到发展中国家的先进水平。上述目标的实现，不仅需要中央和地方政府进一步增加对农村公共卫生体系的投入，也需要进一步完善新型农村合作医疗制度和医疗救助制度，切实解决好农村居民因病致贫、因病返贫的问题。同时，政府还可通过最低生活保障、养老保险、负所得税等财政政策，努力打破城乡二元结构的保障格局，以保障农民的最低生活水平，使农村居民享有与城市居民同等的社会保障水平。

另外，应逐步取消城乡二元结构下的不合理制度安排，如放宽农村人口向城市流动的限制，改革现有的城乡二元就业机制，做好进城务工农民的安置工作，有效保护农民工的合法权益，确保农民工的工资兑现和子女入学问题等。

参考文献

1. 金太军、张劲松：“影响农民收入增长的体制性障碍”，《中国经济问题》，2002 年第 4 期。

2. 朱明熙：“我国财税支农政策改革的思考”，《财政研究》，2003 年第 2 期。

3. 王西玉、郭建军：“新阶段的农业、农村和农民问题”，《经济研究参考》，2003 年第 1 期。

4. 王再平、龙跃波：“我国农民增收问题探析”，《同济大学学报》（社会科学版），2003 年第 12 期。

5. 吴炜：“增加农民收入的基本思路”，《宏观经济管理》，2004 年第 1 期。

6. 王礼燕、殷旭东：“增加农民收入的有效途径——发展农业产业化经营”，《广西梧州师范高等专科学校学报》，2003 年第 1 期。

7. 姜长云：“发展农业产业化 促进农民增收研究”，《经济研究参考》，2002 年第 50 期。

公共服务提供政府与社会分担机制探讨①

肖　鹏*

2006年10月召开的党的十六届六中全会通过了《关于构建社会主义和谐社会若干重大问题的决定》，提出到2020年构建社会主义和谐社会的九大目标和任务。构建社会主义和谐社会，必须强化事关全社会公共利益的基本公共服务提供。在建设和谐社会进程中，政府的主导地位是无法替代的，政府需要保障一些事关人民群众生活的社会保障、教科文卫等社会类公共服务。同时，政府也可通过财政资金支持、税收政策激励、法律法规完善等手段来充分调动社会力量，尤其是非营利组织、企业参与到公共服务的供给中来，构建公共服务供给的政府与社会分担机制，全方位、多层次地向全社会提供优质高效的社会公共服务。

一、公共服务供给的市场失灵和政府失灵

公共服务作为政府向全社会提供公共产品的服务，其也就具有公共产品的特征——消费的非排他性、非竞争性以及外部性等特征。外部性是指当一种生产或消费行为对他人的福利产生了影响，而对这种影响既不付出报酬又得不到报酬，如果没有获得应有的报酬，说明存在正的外部性。由于市场交易双方在决定需求或供给多少时，并没有考虑他们行

---

* 中央财经大学财政学院。

① 本文系李燕教授主持的国家社科基金资助项目《公共服务提供机制构建研究——基于公共财政的视角》的阶段性研究成果之一，资助立项编号为：05BZZ025。

为的外部效应，通常存在外部性的市场均衡并不是有效率的，这就是"市场失灵"。由于公共产品有正的外部性，这样追求利润最大化的私人部门就没有激励机制提供公共产品，使市场生产公共产品的数量小于社会均衡的数量。政府存在的基础就是弥补"市场失灵"，向社会提供公共产品和公共服务，共同构成了现代混合市场经济体系的基础。

为了克服市场失灵，遏制公共服务领域存在的搭便车问题，实现公共服务的充分供给，政府通过征税来为公共服务融资，并由政府直接来提供公共服务。政府直接介入公共服务，也产生了公共服务提供的低效率问题，在克服"市场失灵"的同时，又出现了"政府失灵"的问题。政府垄断的公共服务供给质量低下、效率不高，并且随着公民公共需求范围的不断扩大，政府不得不持续扩大公共服务的范围，提高公共服务的数量。第二次世界大战后，西方政府直接为其公民提供了许多公共服务，建立了大规模的福利国家，"无论是社会主义国家、资本主义国家还是发展中国家，其政府规模和范围都得到了空前的扩张，其结果是在20世纪70年代出现了严重的财政危机，经济发展停滞，通货膨胀率居高不下。"因此，以政府为主体的公共服务供给模式面临着空前的财政压力，而公共服务供给的相对不足又使公民产生对政府的不信任感。这种双种压力迫使当局思考扩大公共服务的供给主体，提高公共服务的供给效率，开始寻求公共服务供给的社会化改革浪潮。而处于政府和企业之间的非营利组织，具有规模小，灵活机动和能够利用基层活力等优点，因而较为理想的适合于填补政府对公共产品供给的不足。构建公共服务提供的政府与社会分担机制也就是要求在公共部门中引入市场力量，结合具体公共服务的类型，来合理确定政府、非营利组织和企业营利主体的活动范围，构建公共服务的多元化供给体系，解决公共服务供给中存在的市场失灵和政府失灵问题。

二、构建公共服务供给政府与社会分担机制的原因

（一）公共服务领域不断扩大，政府财政难以为继

在计划经济体制下，我国的公共服务提供模式是政府全包的"全能型"模式，政府垄断性地直接提供公共产品和公共服务。然而随着社会的发展，特别是市场经济的发展和完善，社会的许多方面都从单一性趋向多样化，公共服务的需求也不例外。这样人们需求的公共服务的数量

会急剧的增加。随着公共服务需求的增长，为加强管理，政府部门能做的就是增加相应的管理机构和编制。管理机构和编制的增加，政府的财政开支必然要不断扩大。然而政府的财力总是有限的，它无法满足日益扩大的财政开支，从而造成财政供给危机，又进一步造成公共服务供给提供危机，因此，财政供给危机导致公共服务供给的不足，而公共服务供给不足容易导致公民对政府产生信任危机，这种危机迫使我国政府部门重新思考公共服务供给的机制问题，改变以往的政府“大包大揽”的做法，而努力构建公共服务提供的政府、社会、企业多元化格局。

（二）政府垄断的公共服务供给质量低下、效率不高

政府传统的以“官本位、自我”为中心的管理思想导致了公共服务产品的提供变成了政府生产什么，生产了多少，公众就消费什么，消费多少。一方面，政府是从服务提供者的角度出发来设计公共服务和产品的，很少考虑消费者的需求；另一方面，政府垄断了公共服务，处于强势地位，这种高高在上的状态使他们对公众需求的关怀不够，加上官僚主义的工作作风，使他们很难设身处地为公众着想，公众别无选择。在计划经济体制下，政府包揽了公民由生到死的一切事务，从国防外交到幼儿园，从中央到地方，从公民的衣食住行到接受高等教育，所有的公共服务全部由政府生产与提供，造成政府是一个高成本、低效率的全能政府，造就了大政府、小社会的格局。政府包揽了一切社会公共事务，政府是社会公共服务生产和管理的唯一机构，不允许任何非政府组织和私人部门与其竞争，具有强烈的排他性，许多“不该管”、“管不好”的公共事务，政府也一把抓。结果，一方面，造成政府机构臃肿、人浮于事，加重了国家的财政负担，政府机构改革始终走不出怪圈；另一方面，公共服务没有竞争的压力和动力，降低了公共服务的效率。

（三）公共服务提供的地区间差异水平比较大

由于我国区域经济发展不平衡，东部、中部和西部地区在经济发展、社会服务和公共管理等各个方面存在较大差距。从事关人民群众日常生活的基本公共服务的提供来看，明显呈现东部优于中部，中部优于本部的格局。在地区间财力差异比较大的情况下，东部城市和中、西部城市也存在着较大的差距。以 2004 年地方财政支出为例，2004 年北京市人均公共服务支出为 2037.18 元，而河南人均公共服务支出仅为 378.61 元，相差 5 倍多（由 2005 年统计年鉴计算）。

（四）市场经济和非营利组织的发展，使得公共服务提供主体多元化成为可能

按照西方福利经济学的解释，公共服务之所以要由政府而不是市场来提供，主要是因为市场存在的技术问题，即公共服务的高投入和高风险、非竞争性和非排他性、外部经济效应等特征，限制了社会、市场在这个领域内的投资和经营。但是，随着市场经济的不断发展，市场技术得以不断创新并日渐完善，技术领域的革新为把市场竞争机制引入公共服务领域开辟了新的天地。技术的变革在某种程度上，部分或全部消除了市场准入的障碍，部分地改变了公共产品的非竞争性和非排他性这一客观属性。这种变革，既包括商品和服务设计方面的技术改进，还包括市场管理上的规则创新，如公共工程的招标投标、承包合同的制定等。而随着市场经济的发展完善和非营利组织的发展，如项目融资技术、特许经营权转让、服务承包合同的规范、公共服务商品的分割量化技术，使第三部门和私人机构得以介入公共服务领域成为可能。

尽管非营利组织在我国的发展还处于起步阶段，当前还存在一定的抑制非营利组织发展的约束因素，但非营利组织和私人机构介入的结果，一定程度上消除了政府对公共服务的垄断，促进了市场竞争机制的形成，给政府、企业、消费者带来诸多好处。据民政部《2005 年民政事业统计快报》，2005 年末，我国共有民办非企业单位 14.6 万个，各种社会团体 16.8 万个，而 1999 年我国仅有民办非企业单位 5901 个，社会团体 13.7 万个（数据来源：中国民间组织网统计数据），因此建立政府与其他公共管理主体共同提供公共服务的多中心治理模式已经具备了必要的组织与资源基础。

三、构建中国公共服务提供政府与社会分担机制

构建公共服务提供的政府与社会分担机制，首先必须对公共服务社会化的范围予以确定，并不是所有的公共服务都可以用社会化的方式来提供，这要由公共服务的性质和供给的效率来确定。在不同的公共服务供给模式中，政府应该发挥不同的作用，相应地，社会化的程度也有所不同。

（一）合理确定公共服务社会化的范围

1. 政府承担纯公共品性质的公共服务提供。对于具有纯公共产品性质的公共服务，包括维护国家机器正常运转、行政管理以及涉及全体公民共同利益的公共产品，如国防、外交，法律制度、法规条例等制度形态产品、跨省市自治区的大型项目建设，制定执行经济政策、进行宏观调控、资格质量认证、基础科学研究等，由政府承担其供给义务。并且按照提供效率原则，在中央政府和省级政府之间作一定划分。这类公共服务涉及范围大，以国家权力作为后盾，并具有广泛的外部经济效应，不可能也不必要成为公共服务市场化的对象。

2. 积极构建准公共品性质公共服务的社会分担机制。

(1) 对“混合产品”中的教育、社会保障、公共卫生、环境保护等社会类公共服务，实行最低保障原则。在市场经济体制下，这类支出具有一定的市场化程度，政府只应负担其具有社会效益的方面。如对教育，政府应保证最低供给，充分保证义务教育和负担政府公立学校的建设，对义务教育之外的其他各种教育，在充分市场化的基础上，依据财力给予一定的补助，尤其保证低收入家庭的子女能够接受高等教育。在社会保障制度中，政府应将其覆盖范围与财力的增加逐步转向全民，并提供最低保障，其他部分应由社会、个人共同承担。对关系居民日常生命安全的公共卫生、环境保护等支出，对于涉及公共安全的人畜传染病预防和控制等项目支出，应由政府全额承担。对于最低保障以外的社会类公共服务，则由非营利组织来承担。

(2) 另一类具有“混合产品”性质的供水、供电、供暖、排污、机场、道路、桥梁等公共基础设施和基础产业以及公益企业，其公共支出供给方式应实行市场为主，政府资助为辅的原则。对大中型项目，政府可采取一定的投融资手段参与建设；对某些市场化程度较高、社会效益较大的项目，政府还可以通过注入资本以参股的方式提供资助和支持；对能够完全由市场解决的项目财政将不再安排资金。

（二）在政府和市场之间，大力发展非营利组织

对于政府无法承担的大量准公共品性质的公共服务，市场也无法解决这些问题时，将由非营利组织来填充补位。非营利组织以其非营利性、民间性、公益性、自愿性与组织性为特征，在社会管理和社会服务方面与政府及企业相比有其独特优势。党的十六届四中全会明确提出

“发挥社团、行业组织和社会中介组织提供服务、反映诉求、规范行为的作用，形成社会管理和社会服务的合力”的要求，对民间社会组织在建设和谐社会中发挥积极作用，寄予厚望。国际经验表明，非营利组织在分担政府公共服务职能方面是大有作为的。非营利组织兴起之后，接管了大量政府不再承担的社会事务，其活动范围涉及教育、扶贫、社会福利、环境保护等诸多方面。

1. 合理划分政府和非营利组织的公共事务管理职能。试图将行政管理中哪些事务应由政府负责，哪些事务应由非营利组织负责作完全清晰的划分，是不现实的。总的思路是以强制力为基础的行政职权不宜交由非营利组织行使，而属于公共事务的事项，特别是公共物品的提供和公共服务的供给，可以交给而且也应该交给非营利组织。参考世界各国的经验，并根据具体效果来确定公共管理具体事项的分工，政府做得好就留给政府做，非营利组织做得好就由非营利组织来做，如果企业做得更好也可以由企业来做。从非营利组织对公共事务进行管理的职能来讲，一方面，那些本应由非营利组织行使的权力，有一个由政府到非营利组织让渡的过程，把以前由政府行使的权力逐渐转移到非营利组织；另一方面还有部分社会事务，政府的管理一直处于缺位状态，非营利组织渐次进入到这些领域，起到拾遗补缺的作用。非营利组织和政府并非彼此替代、互相冲突的关系，而是相互配合、相得益彰的关系。

2. 对非营利组织进行统一规划，促进非营利组织的发展。目前，我国每万人拥有的民间组织只有 2.1 个，不及发展中国家平均水平的 1/5，只相当于美国的 1/40 和法国的 1/90。我国民间组织发展的这种状况，同建设和谐社会严重不相适应。非营利组织的形成和发展离不开经济发展和社会进步，因此，要根据经济发展和社会进步，从实际出发，对非营利组织进行科学规划，制定全面的发展目标。一方面要对现有的非营利组织进行改造和优化，调整布局，优化结构，对行业覆盖面过大和行业特点不明确的组织，要梳理和细化，对日趋萎缩的社团要进行归并和重组，对重复设置的要重新调整，逐步使非营利组织在数量、种类、层次、布局等方面适应形势发展的需要。另一方面，要实行改造与新建相结合的方针，优先、重点发展一批与市场经济发展和社会进步相适应的非营利组织，鼓励和支持优势行业、重点领域的非营利组织，逐步建立起分类科学、规模适度、布局合理和运作规范的非营利组织结构体系，基本形成符合经济发展和社会进步要求，与国际通行规则相衔接的非营利组织生成、发展和运作机制。

3. 构建鼓励非营利组织发展的税收优惠体系。从2005年我国非营利组织的资金来源来看，政府财政拨款占53.55%，企业提供资金占5.63%，公众捐款占2.18%，而根据美国独立部门的统计，1996年美国非营利组织收入来源，私人捐款占18.9%，政府拨款和项目协议占31.7%。而一份慈善公益组织的调查显示，国内工商注册登记的企业超过1000万家，有过捐赠记录的不超过10万家，即99%的企业从来没有参与过捐赠①。据中华慈善总会统计显示，他们10年中所募集的15亿元人民币，70%都是来自国外和港台的，中国内地富豪的捐赠仅占不到15%。从这一数据对比可以看出，中国非营利组织的资金来源中，企业与公众的捐赠的比例较低。这并非由我国企业缺乏社会责任、捐赠文化所致，而是与政府没能营造出一个鼓励慈善捐赠的政策支撑体系有很大关系，因此，为构建公共服务提供的社会分担机制，首先必须大力培养发展非营利组织，解决非营利组织发展的资金瓶颈问题，调整与非营利组织发展相关的税收优惠政策，调动全社会企业的捐赠热情。

（1）明确税收层次上非营利组织的概念和活动范围。明确规定非营利组织的概念为：自我管理的法人；组织或运行不是为了营利或分配利润；不是国家政府的一部分；除了除用于非营利目的以外，利润、收入和财产不能分配给他人。同时，民政部、财政部和国家税务总局应完善制定区别非营利组织公益性相关活动和无关经营活动的法规，以此作为非营利组织区分不同类型所得的一个依据，适用不同的税收待遇。

（2）制定鼓励非营利组织自身发展的税收优惠。非营利主体作为社会生活中的一个实体，其会适用不同层次的税收，因此，有必要构建鼓励非营利组织发展的多层次税收优惠。在企业所得税方面，为鼓励非营利组织发展，增强其资金积累能力，免除接受捐赠、财政拨款资助和会员缴费的全部纯收入的企业所得税，而对于与非营利活动无关的所有其他来源纯收入征收企业所得税。增值税和营业税方面，对于每年缴纳相当数额的增值税和营业税的非营利组织，给予增值税税收返还，并免收营业税。而对于不属于社会公益性的收入，将不返还已纳增值税和不免营业税。免除所有非营利组织与公益性活动有关的接受捐赠的进口货物的关税和进口增值税。

（3）提高企业、个人用于公益事业捐赠的扣除比例。目前，对于企

① 中国民间组织网，http：//www.chinanpo.gov.cn/web/showBulltetin.do？id = 19862&dictionid = 1835。

业或个人通过财政部、国家税务总局认定的中华健康快车基金会、孙冶方经济科学基金会、中华慈善总会、中国法律援助基金会、中华见义勇为基金会、宋庆龄基金会、中国福利会、中国残疾人福利基金会、中国扶贫基金会、中国煤矿尘肺病治疗基金会、中华环境保护基金会这11家单位的公益捐赠，准予在缴纳企业所得税和个人所得税前全额扣除。但这对于当前近千家的基金会而言，比重过小，尚存在众多其他形式非营利组织的资金来源问题，因此，为鼓励企业与个人的捐赠热情，对于企业用于公益性、救济性的捐赠，在年度纳税所得额10%以内的部分，准予扣除。个人通过有关机构，向公益事业以及遭受严重自然灾害的地区、贫困地区的捐赠，没有超过申报应纳税所得额50%的部分，可以扣除。允许个人或企业当年超过所得税抵扣限额部分的公益捐赠递延至下一年度进行抵扣。

4. 加快建立对非营利组织的法律、法规和规章。尽管我国有关非营利组织的法律制度从无到有地建设起来，基本上形成了一套体系，而且这些法律法规也为非营利组织的发展提供了必要的支撑，但是法律规范滞后的问题仍然严重制约着非营利组织的发展。目前，结社法、社会团体登记法、民办事业单位管理法、基金会法、行业协会法、商会法等基本法还没有制定。已有的规定多是侧重登记管理的规范，涉及大量的公民、法人或其他组织的权利义务，还有许多采用党政机关政策性文件的形式，层次性和透明度较低，有的规定不尽科学、合理。随着改革的深入，先前制定的《社会团体登记管理条例》、《民办非企业单位登记管理暂行条例》、《基金会管理办法》等法规急需修订，有关的规章和规范性文件也亟待清理和完善。因此，有必要在借鉴国际经验的基础上，对现行非营利组织相关的法律、法规进行修订。

5. 加强监管，建立非营利组织第三方评估机制。从组织规模、活动范围、社会影响和制度规范程度来看，非营利组织间的差异很大。一方面政府要对非营利组织实行分类指导、分级管理，民政部门应该以年检为依据，对现有非营利组织进行分类、分级，根据组织的不同性质分别管理。另一方面要建立第三方的监督与评估机制。虽然国外的一些研究表明，非营利组织的效率较高，但从全球范围看，由于非营利组织不存在市场的竞争机制，也不像企业一样存在个人利益，客观上非营利组织容易出现效率低下的情况。加上我国还缺乏对非营利组织的第三方监督与评估机制，以致一些非营利组织效率低下，财务状况混乱，甚至还存在较为严重的贪污腐败行为，因此，建立第三方监督与评估机制是当前中国非营利组织发展中一项急为紧迫的任务。

总之，对于和谐社会建设进程中公共服务的供给而言，传统的政府大包大揽的全能型模式已经不能满足人民群众日益增长的公共服务需求。借鉴国际经验，大力发展非营利组织，从资金支持、政策扶持、环境营造等方面解决阻碍非营利组织发展的瓶颈问题，构建公共服务提供的社会分担机制，为全社会提供优质高效的公共服务。

参考文献

1. 吴锦良：《政府改革与第三部门发展》，中国社会科学出版社，2001年。

2. 张莉：《我国政府公共服务的市场化改革研究》，西南财经大学硕士论文，2005年。

3. 王名：《非营利组织管理概论》，中国人民大学出版社，2002年。

4. E.S. 萨瓦斯：《民营化与公私部门的伙伴关系》，中国人民大学出版社，2002年。

5. 唐娟、曹富国："公共服务供给的多元模式分析"，《华中师范大学学报》，2004年第2期。

6. 吴洪涛、梁莹："西方公共服务市场化改革给我国的启示"，《经济与社会发展》，2003年第1期。

将“循环经济”理念植入政府采购

——美国再生产品政府采购的做法及启示

姜爱华*

一、引言

政府采购由于其规模较大，可以很好地实现政府的宏观政策意图。美国联邦政府为履行其职责，每年大约采购2000亿美元的产品和服务。通过采购，联邦政府可以将一些诸如保护环境、减少固体废弃物、增加再循环以及环保产品或服务市场等目标寓于其中。自20世纪70年代末以来，美国联邦政府致力于将“循环经济”的理念植入政府采购中，极大地促进了循环经济的发展。但联邦政府在采购再生产品①的过程中也显露出一些问题，并不断进行修正，美国联邦政府采购再生产品的政策与措施一直处于不断的完善中。我国利用政府采购促进循环经济发展需从正反两方面认识美国的做法与经验，有选择地借鉴。

---

* 中央财经大学财政学院。

① 这里的再生产品是指使用部分或全部再循环材料生产的产品。美国称之为recycled-content products。

二、美国联邦政府采购再生产品的做法

(一) 美国联邦政府采购再生产品的进展

美国国会于 1976 年通过了资源保护和恢复法（the Resource Conservation and Recovery Act of 1976 , RCRA)，规定由环境保护署（the Environmental Protection Agency , EPA）确定再生产品目录，并形成采购这些产品的采购指南。这部法律还要求采购部门要建立采购这些产品的计划（program)，除非有例外，采购机构应采购 EPA 指定的再生产品，适用例外情况时必须阐明原因。

自 1976 年 RCRA 颁布以来，用联邦采购促进环境目标日益受到重视。RCRA 第 6002 款要求每个采购单位应采购 EPA 指定的再生产品，并且单项采购金额在 1000 美元以上的，应制定适当的赞助性采购计划，以使 RCRA 最大程度的得以实现。从 1983 年开始，EPA 间断性的发布了再生产品的数量，至 2000 年已经增加到 54 种。至 1995 年前，国会还指导 EPA 发布了五类再生产品的指导意见，其中三类是国会指定的，包含飞灰（粉碎的煤燃烧后的残留物）的水泥和混凝土、再循环纸和纸产品、翻新轮胎，还有采购再提炼润滑油以及建筑物绝缘材料的指导意见。1995 年，EPA 指定的再生产品种类增加到了 24 类，但并没有公布相应的采购指导意见。2000 年，再生产品种类增加到了 54 种，并发布了采购这些产品的全面的指导意见。图 1 显示了美国环境保护署在不同年份指定的再生产品的累计种类。

EPA 将指定的再生产品分成了八大类：建筑产品、景观美化产品、非纸化办公产品、纸和纸制品、公园和娱乐产品（包含再循环塑料或铝的野餐桌和公园长椅、包含再循环塑料或者钢铁的运动场设备等)、交通产品（包含再循环钢和玻璃纤维的路障等)、车辆产品（包含再循环材料的发动机防冻剂、翻新轮胎等)、混合产品（包含玻璃、木头或纸做的奖牌等)。列入其中的产品会经常改进，因为新产品会不断出现，已有的产品也会变化，可能会加入更多的再循环材料。

其中，1998 年通过的一项总统行政命令进一步强化了 RCRA 的要求。除了对 RCRA 的一些要求做了必要的澄清外，这条行政总统命令更加清楚地界定了联邦环境行政部门（the Federal Environmental Executive）在运用政府采购构建“绿色政府”（the greening of the government）中的职

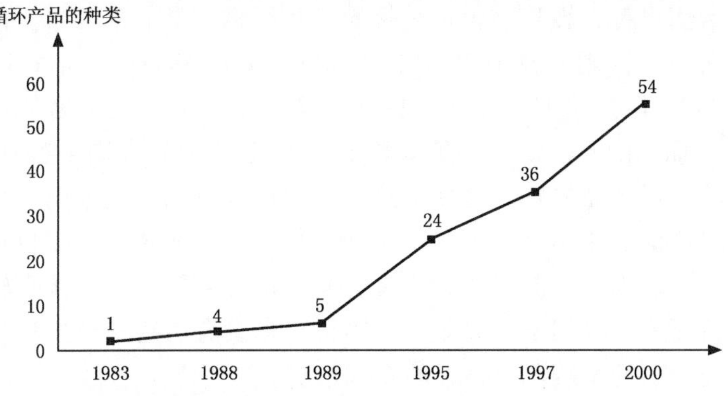

图 1 美国环保署指定的循环产品数量（1983—2000）
数据来源：David（2002）。

责。在修订的联邦采购法（the Federal Acquisition Regulations ，FAR）中将 1998 年的这条行政命令写了进去，要求所有的执行者和采购者都必须遵循。FAR 的修订还强调了尽可能购买包含再循环材料的产品和其他环境优势产品和服务的政策。

1999 年，白宫特别工作组联合联邦环境执行办公室发布了一个战略性的计划，要求所有执行机构从 1999 年到 2005 年逐年显著提高对再生产品的购买。

（二）美国联邦政府采购再生产品存在的问题

美国联邦政府将"循环经济"的理念植入政府采购行为中，促进了再生产品的生产和消费。例如，联邦环境执行办公室鼓励增加机构购买 EPA 指定的产品，从 1992 年开始购买再循环复印纸，1999 年开始购买再循环润滑油。而美国总事务局现在只采购再循环复印纸。即便如此，政府采购再生产品中仍存在不少问题。

首先，对采购再生产品的跟踪和评价机制还不完善。尽管 20 世纪 90 年代以来，EPA 致力于确定和发布再生产品指导意见。但由于 RCRA 并没有明确评价和监控到底包括哪些内容，不具可操作性。除了能源部设立了合同者必须达到的目标外，其他部门几乎只是在应付填个估计的数据。由于很难获得各部门的数据，因此很难对各执行机构的执行情况进行评价，即使要求各部门提供数据，这些数据通常也只是一个估计数据，评价和监控失真。白宫的一个特别工作组曾于 2001 年下半年提出了一系列改善数据收集的建议，但所收集到的数据仍不全，特别是不能把采购卡使用者，转移支付资金接受者和机构本身的采购再生产品的数据包括在内。管理和预算办公室（the Office of Management and Budget，OMB）于2001年10月1日起，在其采购数据信息系统中增加了新的数据领域（data field），以便收集采购EPA指定的产品合同金额在2500美元以上的再生产品采购。这使得这些采购机构可以测度采购再生产品的情况。但数据仍然不全，因为不包括联邦采购卡或者转移支付接受者的采购。除了机构本身的采购，还有合同采购、采购卡以及接受转移支付购买的情况等，数据不易收集，采购机构也没有制定适当的项目，以评价和监控他们的采购与RCRA的吻合情况。

其次，采购机构在增进采购人员购买再生产品意识上是不成功的。虽然RCRA要求联邦机构评价和监控RCRA计划努力程度的有效性，但只有能源部采取了一些除收集数据以外的努力，采购机构并没有有效的对采购人员进行与购买再生产品相关的教育。执行政府采购的机构也表示，他们的职员或者没有意识到这些产品，或者不能将购买再生产品的政策贯彻实施。评价机制不能很好地运作，在一定程度上也与机构人员购买再生产品意识不强有关。

最后，执行EPA再生产品清单带来行政成本的增加。美国联邦政府主要采购机构均指出，再生产品清单包含了太多的条目，他们很难全面跟踪采购信息。采购机构要制定相应的计划执行EPA的要求，但较多的清单条目使得他们的运作成本很高，负担也重。因此采购机构提出，如果对他们采购的大项制定相应的清单，会缓解这些问题。美国国防部和和美国总务管理局的官员还指出，EPA应该更多的致力于帮助他们购买已经确定的产品，而不是持续不断地增加产品目录。国防采购官员认为，RCRA的要求同与政府采购改革相关的减少行政负担为目标的简化改革相背。

三、美国联邦政府采购再生产品的做法对我国的启示

与美国相比，我国的差距还很大，在政府采购立法中还没有专门的关于鼓励使用再生产品的条款和规定。我国2002年颁布的《政府采购法》第九条规定：政府采购应当有助于实现国家的经济和社会发展政策目标，包括保护环境等。这只是一个很宽泛的规定，不够具体，难以操作。已经形成草案的《循环经济法》中也没有关于政府采购再生产品的条款。借鉴美国的经验和问题，我国在进一步建立和完善相关措施时，

应该特别注意以下几个方面。

（一）从法律上对政府采购再生产品进行规范

1976年通过了资源保护和恢复法是联邦政府采购再生产品的最基本的法律规范，除此之外，1998年通过的总统行政命令，以及修订的联邦政府采购法中都对联邦政府采购再生产品作了规定。从法律上进行规范，为采购机构采购再生产品提供了保证，也对采购机构进行了约束。政府采购再生产品并不是只有《政府采购法》对其进行规范的问题，需要各种法律的协调配合，与政府采购再生产品相关的环境保护法，甚至预算法等都需要作出相应的规定。

（二）由国家环保部门对再生产品的特征进行详细的阐述

美国环境保护署将再生产品分成了八大类，对于每一类又做了较详细的阐述。如建筑类产品是指包含再生纸和玻璃纤维的建筑绝缘材料、包含再生橡胶和合成纤维的地毯，以及由再生橡胶或者塑料制成的地面砖。景观美化类产品包括包含塑料和锯末混合物，或者由玻璃纤维制造的景观材质和标识，包含再生纸的植物护根物，以及由草地修剪物和食物垃圾生产的堆肥。甚至连“用木头或者纸做的奖牌”都被美国环境保护署列入再生产品之列。可见，美国环境保护署对再生产品做了非常细致的规定，这不仅体现了下定决心促进循环经济发展的意图，也为实际操作部门采购再生产品提供了依据。同时，在美国联邦政府采购再生产品清单中，没有指定“品牌”产品，只要是符合“内容”要求的，就可以成为政府的采购对象。指定产品的内容特征和指定产品的品牌型号，虽然都能够起到促进循环经济发展的目标，但这两种做法还是有很大不同。首先，政府采购的重要原则是公开、公平、公正，不得对供应商有歧视性待遇。而指定再生产品的品牌型号容易给非再生产品生产商受到歧视的感觉。其次，制定产品的品牌型号更容易滋生一些腐败行为。再次，虽然这两种做法下，都要不断地更新清单，但更新政府购买产品的内容特征比起更新产品的品牌型号要容易得多。我国当前与政府采购相关的“节能清单”和“绿色清单”应适当借鉴美国的做法。

（三）建立政府采购再生产品的跟踪评价机制

尽管美国RCRA对政府采购再生产品的绩效评价进行了规定，但并没有明确评价和监控到底包括哪些内容，而且由于没有及时建立相应的跟踪数据系统，致使对政府采购再生产品的评价陷入困境。这提醒我们在建立政府采购再生产品相关制度的过程中，甚至是政府绿色采购制度的过程中要特别注意数据收集的完整性和真实性。我国目前正在全面推开电子政务，这为建立政府采购相关政策的绩效评价机制提供了基础。另外，政府采购再生产品、绿色产品或者节能产品时，可借鉴我国台湾地区的做法。台湾还十分重视对政府绿色采购的绩效评价，专门成立了机关绿色采购绩效考评小组，成员由财政局、主计处、秘书处、研究发展考核委员会、工务局、法规会、环境保护局等单位人员担任。考评的主要依据是台湾行政院环保署提出了《机关绿色采购绩效评核指标及权重》，在每年年终后 3 个月对各级政府完成政府绿色采购的情况进行考评。2003 年行政院环保署规定绿色采购目标比率为 50%，即每年各机关采购环境保护产品总金额，占该类产品年度采购总金额的 50%。之后年度则视实际实施情况定绿色采购目标比率，其中的环境保护产品主要由行政院环境保护署环保标章审议委员会公布的环保标志与宣告（环保标章）规定。

（四）正确处理采购再生产品与行政执行成本增加之间的矛盾

由于再生产品的种类在不断地增加和变化，因此，美国环境保护署非常注重对再生产品种类的更新，并不断增加产品的种类。但各采购机构执行这些政策的效果并不是很好，特别是由于贯彻这样的采购政策，采购部门的工作变得越来越复杂，运行成本较高，采购人员的压力也很大。我国今后采用政府采购促进循环经济发展的过程中，一定要把握好采购再生产品与行政执行成本增加之间的矛盾，不能盲目地增加再生产品的种类。在注重对再生产品进行更新的同时，更加关注对清单中已有的再生产品采购的效果评价。在制定清单的初期，主要选取一些公共部门采购量比较大的，再生材料含量比较高的领域进行采购。在摸索出一套可行的操作方法之后，逐渐扩大再生产品的种类，否则将适得其反。

（五）要不断提高全社会、特别是采购官员的“循环经济”意识

美国的经验告诉我们，尽管有法律的规范，但由于采购官员采购再生产品的意识不是很强，导致美国联邦政府采购再生产品的效果不是很高。可见，人们的“循环经济”意识，特别是采购官员的“循环经济”意识是制度得以贯彻执行的重要保证。

改革开放以来，我国经济总量增长迅速，2005 年国内生产总值已

经达到18万亿元，然而经济增长方式仍然没有摆脱传统的高投入、高消耗、高污染、低效益的发展模式，资源和能源的短缺、生态环境恶化等问题伴随着经济的高速增长而日益突出。资料表明，20世纪90年代中期，中国的经济增长有2/3是在对生态环境透支的基础上实现的。目前，我们正处于环境污染与生态破坏十分严重的时期，具体表现在主要污染物排放强度大、总量大，远远超过环境自净能力，而且我国生态环境面临着边建设、边破坏的局面，生态破坏范围在扩大。因此，为了落实科学发展观、建设和谐社会，实现经济可持续发展，发展循环经济刻不容缓。运用政府采购促进循环经济的发展不失为一种好的手段。但在目前，人们的"循环经济"意识还不是很强，国家应通过大力宣传等手段不断提高人们生产、采购、消费再生产品的意识。

参考文献

1. David G. Wood. FEDERAL PROCUREMENT—Government Agencies' Purchases of Recycled - Content Products. Natural Resource and Environment Issues, July 11, 2002.

2. Brian Selander. Spend Management: High Stakes, High ROL. GOVERNMENT RROCUREMENT, August 2006.

3. Josh Lerner. The Government as Venture Capitalist: The Long - Run Impact of the SBIR. Journal of Business, 1999, Vol.72, no.3. Harvard University and National Bureau of Economic Research.

4. 高艳荣、缑长艳："促进我国循环经济发展的财税政策体系探析"，《经济研究导刊》，2006年第4期。

深化我国部门预算改革的建议

——从预算五特性角度考察

王淑杰*

部门预算是我国预算编制方面的一项重要改革，被称为继 1984 年“利改税”和 1994 年分税制改革以来财税管理的第三次重大改革。自 2000 年首次编制以来，部门预算改革的速度非常快，从当时只对中央四部委进行试点，到目前已经在中央和地方全面推广，仅仅用了六年左右的时间。应该承认，部门预算充分展示了它的制度优越性，但是从国家预算本身的特性要求方面考察，部门预算还存在着一定的不足，而这正是今后完善部门预算改革的方向和重点。

一、关于部门预算全面性问题

考察西方国家预算产生和发展的历史可以发现，预算的建立和完善过程实际上是公众实施和强化对政府的监督权的过程。如果预算不能反映政府的全部收支情况，那么公众只能部分地行使预算监督权。因此，全面性是国家预算的基本特性，也是部门预算的首要要求。部门预算即是“一个部门，一本预算”，无论是预算内资金还是预算外资金，只要

* 中央财经大学财政学院。

属于本部门就应全部在本部门预算中得到反映，因此，从理论上讲，部门预算必然符合全面性。然而，实践中大量存在的预算外资金对部门预算的全面性构成了挑战，换言之，只有包含并管理全部预算内资金和预算外资金时，才能称之为全面的部门预算。

预算外资金涉及到某些部门的切身利益，因此在实践中财政部门很难对其进行实质性的管理。虽然从2000年试编部门预算时，每年都逐步将部分预算外资金和政府性基金纳入预算，但这种做法毕竟具有临时性，没有形成制度。而且即便是纳入了预算内管理，预算内、外资金“两张皮”的现象仍未解决。真正使得预算外资金纳入规范化预算管理的是2002年在国家质检总局等28个部门① 实行的“收支两条线”改革以及2001年开始推行的国库集中支付制度。

（一）收支两条线改革

“收支两条线”是指政府在对财政性资金的管理中将取得收入与发生支出相脱钩，即收入上缴国库或财政专户，支出则由财政根据各部门、各单位完成工作任务的需要审核批准，对收入、支出分别进行核定的资金管理方式。这是一种规范化的资金管理制度，它大体分为两部分。首先根据“一清、二转、三改、四纳”的原则，对各项收费和基金进行区别管理；然后从账户和票据入手，严格执行收缴分离制度。虽然收支两条线改革的推行难度较大，但实践证明，这项改革能够切实地加强预算外资金管理，是实现部门预算全面性的必不可少的配套制度。然而，收支两条线改革实行四年来，仍旧有很多方面不够完善，这直接影响了部门预算全面性。这主要包括：政府性基金收支不够规范、预算外资金存量管理不规范、彩票公益金尚未完全纳入预算管理、仍旧存在私自设立“小金库”、账外账、违规开设银行账户的行为等。今后应该继续推进收支两条线改革并重点解决上述改革中出现的问题，从而为实现部门预算的全面性奠定基础。

（二）国库集中支付制度

收支两条线改革不是孤立的，需要国库集中支付制度为其提供相应的实现环境。因为收支两条线制度要求部门收缴的所有收入都纳入财政部门的账户，支出则由财政部门批付，即取消部门占用资金的环节，而

① 参见《中央部门预算编制指南2003》。

这正是国库集中收付制度的内容。因此，要实现财政部门对预算外资金的监管以及收支两条线，国库集中收付制度是必不可少的配套措施之一。更为重要的是，国库集中收付制度是以国库单一账户制度为基础的，即“一个单位，一个账户”。如果部门的全部收支，无论预算内、外资金都在一个账户上反映，那么财政部门只要控制这个账户，就能实现对包括预算外资金在内的所有财政资金的管理和监控，这时将预算外资金纳入部门预算才有意义，否则预算外资金在预算中列支列收只能是形式。因此，继续推行和完善国库集中收付制度也是实现部门预算全面性的制度保障。

二、关于部门预算准确性问题

在实行部门预算之前，我国的预算编制是比较粗放的，行使预算监督权的人民代表大会的代表们难以从预算草案中了解到财政资金的具体收支情况。在这种情况下，监督和民主都难免流于形式，公共利益得不到保障。部门预算改革以后，预算能够按照部门分别将其收支状况进行反映，这样就能比较详细地了解每个部门的“家底”，与以前相比是一个很大的进步。但是，目前的部门预算仍旧不是一个详细的计划，与一些发达国家相比，我国预算收支科目的细化程度仍旧不够。在预算不详细的情况下，其准确性也就无从保证。因此，为了让公众详细了解预算收支状况并切实地行使预算监督权，提高预算的准确性应是今后需要进一步完善的关键环节之一。这需要从延长预算编制时间和细化预算收支科目两方面考虑。

（一）延长预算编制时间

部门预算的编制需要确定详细、准确的基础数据，如人数、办公设备、项目成本等，但实践中各部门的情况千差万别，需要花费大量的人力和时间才能统计清楚。为科学、准确地统计基础数据，提高部门预算编制的准确性，有必要将预算编制时间适当提前。2000 年的中央部门预算是提前 4 个月编的，目前的部门预算基本是提前 10 个月左右开始编制。即使这样，某些预算收支还未能准确地核定，尤其是项目支出，由于这些项目在编制时还未经过专家审定和投标招标，因此反映在预算中的这些资金定额也是不准确的。国际上编制部门预算的时间一般都很充裕，如美国联邦预算编制时间大致为 20 个月。我国也可以考虑结合中长期预算改革，改变目前“预算一年、一年预算”的情况，适当延长预算编制环节的时间，进而保证部门预算的准确性。当然这还需要有关部门及早制定相关的国民经济发展计划，为预算编制提供依据。

（二）细化预算收支科目

预算是否详细和准确在很大程度上取决于预算科目的设置是否科学和合理。随着社会经济状况的变化，我国预算收支科目也在不断地调整，其中2002年和2007年的预算收支科目变化较大。2002年将所有行政事业经费按照基本支出、项目支出分别编制，对原一般预算支出中的12个目级科目修改并扩充细化为44个目级科目，改变了原预算科目中目级科目分类过于简单的状况。2007年则分别按照收入分类、支出功能分类和支出经济分类，但这只是改变了大体的收支分类体系，并没有在预算细化方面有很大的进步。或者说，2007年预算收支分类是在广度上进行了改革，而没有在深度上进行改革。因此，现行预算收支科目基本上仍旧是比较粗放的，今后的预算收支分类科目改革需要更加关注科目的细化以提高部门预算的准确性。

三、关于部门预算绩效性问题

绩效性是指预算能够反映某个项目或支出的成本效益情况，并据此对项目或支出进行科学评价，这是对预算编制更高的要求。按照传统的预算观念，政府的收支项目只要能在预算中予以反映就算达到目的了，并没有考虑到效益成本等问题。近年来随着我国市场经济的发展和公众民主监督意识的增强，人们不仅满足于了解政府实现了哪些具体收支项目，而且还需要了解这些收支项目的成本效益以及政府是否在以最低成本和最高效益为公众服务等。然而，我国部门预算改革至今并没有为公众提供绩效性方面的信息，要解决这一问题需要着重探讨以下两个问题。

（一）权责发生制

预算会计基础在很大程度上影响着部门预算的绩效性。如果会计核算以能够体现当期成本收益的权责发生制为基础，那么预算的绩效性也就不难体现；相反，如果预算会计基础本身不能合理地反映当期成本收益，那么无论再采取怎样的措施，预算的绩效性也难以体现。目前我国编制预算的会计基础是收付实现制，即以现金的收付为记账的依据，根据这个原则，现金支出多少，本期预算支出就是多少，并不考虑是否应计入当期。这种方法的优点是能够全面反映当期的现金流量，缺点是不符合收益成本相匹配原则，难以体现当期的绩效。权责发生制正好能弥补收付实现制的这点不足，它以收入或支出的归属期为记账原则，能合理反映当期预算的绩效，但它的缺点是不能全面反映当期的现金流量。正是因为权责发生制能够体现绩效性，因此，许多发达国家都在预算中应用或部分地应用了这种制度。比如美国就在 20 世纪 50 年代掀起了一场全国性的权责发生制革命。鉴于权责发生制和收付实现制各自的优缺点，应用权责发生制的国家也并没有完全抛弃收付实现制，而是综合使用两种方法。我国可考虑在当前继续应用收付实现制的基础上，逐步引入权责发生制，为最终实现预算的绩效性打下基础。

（二）机构改革

部门预算编制的前提是摸清家底，并实行定员定额，建立高效运转的政府，因此，政府机构及人员的效率直接制约着预算绩效性的实现。如果政府机构臃肿、冗员繁多、人浮于事，那么部门预算的定员定额也就无从实施，部门预算就会流于形式；反之，如果机构运转效率高、人员办事效率高，就会为部门预算创造宽松的环境，有利于部门预算集中财力，按照轻重缓急的要求列支列收。我国自 20 世纪 80 年代以来进行了四次较大规模的机构改革，这有利于提高政府机构的办事效率，也有利于提高预算资金的支出效益。但是也应该看到，目前我国政府机构改革在有些地方还比较慢，基本上没有明显改观。因此，政府机构改革的任务还是相当繁重的，但是只有真正、彻底地实施政府机构改革，部门预算的绩效性才有可能实现。

四、关于部门预算综合性问题

国家预算本身具有综合性的特点，即全面反映国民经济各行各业。这一特点一方面要求部门预算的推广要协调各部门和各地区的预算改革进度，另一方面还要与政府采购等其他财政改革进程相协调。

（一）各地区和各部门之间的协调

由于编制部门预算的要求比较高，而各地区、各部门的预算管理水平各不相同，因此部门预算在有的地区已经积累了一定的经验，有的地区则刚刚开始试点。可以说，现在的部门预算进度并不一致，许多具体的做法也并不统一。为推进部门预算的改革，应协调各地区、各部门之间的预算，最终逐渐使部门预算在全国各级财政部门内都得以实施。这里着重要做好两方面的工作，一是财政部要协调好与各地方财政部门之间的关系，制定完备的部门预算编制规章制度，使地方有章可循，同时还要加紧对地方财政部门人员的培训并对地方预算编制过程中出现的问题予以及时的指导和解决。二是地方各级财政部门要制定适合本地实际情况的部门预算的规章、制度以及流程等具体办法，协调好本级预算编制单位的部门预算的进度，并通过参观、经验交流等方式推广经验。

（二）与其他预算改革相协调

我国预算改革的重点包括三方面，即部门预算、国库集中支付和政府采购。这三项改革在我国基本上都是同时开始的。在我国推行这些改革，困难和阻力非常大，而且没有现成的经验可以借鉴，这样在各项改革的推进过程中，难免会出现单纯考虑本项改革、而没考虑与其他改革协调的情况，这点在地方财政改革中尤其明显。如有的地方虽然开始试编部门预算，但由于政府采购工作没有全面、高效的开展，大额财政支出项目难以准确计量，从而降低了部门预算的编制基数；有的虽推行部门预算，但没有建立起国库集中支付制度，多头账户依旧存在，难以保障部门预算的全面性。由于这三者之间有着非常密切的内在要求和联系，因此在推行部门预算时，应该结合政府采购、国库集中支付制度配套改革，这样才能为部门预算提供良好的条件。

五、关于部门预算法律性问题

国家预算并不仅仅是一国一般的收支计划，一旦经过权力机关的批准，它就具有了法律性、强制性。各预算执行单位只能遵照执行，不得随意增减，发生特殊情况也只能按照法定程序进行调整。而我国实行部门预算以来，在预算的法律性方面还没有明显的改进。

首先，我国还没有制定符合当前需要的《预算法》，仍旧沿用是1995年的《预算法》。1995年以来，预算科目、编制方法、政府采购、国库管理制度都发生了较大的变化，但却没有相应地修订法律，这就大大降低了各项预算改革或措施的权威性，不利于继续推行。因此，当前提高预算法的法律性最为迫切和最为直接的方法就是修订现有《预算法》，并将部门预算、政府采购、国库集中支付等内容写入新的《预算法》中。

其次，某些具体执行办法与现行《预算法》不一致。如《预算法》第28条明确规定，地方财政不得有赤字，但实际上，为实现国家经济发展规划，其他法律法规又规定农业、科技、教育等方面投入不得低于一定的比例，这就大大降低了预算法律的严肃性和权威性。因此，今后应该协调各种法律，维护预算法律的法律性、权威性。

最后，预算的随意性仍旧较大。因为我国没有实行真正意义的零基预算，不是根据各政府部门的具体职责确定其收支定额，而是按照传统的"基数加增长"的方法确定收支定额，而基数本身存在着一定的暗箱操作性，在此基础上确定收支定额当然就难以做到公正、公平，从而直接导致了预算的随意性。针对这个问题，今后应该在实践中做好定员定额核算工作，力保基础数据的真实、可靠，并积极探索试行零基预算，从制度上保证预算的严肃性和权威性。

参考文献

1. 财政部预算司：《国家预算决算辑要1991—2000》，中国财政经济出版社，2002年。

2. 财政部预算司：《中央部门预算编制指南2007》，中国财政经济出版社，2006年。

3. 姜维壮：《新时期财政理论与改革研究》，中国财政经济出版社，2001年。

4. 外国政府预算编制研究课题组：《美国政府预算编制》，中国财政经济出版社，2002年，第3—5页。

5. 全国人大常委会预算工作委员会调研室：《国外预算管理考察报告》，中国民主法制出版社，2005年，第3—10页。

6. 爱伦鲁宾：《公共预算中的政治：收入与支出　借贷与平衡》，中国人民大学出版社，2001年，第1—27页。

7. 马海涛：《政府预算管理学》，复旦大学出版社，2003年，第11—20页。

财政促进公共卫生和谐发展的路径与机制[①]

王　俊*

随着社会经济的发展，人们对健康的重视程度在不断提高。而国民健康素质的提高可为国家的经济建设提供充足的人力资源和智力支持。为此，发展卫生事业、提高国民的健康状况已成为各国政府执政的重要目标之一。

我国《国民经济和社会发展第十一个五年规划纲要》指出“按照民主法治、公平正义、诚信友爱、充满活力、安定有序、人与自然和谐相处的要求，从解决人民群众最关心、最直接、最现实的切身利益问题入手，扎实推进和谐社会建设。”加大财政公共卫生投入，完善公共卫生基础建设，增强公共卫生服务能力，提高人民健康水平，是构建社会主义和谐社会的一项重要内容。

十六届六中全会明确提出了我国构建和谐社会的指导思想、目标、任务和原则。大力发展医疗卫生事业，保障公共卫生安全，不断满足人民群众日益增长的卫生服务需求，提高全民族的健康水平，是中国政府构建社会主义和谐社会的重要任务。因此，我们需要把对“中国公共财政和公共卫生”相关问题的研究，纳入到构建社会主义和谐社会的框架

* 中央财经大学财政学院。

① 本文是财政部2006年财政与发展重大问题研究之六：公共财政与公共卫生的研究成果。

内，以此为线索，分析中国财政公共卫生支出与我国卫生事业建设、国民公共卫生服务需求、公众健康水平等和谐目标的关系，并在此基础上提出切实可行的公共政策措施。

尽管财政公共卫生支出对构建和谐社会有重要的战略意义，但并不是说财政部门与公共卫生的关系就是简单的投入和产出的关系，增加财政投入就能促进公共卫生事业的发展，因为国家财政支出有预算限制，财政对公共卫生投入太大，将可能一方面造成社会卫生资源的浪费，另一方面将减少和挤占其他方面的公共支出，降低公共支出的整体效率。因此，我们认为，财政支持公共卫生的发展，需要遵循一定的路径与机制，才能实现和谐发展的目标，见图1。

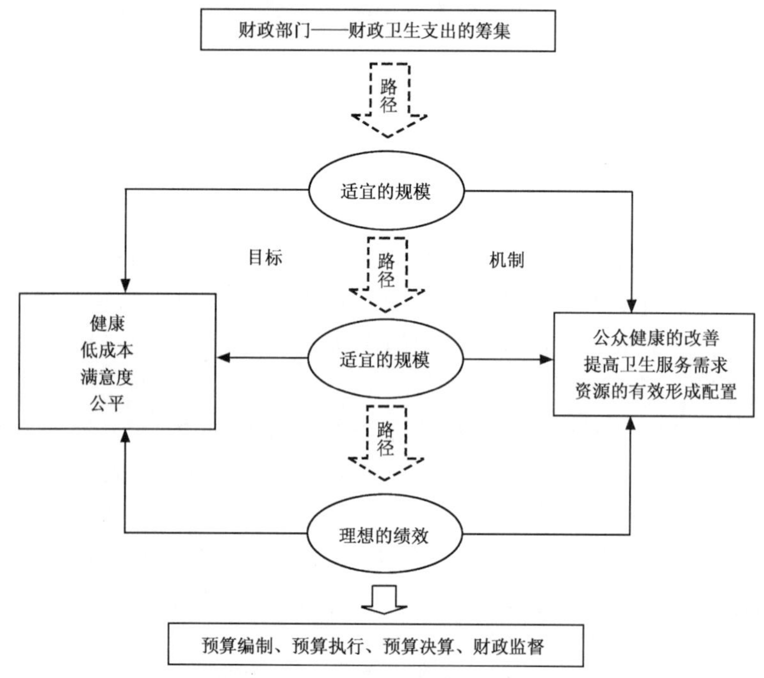

图1 财政促进公共卫生和谐发展的路径与机制

一、财政促进公共卫生和谐发展的路径

建立一个良好的公共卫生系统，使之有效运行并发挥作用，需要财政部门的大力支持，这是公共卫生作为纯公共物品的特性所决定，但财政在支持公共卫生发展时，仅考虑投入问题是不够的，应沿着规模、结

构和绩效路径综合考量。

（一）适宜的规模路径

一国（或一个地区）财政卫生支出的规模究竟应该为多少，这是财政部门支持公共卫生事业发展时，首先面临的问题，为此，经济学家也一直试图从理论上寻找财政公共卫生支出的最优规模。假设一定时间跨度下，存在最优财政卫生支出规模，那么，如果该时期财政投入远远小于该规模，将导致全社会卫生资源的萎缩，或个人卫生费用的上涨，损害和降低公众的健康利益；相反，如果财政投入远远超过该规模，一方面可能造成社会卫生资源的浪费，另一方面将减少和挤占其他公共投入，降低公共支出的整体效率。

因此，一个国家的财政部门，应该根据社会经济发展的基本情况，安排适宜规模的财政支出支持公共卫生事业，提供适当的公共卫生物品(服务)，只有这样，才能在保障其他公共物品（服务）提供的情况下，促进公共卫生事业的发展。

（二）合理的结构路径

在决定了一定时期内投入于公共卫生事业的资金规模后，财政部门将要对这笔资金的结构进行划分。这种划分既需要确定投入到不同公共卫生项目上的比例，如分摊到食品监督管理项目和医学研究项目上的财政资金比例；又需要确定投入到不同公共卫生机构上的比例，如把财政资金分摊到妇幼保健结构和干部培训机构的比例；还需要对不同地区的预算资金安排作出相应的安排，如确定城乡地区、不同省份间的财政公共卫生预算规模。

合理的财政公共卫生支出结构对于公共卫生事业的发展至关重要。财政投入到不同项目、不同机构和不同区域的公共卫生资金将直接影响到它们自身的发展，如果结构比例适当，各个项目之间、各个部门之间以及各个区域之间能够协调一致，共同促进整个公共卫生的建设，反之，则可能导致公共卫生系统公平与绩效的降低。

（三）理想的绩效路径

政府财政预算的目的是为了保证公众能够公平有效地享受公共物品(服务)。因此，在编制、执行、决算和监督公共卫生预算时，财政部门应该对财政资金使用的绩效作出评价，以衡量公共卫生物品（服务）提供的效果，提高各项财政公共卫生支出的效率，优化公共财政资源的配置，并据此制订或调整相应的财政政策，作为财政转移支付和专项补助的重要依据。

一条完整的财政公共卫生支出绩效路径，应该包括经济性，效率性以及有效性三方面的内容。其中经济性反映增加财政支出对公共卫生事业的改善程度；效率性反映既定规模水平下财政支出配置公共卫生资源的有效程度；有效性反映当前财政支出水平下公共卫生服务的总体效果。理想的财政公共卫生支出绩效是这三方面的综合反映。

二、财政促进公共卫生和谐发展的机制

财政支持公共卫生，不仅要遵循一定的发展路径，还需要符合某些机制要求，这是由卫生体系的特殊性所决定的。

（一）健康改善机制

传统的医学观点认为，各种卫生医疗投入将遵循生物和医学规律改善健康状况，卫生和医疗是保证个人健康的最重要因素。但现代医学模式却认为，影响人群疾病和健康的主要原因是：环境因素、生活方式和行为因素、生物遗传因素和医疗卫生服务因素（Blum，1985，Lalonde，1974），健康是由多种因素决定的（见图2）。据WHO调查显示，人类死亡原因中的60%和与其行为、生活方式有关，17%与环境有关，15%与生物遗传因素有关，只有5%的死亡原因和卫生服务有关。Grossman（1972）利用分析健康微观需求模型首次引入了健康生产函数的概念，它说明了各种变量在医疗服务生产过程中通过健康资金的需求对健康状况所产生的作用，这些变量包括年龄、教育和收入等。因此，健康状况的改善除了与卫生服务利用密切相关外，还受到其他诸多因素的影响。公众获得有效的卫生服务后，能否提高健康水平也必然在一定程度上受这些因素的制约，而财政卫生支出对健康水平的改善作用也会间接地通过其他因素传递并表现出来。

因此，我们认为，“健康改善”是财政支持公共卫生发展的首要机制，该机制说明财政公共卫生投入与公众健康状况之间的关系，不论沿着何种路径发展，财政对公共卫生的投入效果都应体现在“公众健康水平的改善”上。

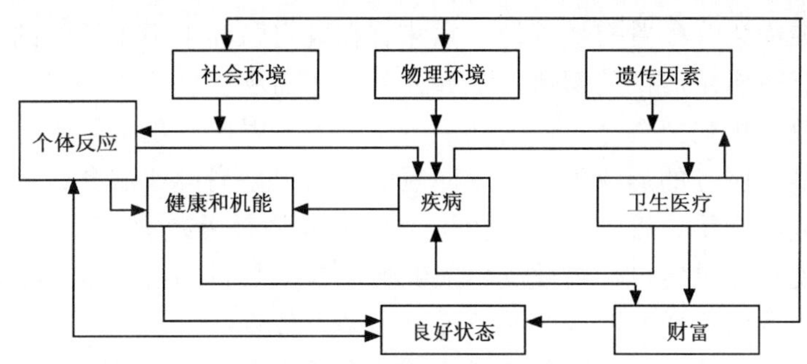

图 2 健康的多因素决定模型

资料来源：Heshmat（2004）。

（二）提高公共卫生服务的需求机制

“公共卫生服务的需求”是“健康改善”的派生机制，该机制说明财政公共卫生支出如何影响公共卫生服务，从而改变个人对公共卫生需求的选择。

由于无法使消费者面对有效价格和服务，政府通过公共卫生支出提供的服务，往往不能形成有效的需求。因此，能否通过财政公共卫生支出使居民获得有效的服务，实现预期的健康改善效果是不确定的。如果因为政府提供的公共卫生机构管理效率低下，投入产出效果不好，或者因为政府激励机制不健全，促使卫生机构和人员提供过度服务，财政投入资金都无法转换为高效良好的公共卫生服务，居民对公共卫生的可及性、可获得性、满意程度都将下降，服务将无法转化为有效的公共卫生需求，最终必将影响财政公共卫生支出的健康意愿。因此，财政部门沿着既定公共卫生支出的规模、结构和绩效路径完成预算程序时，需要把“提高个人公共卫生服务与需求”作为一个重要的参考因素，指导预算的完成。

（三）公共卫生资源有效形成与配置机制

“公共卫生资源的形成与配置”是财政支出进入卫生系统后，财政部门首先关心的问题，该机制说明财政支出和各种公共卫生资源之间的关系。

当既定规模和结构的财政公共卫生支出发生时，首要面对的问题是支出能否有效地转化为公共卫生商品和服务，形成卫生资源，这取决于公共卫生支出的形成和配置机制：形成有效资源，意味着卫生支出的边际产出最大化；配置有效资源，意味着在既定预算下卫生资源的合理配置能够有效满足居民的健康需求和公共卫生需求。

当政府决定把资金投向公共卫生系统时，财政支出的效率将首先反应在商品和服务的形成上。对于同质的公共卫生商品或服务，应该以尽量少的成本获得，否则公共卫生资源的形成将是无效率的或低效率的。换句话说，如果每单位财政支出能够形成最大数量的公共卫生商品和服务，我们认为这样的财政公共卫生支出是有效率的。

但对于公共卫生资源的有效形成，仅有效率是不够的。这是因为，尽管财政支出能够达到最大化的边际产出，但是如果资金在不同公共卫生项目之间、公共卫生项目和公共卫生机构之间、不同公共卫生机构之间、公共卫生机构内部项目之间的配置不合理，公共卫生资源将存在闲置和浪费的可能，那么支出可能是无效的，公众的健康利益也将因此受损。另外一个造成支出无效的原因是，财政支出在不同地区和不同级别公共卫生资源上的配置不合理，如果将财政支出主要投向城市的公共卫生机构，不同社会群体受益程度会产生很大差别。对城市公共卫生机构利用程度高的人群主要是居住在城市的高收入居民，农村或低收入人群受各方面条件制约，不可能充分利用这部分资源，这样的配置效果对大多数人的健康影响比较小，财政公共卫生投入的总体效果欠佳。因此，使公共卫生资源达到一定的协调配置，是财政支出有效的重要条件。

在这三个机制中，最重要的问题在于财政公共卫生支出是否能够有效地改善人们的健康状况。如果答案为是，那么增加公共卫生支出的投入就是合理的。其效率评价的标准将由上述三个机制共同决定，任何一个机制的效率降低，都将导致财政公共卫生支出整体效率的下降。

三、公共财政促进公共卫生发展的社会和谐目标

根据上述公共财政促进公共卫生和谐发展的路径和机制，我们不难总结以下目标，作为和谐社会背景下，公共财政支持公共卫生事业发展的方向。

（一）健康目标

人们从一个卫生系统中最想获得的是良好健康状况。尽管传统的医学观点遭到了现代医学模式的置疑，但为了减少面对健康不断恶化的恐惧，人们却一直在试图寻找减缓痛苦和残疾的卫生医疗服务（Miller

1978)，而公共卫生部门提供卫生服务的首要目标显然也和健康不可分，它是财政支持公共卫生的行动指南。

（二）低成本（效率）目标

第二个目标是服务的低成本，或称为效率目标。无论公共卫生活动或基本医疗服务都需要低成本的支持。只有低成本才能保障绝大多数公众能够享受均等化公共服务，才能使公共卫生资源的形成和配置更有效率，才能使公共卫生物品（服务）的提供更加公平。

（三）满意度目标

第三个目标是消费者、患者、公众的满意度。“满意”的意思可能各有不同，特别是，人在患病时，接受怎样的公共卫生服务才能满意；人在健康时，如何以良好的卫生服务使他们感到满意。满意的概念包括可以自由选择医生和治疗方法这类无形的服务，因为服务的核心并不等同于治疗。公共提供下“满意”目标经常被忽视，因为缺少自由选择，人们经常会被迫选择一些令人不满意的服务，其后果是“不满意”削弱了公众的支持，减少了公共服务的效果。人们常说想要有“质量”的医疗服务，但这不是个单一目标。当涉及卫生服务质量时，如：是否服务是以最小的损失和风险获得，并有效的促进了健康？这些问题对达到健康目标至关重要。还需注意的是，服务中非医学方面也是病人和消费者满意度的决定性力量。

（四）公平目标

第四个目标是公平，指公共服务利用中的公平。定义与健康状态相关的公平是比较难的，因为遗传基因和个人行为与公共卫生服务提供无关。公平表现在很多方面，富裕地区对贫困地区的转移支付是多少？健康者对患者的转移支付是多少？老年人对年轻人的转移支付或者年轻人对老年人的转移支付是多少？这些对比通常根据收入水平而进行评价，一般认为的公平观念包括：穷人是否从健康服务中受益更多，富人是否按收入比例支付了对价。那么，公共财政促进公共卫生的公平目标，显然也和这些观念有关。

上述四个目标不仅是公共财政促进公共卫生和谐发展的目标，也是政府通过合理介入，可以使卫生医疗市场收到的预期结果。

四、小结

公共财政促进公共卫生事业的发展，需要沿着适宜的规模、合理的结构、理想的绩效这三条路径，把健康改善机制、提高公共卫生服务的需求机制、公共卫生资源有效形成与配置三个机制作为准则，以健康、低成本、满意度、公平四个目标为导向，向着社会和谐发展的方向大步迈进。

完善公共财政体制
促进区域经济协调发展

李 佳*

党的十六届三中、六中全会根据十六大对国际国内形势进行的全面分析和我国新世纪社会主义现代化建设特别是关于全面建设小康社会的战略部署和要求，明确提出了“坚持以人为本，树立全面、协调、可持续的发展观，促进经济社会和人的全面发展”；强调“按照统筹城乡发展、统筹区域发展、统筹经济社会发展、统筹人与自然和谐发展、统筹国内发展和对外开放”的要求，推进改革和发展。然而，中国区域间差距巨大而且还有进一步扩大的趋势。虽然经济非均衡发展是世界各国经济发展过程中面临的共同问题，但如果这种不平衡过大，将会造成一系列严重影响。①区域间收入的差距导致基层政府收入不均等，基层政府收入不平等带来的危害之一，是导致了教育、公共卫生、基础设施等供给的不平等。②没有区域间的协调发展就谈不上全面小康与和谐社会的

* 中央财经大学财政学院。

① 如影响国民经济的健康运行。为什么我国在人均 DGP 不到 1000 美元时就出现了世界其他国家在人均 DGP 达到 3000 美元时才出现的总体性生产过剩？为什么我国在人均 DGP 刚刚达到 1000 美元时、几千万人口还处于绝对贫困状态时就出现发达国家在人均 DGP 达到 3000 美元时才会出现的出境游高速增长的势头？

② 资料表明，东、中、西部地区政府在义务教育投入水平上存在严重差异，同时各省内的教育投入也存在不均衡。另有资料表明，中国的健康不平等是地域性的，在富裕地区省份的平均健康结果更好。

建成。“十一五”期间，如何利用公共财政这一手段，努力解决城乡发展不平衡、区域经济非协调发展、收入分配差距过大以及人与自然发展不和谐等问题，体现公共财政的公共性、公平性和公益性，为建设社会主义和谐社会作出贡献，是摆在各级政府面前的突出任务。

一、我国区域经济非协调发展的现状

改革开放后，特别是进入20世纪80年代，我国基本以“梯度推移论”的非均衡地区发展战略为主。[①] 但伴随着非均衡发展战略的实施，东部沿海地区与中西部地区、内陆地区经济发展的差距迅速扩大，并成为困扰中国经济发展的一个突出问题。

（一）人均GDP的区际差距

自20世纪80年代中期以来，随着改革开放由沿海向内地的逐步推进，我国东部地区与中西部地区的之间人均GDP的绝对和相对差距都在迅速扩大。GDP总量方面，在“十五”（2001—2005年）末期，中国GDP总量中，东部地区占55.4%，东北地区占8.7%，中部地区占18.8%，西部地区占17.1%；京津冀、长三角、珠三角三个地区的GDP占全国的35%，三大经济圈人口占全国的15%，拥有35%的经济总量；中国人均GDP总量最高的省份是最低省份的十多倍。西部、中部、东北地区的人均GDP分别相当于东部地区的35%、42%、66%。

从人均看，西部人均GDP从1998年的498美元增加到2005的1132美元，增长127.31%。而同期东部人均GDP由1998年的1212美元增加到2005年的3011美元，增长148.43%。2004年东西部的人均GDP、人均农民纯收入及城镇居民人均可支配收入的三者差距均达近3倍或3倍以上。

（二）区域间财政收入差距

东、中、西部的财政收入增长速度长期以来也是不均衡的，东部地区财政收入的增速总体上一直大于中部和西部地区。有数据表明，2005年东西部差距更加扩大，东部地区财政收入（包括上划中央两税收入）

① 即首先发展高梯度地区：东部沿海地区，通过引进先进技术，提升经济发展水平。然后逐步向二梯度、三梯度的中西部地区转移。

17214亿元，同2000年相比年均递增23.2%，占全国财政收入的比重为54.8%，比2000年提高10个百分点；西部地区财政收入（包括上划中央两税收入）4620亿元，同2000年相比年均递增18.85%，占全国财政收入的比重为7.84%，比2000年下降了6.74个百分点。无论是收入总额，还是增速及比重，东部地区都比中西部地区具有明显优势。再从个体数据看，东部地区最低的乡镇财政收入也有2亿—3亿元，最高的可达20亿元；而西部地区乡镇财政收入最高的不过几亿元，最低的只有2千万—3千万元。西部省会城市中只有成都市的财政收入超过300亿，其他一些省会城市的财政收入才几十亿甚至几个亿。而东部地区人口仅仅五六十万的县级市如江阴市、昆山市财政收入已经突破90亿大关。在基数就大的情况下，地方可支配财力的差距必然会越来越大，这对于急需财政投入以支持基础设施等公共产品发展的中西部地区来说，无疑更加不利。

（三）居民收入差距

不同区域间居民收入差距，受区域间经济发展差距的影响也在不断拉大。从居民收入水平差距来看，西部城镇居民可支配收入占东部地区的比例由2004年的69.7%下降到2005年的66.7%，农村居民人均纯收入占东部地区的比例由2004年的48%下降到44.2%。2005年，中国城乡居民人均收入比达3.22:1，基尼系数已超过0.4的国际警戒线，东西部地区间人均GDP差距最多达10多倍。东部最富省份与西部最穷省份的人均本地生产总值（GDP）差距已扩大至超过10倍；10%的最低收入家庭财产总额占全部居民财产不到2%，而10%最高收入家庭的财产总额却占全部居民财产的40%以上。

（四）产业结构比较

东部沿海地区第一产业增加值仅为16.5%；第二产业增加值达51.5%；第三产业增加值为32%。与此相反，西部地区第一产业增加值为27.5 %，比东部地区高11.5个百分点；第二产业增加值38.8%，比东部地区低12.7个百分点；第三产业为33.2%，比东部地区高1.2个百分点。东、西部地区产业结构的不同，导致东西部地区经济发展差距明显，东部地区国内生产总值人均国内生产总值分别是西部地区的4.12倍和2.30倍。若按农村经济而论，西部地区农业产值达70%以上，非农产业不足30%。2002年，中国东部、中部和西部外资企业占工业比重分别为34.88%、9.68%和7.76%，东部与中部、西部相差四倍以上，西部地区乡镇产业发展滞缓，导致了地区间经济发展差距悬殊。

（五）利用外资情况比较

从利用外资情况来看，1998年中部和西部地区分别吸引外商直接投资44.2亿美元和13.74亿美元，分别比上年下降7.7%和11.6%，而东部地区吸引外商直接投资394.9亿美元，比上年增长2.4%。中西部外商直接投资的大幅度下降，导致外商直接投资分布总额中，东部沿海地区占87.2%，比上年提高了1.3个百分点，而中部和西部地区仅分别为9.8%和3.0%，分别比上年下降0.9和0.4个点。外资方面，东部地区改革开放以来一直吸引着80%以上的外商投资额，2002年东部利用外资额占全国利用外资总额的90.07%，而西部利用外资额仅占全国利用外资总额的3.1%，远远少于东部，并且仍在逐年下降，这进一步加剧了区域间经济差距。

（六）工业总产值增长速度比较

各地区工业发展不平衡也是导致区域间经济发展差距重要原因。1998年，由于东部地区工业增长速度快于中西部地区，东部工业总产值占全国的比重已提高到66.1 %，比上年增加了0.7个百分点。而中部和西部地区则分别下降到24.9%和9.0%，分别比上年减少了0.6和0.1个百分点。这期间，东部地区人均工业总产值相对指数由160.3提高到162.6，而中部地区由72.3下降到70.6，西部地区则由39.8下降到39.5。西部地区生产总值占全国GDP比重一直呈下降趋势。2002、2003、2004年西部地区经济总量占全国的比例分别为17.16%、16.94%、16.90%，相反，东部地区比重却逐年攀升。

从以上五类指标中可以看出：东部地区的各项指数远远高于中、西部地区，有些指标甚至高达数十倍、上百倍。这一方面反映出东、中、西部经济发展的严重不平衡，必须尽快实施区域经济协调发展战略，另一方面也说明，要消除这种已经形成的差距，任重而道远。

二、区域经济非协调发展的原因分析

改革开放以来，我国东、中、西部地区间发展差距的扩大，这是历史、自然以及经济和社会等多方面原因引起的。归纳起来，主要包括以下三个方面因素。

（一）区域经济发展差距是过去较长历史时期形成的

建国以来，我国东、中、西部地区间人均收入的绝对差距一直呈现扩大的趋势，其相对差距系数自60年代以来也在逐步增加，这种现象实际上是历史趋势的继续。从一些发达国家的经验看，在工业化的初中期阶段，伴随着国民经济的高速增长，区域差距一般会出现一定程度的扩大。因此，改革开放以来，随着地方经济自主权的增加和市场的逐步发育，沿海一些区位和经济条件较好的地区率先发展起来，不断凸现着“马太效应”现象，与之相适应的宏观调控措施没有及时跟上，由此导致东、中、西区域经济差距日益扩大，这是很自然的。

（二）财政体制一定程度上抑制了区域均衡的发展步伐

财政收入增长滞后于经济增长，造成了财政收入占GDP比重的持续下降。1978年，财政收入占GDP的比重为31.2%，1995年下降到10.7%，2000年后财政收入占名义GDP比重呈逐年上升之势，由2001年的14.9%上升到2005年的17.3%，五年内上升了2.4个百分点。但相比于财政对宏观结构调整的需求来说还是远远不够的。财政收入增长落后于经济增长，致使国家财政在保证经常性的和必保的经费支出以后，没有足够量的财力用于经济结构调整和纠正市场调节中的偏差，从而严重削弱了国家财政对宏观经济的干预能力。中央财政实力不足，就很难较大幅度地增加对重点建设的投入，特别是对西部落后地区公共基础设施的投入。相应地，政府间转移支付制度的实施势必受到严重影响，这不能不说是制约我国今后经济发展战略转移，实现经济增长方式转变的一个重要因素。

分税制改革的主要目标是通过重新划分中央与地方政府的财政资源和支出责任，提高中央政府财政收入占全国财政收入的比重和整个财政收入占全国GDP的比重。分税制改革后，这两项目标都得以实现。财政收入占GDP的比重也由90年代中期的12%上升到20%多的水平。但由于分税制改革是在不调整各地方政府既得利益前提下进行的，加之“分税制”以来东部地区经济发展速度远远快于中、西部地区，新体制呈现的“锦上添花”效应大于“雪中送炭”效应。作为分税制财政体制主要内容的所得税改革到2002年才实施，比新体制执行期整整晚了9年，因此在这样的财政体制下，短时间内缩小区域间经济差距，促进区域间经济的协调发展有很大困难。

（三）沿海地区实行的倾斜政策人为加大了区域经济发展的差距

“六五”以来，随着宏观经济发展战略的转轨，国家投资的重点逐步向沿海地区转移。伴随着中央和地方政府在财权和事权划分上的逐步界定、规范，东部沿海地区充分发挥其投资环境较好、对内对外投资渠道广泛、政府管理机制比较灵活、企业自我发展能力比较强等有利因素，大量吸引资金。国家投资重点的东移，对中、西部那些长期依靠国家资金投入的省区，特别是以资源导向型为主的区域经济发展产生了重要的影响。1978 年以来中央提出了让少数地区先富起来的经济发展战略，出台了一系列税收优惠政策，各项改革开放措施也大多率先在沿海地区试行,① 由于这些改革开放措施大多是以放权让利为前提条件的，因此，率先进行改革开放的东部沿海地区获得了大量的由其他地区转移过来的“超前利益”。而正是这种“超前利益”推动了沿海地区 80 年代以来的高速增长。

三、完善公共财政体制促进区域经济协调发展

自 1998 年中央首次提出建设公共财政制度起，计划经济时代的“生产建设型财政”便开始向市场经济体制下的公共财政转型。目前，公共财政建设取得了重要进展，效应初步显现，但体制尚不健全，特别是一些地方财政支出结构还带有“建设财政”的特点，即政府公共财政支出中经济建设支出比重偏大，公共服务领域支出严重短缺，覆盖面小，扶持力度不足。可见，在财政收入连年大幅度增长的前提下，面对日益严峻的城乡之间、经济社会不同阶层之间、不同区域之间发展不平衡，就业、社会保障、收入分配、医疗、教育、住房、环保等与群众切身利益密切相关问题的矛盾比较突出的现状，市场“看不见的手”无疑

---

① 比如：扩大其对外经济联系的自主权，增强其开展国际经济技术合作的能力；对前来投资的外商给予仅次于经济特区的优惠待遇，增强外商前来投资的吸引力；有条件的城市可兴办经济技术开发区，实行类似经济特区的政策；外商投资的生产性和科研项目可享受类似沿海开放城市的优惠待遇；适当扩大经济开放区内所辖市和重点县（市）人民政府对外经济活动自主权，放宽当地某些产品的出口经营权；为了利于动植物检疫，广东、福建、浙江、江苏省可以选择一两个海岛（或江心沙地）开辟为隔离区，举办试验农场，对引进的动植物良种进行试种、试养，成功后再向其他地区推广。

是失灵的，必须靠政府那只“看得见的手”来调节。对此中央财政应有所作为，特别是在缓解区域间财政、经济及居民收入水平、消费水平之间的差距方面，应该承担起重要职责，进一步通过财政政策、财政改革防止区域间差距的进一步扩大。

（一）区域公共财政体系设计思路

1. 我国既有公共财政体系的总结。我国目前的公共财政体系主要包括四大机制：公共财政收入机制、公共财政支出机制、公共财政政策机制和公共财政调控机制。在这四个机制当中，随着我国财政体制和运行机制的改革，收入、支出、调控三个机制没有多大变化，处于相对稳定的状态。而变化最多的是公共财政政策机制。比如，建立五级财政包干体制、实行“分税制”，增加对西部地区的转移支付额度等等举措。

“十五”时期我国财税体制改革和公共财政建设取得了重要进展。分别从调整和优化支出结构，[①] 着力满足社会公益事业发展；加大转移支付力度，促进区域协调发展等方面着手。各级财政部门按照完善社会主义市场经济体制的要求，积极推进财税改革，加快公共财政建设步伐，也为今后继续完善公共财政体制奠定了基础。

2. 区域公共财政体系构建的难点。主要有以下五点：一是中央的转移支付在区域之间差别很大，影响了各地方公共事业的发展公平发展。[②] 二是经济欠发达地区自主控制公共财政的能力非常低，[③] 没有根据情况变化自主决策的能力。三是欠发达地区绝大部分的公共财政支出集中在教育尤其是农村教育方面，用于其他公共基础设施建设很少。四是公共财政包揽公共产品生产和供应的机制没有进行彻底的改革。[④] 五是无限制扩大基础设施投资、特别是招商引资和办工业企业，在一定程度上挤占了公共事业的投资来源。

---

① 加强了义务教育、社会保障等经济社会发展的薄弱环节。如财政较大幅度增加农村义务教育投入，特别在592个国家扶贫开发重点县实施了“两免一补”（免杂费、书本费和补助寄宿生生活费）政策。2005年中央和地方各级财政安排“两免一补”专项资金70亿元，惠及中西部农村义务教育阶段3000多万名贫困家庭学生，占中西部农村义务教育阶段中小学生人数的26%，较好地体现了公共财政目标任务转换的要求。

② 目前中央大量的转移支付发生在民族地区，而发生在贫困地区的比较少，其他地方更少。

③ 西部由于地方财政收入非常有限，而中央的财政转移支付又基本上都是定性和定量的，专款专用。

④ 该向市场转移的公共投资没有转移出去，政府包揽的公共产品太多，因而供给能力明显就不足。

3. 公共财政体系的设计思路。根据上述分析，建立科学的区域公共财政体系的问题，已经是当务之急。那么，公共财政体系的设计思路是什么，怎样设计出具有建设性的公共财政框架呢？笔者认为，应该遵循以下设计思路进行。

（1）加大转移支付力度实现公共服务均等化。公共服务均等化。坚持以人为本，面向农村、面向社区、面向市民，着力扩展基本社会公共服务，特别是加强农村基础教育、公共卫生、安全饮水等服务设施建设，规范公共财政覆盖范围，逐步缩小城乡和区域之间在基本公共服务享有上的差距，提高公平性和可及性，保障广大人民群众共享发展改革的成果。加大并完善中央和省对县市的转移支付力度及力度，着力解决县乡级财政困难现象，增强基层政府公共服务能力，增加县域级财政可自主支配的财力。逐步实现基本公共服务均等化，促进区域经济协调发展。优化转移支付结构，控制专项转移支付规模和项目，增加一般性转移支付规模，重点解决中西部地区财力不足的问题。特别要加大力度，注重解决在支持农村基本公共服务领域，如基础教育和职业培训、公共卫生、科技推广、水路电通讯、农田水利、清洁能源等基础设施建设，尤其是关系到农民直接切身利益的小型基础设施建设方面。面对逐年增加的支农、支教的资金投入，要注意进一步完善和强化公共财政支农及支教资金的使用考核标准和监管机制，努力提高资金使用效率和效益。切实将资金落实到位，真正用到最需要的地方。

（2）彻底贯彻财权、事权相统一的原则。深化财政制度改革，健全财权与事权相匹配的财政体制，调整中央和地方以及地方之间的财政分配关系，完善政策激励机制，鼓励区县加快经济发展，不断壮大财政实力是不变的方针。针对目前存在集权过度的现象，可以从以下角度思考：①中央和地方财政比重应适度。既要保证中央政府的宏观调控能力，又要充分发挥地方的积极性。不宜片面强调提高中央财政比重，导致地方政府积极性下降。②改革和完善省以下财政体制，明确地方各级政府的支出责任和管理权限，改变省、市集中过多的情况，增强县乡财力。③尽快建立规范的政府转移支付制度，加大对困难地区转移支付的力度。增加一般性转移支付，适当减少和归并专项转移支付，并使决策过程公开、透明，以便监督。④完善地方税系。在保证中央适当集中的基础上，赋予省级政府一定的税权，如区域性强、不影响经济发展全局的地方税种的管理权限下放给地方。确定县级主体税种，培育财政收入新的增长点，增强地方政府发展经济的积极性。⑤整合财政支农资金，逐步实现“三农”资金统一管理和统筹使用，集中财力解决制约“三农”发展的突出问题。要调整和优化支出结构，有保有压，有促有控，控制和节约一般性支出，向农村、向改革创新、向困难地区和群体倾斜。要按照公共性、市场化和引导性原则，进一步明确确定政府支出范围，尽可能做到不“缺位”，也不“越位”。

（3）注重对自然生态的保护。从2000年到2006年，西部地区为实施生态环境建设战略，付出了很大的代价，包括上亿亩耕地退耕，由此减少了大量的农产品收入。许多农村和农民进入了移民行列，开发性、灾难性、工程性和生态移民的数量迅速增加，给政府财政形成了很大的压力。种树和种草，以及为了解决小流域的水土流失、滑坡和泥石流问题，增加了大量的流域治理投资等等。但是，西部的生态环境建设投资与收益不是完全对称的，我国的中部和东部地区同样也从中受益匪浅。中部和东部地区应通过与西部地区的协商，达成区域之间的环境补偿共识，形成约定。

（4）引入市场参与机制。目前落后地区公共财政支出紧张的一个重要原因，就是改革的滞后，许多应该由市场机制来运作的项目，仍然全部由政府来完成。比如，文化、电视、电影、杂志、出版、报纸、旅游、自来水、煤气、天然气等产业，就是这种情况。如果通过比较彻底的改革措施，将这些产业中的大多数交由市场性质的企业来做，那就大大减轻了政府公共财政的支付压力。另外，还有许多事业单位其性质完全可以改造为市场性质的企业，或者在运用BOT和ABS方式上有所作为，但是目前仍然是“全事业、半事业半市场”的格局，处于“进退两难”的境地。看来，加快这些部门和行业的市场化改革是当务之急。

（二）区域公共财政体系框架设计

公共财政体系框架主要包括四个方面的内容，即财政收支机制、转移支付机制、社会保障机制、共同参与机制。其中，财政收支机制包括公共收入（主要包括：税收收入；规费罚没收入；出售、转让公产收入；基金收入；捐赠收入；公债收入）与公共支出（主要包括：公共安全，即国防、公检法司、武装警察等；公共机构，即国家行政机关、外交等；公共服务，即教育、卫生、文化、科学、社保、社区服务等；公共工程，即环境保护、国土整治、公共设施等；公益企业，即水暖电气、公共交通、城市卫生、城市绿化等）两方面；转移支付机制包括中央财政的专项转移支付、中央财政的机动转移支付两个方面；社会保障机制包括各种环境建设投资、环境收益补偿转移以及社会保障机制建设两个方面；共同参与机制主要指在逐步推行国有企业的市场化改革的基础上，将应论证后证实市场化参与有可行性的现行公共事业彻底市场化，由市场性质的企业来运作。具体实施细则可以按照以下方式进行：

1. 公共财政收支机制。公共收入方面可以从实行税费改革、完善税制的改革、建立国有资产经营预算等方面着手。公共支出管理方面，为加快与国际惯例接轨，将逐步推出零基预算、国有资产经营预算、社会保障预算、政府采购制以及国库单一账户等项改革，强化预算外资金监督管理，切实解决财政收入两个比重降低以及财政转移支付制度规范化运行的问题。建立以效益为导向的公共财政支出管理模式，全面推行部门预算、国库集中支付和政府采购制度，积极推进政府收支分类、绩效评价等公共财政改革，加强支出过程控制，不断拓展财政管理的广度和深度。加强财政资金和公共资金管理，建立严格规范的收入直接缴库、支出直接拨付和财政集中开户、资金封闭运行制度，强化政府投资项目科学决策和程序管理，健全监督制约机制，确保资金安全完整。加强行政事业单位国有资产管理，全面开展资产清查，建立资产管理与预算管理、财务管理相结合的运行机制，实现国有资产的合理配置和有效管理。加强政府债务管理，严格举债审批程序，实现贷款还款良性循环，努力防范和化解财政风险。

坚持公共财政方向，不断强化财政改革和制度创新，规范财政管理，提高财政运行质量。进一步完善部门预算编制，细化预算支出项目，规范预算编制程序，建立周期预算制度，保证部门预算的完整性和科学性。加大推行国库集中收付制度改革力度，将政府性收入缴入国库统一管理，集中支付，努力提高资金的使用效率。认真贯彻执行《政府采购法》，规范政府采购行为，继续扩大政府采购规模和范围，争取三至五年内将政府各部门所需劳务、服务和工程逐步纳入政府采购范围。做好外国政府贷款的还本付息工作，并逐步将国外贷款资金纳入预算管理，建立完善的偿债准备金制度，规范政府外债管理，防范财政风险。健全财政支出绩效评估体系，建立财政形势预警系统，加强对财政形势的动态监控，强化对预算执行的监督检查，提高财政资金的规范性、有效性、安全性。

2. 转移支付机制。切实加大对“三农”的财政支持力度。进一步支持农业、农村发展，让农民增收，促进城乡和区域协调发展。继续实施

“三减免、三补贴”政策，推进以乡镇机构改革、农村义务教育体制改革、县乡财政体制改革为主要内容的农村综合改革，巩固农村税费改革成果。依法安排并落实好财政支农支出预算，建立支农投入稳定增长机制和有效使用机制，把支农支出增长幅度高于本级财政经常性收入增长幅度的要求落到实处，促进农业投入社会化、农业经营产业化、城乡发展一体化。同时，要积极整合现有支农资金，集中财力办大事。大力加强农村公共卫生服务体系建设，稳步推进新型农村合作医疗试点工作。争取在“十一五”规划内全面建立新型农村医疗合作制度，逐步解决群众看病难、看病贵的问题。各级政府要安排必要的资金，继续加大对农民就业技能培训的支持力度，促进加快劳务经济发展和劳动力转移，支持农民自主创业。积极探索和建立“工业反哺农业、城市反哺农村”的新机制。大力支持各项社会事业发展，努力提高公共财政的保障水平。按照建立公共财政的要求，积极调整支出结构。认真贯彻“科教兴国”战略和人才战略，努力增加“普九攻坚”、农村中小学危房改造、“二期义教”等项目建设资金，积极支持其他各项教育事业发展；继续深化科技体制改革，大力支持高新技术产业发展，加快科技成果向现实生产力转化。积极支持文化宣传设施建设，保证文化设施、科普宣传、图书出版等必要的投入；努力扶持地方精品影视剧和科普文学作品的创作，更好地围绕党的宗旨弘扬主旋律；引入市场机制，鼓励和引导社会力量投资，使文化事业投入主体多元化。

3. 社会保障机制。进一步完善社会保障体系，建立稳定、可靠的社会保障资金筹资体系，保证“两个确保”和“低保”资金的及时足额发放。逐步提高低保水平，同时，对困难企业离休人员经费实行财政兜底，按现行财政体制负担，对困难市县省财政给予适当补助。加大财政扶贫支持力度，继续增加扶贫资金投入，健全扶贫投入机制，努力解决农村贫困人口和受灾群众的生产生活困难。此外，要按公共财政要求，转变财政支持经济发展的方式。加大社会保障投入，支持社会保障体系建立为结构调整和职工下岗转业提供社会保障。逐步完善农村社保制度，加大政府投入力度。坚持城乡一体化的政策取向，建立多层次的农村社会保障体系，逐步缩小城乡社会保障水平的差距。一是建立多层次、多类型的农村医疗保障制度，完善多种形式的合作医疗制度。二是加快建立农村最低生活保障制度，逐步扩大覆盖面和提高低保标准。三是进一步完善农村养老保障制度，按照家庭养老保障、土地制度保障与社会养老保险相结合的方式，逐步提高社会化养老的水平。

按照建立公共财政体制和现代税制的要求，理顺农村的租、税、费和集资的相互关系，使之分流归位。按此思路应逐步减少、以至完全取消专门对农民设置的税制体系，使农民作为纳税人取得与其他社会成员平等的纳税地位，逐步统一城乡税制。

4. 共同参与机制。充分发挥公共财政职能作用，努力促进西部区域的经济持续稳定发展。在公共财政条件下，财政要从经营性、竞争性领域逐步淡出，充分发挥市场在配置资源中的基础性作用。要坚持资源开发与节约并举，大力支持发展循环经济，形成有利于节约资源、减少污染的生产和消费模式，建设资源节约型和环境友好型社会，促进人与自然的和谐。认真贯彻产业集群构建战略，努力增强地方财源。充分发挥预算、税收、补贴、国债、转移支付等财政工具和财政政策的导向作用，促进全社会资源的最优配置和国民收入的公平合理分配。转变财政支持经济增长的方式，通过财政贴息、参股、担保等灵活多变的方式，充分发挥财政资金的杠杆作用。认真做好国有企业分离办社会职能工作，争取早日完成省属和省属下放工业企业分离办社会职能工作，切实减轻企业负担。继续大力支持国有企业改革，搞好战略性重组，实现产权多元化，多渠道筹集资金，支持企业技术改造。有步骤推进农垦、粮食企业、流通流域、公路交通向现代化科学管理体制的改革。

研究提高企业自我发展动力和自我创新能力问题，制定实实在在支持企业自主创新的财税政策，提升企业的产品档次和核心竞争力。整合现有非公有制经济发展资金，增加专项投入，用于创业支持、成果转化和技术进步等方面，为非公有制经济发展创造良好环境。清理和整顿各种类型的开发区，贯彻置换土地、科学布局、提高档次、优化结构的科学发展战略。

参考文献

1. 杜晓山：《推进财政金融体制改革　实现社会主义新农村建设目标》，中国农经信息网，2006 年 8 月 4 日。

2. 吴知音：《财政政策与区域经济协调发展》，东北财经大学毕业论文，2002 年。

3. 陈钊：《中国区域发展差异影响因素分析》，中国科学院地理研究所，博士论文，1998 年。

4. 国家统计局：《新中国五十年统计资料汇编》，中国统计出版社。

5. 国家统计局：《中国统计年鉴》，中国统计出版社，2005 年。

6. 胡鞍钢、邹平：《社会与发展——中国社会发展地区差距研究》，浙江人民出版社，2000 年。

7. 蔡昉、都阳："区域差距、趋同与西部开发"，《中国工业经济》，2001 年第 2 期。

8. 李含琳：《西部区域公共财政体系设计和构建策略》，http：//www.boyitong.com，2006。

非传统安全与社会安全保障制度研究[①]

王　鼎*

维持社会稳定，促使其协调发展，良性运行是建设和谐社会的总体要求，保持社会公共安全的良好状态更是建设和谐社会的应有之意。社会公共安全状况和老百姓日常生活、工作、学习紧密相连，直接影响着社会民众的日常安全感，关系到社会大众对党的执政能力的信心，关系到经济建设的宏观环境问题。营造一个良好的社会公共安全氛围，理论和实践层面都有许多讨论，也进行了很多的试验。将社会公共安全置于经济发展的宏观环境中，利用社会安全保障制度的设计建设一个社会大众的安全网，求得在社会总体上形成对社会公共安全危机的有效控制正是本文的图求。

一、新安全观理论

传统的社会公共安全重在国家层面，主要表现为主权国家或地区之间的军事竞争、领土防御。但是，随着世界范围内冷战的结束，全球格局从传统的两极向多极演化，民族势力、宗教影响、环境灾害、全球化等因素势力的不断扩大，全球的话语体系不断增多，各自所代表的利益

* 中央财经大学财政学院。

① 国家社会科学基金重大项目“关于我国社会转型加速期个体安全的理论与实证研究”（07ASH001）和北京市哲学社会科学“十一五”规划立项项目“网络信息和现实生活‘互构’对公共安全的影响”（06Bdsh020）的成果之一。

主体也日益多元化，社会公共安全在空间、时间、内容、形式、参与主体、诉求目标等都发生了重大变化，传统的社会安全观显然难以有效解释、应对和处理时代变迁，特别是在经济、政治、文化全球化背景下的众多社会公共安全问题。从 20 世纪 80 年代开始，西方学者开始用非传统安全、综合安全（comprehensive security）、新安全等概念来描述新的国际安全现象。新的“安全观”强调国家、社会安全应该和资源、环境生态、人口、经济发展、文化交流、恐怖主义、种族冲突、非法移民、人权保障、社会犯罪、居民安全心理预期等紧密地联系，在不断拓展宏观视野的同时，加强对社会公共安全内容、表现形式等方面的细分，形成包括军事安全、经济安全、文化安全、社会安全、个人安全等新的安全概念和内涵。

新安全观视野下有两个影响较大的学派。其一是哥本哈根学派，他们注重人的安全、人类安全和社会安全，将社会关系置于安全分析的核心，其代表人物奥利·维夫提出社会是不同于国家的共同体，社会不安全是普遍存在的，社会安全即认同安全，它依赖于社会群体及个人对安全的认同，是独立于国家对安全认知的集体认同。其二是威尔士学派，他们形成的批判安全研究范式，发展于对新自由主义和新现实主义安全研究的批判，主张安全研究应更多地关注环境生态、贫困和失业。

综合安全研究和新安全观的发展，极大地改变了人们对公共安全的认识，拓展了公共安全研究视野，丰富了公共安全研究内涵，使得公共安全研究能够及时跟上时代的变迁，能够有效应对新的公共安全问题。“新安全观”强调公共安全研究的价值在于对人自身安全的关注，积极谋求社会与人方面的安全在公共安全研究总体框架下的应有地位，叫响了社会和个人安全的研究话语。

在新安全观的理论基础上，本文界定社会公共安全为社会、个人及两者互动所引发的诸如社会治安事件、群体性骚乱、聚众、请愿、抗议等社会事件，以有别于自然灾害、重大疫情、国防战争、生产安全事故等引发的社会问题，强调的是社会公共安全问题和事件源起的社会性和规模性，同时，本文将研究所指涉到的社会公共安全问题或事件的性质定性为人民内部矛盾，这一点对研究讨论至关重要，它是应对、处理、评估各类社会公共安全事件的前提条件，是一个非常强的限制性研究条件。

二、我国现阶段的社会公共安全形势

在我国持续了近30年的改革事业进入了一个关键时期，经济体制、社会结构、利益格局、思想观念都发生了空前变革，这些在给我们带来巨大发展动力的同时，也带来了这样那样的社会矛盾和问题，其中有城乡、区域、经济社会发展的不平衡、人口资源环境压力加大、就业、社会保障、收入分配、教育、医疗、住房、安全生产、社会治安等。在建设社会主义市场经济的过程中，一些领域持续性地发生腐败现象，积累了大量的社会不满情绪，人们感觉公平正义的缺失和日常生活的无奈，这些在为各类社会公共安全危机事件的发生起着社会情绪酝酿和准备的作用。在社会经济整体转型还没有完全完成的时候，部分地区和领域又迎来社会经济转型在方向、速度、深度上进行加速的问题，原本存在的经济社会发展不平衡在空间和时间上被继续拉大，利益主体在这个加速转型的过程中不断分化、重组，社会利益和价值整合的难度加大，社会运行时常面临动荡的危险，部分学者宣称中国“风险社会”的来临，“风险生产和分配”已经成为越来越时髦的研究话题。

从国外发达国家的工业化和现代化历史进程来看，他们在完成工业化初步积累进入快速发展轨道的时期，也都经历了经济社会发展急剧转型，社会风险增加，社会矛盾突出等一系列问题。我国人均国民收入在2003年突破1000美元，2006年国家发展与改革委员会向世界银行确认的数字为1740美元，[①] 这一水平的人均国民收入在世界范围内都伴随着社会运行的高风险，是社会公共安全问题的多发时段。

我们知道社会贫富分化历来和社会公共安全有着密切联系，而基尼系数被认为是测量社会贫富分化程度最为有效的指标。我国现阶段的基尼系数，除国家统计局公布的数据稍低外，大多数研究结果都在0.4或者更高。根据世界银行的数据，中国基尼系数1981年为0.281，1995年就为0.388了，南开大学经济研究所陈宗胜等人对国家统计局资料计算1997年就已经到了0.4，加上偷税漏税、官员腐败、集团消费和其他非法收入，我国居民收入实际基尼系数为0.49，胡鞍钢等计算2001年的基尼系数已经超过0.5，我国成为世界上同期基尼系数增长最快的国家之一（见表1）。而基尼系数0.4是国际公认的一个重要警戒线，0.6则

① 参见http：//news.xinhuanet.com/fortune/2006－08/16/content_4970547.htm。

是引发社会动荡和各类社会公共安全问题的另一个警戒线。[①] 通过表2的内容考察，我们很容易建立起基尼系数0.6的水平和这些国家社会安全稳定状况之间的关联。我国社会经济正运行在这两个危险的临界点所围成的区间，矛盾突发、事件频出是我国现阶段社会公共安全形势的主要特点，更是对我国社会经济发展临界状态的写照。

表1　　我国不同年份的基尼系数[②]

时　间	基尼系数	发布者
1979年	0.33	世界银行
1981年	0.281	世界银行
1995年	0.388	世界银行
1997年	0.4	陈宗胜
1988年	0.382	赵人伟
1994年	0.434	李强
1996—1997年	0.4577	李强
2001年	>0.5	李强、胡鞍钢

表2　　20世纪90年代世界上基尼系数最高的十个国家[③]

国　家	基尼系数
塞拉利昂	0.629
巴　西	0.601
危地马拉	0.596
南　非	0.593
巴拉圭	0.591

① 参见中央党校社会主义和谐社会研究课题组：“构建和谐社会面临哪些突出矛盾和问题”，《北京日报》，2006年8月7日；卫兴华，孙咏梅：“2005年理论经济学的若干热点问题”，《经济学动态》，2006年第4期；林宏、陈广汉：“居民收入差距测量的方法和指标”，《统计与预测》，2003年第8期。

② 数据来源：笔者根据参考文献整理，这些文献是：李强：“当前我国社会分层结构变化的新趋势”，《江苏社会科学》，2004年第6期；王绍光、胡鞍钢、丁元竹：“经济繁荣背后的社会不稳定”，《战略与管理》，2002年第3期。

③ 数据来源：笔者根据参考文献整理，这些文献是：李强：“当前我国社会分层结构变化的新趋势”，《江苏社会科学》，2004年第6期。

续表

国　　家	基尼系数
哥伦比亚	0.572
巴 拿 马	0.571
津巴布韦	0.568
智　　利	0.565
几内亚比绍	0.562

自 20 世纪 90 年代以来，我国以群体性事件为主要内容的社会公共安全事件呈现多发的态势，有些地方的群体性事件涉及的人数上万，规模大，影响广，成为当地社会稳定的头号影响因素。1994—2004 年全国范围内群体性事件从 1 万起快速上升到 7.4 万起，年均增长 22.2%，参与人数从 73 万人次上升到 376 万人次，年均增长 17.8%。[①] 就整个社会公共安全形势来说，上述的数字只是露出水面的冰山一角，还有许多社会公共安全危机事件没有被研究者和社会管理者察觉到，或者是正处在酝酿阶段。

来自政治学、公安学、社会学、经济学等学科的学者积极回应了我国现阶段的社会公共安全问题，开展了具体的研究，在社会公共安全事件类型上形成关注焦点：由国企重组改制过程下岗分流失业人员发起的工人群体性事件；由先前农民税费负担问题到现在农村土地征地补偿与安置问题引发的农民群体性事件；现代城市建设和产权纠纷过程出现的所谓“市民运动”；高等学校大学生引发的各类学生运动。前三类事件大多直接与经济利益相关，学生运动则多以价值表达、政治理想为取向，但最近两年来发生在武汉、郑州、南昌等地的学生骚乱有着很强的经济动因。[②] 学者们针对各类社会安全公共事件构建出发生学的理论框架和概念，涵盖了事件发起到组织过程，它们是相对剥夺理论、资源动员理论、集体行为理论、文化冲突理论、身份转换理论、新社会运动理论等，理性和非理性选择、博弈论、信息对称与均衡、“搭便车”也部分地参加了对“社会公共安全事件何以成为可能，成为现实”的解释和

① 参见胡联合、胡鞍钢、王磊：“影响社会稳定的社会矛盾变化态势的实证分析”，《社会科学战线》，2006 年第 4 期，第 181 页。

② 2006 年下半年，武汉、郑州、南昌三地部分高等学校因后勤管理、违规招生、虚假许诺等发生大规模的学生骚乱事件，有的骚乱事件参加人数高达万人，形成高校学生和当地军警的对峙局面。

讨论，形成的研究成果非常多。① 还有学者从社会结构变迁、社会分层与流动的角度对社会公共安全问题和事件做出分析，解释理论更具宏观特点，其中有：社会“断裂理论”、“碎片化”、“原子化”、“结构固化”、“利益结盟”、“中产阶级理论”等。② 上述这些研究对揭示我国现阶段的各类社会公共安全问题和事件提供了丰富的视角，在行动理论上做出了非常有意义的探索。

本文认为，社会公共安全事件作为一个特定的社会现象，有其背后的多重原因，其中包括政治、经济、社会、甚至文化层面的因素，它应该被“嵌入”到特定经济社会场景中加以观察、概括和抽象。从社会公共安全事件“嵌入”经济发展过程中来说，工人、农民、市民群体性事件和部分学生运动都能在经济社会制度层面得到有效分析和解释，在分析视角上，本文强调事件分析的“嵌入性”。

中国经济连续20来年几乎是两位数增长的繁荣，掩盖了经济发展和社会变迁背后所积累的矛盾，使人们难以充分关注到社会心理层面甚至文化层面的不稳定深层原因。细心挖掘农民、工人、市民三类群体性事件和部分城市的学生运动，我们可以得出这样的逻辑：几类事件的起源，表面上是参与者经济利益的相对受损，深层里是在诸如就业等即期营生手段无法确定的条件下，导致人们对未来安全预期的不稳定，人们担心现在，更忧虑未来，而且后者更甚。人们害怕看不到希望，希望破灭导致失望，长久的失望积累就会弥生恐怖和无奈，长久的恐怖和无奈就会导致麻木和理性渐灭，理性灭亡就会做事不计后果，最终形成“民不畏死，奈何以死惧之”的社会局面，造成社会激烈振荡。对未来安全的保护正是这样成为了本文研究社会公共安全问题和事件的核心话题。这一话题在中国农民工众多“欠薪、讨薪”事件中有非常强的解释力，在农民工权益保护回到大众话语当中，中央出台系列保护农民工权益措

① 参见冯仕政：“单位分割与集体抗争”，《社会学研究》，2006年第3期；吴清军：“乡村中的权力、利益与秩序”，《战略与管理》，2002年第1期；许叶萍、石秀印：“工人阶级形成：体制内与体制外的转换”，《学海》，2006年第4期；宋林飞：“城市移民文化矛盾与社会安全”，《江苏社会科学》，2005年第5期；于建嵘：“利益、权威和秩序——对村民对抗基层党政群体性事件的分析”，《中国农村观察》，2000年第4期；曾鹏、戴利朝、罗观翠：“在集体抗议的背后——论中国转型期冲突性集体行动的社会情境”，《当代中国研究》，2006年第2期；郭正林：《当代中国农民的集体维权行动》，http：//ccrs.org.cn/big/ddzgnmdjtw.htm；游正林：“集体行动何以成为可能——对一起集体上访、静坐事件的个案研究”，《学海》，2006年第2期。

② 参见孙立平：“不平等与经济增长的逻辑变化”，《学习月刊》，2005年第9期；李强：“当前我国社会分层结构变化的新趋势”，《社会学研究》，2004年第6期。

施之前，农民工长期忍受包工方的工资拖欠，有的长达近5年以上，在这样糟糕的用工条件下，农民工还愿意进入工地劳动，除了农民工劳动的低端性质和劳动力供给过盛之外，一个重要的原因就是农民工对包工方的信任，对未来工资收入的安全预期，当这种对未来的安全预期遭遇破灭的时候，以农民工“讨薪”为内容的治安暴力事件不断发生。[①]

人们对未来安全的预期和重视并不是现代社会风险大量存在的简单社会心理写照，它可以追溯到人类的进化历程，在从猿到人的过程中，远古猿人日常活动的经验积累锻炼出一种对未来生存困境的预见，进而促使其在平常时刻进行一些诸如食物储备、场地转移等活动，以此来部分保障未来安全。这样一个细小的进化环节却对物种选择和物种优势确立奠定了基础性的作用，并将最终以人类本能的形式存在于现代社会，人对安全的需要构成了人们需求层次体系的基础部分。

虽说我国已有部分发达地区步入现代化进程，但历史悠久的农耕文化所积淀出的求稳保守依旧是社会大众心理的主要情结，这种求稳的心理表现在两个时间层面上，即对即期安全和未来安全的强烈要求，而对未来安全的要求显然大大重于前者。在即期安全和未来安全发生冲突的时候，人们普遍的选择是保护未来安全，暂时牺牲即期安全。当未来安全不可稳定预期、不可保护、不能实现的时候就会诱发大量即期行为的发生，这些即期行为视未来安全的可能性又可分为两种：其一，当未来安全虽说不可稳定预期，但还有运作空间和希望的情况下，短期行为表现为各类维权行为，即被有些学者称之为“合法形式”或“体制内”的行为，其中就包括各类上访、请愿、示威、冲击党政机关等群体性事件；其二，当已确定未来安全完全不可能的时候，短期行为取向为及时行乐，当事人责任意识全无，最终表现为各类大大小小的社会治安事件和黑社会组织犯罪。理解未来安全对社会公共安全的重要意义，我们还可以在“产权”理论的分析框架下获得灵感，[②] 科斯产权理论认为对产权的清晰认定和保护可以更好发挥产权标的物的使用、管理效用，对社会公共安全事件研究来说，稳定的未来安全预期可以说是对各类当事人

---

① 在西安市东南三环连接工程合同段项目经理部，20多名农民工在“讨薪”过程中，与项目经理部工作人员发生冲突，导致5名农民工受伤（见2007年1月8日《华商报》）。30余名农民工在首都经贸大学西校区西门外向包工头讨薪，遭到几十名手持钢管等“武器”的人驱赶和殴打，4名农民工受伤（见2007年1月9日《新京报》）。

② 参见马海涛、王鼎主持的“服务消费型教育模式的理论研究与实践探索”（中央财经大学教育教学改革基金课题，04教改32006010）的研究报告，2004年。

整个生命周期内所有“社会公共安全权益”的清晰界定和保护，这势必会引导当事人就围绕自身“社会公共安全权益”的行为安排上做出理性判断和合理取舍，进而规范自己的各类行为，使之合法合规，进而有效避免社会公共安全事件的发生。这样，我们取得了未来安全保障在社会公共安全维护中的重要位置。

如何保障未来安全呢？未来安全的经营设计可以在个人和国家、社会三个层面得以实现，个人可以通过储蓄等手段实现未来安全，但不稳定，不能社会化，覆盖面小，安全保障功能差，而且只能属于少数的富裕阶层；国家层面通过军事、国防、内卫等手段确保公共产品和服务性质的未来安全，目标过于大众和宏观、抽象；社会层面的安全设计和日常大众联系最为紧密，也是大众最为需要的。从世界范围内的制度安排和设计来看，多数国家和地区施行的社会安全保障制度在理论和实践上，都能够对社会成员未来安全起到保护作用。社会公共安全研究，特别是在社会公共安全事件的人民内部矛盾性质的大背景下，和社会层面的未来安全设计——社会安全保障制度相联系也就成为再自然不过的事情了。已有研究显示，社会保障问题被认为是构建和谐社会要重点解决的头号社会问题。[①]

世界范围内社会层面的安全保障，有的直接指称社会保障制度，有些指称社会安全保障制度，两种在内容实质上并过大差异。本文之所以坚持用社会安全保障制度这一称谓，目的在于强调制度对人们未来安全稳定预期的促进，以突出其对即期社会安全维护和未来生活保障的双重功能。

三、新安全范式下的国际社会安全保障制度变迁

在现代信息技术和媒体技术不断发展的背景下，国际社会安全保障制度变迁研究所能用的资料可以说是浩如烟海，摆在研究者面前的不是资料数量和质量的问题，而是如何有效利用资料的视角问题，即在什么样的理论框架下采用何种研究范式来处理资料的问题。本文开展国际社会安全保障制度变迁的讨论首先强调社会公共安全的视角，试图在有限的所谓全球视野下，以构筑社会未来安全为原点，采用时间截面和历史

① 参见中共中央党校社会主义和谐社会研究课题组：“构建和谐社会面临哪些突出矛盾和问题”，《新华文摘》，2006年第21期。

纵向梳理的方法，充分挖掘社会安全保障制度的未来安全守护者的重要角色和功能。

在目前全世界220多个国家和地区，已经有不少于130个国家和地区建立了社会保障制度，大部分国家和地区采用开征社会保障税的方式进行社会安全保障资金的筹措，只有包括我国在内的小部分国家和地区采用缴费方式。全球范围内的社会安全保障制度不同的国家和地区发展阶段不尽相同。在一些发达国家，社会安全保障制度的建立已经有了很长时间，安全保障面比较广，安全保障的内容也比较全面，初步起到"社会安全网"的作用；有些发展中国家面临着发展经济、保持社会稳定、发展各项社会事业等多重压力，社会安全保障制度的建设面对社会安全需求和经济有限支撑的挤压，社会安全保障制度在夹缝中生存，实际运作的弹性非常大，而且时刻面临着不稳定，社会安全保障制度在经济不景气的时候，从覆盖面到具体内容都有被压缩的可能。这些国家和地区的社会安全保障制度不同程度地存在着随意性，受国内政治稳定和法制环境的影响，社会安全保障制度的连续性时常有被割裂的危险。还有部分国家和地区没有建立现代意义上的社会安全保障制度，类似于养老、疾病等问题的解决往往只能依靠于家庭、族群、民间互助等性质的救济，似乎还没有形成国家社会安全保障义务、社会统筹与全民覆盖、具体操作过程中的精算和风险概率等概念，这些国家的社会安全保障往往也是最差的，宗教的、世俗的、部族的、传统的和现代的各类因素交织在一起，常常搅得社会动荡不安。（见表3）

表3　　第二次世界大战后世界社会安全保障制度建设与发展情况

（国家和地区个数）①

年　　份	1949年	1967年	1981年
社会保障计划	58	120	139
老年、伤残、遗属	44	92	127
疾病、生育	36	65	79
工伤	57	117	136
失业	22	34	37
家庭津贴	27	62	67

① 资料来源：国际劳工局社会保障司编著，管静和、张鲁译：《社会保障导论》，劳动人事出版社，1989年2月，第9、11页；美国卫生与公众服务部，社会保障局：《全世界社会保障计划》，1981年第58号研究报告。

从社会保障的历史来看，世界范围内社会安全保障制度建立过程中的重大事件都伴随着社会安全维护的特定需要。1601 年英国伊丽莎白女王颁布《济贫法》，反映了这样一个社会需要：当时英国社会剧烈变动，随着英国由自然经济向商品经济过渡，大量获得人身自由的农民流入城镇又找不到谋生职业而形成流浪群体，严重影响经济发展和社会治安，增加社会的动荡，政府必须要出面应付社会不安定的局面。德国于 19 世纪下半期相继制定了世界上第一部疾病保险法、工伤赔偿法和老年与病残强制保险法，确立了近代社会安全保障制度的开始，这些制度的出台与当时德国要求国内安定局面的要求密不可分。19 世纪 80 年代末的德国正处在工业革命企图赶超英国的过程，积极争夺海外殖民地和生产原料产地、市场，需要有个安定的国内环境支持，而国内的社会主义运动、工人罢工也在不断发展，德国及时出台这些安全保障制度起到安抚人心，确保国内稳定的作用。美国社会保障制度的建立晚于欧洲国家，在 20 世纪初叶，美国已经成为世界最富有的国家，工人运动、国家和社会安全问题远没有欧洲国家突出，但 1929 年开始爆发的经济危机将上述的问题都暴露出来了，社会安全面临严峻的挑战，维护社会安定成为政府的一个重要任务，因此而有 1935 年的《社会保障法》。在世界社会保障制度发展变迁的历史长河中，各个国家和地区特定时期的社会安全需要催促着特定内容的安全保障制度出台，使得社会安全保障制度的"安定器"、"减震器"的作用得以确定和明晰。在现代社会，保障制度和社会安定的关系依旧是那么紧密，1995 年末法国希拉克—朱佩政府提出的消减社会福利的改革方案激起工人罢工，引发政治风波，再一次证明了社会安全需要对社会保障制度的敏感性。

第二次世界大战以后，社会安全保障理论和实践都得到了极大发展，享有各种形式的安全保障成为公民权的一项重要内容，社会成员不再以被施舍的心态面对自己享有的各项社会安全保障措施，国家在提供各类社会安全保障措施方面的义务被突出地强调，社会安全保障和政治家们的政治许诺、政治生涯紧密地联系，使得各国各地区的社会安全保障福利只能刚性增加。西北欧、北美等发达国家和地区开始了全面福利和全民福利的社会安全保障时代。英国于 1942 年出台贝弗利奇报告，提出实行福利国家政策，对失业、残疾、疾病、养老、生育、寡妇、死亡等七项进行安全保障，并在此基础上不断推出新的安全保障内容和项目，最终形成全民保障全民福利的局面；德国设立了包括养老、医疗、失业、工伤、教育等方面的保险、救济、促进、鼓励、赔偿政策和立法；法国的社会安全保障立法则涵盖了年金制、失业保险、疾病和医疗保险、工伤保险、家属津贴与补助、公务员福利、老年福利、儿童扶助、残疾人津贴、住房津贴与建房补助等方方面面；瑞典的社会福利改革则有其他国家所没有的儿童津贴、房租补贴和教育科研等内容，最终确立了全民福利国家典范的国际地位；美国在全民福利的发展过程中，推出了自己在老年人医疗照顾援助法案、儿童营养补助法、援助教育、居民住宅改善与发展、环境保护等方面的社会安全保障措施；加拿大作为社会保障制度的后起国家，用1/4世纪的时间将自己的社会保障项目累计到了100多种。

全面福利和全民福利的社会安全保障模式给所在国家和地区社会成员带来安全保障的同时，也给国家社会经济发展带来了巨大的问题，各国社会事务管理面临种种窘境。福利国家和地区常常面临着“高福利”与“低经济增长”的尴尬，政府安全保障福利提供的有限性和社会成员安全保障要求的无限性形成鲜明的比对，人们对社会安全保障制度本身的反思开始不断增加，其中一个主题就是社会安全保障制度中基本和必要安全保障与全面福利的重新定义与分割，刚性保留基本和必要安全保障，弹性设计全面福利，牢固确立未来安全保障在社会安全保障制度设计改进中的基础地位。

四、我国社会保障制度历史及其对社会公共安全的保障功能

现代意义的社会安全保障制度的发展虽然在我国起步比较晚，但这并不意味着我国历史上社会安全保障理论和实践的缺失。在社会安全保障理论方面，儒家以社会控制为目的，主张政府积极作为，提倡民间互助共济，提出“民本、仁政、大同”思想；墨家提出“兼爱”，表达“社会性”的济贫思想；《礼记》中“以保息养万民，一曰慈幼，二曰养老，三曰振穷，四曰恤贫，五曰安富”，对社会安全保障的实施层次有非常好的阐述。在社会安全保障实践方面，除自汉代开始的“常平仓”、隋朝的“义仓”，南宋年间的“社仓”等仓廒制度外，还有济贫、养老、育幼等保障措施，这些包括南北朝的“六疾院”和“孤独园”，唐宋年间的“悲田养病坊”、“福田院”、“居养院”和明朝的“同善会”。儒家

思想理论一直在我国社会经济文化历史上处于主导地位，各朝各代的所谓安全保障措施的设立也摆脱不了儒家社会思想理论的影响，儒家的“礼”、“仁政”等都是站在政权维护的立场上，儒家思想理论主导的社会安全保障措施的出发点也就离不开各朝各代政权稳固和社会安定的现实需要。农民起义是各朝各代兴替的主线，而农民起义多发的社会诱因是各朝各代末期都会面临到的不断加剧的土地兼并问题。土地历来可以说是各朝各代农民所有安全保障的物质基础，土地兼并导致大量农民流离失所，流民遍地，最终揭竿而起。虽说各朝各代最终没有能够摆脱农民起义的“厄运”，但不同时期所实施的安全保障措施在特定时期还是起到维护社会安定、扶贫济困等作用，不同程度地延续了相应朝代的生命周期。

民国时期，受西方民主革命和福利思想的影响，政府也做出了一些所谓社会安全保障方面的制度设计，如民国四年颁布的《游民习艺所章程》、1930 年在全国推行的救灾准备金制度，1942 年的《各省市县市地方救济事业基金管理办法》，1943 年的《社会救济法》，1944 年的《社会救济法实施细则》、《社会部奖助社会福利事业暂行办法》、《救济院规程》，1945 年的《管理私立救济设施规则》，1947 年的《赈灾查放办法》。但是在当时社会历史背景下，民族救亡、大国支持背后的各派势力角逐、社会意识形态的斗争等因素对诸如社会安全保障等社会事务在整个国家社会生活中形成“挤出”效应，社会安全保障的各项措施难以具体实施，这个时期社会安全保障制度对社会安全的维护功能也就成为一件难以衡量的事件了，无法进行有效的检验。

共和国建立初期，政府面临一系列窘境：遍及长江、淮河、汉水、海河流域 16 省区的特大洪水造成受灾人口 4500 多万人；城市中有数百万计的城市贫困户，灾民、难民、散兵游勇、失业人员、孤老残幼散落在城市各个角落。中央政府积极号召开展“生产自救”，组织实施以工代赈等社会安全保障措施，很快恢复了社会秩序，保持了社会稳定，使社会生活步入正轨。20 世纪 50 年代中期开始，在农村施行合作化，农民的生老病死依靠集体经济力量解决，对无依无靠无劳动能力的孤寡老人、残疾人、孤儿实行“五保”制度（保吃、保穿、保住、保医、保葬）。在城市实行施行充分就业政策，干部、职工及其家属依托政府和全民或集体单位享受各项安全保障福利。这段时期的社会安全状况是非常稳定的，具体表现在社会成员的安全感高。但这个时期的社会发展明显活力不足，社会生产力水平不高，经济增长有限，社会成员最终能够享受的各项社会安全保障福利也相当有限，笔者将这段时期的社会公共安全状况称为“贫困的安定、低水平的安全”。这样一种社会安全状况一直持续到改革开放。

中国社会自20世纪70年代末开始在农村实行“家庭联产承包责任制”的经济改革，农民收入在一个时期内有显著增加，加上乡镇企业的发展，农村社会安全保障所依托的集体经济实力有所增强，稳定的社会安全秩序也在一定程度上得以保持。但是农村集体经济的良好发展态势没有持续多久，工农产品剪刀差长时间地存在等因素使得中国农村在改革的过程中利益剥夺相对过重，加上农村基层政权建设不利，农民收入逐步呈下降趋势，农民税费负担沉重，最终形成中国社会所特有的“三农”问题，集体经济的衰败使得农村社会安全保障的经济基础大为削弱。在城市则进行“渐进式”的社会主义市场经济的改革，许多全民和集体企业在市场大潮的冲击下，要么破产，要么被迫进行重组、转制，与此相适应的劳动人事改革，将许多社会成员抛离出依托单位的各类社会安全保障范围，城市居民安全感骤然下降。有学者将中国的改革比喻成是正在进行的“马拉松式赛跑”，经济发展的过程就恰如比赛的过程，每一环节改革的推动都会使许多社会成员被抛出主流社会之外，形成利益相对被剥夺的群体，它就像马拉松赛跑过程的每个赛段都有运动员被迫出局一样。在农村依托集体经济和在城市依托工作单位的社会安全保障制度安排在改革的过程中被不断消解，而现代意义上的我国社会安全保障制度的社会化建设结果又是那么地难以跟上时代变迁的需要，户籍管理的松动，劳动力流动性的增加，使得社会公共安全管理的压力陡然增加，以致社会公共安全状态呈现出经济社会转型的特点，社会矛盾突发，各类群体性事件增加，公民安全感降低。社会经济改革、社会安全保障制度建设、社会公共安全维护的衔接难以达到无缝的状态。在宏观理论发展上，社会安全保障制度对社会救助济贫、最低生活保障、摆脱贫困等功能作用已经讨论得非常充分了，但是社会安全保障制度对社会公共安全保障的意义的讨论却显得相对不足，甚至是被忽略了。

五、小结与讨论

梳理世界范围内各国各地、我国历史各朝各代的社会安全保障措施，社会安全保障制度的确立对所在国家地区、朝代的社会安全的维护一直是本文坚持的主线，我们可以非常容易地发现社会安全保障制度在不同时期为不同的利益集团服务，这其中就包括不同意识形态的利益集团，从笔者有限的视野范围来看，对社会安全保障制度的讨论并没有出现像当年“市场经济姓‘资’姓‘社’”的大争论，正如市场经济只是一种资源配置的手段一样，社会安全保障制度也只是一种社会事务管理手段而已，共识的形成在很大的程度上节约了社会研究资源。但在其他方面，诸如社会安全保障制度的理论关怀及理论层次的细分、社会安全保障制度与经济发展的关系以及社会公共安全在诸层面的地位等还是有进行深入讨论的必要。

在社会安全保障的制度设计上，鉴于社会安全保障提供的相对有限性和社会成员社会安全保障需求的相对无限性的矛盾，和社会安全保障资源效率提高的需要，笔者关注社会安全保障制度在理论关怀及相应实践过程方面的层面细分。在宏观上，要强调人权基本内容的保障和现代社会制度文明成果的积累；在中观上，要强调社会安全保障制度的社会事务管理手段的属性，强调社会安全保障制度对诸如社会公共安全等大环境的营造；在微观上才是对诸如最低生活保障、扶助弱小幼残等的认真执行。笔者认为将社会公共安全的维护放在社会安全保障的中观层次来进行理论讨论和制度设计，从社会公共事务有效管理的角度上讲更为合适，这样就可以兼顾社会公共安全状况、大众安全感在全社会的宏观印象属性，和社会公共安全维护及事件处理等具体实践环节的需要。从已有的研究来看，部分学者已经充分考虑到社会安全保障因素在公共危机预警研究中的重要位置，将社会保障总支出占 GDP 比重、社会保障综合给付率、失业保障覆盖率、医疗保险覆盖率、城镇实际失业率、拖欠工资数额所占比例、最低生活保障人口比重、人均可支配纯收入增长率等都纳入到安全预警的指标体系中。[①] 笔者的这样一种想法部分得到了研究实践的支持。

---

① 参见张小明：“公共危机预警机制设计与指标体系构建”，《中国行政管理》，2006 年第 7 期（总第 253 期）。

笔者强调事件分析的“嵌入性”问题。首先，是社会安全保障制度“嵌入”到社会经济生活中，社会安全保障制度的建设需要庞大的资金支持，资金最终来源于社会经济发展的成果积累。在制度建设资金上，相当多的学者主张借鉴国外的经验，在我国设立社会保障税，以替代现有的缴费制度。[①] 这些讨论对改善社会安全保障资金的积累、管理等非常有益，最终的讨论对象都可以归位于国民财富分配的问题，但是社会安全保障各项制度和措施的落实，恐怕最终还是要依靠社会经济这个“大蛋糕”的不断做大。显而易见，只有经济这个“蛋糕”做大了，才能讨论如何筹集社会安全保障资金的问题和社会保障税的设立及运作的问题。同时，我们还要看到社会安全保障制度的建立对经济发展的巨大支持作用，现代意义的社会安全保障除关注人的基本生存需要外，更为关注人未来发展能力的获得，人力资源质量的提高，社会公平实现等，这些在国外某些地区社会安全保障制度设计中的教育福利部分得以清楚显现。社会安全保障制度对人发展潜力开发的关注，其实是对所有包含人这个要素的生产力的促进，最终表现为经济发展质量、速度、效益的全面提高。其二，是社会公共安全“嵌入”到社会安全保障制度中和社会经济发展中，经济建设需要稳定的外部环境，政治、社会环境，甚至包括生态环境的好坏是国际资本进行投资选择的一个重要影响因素，就一个国家和地区而言，良好的社会公共安全秩序更是有利于经济发展成果的积累。同时还应该看到，社会成员在享受各项社会安全保障福利的时候也离不开良好的社会公共安全状态。反过来看，社会公共安全秩序的维系又是和经济发展水平、社会安全保障水平紧密相连的。这是制度间的联动和互动，公共政策，特别是配套政策的制订与执行，需要对此给予充分的理解和尊重。

经济发展的“晴雨表”有很多，证券市场、人们主观感受、通货紧缩和膨胀、宏观调控目标实现程度等都可以作为经济发展的“晴雨表”，社会公共安全作为经济发展“晴雨表”的作用却时常被人们所忽视。社

① 参见崔光营：“开征社会保障税不应心存疑虑——关于社会保障基金筹集形式的调查、分析和思考”，《税务研究》，2000 年第 12 期；顾金龙、许文云：“关于我国开征社会保障税的立法分析”，《中国矿业大学学报》（社会科学版），2003 年 3 月；郭庆旺、张德勇：“开征社会保障税的深层次思考”，《税务研究》，2002 年第 3 期；李栋文、林金峰、蔡淑兰：“美国社会安全保障税制度及其借鉴”，《亚太经济》，2005 年第 5 期；李楠：“对社会保障费改税的思考”，《北方经济》，2006 年第 14 期；林国建、吴军海：“社会保障税的国际比较与借鉴”，《市场周刊》，2005 年第 11 期；庞凤喜、于晶：“论社会保障税开征必须考虑的因素”，《税务研究》，2006 年第 12 期（总第 259 期）；徐瑞娥：“开征社会保障税有关问题综述”，《经济研究参考》，2004 年第 7 期（总第 1775 期）。

会公共安全状况所反映出来的经济发展问题往往是带有根本性的，能够揭示出经济增长方式、速度控制、结构调整等方面的问题，就是表现形式有时过于激烈，只要研究者细心解读，就能发现很多问题。早在一百多年以前，托克维尔就注意到，社会大动荡往往发生在经历了经济增长的地方。有学者对20世纪90年代以来我国经济增长总结为“无就业增长、不公平增长”，经济增长但无发展的尴尬并没有完全得到解决，现阶段在全国各地发生的公共安全事件恰是现阶段经济运行“晴雨表”的反映。社会经济转型和结构调整的过程中总是要存有对我国现阶段社会公共安全来说是“失火”的因素，现代社会安全保障制度的完善则可以成为社会公共安全危机的“救火”因素或者是“灭火”因素。

参考文献

1. 巴瑞·布赞著，朱宁译：《新安全论》，浙江人民出版社，2003年。

2. 李强：“当前我国社会分层结构变化的新趋势”，《江苏社会科学》，2004年第6期。

3. 高书生：“关于搭建中国社会保障新平台的设想”，《经济研究参考》，2003年第4期。

4. ［美］顾衍时：《美国税务》，长青文化公司出版社，2002年。

5. 韩克庆：“经济全球化与中国社会保障制度的构建”，《广东社会科学》，2005年第2期。

6. 黄安年：“当代西方国家社会保障制度的演变”，《求是学刊》，2002年5月。

7. 刘胜湘：“试析西方综合安全研究”，《国外社会科学》，2006年第2期。

8. 刘晓梅：“建设和谐社会进程中群体性事件的法社会学思考”，《中国人民公安大学学报》，2005年第3期。

9. 马海涛：《构建和谐社会的财税政策》，第16次全国财政学教学研究会交流材料，2006年。

10. 马克思：《哥达纲领批判》，人民出版社，1965年。

11. 潘莉：“社会保障与经济增长相关性的理论分析”，《学术论坛》，2005年第2期。

12. 宋宜斐：《关于开征社会保障税问题的探讨》，中央财经大学本科毕业论文，2005年。

13. 唐钧：《中国社会救助制度的变迁与评估》，http://thjp.vip.sina.com/L.htm。

14．王红敏、高晓辉：“构建和谐社会下开征社会保障税的迫切性及其税制设计”，《价值工程》，2006 年第 6 期。

15．王敬之：《美国社会安全福利退休制度》，长青文化公司出版社，2002 年。

16．王榕平、王启民：“世界社会保障制度的历史渊源和发展概况”，《福建师范大学学报》（哲学社会科学版），1996 年第 4 期。

17．王绍光、胡鞍钢、丁元竹：“经济繁荣背后的社会不稳定”，《战略与管理》，2002 年第 3 期。

18．［美］威廉姆著，解俊杰译：《当今世界的社会福利——当代社会保障制度研究丛书》，法律出版社，2003 年。

19．郑功成：《中国社会保障制度变迁与评估》，中国人民大学出版社，2002 年。

20．《中共中央关于构建社会主义和谐社会若干重大问题的决定》，人民出版社，2006 年。

完善政府采购制度
激发民营科技企业自主创新

闫　敏*　于文婧**

一、政府采购制度的公共政策分析

政府采购的公共政策功能，也即宏观调控功能，是指政府利用政府采购的资源优势，在满足采购基本要求的前提下，实现一些政府的经济与社会宏观调控目标。在政府采购活动中，政府作为采购的主体，它不仅是一个采购人，而且也是一个公共政策的制定者和实施者、社会公共利益的代表者和管理者。采购主体身份的特殊性决定了政府采购不但有商事目标的追求，而且必定要考虑公共政策问题。政府在满足采购基本要求的前提下，必定会通过其采购活动来影响社会经济活动，促进政府经济社会目标的实现。从宏观角度而言，这种影响既涉及经济总量又涉及经济结构。政府可以通过采购总量的调节调控社会总需求，保持宏观经济稳定；也可以通过采购品种、供应商的选择，加快相关产业的发展，保护国内企业和中小企业，促进产业结构的调整、地区经济的均衡等。从微观角度而言，政府采购制度作为市场经济条件下各国财政制度的重要组成部分，可以通过政府的政策强制力和强大的市场购买力，通过确立采购什么、采购多少、向谁采购、如何采购等方式，直接影响采

*、**　中央财经大学财政学院。

购的结果和供应商等微观经济主体的行为。由此可知，当政府采购的天平偏向自主创新产品和服务时，必然会大大刺激供应商自主创新的积极性，促使其依靠自身的研究开发，实现科技成果的商品化、产业化和国际化。

此外，一般说来，政府采购作为公共部门使用公共资金的职能性行为，必须遵循公开、公平、竞争、经济效益和廉正性等五大原则。其中公平性原则是指采购主体应当为供应商以竞争性方式获得采购合同提供公平的途径，公平性的另一个要求是：合同的授予要兼顾政府有关经济和社会目标的实现。在政府采购竞争中，无论是从生产规模，还是从产品的竞争力来看，往往是那些垄断企业占据优势地位，而中小企业处于不利的地位。如果按其实力，他们很难获得政府采购合同。但是以民营经济为主体的中小企业在当今社会经济发展中具有重要地位，国家政策把发展中小企业、完善中小企业服务体系作为一项基本政策，并且把它作为国家（地区）经济安全的战略性举措。所以政府部门应该在政府采购时对其有所倾斜。

二、政府采购制度对民营科技企业自主创新的作用

从市场经济的角度来看，采用政府采购这种“需求拉动”的方式支持民营科技企业进行自主创新，能极大地提高其自主创新的动力，从而更有利于民营科技企业的发展。具体可以从以下几个方面分析。

1. 能极大地提高民营科技企业自主创新的动力。民营科技企业大多为中小型企业，在其发展初期，由于用户和消费者接受其产品和技术需要一个时间过程，这就会造成厂商进入时，所面临的市场有限，市场占有率低下，从而对企业的发展构成了威胁。经济学分析表明，即使这些中小企业能成功地创造超额利润，但是由于市场存在的种种缺陷，也无法收回所创造的全部利润。如果是垄断市场，那么民营科技企业的发展有可能会被扼制。特别是在竞争白热化的今天，其发展遭遇到前所未有的压力和挑战。在上述市场失灵的情况下，《政府采购法》和政府倾向型采购对扶持民营科技企业自主创新，从而促使其发展就很有必要。

2. 鼓励民营科技企业追加利用潜在技术创新资源。政府采购，一方面可对企业的科研成果进行采购，政府提出具体技术产品性能要求，悬赏企业进行研究开发；另一方面对企业的产品进行采购，通过政府采购创造一个稳定的市场空间，降低新产品早期进入市场的风险，推动企

业对新技术、新工艺和新产品的研发。这样无疑会鼓励企业对技术创新资源多加投入并进行创新活动，如增加研发人员数量、增设研发机构，投入更多的研发经费等。

3. 从技术创新环境角度方面给予指导。政府采购可起到示范作用，营造良好的技术创新政策环境和社会环境。政府在采购时积极支持自主创新，如把具有自主知识产权的产品纳入政府采购优先目录，使用政府资金的采购活动和国家重大项目建设，都要优先采购具有自主知识产权的产品等，这样必然影响国民认识，提高自主品牌的知名度和影响力；引导社会其他主体的采购行为，引导企业、个人投资者和消费者，在采购过程中，树立起支持自主创新的意识，并尽可能地落实到行动中。如果政府的政策和行为能引导社会其他主体通过采购支持自主创新，这种作用必然会大大增强。

三、国内外政府采购制度激发民营科技企业自主创新的现状

（一）我国政府采购制度激发民营科技企业自主创新的现状

1. 政策上的扶持。就我国而言，我国各级政府对民营科技企业的发展越来越重视，支持它们进行自主创新的政策体系也越来越完善，发挥的作用也越来越显著。与中小企业一样，民营科技企业也受益《中华人民共和国政府采购法》中对中小企业的特别规定。

我国的《中华人民共和国政府采购法》，其中专列了支持中小企业发展的内容："在同等条件下，政府采购应优先向中小企业倾斜，并将政府采购的商业机会向本国产品、符合环境保护要求的产品、不发达地区和少数民族地区的供应商倾斜，给予资金支持，体现政策导向。"而且，我国的政府采购政策鼓励和扶持中小企业发展的导向法律化，将为其发展创造更为广阔的市场。同时，《政府采购法》也明文规定，将促进中小企业经营管理水平提高和生产设备的现代化，充分发挥中小企业在维护市场竞争活力和国民经济稳定增长中的作用。

同时，很多地方政府都意识到了要保护民营科技企业在政府采购中的平等地位，如《四川省民营科技企业条例》、《湖北省民营科技企业条例》等都提到：民营科技企业在承接基本建设、技术改造和政府采购等项目和承担国家、行业、省的计划任务中，具有与国有企业平等的权利。

2. 存在的问题。从支持民营科技企业发展的角度看，目前我国的政

府采购制度和法律主要存在这样一些问题:其一,虽然在我国政府采购法中也提到:“在同等条件下,政府采购应优先向中小企业倾斜。”但是,由于没有在如何向中小企业倾斜上提出硬性的规定和要求,加上没有配套的实施细则和措施,实际上并没有发挥明显的作用。在企业实际的创建过程中,企业期望得到的优惠政策与实际得到的仍有一定差距(见图 1 和图 2)。其二,相对于发达国家,现有法规和政策既没有要求将政府采购订单量划出一定的比例给予中小企业,又没有规定把大额采购合同和采购任务分成几个部分实行招标从而使中小企业可以参与投标竞争,还没有制定相关金融政策支持有条件的中小企业参与政府采购合同的投标,导致这些企业参与政府采购投标的机会很少,即使能参与投标,中标的机会也很少。其三,我国政府采购本国高新技术产品的少,采购自主品牌的少,外国品牌的多,政府采购招标中唯“洋品牌”是瞻的情况屡屡发生,国有自主品牌在与洋品牌的对阵中屡屡提前出局。

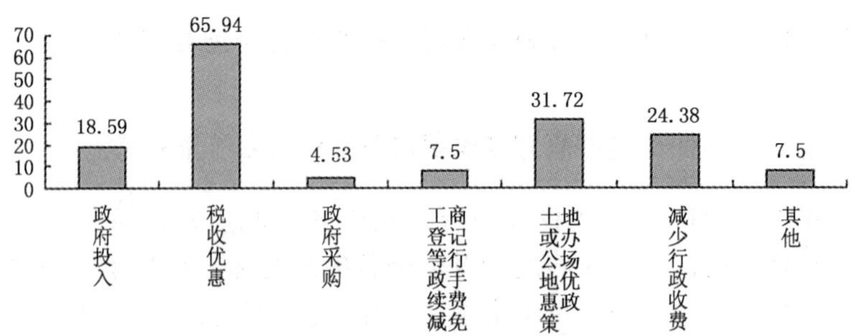

图 1 企业创新过程中享受过的优惠政策分布（%）

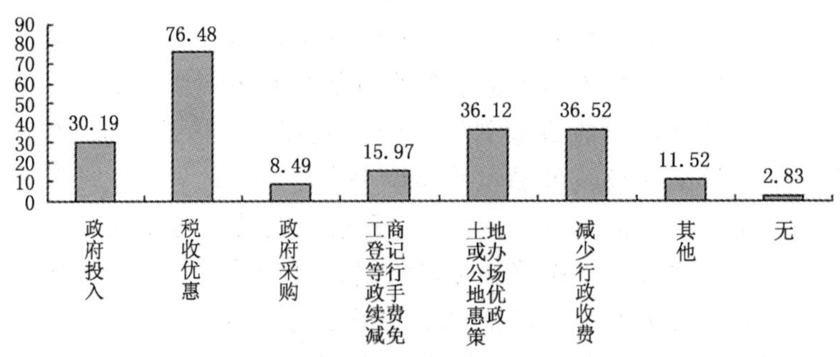

图 2 企业创建阶段最希望的支持分布（%）

由于这些原因，我国目前的政府采购制度在支持民营科技企业自主创新和发展方面并没有能发挥太多的作用，还存在着很大的发挥空间和潜力。

（二）国外扶持中小企业发展的政府采购制度案例分析

由于中小企业在促进经济增长、加速技术进步、推动自主创新、扩大就业、维护社会稳定和保护适度市场竞争秩序等方面具有十分重要的作用。因此，世界各国，包括发达国家和发展中国家都非常重视对中小企业的管理和支持，在政府采购方面也制定了许多政策对其加以保护和激励。下面，以美国为例，简要说明。

为了维护中小企业的利益，防止政府采购过程中“大鱼吃小鱼”的不公平现象发生，美国政府在法律制定、政策扶持和组织推进等方面做出了诸多努力，政府每年的财政预算中都有相当大的比例用于向私营企业购买商品和劳务，使10%以上的中小企业成功地参与政府采购并获取了政府采购订单，促进了中小企业的发展。

1. 美国制定扶持中小企业发展的政府采购政策。在争取政府采购订单过程中，大型企业由于技术先进，资金雄厚，生产能力强等原因，极易通过超低报价挤压中小企业，使中小企业在信息、报价竞争中处于劣势。为了维护政府采购公开、公平原则，为中小企业分享政府采购利益创造条件，美国在扶持中小企业参与政府采购方面，做了法律上的相关规定。例如，《联邦政府采购法》中关于采购合同的公开规则，要求政府一切采购合同公开、透明，目的在于扩大竞争范围；吸引更多企业进入政府采购市场；为中小企业提供得到政府资源的机会，扶持其生存和发展。又如《美国产品购买法》要求政府采购部门优先购买美国产品和劳务，并通过给本国供应商优惠价格去参与采购报价的竞争。其中给予中小企业的优惠比大型企业更甚。该法规定，在政府采购项目的国外报价中，只要本国供应商的报价不超过外国供应商报价的6%，则优先交由本国供应商采购；如果本国供应商为中小企业，则该幅度更可高达12%。

2. 美国地方政府采购优惠计划。在美国，地方政府为了扶持中小企业发展，通过一系列优惠计划鼓励中小企业参与政府采购。这些地方政府采购优惠计划归纳起来主要有以下三个方面：(1) 在政府采购的报价、信息披露方面，为中小企业降低参与门槛，并提供社会化服务；(2) 降低政府采购项目的标的，增强中小企业竞争力；(3) 制定面向中小企业的政府采购目标。例如新泽西州经过对供应商的调查，发现中小企业有能力占有7%的政府采购份额，即在次年的采购计划中专门作出规定：政府采购支出的7%必须支付给中小企业供应商。

3. 积极开拓国外政府采购市场。美国政府不仅鼓励和支持中小企业参与国内政府采购竞争，而且大力协助其开拓国外政府采购市场。为了打开外国政府采购市场，美国政府积极与外国政府和国际组织签署有关国际性的采购协议以及相应的贸易协议，并在各协议中争取设立美国中小企业进入别国政府采购市场的有力条款。

4. 设立小企业局（SBA），帮助小企业获得政府采购。美国小企业局的主要职能是：编制小企业能用于军事和防务生产的产品目录；鼓励联邦政府主要承包商分包给小企业；向有关联邦机构提出建议，把原材料的一个公正的份额分配给小企业，并与联邦政府采购官员合作以便充分利用小企业的生产能力。

三、激发民营科技企业自主创新的政府采购政策建议

通过对我国政府采购制度的现状和国外一些国家的政府采购制度的考察，我们可以看出制定有效的政府采购政策可以有效地促进民营科技企业进行自主创新，从而促进其更快、更好地发展。具体而言，政策制定可以从如下几个方面入手。

1. 完善相关法律法规，以实现对民营科技企业的扶持。通过立法、逐步实现政府部门或接受财政拨款的单位必须按一定比例采购本国民营科技企业的技术和产品，达到扶持、保障民营科技企业发展的目的。具体而言，可以通过立法规定在政府采购订单中，必须有一定的比例给予民营科技企业，要优先采购民营科技企业自主创新的新产品。同时规定，在大企业获得的政府的大额订单中，必须向民营科技企业分包一部分零部件和产品。在商品和服务质量无明显差别的情况下，可适度优先采购民营科技企业商品。《国家中长期科学和技术发展规划纲要(2006—2020年)》若干配套政策中就已提出，要建立财政性资金采购自主创新产品制度，建立自主创新产品认证制度，建立认定标准和评价体系，加强预算控制，优先安排自主创新项目。

2. 合理分解大额采购合同，使民营科技企业能参与竞争。规定把大额采购合同和采购任务分解成几个部分实行招标，使民营科技企业可以参与投标竞争，获得合同订单。民营科技企业规模小，在参与投标竞争中无法与大型企业抗衡，政府应将大额采购合同和采购任务实行分割招标，使其能参与投标，并且让其充分发挥其优势而中标，为民营科技企业创造更多的投标机会。

3. 在扶持民营科技企业发展过程中防止地方保护主义。由于政府采

购份额大，各地政府为了扶持本地企业，特别是民营科技企业的发展，在进行政府采购过程中容易对外地企业设置进入障碍，使有竞争优势的外地企业不能参与当地政府采购。这一做法，不仅使本地企业由于失去竞争对手，不思进取，不利于企业创新与技术改造，而且由于各自为政，相互封锁，也不利于区域经济的均衡发展。因此，各级政府应当鼓励所有符合条件的我国企业参与政府采购市场的竞争，以提高民营科技企业的竞争能力，促进区域经济协调发展。

4. 制定有效的金融扶持政策支持民营科技企业参与政府采购。我国应在已有的金融机构或通过建立新的金融机构支持有条件的民营科技企业参与政府采购合同的投标，对中标的民营科技企业，金融机构应通过账户托管等方式酌情发放信用贷款，增强民营科技企业参与政府采购的经济实力。

5. 建立以民营科技企业局为平台的民营科技企业政府采购绿色通道。建立这样的绿色通道，对于贯彻国家政府采购的相关政策和法规，对于改善民营科技企业自主创新和发展的环境的作用都大有裨益。而民营科技企业局应做好诸如统一政府采购信息披露、加强政府采购知识培训、协调各企业之间的关系等相关工作。

参考文献

1. 仲伟俊、胡钰、梅姝娥：《民营科技企业的技术创新战略和政策选择》，科学出版社，2005 年。

2. 黄孟复：《中国民营企业自主创新调查》，中华工商联合出版社，2007 年。

3. 叶伟巍、郑锦宜：“激发高技术企业自主创新的政府采购制度研究”，《科学学研究》，2007 年第 6 期。

4. 王敏：“政府采购与促进中小企业发展”，《中国政府采购》，2005 年第 3 期。

5. 倪娜：“政府采购扶持中小企业之途径”，《现代企业》，2005 年第 4 期。

6. 张毅华、王学栋：“美国政府促进中小企业技术创新的政策措施及启示”，《石油大学学报》（社会科学版），2000 年第 16 期。

7. 何平均：“论支持自主创新的政府采购制度的完善”，《事业财会》，2007 年第 1 期。

政府职能演变、政府施政工具选择与预算变革

童　伟*

一、引言

在现代经济社会中，政府预算早已超越了单纯的财政范畴，而具有了更丰富的内涵。在市场导向的经济中，政府的基本作用在于克服市场缺陷，促进资源的有效配置，以确保财政资源被优先用于国家战略目标和政策优先方向的实现，为经济发展和公众提供市场无法实现的公共服务。在这些方面，预算发挥着极其重要的作用。

政府施政的本质是制定和实施公共政策以促进公共利益的不断改善，预算将公共政策的运作和公共资源的配置融入正式的政治程序中，使政府预算成为政治过程的核心。没有政府预算的支持，任何政策和战略目标都是空洞而无法实现的。政府施政的过程即是政府做出承诺和兑现承诺的过程，预算将政府承诺转化为具体的行动方案和"财务的语言"（资金安排），从而加强了政府承诺的可信度和公共政策的有效性。

政府施政还可以看作是了解民意并对民意做出恰当回应的过程。这个过程同样"落入"预算的框架中：人民希望政府做些什么？希望如何去做？政府如何对民众的需求与意愿做出及时而恰当的回应？预算都可

* 中央财经大学。

以提供一个正式的答案。通过为政府偏好的支出项目提供资金，通过削减、终止或否决低价值的支出项目，预算得以直接影响政府施政中的"作为"或"不作为"。此外，通过在相关的预算文件中详细说明政府的职责和法定义务，预算将政府施政约束于一个具有法律效力的框架下。从这一意义上来说，预算已成为政府施政最重要、最恰当的工具，对政府施政和社会经济发展具有深远的影响。

然而，由于认识的局限和转轨进程的阶段性目标所限，预算制度的改革和建设在相当长一段时期并未受到包括俄罗斯和中国在内的转轨国家以及学术界应有的重视，只是在预算主体——政府的职能作用得到强化后才逐步演变为政府改革的重心，走到改革的前台来。

同理，相对于发达国家来说，对俄罗斯的研究迄今为止在我国仍是一个较为冷辟的领域，而对具有极强的实现意义和借鉴价值的俄罗斯预算制度改革的研究更是还未有人涉足的空白，本文从政府职能定位对政府施政工具的影响，以及俄罗斯结果导向中期预算改革的出发点和改革路径的分析出发，从预算总量控制、资源配置和运营效率三个方面对俄罗斯公共预算决策和运营效率改革的经验教训进行全面总结和评述，这种研究方法和角度不仅是理论工具和研究视角上的一种创新，对于我们推进预算制度改革、建立新型的绩效预算也具有重要的现实意义。

二、俄罗斯转轨进程中政府职能定位的演变进程

自1991年独立以来，俄罗斯走过了一条极其艰难的转轨之路。这一转轨进程大约可以划分为两个阶段，即叶利钦激进转轨时期和普京渐进改革时期。在这两个不同时期，俄罗斯政府的职能定位也发生了巨大的变化。

在经济转轨之初，叶利钦—盖达尔政府采用了以萨克斯为首的西方专家参与制定的"休克疗法"方案，遵循以货币主义为核心的新自由主义经济学说，选择了自由市场经济模式。根据"华盛顿共识"改革方案，俄罗斯实行了"小政府"或"弱政府"，其特点是，对自由市场经济体制的自发性资源配置功能深信不疑，力图将政府在经济发展中的作用控制在尽可能小的范围。然而，市场化进程是一个经济社会全方位转化的过程，经济自由化只是其中的一个方面。事实上，经济自由化程度的绝对提高在俄罗斯是以牺牲国家和政府对社会经济的干预能力为代价的。

对此，俄罗斯知名经济学家格拉济耶夫指出："华盛顿共识"强加给俄罗斯的"休克疗法"，其实质就是使政府自动放弃了对经济的调控，并限制了政府维护法律制度的职能，从而导致国家政治混乱、联邦控制力减弱、经济急剧衰退、人民生活水平大幅度下降、人口锐减、对国家财产的分配被犯罪和寡头所独占。[①] 波兰经济学家科勒德克进一步指出："转轨并不意味着社会会让自由市场的盲目力量独自主宰其命运。只有当市场完全成熟，没有缺陷并有效地为政策所控制时，它才能完全自由。或者换句话说，它无法完全自由，事实上没有任何地方可以完全自由。只要这一点是错误的——它确实是错误的——即自由市场能最好地为自由社会服务，那么政府就必须干预市场的运作，使之服从于社会的需要。""随转轨而出现的不利后果，特别是大萧条和令人失望的经济增长速度，显然是政策失误所造成的。其中最要紧的是政府作用被忽视了。政府应当重新定位，而不是被抛弃。政府不应从经济活动中退出，而是应当转换角色，在适度管理、基础设施和人力资本投资方面发挥有力的作用。"

为此，普京上台后即强调应加强政府的调控作用，并提出了"以国家调节为中心的控制与发展"改革方案。在《千年之交的俄罗斯》一文中，普京详细阐述了他的这一治国理念：信念、权威和秩序，即以俄罗斯思想来重建俄罗斯人的精神支柱，并以此作为实现社会团结和睦的信念；以强有力的国家政权体系来恢复联邦中央的权威，以维护俄罗斯联邦的统一和完整；以国家的宪法和法律作为公民共同的游戏规则来重建俄罗斯的法律秩序。

在此背景下，作为政府宏观调控的重要手段与国家战略发展目标实现的重要工具——预算制度的改革和完善被置于前所未有的高度，受到了高度的重视。普京在就职总统后不久向国会呈递的预算咨文中即指出，俄罗斯的预算制度已不适应市场经济的发展，必须进行改革和重建，俄罗斯"预算制度的改革应有助于促进经济稳定增长，有助于政府履行施政承诺，减少社会不平等现象，使国家支出取得高效益。"

三、俄罗斯结果导向中期预算改革的背景分析

在经过了近10年一轮又一轮的政治经济改革浪潮，民主宪政制度

---

① 格拉济耶夫1999年3月5日在《独立报》上发表文章提出上述看法。

基本确立、市场经济体制基本形成后，俄罗斯公共关系领域一系列基础性改革终于启动并开始实施。这一领域改革的中心就是建立结果导向预算机制，完成公共支出管理从“管理支出”向“管理结果”模式的过渡，这一改革始于2000年，计划于2008年结束。

在相当长一段时期，俄罗斯实行的是传统的条目预算，条目预算是投入预算的一种形式，即预算的申报、审批与对执行过程的监控均以“投入”为核心展开，资源申请者只需按明细条目列示所需投入的数量和资金用途，就可以从预算系统中得到预算资金。至于使用预算资金取得了什么结果，并不为人们所关注。对投入结果的忽视使预算申请者即便不能利用公共资源产生对社会有意义的结果，也照样可以从预算获得丰厚的资源，而且获得的数量不受资源使用结果的影响。就算预算申请者事后挥霍浪费掉了预算资源，在未来财政年度中仍可以一如既往地得到预算资金，甚至会比以往年度得到的更多。这等于赋予公共组织一种永久性的特权：无论投入的资源是否带来产出，它们都有权从预算资源池中永不停歇地索取资源。

由于投入预算需要遵循详细的事前控制和严格的拨款规则，包括限制（甚至禁止）在各支出项目间的资源转移。为此不得不在预算中详细编列许多具体的支出项目，使得投入预算成为一个十分复杂和难于管理的系统，决策者和管理者都不得不花大量的时间、精力和资源应付琐碎而大量的投入控制问题，看这些钱的使用是否符合有关规定。

在俄罗斯，这种自上而下的各式各样的规则、条例、命令有数千条之多，如果不以降低预算资金的使用效率、甚至是以预算损失为代价的话，要想完全遵守是绝对不可能的事情。这种在表面上规章制度严格，实际上执行约束软弱的情形，使预算资金获得者应该承担的责任具有极大的弹性，在人类趋利避害本能的驱使下，规避管制、攫取最大利益的冲动，往往使预算执行结果严重背离初衷，损害了预算编制目标的实现。在2000年初预算改革开始前，俄罗斯的公共支出管理就处于这样一种极不协调的状况中：

（1）形式上的高度集中——实质上的各自为政；

（2）权限的不确定——责任的不确定；

（3）计划详尽周全——执行和报告的不对称；

（4）监管预算执行是否与计划相符——不监管预算编制的目标和执行结果；

（5）软预算约束——预算赤字。

从理论上来说，要克服这种不足有两种方式：一是加强对各个条例、规则、命令遵守情况的外部监督。其结果是，要么预算职能全面停顿，因为这些条款中的绝大部分根本无法执行或完全不合理；要么阳奉阴违的行为更甚，这些条款根本不被执行。二是合理分散财政资金管理权限，以建立鼓励所有预算参与者追求可计量结果的长效激励机制。

在一个国家中，预算制度应该是统一的，但预算资金的管理权限应该是相对分散的，也就是说，各类预算资金的管理者既各自独立，在很大程度上又彼此竞争，以证明自己高效、合理、透明地使用了纳税人的资源，提供了最好的公共服务。目前，俄罗斯在政治和经济领域已实现了权限和责任的划分，改革的逻辑已转入对公共支出管理及公共部门的管理上来。

四、俄罗斯结果导向中期预算改革的路径分析

俄罗斯预算改革的核心就是实施在西方发达国家广泛采用的“结果导向的中期预算”，其实质就是在对预算资金进行长期预测得出的总额控制内，根据未来社会经济发展的优先方向，在预算资金管理者间或直接在各预算规划间分配预算资金。

中期预算计划的内容极为丰富，不仅包含对未来数年间财政收支状况、国内外宏观政治经济形势的分析和预测，还包括针对国家政策优先方向协调财政政策措施的制订和实施。根据“俄罗斯联邦预算过程改革构想”要求，俄罗斯中期预算计划不仅要明确预测未来3年间预算收入和支出的规模与构成，以及由整个经济能力的发展决定的抵偿各种支出的可能性，而且要测算出各计划年度的经济增长率、失业率、物价水平及消费、投资、进出口等一些重要的经济社会发展指标，以作为测算政府财政收支的依据和作为私人投资与消费决策的参考。

2006年对于俄罗斯预算制度改革来说具有划时代的意义，在这一年，俄罗斯第一次编制了中期预算计划，俄罗斯联邦预算第一次成为长期财政计划的一部分；从这一年起，俄罗斯预算编制第一次开始以国家战略方针、政策目标和优先发展方向为基础，联邦预算支出首次同政府政策目标结合在一起；也是从这一年开始，不论是联邦、联邦主体，还是地方政府，在编制预算时都必须明确列示出各自的发展目标、可计量的预期成果，并确保预算政策的连续性、可预见性以及透明性和公开性。所有这一切表明，俄罗斯的预算管理已进入了一个新的历史时期，

实现了质的飞跃。

（一）俄罗斯中期预算政策的目标和任务分析

中期预算政策的制订和实施应以国家优先发展方向和战略发展目标为核心，因此，总统在每年向联邦议会提交的国情咨文中提出的国家发展战略目标就成为俄罗斯制订和修正中期预算政策的基础。近年来，围绕“富民、改革、强兵”的发展战略，俄总统普京在国情咨文提出了一系列社会经济领域的改革措施，将俄罗斯的长期发展战略定位为：实现国内生产总值翻番，提高国家经济竞争能力；消除贫困，提高居民生活水平；保障国家安全和法律秩序，推进军事现代化，提升国家的国际地位。为此，俄罗斯联邦将2007—2009年间中期预算的主要任务确定为：（1）加强中期预算规划的作用，提高预算资金管理者的独立性和责任感，通过制定和推广部门财政资金管理质量评估方法和程序，发展内部审计，加强财经纪；建立激励机制鼓励预算资金投向更有使用效率的方向，提高预算支出的效率；继续将行情收入（石油收入）储蓄到稳定基金，为保障预算制度的长期平衡创造条件；（2）提高人力资源质量；（3）保障国家和地方政府采购的公开、透明和高效，扩大国家和地方政府采购的合作；（4）完善国有资产管理；（5）改造和扩大国家投资体系，支持本国产品的出口和技术进口，保障大型投资项目的国家财政投入。

（二）中期预算计划因素分析

中期预算计划的形成通常是基于对社会经济发展主要经济指数的预测，以及对影响预算政策和预算收支状况的各种内部和外部因素的分析和预计。俄罗斯经济发展和贸易部以“乌拉尔”牌石油价格为基准，在假定2006年石油价格每桶62美元、2007年58美元、2008年53美元和2009年48美元的基础上，对经济发展做3种方案的预测。第一种为消极方案，指的是在本国产品出口价格竞争力减弱、出口规模不变、进口替代提高情况下，经济增长速度减缓。在这种情况下，俄罗斯GDP的增长速度将由2006年6.6%降到2008—2009年的4.8%—5.0%。第二种为温和方案，反映的是俄罗斯商业竞争力加强、经济结构改善情况下，国民经济将保持适度的增长速度。在2008—2009年间，GDP的增长速度将为5.6%—5.7%。第三种为乐观方案，指的是随财政体系和国家投资的不断健全和发展，俄罗斯商业竞争力将大幅度提高，国民经济将迎来快速发展。在这种情况下，俄罗斯 2008—2009 年 GDP 的增长速度将超过 5.9%。

在确定了宏观经济发展基本格局后，通常采用第二种方案对中期财政预算情况进行预测，编制中期预算计划。

1. 中期预算收入预测分析。2007—2009 年间，据俄罗斯经济发展和贸易部预测，俄罗斯联邦预算收入将基本保持上升的态势，具体见表 1。

表 1　　**俄罗斯联邦中期预算收入预测**　　单位：亿卢布

	2006 年		2007 年		2008 年		2009 年	
	数　额	比重，%	数　额	比重，%	数　额	比重，%	数　额	比重，%
预算收入	61591	100.0	69653	100.0	69056	100.0	74640	100.0
组织利润税	4444	7.2	5710	8.2	5390	7.8	5602	7.5
统一社会税	3104	5.0	3688	5.3	4221	6.1	4755	6.4
增值税	15345	24.9	20718	29.7	23468	34.0	30194	40.5
矿产开采税	11277	18.3	10377	14.9	9054	13.1	8061	10.8
出口关税	19359	31.4	19988	28.7	16818	24.4	14941	20.0
进口关税	3256	5.3	3953	5.7	4757	6.9	5591	7.5
其他收入	3731	6.1	3951	5.7	3946	5.7	3937	5.3

资料来源：Постановление Правительства РФ от 28 08 2006 г.《Основные Направления бюджетной и налогвой Политики》на 2007 г.

从表 1 可以发现，在未来几年间，来自矿产开采税和出口关税的收入将大幅减少，如果说 2006 年这两项税收收入占到了预算总额的一半(49.8%)，那么到 2009 年，这一比重将缩减到 30.8%，减少近 40%。与此同时，增值税取而代之成为最重要的预算收入来源，在 2007—2009 年间增值税平均增长幅度达 17.9%，占预算收入总额的比重将由 2006 年的 15.6%上升到 2009 年的 40.5%。

石油收入减少的部分原因虽然是预计石油价格将会逐步下降，将由 2007 年的每桶 61 美元降至 2009 年的每桶 40 美元，但也与俄罗斯有意降低石油开采速度、减少石油出口量，致力经济结构调整有很大的关系。虽然近十年来，俄罗斯的石油开采量和出口量都在不断上升，十年间绝对数额增长了近 100%，但其相对增长速度却在不断减缓和放慢。在预计国际石油价格将下跌的情况下，不提高石油开采量和出口量意味石油收入将大幅减少，而这必然会对俄罗斯联邦的财政稳定带来一定的冲击。因此，为了保障宏观经济的稳定，弥补因石油收入减少而对财政收入造成的损失，俄罗斯将未来的政策重心放在加强国家对经济的干预，加大政府投资，兴建大型国家工程，完善税制和税法、加强税收征管和监督，强化政府与实业界的对话，使影子经济逐步公开化等方面上来。

2. 中期预算计划支出预测分析。预算支出应能保证国家职能的顺利实现、保障财政收入和支出的长期平衡，并按国家政策的优先方向和预期结果组织预算支出。因此，在确定了主要的预算指数后，按法律规定的支出义务清单确定俄罗斯未来 3 年的国家预算支出和国家预算外基金支出计划，是俄罗斯中期预算形成的基本要求。

2007 年俄罗斯联邦预算支出预计为 54638 亿卢布，将比 2006 年提高 27.9%，占 GDP 的比重也将由 2006 年的 15.4%上升到 17%。预算支出快速增长的原因是国家将大幅度提高国家公务员、预算领域工作人员、军人的工资和津贴，改善退休人员及其他弱势群体的生活水平。2007 年俄罗斯联邦预算支出结构见表 2。

表 2　　2007 年俄罗斯联邦预算支出结构　　单位：亿卢布

	2006 年	2007 年	2008 年	2009 年
全国性问题	6420	8213	8585	9050
国防	6592	8212	9195	10372
国家安全和护法活动	5395	6648	7208	8465
国民经济	3468	4959	5336	6059
住房公用事业	534	499	373	314
教育	2081	2785	2925	2966
医疗卫生和体育	1561	2062	2025	2137
社会政策	2172	2109	2545	3248
总计	43243	54638	60092	66065

资料来源：Постановление Правительства РФ от 28 08 2006 г.《Основные Направления бюджетной и налогвой Политики на 2007 г》.

2007—2009 年间，俄罗斯联邦预算支出的主要方向为：（1）提高居民生活水平和质量。普京在 2006 年国情咨文中强调，国家将采取积极的措施，以提高居民的实际收入水平和就业率，保障公民储蓄和财产的增长，改善公共服务质量，发展住房市场，为居民提供高质量、舒适的住房。（2）保障经济稳定高速发展。经济稳定增长可创造新的就业机会、提高工资收入、加强国家财政能力，是解决一系列社会问题的基础。对于俄罗斯来说，保障国家经济的快速稳定增长的首先条件是保持国家财政稳定，即较低的通货膨胀率和本国货币的稳定；其次是降低税收负担、保护所有权、保障经济自由和平等竞争；以及保障交通、道路、能源、航天和其他战略经济领域的发展。(3) 保障国防安全。国家有责任保护居民不受任何形式的外来军事、政治压力，不受潜在的外部侵略威胁，为此必须确保拥有强大的国防实力，必须实施军队改革及其现代化进程。因此，国防支出也是俄罗斯预算支出的主要优先方向之一。(4) 为国家的未来发展创造条件，这是任何一个有社会责任感的国家最重要的使命，国家应当有能力使人民坚信，他们的后代将过上更好的生活。为此国家应在保护自然、提高教育竞争力、培养创新机制、发展先进科学技术、保障公民权利和自由、发展公民社会和民主、提高国家组织效率、与腐败作斗争等方面做出更多的贡献。

(三) 专项规划——结果导向预算改革的核心

俄罗斯结果导向预算改革的核心是向专项预算规划过度。与目前占主导地位的预算计划编制方式（条目分类基础上的支出指数化）不同，专项预算规划的编制有明确的目标和结果要求，其制订目标应符合国家政策的优先发展方向和战略目标，应有明确、具体并可计量的预期结果(包括直接结果——提供服务的质量和数量，以及最终结果——提供服务的效率)，以及检查实施结果的详细的指标体系。这种预算方式既保障了预算资金的分配和实际使用结果与国家战略重点和优先发展方向的一致，又确保了预算计划制订和规划财务管理的监督质量，是俄罗斯未来预算支出编制的重点发展方向。

俄罗斯专项预算规划主要包括联邦专项规划、联邦投资规划和部门专项规划。目前，以专项规划形式实现的预算支出约为联邦预算支出总额的 7%。其中规模最大、地位最高的是教育、医疗、住房和农业四大国家优先发展项目。普京在 2005 年 9 月 5 日对政府和议会的讲话中指出，政府有责任在与人民生活息息相关的教育、医疗、住房和农业领域兴建国家优先发展项目，以提高俄罗斯公民的生活质量。由此，这四个方面作为国家优先发展项目列入 2006 年联邦预算法，支出额为 1337 亿卢布，2007 年这一规模继续扩大，比上年提高了 54.3%，达到 2063 亿卢布。为此还成立了专门的总统委员会，监督这些项目的落实和实施。

除此之外，还有其他一些联邦专项规划，如“基础设施建设”、“未来一代培养”、“生命安全和环境保护”、“科学创新”和“均衡地区发展”5个方面共计48项联邦专项规划，这些专项规划的预算支出金额2007年总计5050亿卢布。

（四）改革预算分类系统，为结果导向预算改革提供可靠的技术保障

预算分类及预算核算担负着为预算各个阶段（从分析上年财务结果、准备预算草案及其执行，到编制财务决算报告）提供所需全部财务信息的重任，因此，预算分类的设置直接关系到预算决策和预算执行的效率，是完善预算资金管理体系、提高政府部门和预算资金管理者活动的透明度、保障结果导向预算改革实现的最重要、最基本的工具。

俄罗斯预算分类改革开始于2004年对联邦法律“预算科目分类”进行的修订。其目标为：（1）提高预算过程参与者和预算资金管理者的独立性和责任感；（2）根据国家和地方政府履行的主要职能确定支出分类结构；（3）按国际标准确定财务报告和国家财务统计的基本形式。

向国际标准靠拢的预算科目改革为扩大预算资金管理者权限、逐步推广全面价值评估所需的因素计算法，以及比较预算规划和政府部门活动结构创造了必要的前提条件。

（五）将支出义务划分为现行义务和新批准义务，以保障国家战略目标的实现

“支出义务”是指根据俄罗斯联邦法律规定应由各级政府执行机构履行的义务总和。所谓“现行义务”则是指支出义务的规模和结构早就预先由各法律法规、合同、协议或预算规划等具有法律效应的文件确定下来，对其中某一项或某一方面的实质性变动或取消应通过法律程序完成，并被强制性地纳入每年预算草案中的各类预算义务。这类支出义务是俄罗斯最传统、也是最主要的支出义务形式，所占比重在90%—95%以上。

“新批准义务”是指以国家战略目标和政策优先发展方向为出发点，在效率评估的基础上及中期财政计划的预算限额内，通过竞争的方式确定的新增预算义务。增设新批准义务的目的在于在预算资金分配过程中引入竞争机制，集中反映国家政策优先方向，有效提高预算规划实施效率。

俄新批准义务通常为：提高当前或实施新的对居民的转移支付；提

高工资、货币补贴；提前偿还国家（地方）债务；提供（支付）超出俄罗斯联邦法律规定要求的国家（地方）服务；超计划提高当前预算规划支出或新增加预算规划拨款；实施新的预算投资；增加预算贷款。

四、结论

促进经济增长、保持经济社会稳定和均衡社会各阶层发展是世界各国政府执政的基本目标，而预算制度正是将这三个施政目标付诸实践的理想工具。经济社会稳定要求在预算过程中严格控制以支出为核心的财政总量；经济增长和社会平等要求在各部门和各项规划间合理配置资源；而这三个目标的实现都要求各支出部门和机构对获得的公共资源进行高效营运和管理。这样，通过政府预算，公共支出管理的三个基本目标：加强预算总额控制，按照战略意义的先后次序分配财政资金，提高财政资金的使用效率就能够与国家的执政目标有机地结合在一起。

结合公共支出管理上述三个基本目标，反观俄罗斯预算改革不难发现，俄罗斯预算改革正是围绕这三个目标开展和实施的。俄罗斯“结果导向中期预算”改革的实质就是在对预算资金进行总额控制的基础上，根据未来社会经济发展优先方向划分预算资金，建立预算支出结果监督机制，提高预算机构运营效率。

俄罗斯中期预算改革的几个方面也充分证明了这点：(1) 多年期预算计划明确确定了未来几年间俄罗斯预算收入总量、支出总量、盈余/赤字总量和债务总量的限额，制订了预算规模和结构变更的规则，实行了“自上而下”的预算资金分配方式，从而保障了预算资金总额控制的完成；(2) 将支出义务划分为现行义务和新批准义务，既可保障国家基本职能的履行，又可为国家政策的优先方向配备充足的资金；(3) 专项预算规划的实施建立了全新的预算效率评价体系和机制，为提高预算单位的运营效率创造了前提条件；(4) 预算分类体系改革不仅使俄预算管理方式与国际标准接轨，更为重要的是形成了一套更为合理的预算制度和预算资金管理机制，为提高预算机构运营效率提供了技术支持。

参考文献

1. 程恩富、李新、朱富强：《经济改革思维——东欧俄罗斯经济学》，当代中国出版社，2002年。

2. 一村：“俄罗斯2002年预算体制改革设想”，《东欧中亚市场研究》，

2001 年第 6 期。

3. Allen Schick: “A Contemporary Approach to Public Expenditure Management”, Economic Development Institute, World Bank, 1998.

4. Александр Жуков: Реформа бюджетного процесса займет 7 – 10 лет. на конференции “Модернизация экономики и выращивания институтов” в Москве, “Вести.ru” 6.04.2005.

5. А.М.Лавров: “Бюджетная реформа: от управления затратами к управлению результатами”, Москва, 2005.

6. Бюджетная политика 2006—2008 годов, Постановление Правительства РФ от 17 09 2005 г.

7. В.Путин: Послание Федеральному Собразнию в 2004г., Послание Федеральному Собразнию в 2005г., Послание Федеральному Собразнию в 2006г.

8. В.Путин, выступая в Большом кремлевском дворце перед членами Правительства, руководством Федерального собрания и членами президиума Государственного совета.

9. Постановление Правительства РФ от 28 08 2006 г.《Основные Направления бюджетной и налогвой Политики на 2007 г》.

10. Постановление Правительства РФ от 28 08 2006 г.《Основные Направления бюджетной и налогвой Политики на 2007 г》.

11. Прогноз социально – экономического развития Российской Федерации на 2007 год и параметры прогноза на период до 2009 года и предельные уровни цен (тарифов) на продукцию (услуги) субъектов естественных монополий, 2006.6.7.

推进公共预算改革　为公民政治参与提供技术支持和实践舞台

童　伟*

政府预算在现代经济社会中起着越来越重要的作用，它早已超越了单纯的经济范畴，而具有了更丰富的政治内涵。在市场经济中，由于依赖市场机制在资源配置中发挥基础性调节作用，政府对经济的直接管制逐渐淡化、消失，转而专注于以经济政策为核心的间接调控，从而使政府调控经济的手段和工具都发生了巨大的改变。在这种情况下，政府预算因其天然的政治属性和经济属性成为政府施政工具的不二选择，同时也为公民参政议政提供了舞台。

一、预算是政府施政利器　更是最广大人民群众根本利益的真实反映

在现代社会中，虽然政府的经济活动范围广泛，但其职能主要集中在三个方面：高效率配置资源、公平分配国民收入、保持国民经济健康稳定发展。而预算正是政府履行这三项职能的最佳工具和手段：在资源配置方面，政府通过预算将稀缺的社会资源在相互竞争的各项支出需求间进行分配，并根据目标的重要性确定资金分配的优先顺序。经由预算

* 中央财经大学。

的资金配置政府得以向公众提供诸如国防、法律、教育和其他各种形式的公共产品和公共服务；在收入分配方面，通过将低收入阶层和穷人的福利置于更优先的位置，通过重点支持弱势群体更加关注的项目，预算得以成为政府促进社会公平和消除贫困的有力工具；在稳定经济方面，通过合理确定和适当调节财政收支总量、赤字与盈余总量以及债务总量，预算得以在宏观经济稳定方面扮演主要角色，成为政府促进经济增长、充分就业、物价稳定和国际收支平衡的重要工具。

对正处于转型中的中国来说，预算具有更重要的现实意义，转型中出现的一系列重大的社会问题，如社会公平问题、医疗卫生问题、公共教育问题、环境污染问题、社会保障问题等，都需要通过预算加以解决。可以说，在现代社会生活中，国家的任何大政方针如果得不到预算资金的保障和支持，不能及时地经由预算转化为具体的行动方案和资金安排，都将是空洞而难以实现的。

预算与政府间如此紧密而广泛的联系，使之成为政府最重要的施政工具。然而，现代预算远不单单只是政府的事务，它上涉国计，下及民生，关乎着最广泛人民群众的根本利益，与我们每个公民都有着千丝万缕的联系。作为纳税人和公共支出的受益人，我们每一个公民都至少从两个方面与预算发生着联系：向预算系统“注入”资金——缴纳税收，并从预算支出中受益。2007 年，我国全体纳税人向预算系统无偿“贡献”的资金超过 5 万亿元，相当于人均财政负担 3800 多元，这个数字已接近占人口总数 70% 的中国农民的年均纯收入[①]。如果把没有在预算文件中反映出来的其他财政性资金也计算进来，这个数字还要更高一些。

在向预算系统无偿提供资金的同时，每一个公民和纳税人也从政府的公共支出与公共服务中获得收益。而随着经济社会的不断发展和国民收入水平的不断提高，公民从政府处享受到的公共产品和公共服务还将越来越多。与我们日常生活密切相关的义务教育、医疗卫生、社会保障以及道路交通、水电燃气和社会治安等范围广泛的公共产品和公共服务，无不是通过预算资金得以安排和保障的。因此，无论是从“税收负担”，还是从公共服务“受益”的角度来说，13 亿中国公民都已经自觉或不自觉地成为了政府预算系统的“利益相关者”。

---

① 2007 年中国农民人均纯收入 4140 元，《2007 年国民经济和社会发展统计公报》，中华人民共和国国家统计局，2008 年 2 月 28 日。

政府无偿从纳税人手中获取资源，通过预算系统将其转化为公共支出，并以此向人民提供公共产品和公共服务，预算由此将政府同人民群众的根本利益紧密地联结在一起。考虑到预算过程涉及如此广泛的公共利益，更涉及如此众多的参与者，在现代社会中，已没有哪一个领域或财政工具能够比政府预算更能反映最广大人民群众的根本利益。人民期待政府做些什么？政府如何应对人民的意愿、实现人民的期待？这两个根本性的问题都能够通过预算找到答案。而随着民主政治的深入发展、政府作用范围的延伸扩展，以及公共支出规模的不断扩大，政府预算在各个领域中发挥的作用也必将越来越大。

二、预算是人民监督政府的舞台　也是人民意愿表达的窗口

预算不单为政府提供了广阔的施政平台，也为公众观察政府、了解政府创造了条件。在今天，虽然了解政府的渠道很多，但预算仍然是民众观察政府最主要、最直接的工具。政府从纳税人手中拿走了多少钱？这些钱的来源有哪些？又花到什么地方去了？这一切都记录在政府的预算文件中。政府从事了哪些活动？政府活动的重点和优先方向何在？政府如何为这些活动融资？政府的开支产生了什么样的结果？这些问题也都能从政府预算中找到答案。

预算还是表达人民意愿和需求的窗口。政府的资源来自人民，应该按照人民的意愿使用并产生人民期望的结果。因此，人民希望政府做些什么，希望政府如何去做、何时去做，政府都可以通过预算加以及时回应。是否为民众偏好的支出项目提供资金，是否削减、终止或否决与人民意愿和需求无关项目的支出，成为检验政府“作为”或“不作为”的标尺。民众给予政府以资源，政府回报民众以绩效。只有当政府回报人民的绩效大于人民的给予时，这样的政府才是真正意义上代表了最广大人民群众利益的政府。

由此可见，现代政府预算已远不只是一个汇集政府财务数据的文件，它更是一个阐明政府职责和法律义务的载体，是一个将人民的意愿和资源转化为政府政策目标和行动的强力工具。与此同时，政府预算也为广大人民群众参政议政提供了舞台，成为民众监督政府、检验政府施政能力与绩效的主要标尺，是我国服务型政府构建的核心和基础。

预算如此重要，意味着每一个公民都需要予以高度关注。在现代民主社会中，“公民”这个词本身即意味着权利与义务的对等，公民需要

清楚地认知自己的财政义务，也同样需要清楚地了解自己的财政权利。每个公民不能只关心自己向政府缴纳了多少税，更不能认为只有税收才与自己的切身利益相关。公民不仅需要承担依法纳税的义务，同时也需要充分认识到自己享有的三项不可剥夺的财政权利：对公共支出的知情权、发言权和监督权。行使知情权要求我们了解政府从纳税人手中拿走了多少钱，支出到什么地方去了，取得了哪些结果和收益。行使发言权就是公民需要依法对政府的公共支出发表自己的意见与看法，并提出自己对公共服务的意愿与期待。此外，公民还应在更高的层次上行使自己对公共支出的监督权。政府支出了多少钱，用到了哪些地方，政府的支出是否产生了与人民意愿相符的结果，公民都有权进行监督。

三、改革预算制度　提高公民参与水平

建立制度化约束框架是保障预算决策与国家战略目标和政策优先方向紧密相连，公民预算参与水平不断提高的最佳途径，而这一制度化约束框架的核心即是结果导向绩效预算。结果导向绩效预算是近十年来在大多数发达国家中普遍采用的一种预算方法，也是许多转轨国家预算制度改革的主要方向。结果导向预算制度要求预算的编制有明确的目标和结果，其制订目标应符合国家政策的优先发展方向和战略目标，并应有明确、具体并可以计量的预期结果：包括直接结果——提供服务的质量和数量，以及最终结果——提供服务的效率，以及对实施结果进行检测的详细指标体系。

这种预算方法既保障了预算资金的分配和实际使用结果与国家战略重点和优先发展方向的一致，又确保了对预算规划制订和实施进行监督的质量，也为民众参与预算程序创造了条件。绩效预算对预算全过程公开透明的要求，可帮助民众更加清楚地了解和监督预算资金的来龙和去脉，不仅有助于民众了解“政府花了多少钱”、“花在哪些项目上”，还可以帮助人们弄清楚“政府在某项特定活动上花了多少钱”，以及“花这些钱产生了一些什么样的结果”，使预算计划及其实施随时处于大众的监督之中，有利于民众对政府活动内容、公共支出范围、公共支出使用效益进行评估和监督。

良好的预算制度为公民有效政治参与提供了技术支持和实践舞台，但要提高公民的参与水平和参与积极性，还需提高公民对预算决策的认知程度和参与意识。公民参与预算程序，特别是普通公民参与到预算的

决策过程中来，是公共利益得以保障、预算资金使用效率得以提高、政府施政能力得以增强的关键，也是现代民主社会的标志。让公众参与到预算决策过程之中，让利益相关者对自己所要承担的纳税义务与将要获得的公共服务发表意见和看法，将不仅有利于预算决策的科学化和民主化，还将有利于预算决策的有效执行和政府政策的顺利实施。

参考文献

1. 王雍君、张拥军：《政府施政与预算改革》，经济科学出版社，2006年。

2. 苟燕楠、董静：《公共预算决策》，中国财政经济出版社，2004年。

3. 马骏："中国公共预算改革的目标选择：近期目标与远期目标"，《中央财经大学学报》，2005年第10期。

完善地方政府发展农业激励机制的构想

王文素*

减免农业税，已经成为我国政府减轻农民负担，提高农民收入，建立和谐社会的重要举措。我们在为政府采用顺应民心的政策而欢欣鼓舞的同时，也还需要从另一个角度思考问题：取消农业税对当地农民的生产和生活会有不利影响吗？因此，我们应该辩证地看待对农业税取消的效应。

一、取消农业税效应分析

首先，取消农业税无疑存在不可低估的现实积极效应。其一，农业税取消后，使农民享受到“国民待遇”，我国的税制不再有按照生产行业设计的税种。所有的税种均可以按照商品生产、销售的特点及商品流转自然形成的环节，按照课税对象的性质，按照公平税负和提高效率的原则进行设计，所有税种适用于所有的“国民”，我国的税制将更加完善。特别是取消农业税，有利于增加农民的收入，有利于对农民权益的保护，有利于减轻农民负担。其二，在农业税取消之前，政府拥有一支最庞大的收税队伍，既包括基层的税务人员，还包括数量庞大的乡干部，征税成本极为高昂。取消农业特产税和农业税，也就铲除了“搭车”收费的根基和平台，免除了征税成本，为城乡统一税制，调整国民

* 中央财经大学。

收入分配格局，深化农村改革，转换基层政府和村民自治组织的职能创造了条件。其三，政府取消农业税虽然会为此牺牲一定的税收收入，但由于农民收入增加，边际消费倾向提高，他们会购买更多的物品，从而使整个社会的物品销售量增加；销售量的增加会促进投资以更快的速度增长，最后形成国民收入和财政收入共同增加的良好态势。因此，从一般意义上考察，取消农业税政策的消极效应能够被现实经济发展的积极因素和其他积极因素所消化。

但是，农业税取消后，也为中国进一步完善税制和完善财政管理体制提出了新的要求：其一，农产品的初级生产环节税负取消了，农民将仅作为“国民”的一员承担纳税义务。从完善税制的角度考虑，农民的纯收入达到所得税起征点之后也应该缴纳所得税；从事农业生产的企业也应该缴纳企业所得税。税务部门应该如何对他们课征，目前我国《所得税税法》需要做出相应修订。如：农民个人所得税的征收，很难在我国推行个人申报制，但又不适宜像城镇职工缴纳所得税那样，采取税源扣除办法；税率是否适用超额累进制，还是比例税制？其二，取消农业税，只是对农产品的最初环节免税，农产品的其他加工环节如何征税？农产品的生产实现产业化之后怎样征税？从完善税制的角度考虑，农产品的加工环节应该征收增值税，即农产品的生产实行产业化之后应该征收和其他企业同样的税种。其三，农业税取消后，不仅以农业为主产地区的政府财政收入大大减少，特别是县乡两级政府的财政收入大幅度减少。为了完善财政管理体制和增加地方政府收入，国家应该出台“农产品原料生产和以农产品为原料的生产行业异地税收收入分割的政策”，建立对农产品原料生产地政府积极推动农业发展的利益激励机制。最后，取消农业税，地方政府收入减少，履行职能的财力难以保障。作为中央政府应该考虑对以农业生产为主的省实行财政政策倾斜；省级政府应该考虑对以农业生产为主的县实行财政政策倾斜。一方面以转移支付的形式直接给予低一级别的政府财力支持（如：可以考虑将增值税和所得税等共享税中，中央所得的部分返还给地方；按照农业产值的多少提供对农业大省的转移支付数量）另一方面尽快完善地方税收体系，增加地方税种。

因此，本人认为取消农业税至少会有两个方面的负面效应：其一，在对农业生产环节征收农业税的时期，县乡干部积极推动农业生产环节的发展，可以从农业发展中获得更多农业税收入的“回报”。这不仅使得当地政府在努力工作后有一种成就感，也在向农民提供公共产品时具有相应的财力保障。但是，取消农业税后，县乡干部推动农业发展的“利益激励”没有了，他们产生了“农业发展状况与地方政府努力工作与否无关”的思想，长此以往势必影响当地农业生产的发展。其二，从 1994 年分税制管理体制实施之后，中央政府拥有的财力基本与其履行的公共职能相匹配；而地方政府的财力比较薄弱，与其应该履行公共职能所需要的财力极不匹配。近年出现的显性和隐性债务数额巨大，这已经是不争的事实。取消农业税，地方政府本已负债累累的预算还能否为农村居民提供相应的公共产品？取消农业税是为了减轻农民负担，而农民负担减轻之后，政府应该提供的公共产品和公共服务将大打折扣，这无疑会使我国农村本已少得可怜的公共道路、公共卫生、义务教育和农田水利等公共设施支出更加难以维持，最终受害的还是农民。

本人认为，要从根本上解决这些问题，需要为农产品生产地政府提供一定的财力支持。对于我提出的第一个问题，政府虽然可以将农业发展状况放入对干部的业绩考核中，如：农业产值和产量，耕地面积的保持和拓荒状况，农民收入状况等决定干部的升迁与否，但这只是一种政治手段，行政手段。如果能够通过财政税收制度和财政管理体制的设计，给予这些干部一些“利益激励”，是市场经济条件下财政管理体制进一步完善的客观要求。当然，如果这个问题能够很好解决，第二个问题也可以迎刃而解：“利益激励”本身就给地方政府提供的财力保障。本人在这里进行的研究，是希望通过实施“农产品生产和以农产品为原料生产行业异地税收收入分割的政策”，建立对农产品原料生产地政府积极推动农业发展的利益激励机制。

我的出发点是：为改善税收缴纳地点与税收贡献地区的不一致性造成的地方政府财力拥有量不均等，并避免各地方政府不适当地争夺资源[①]，造成资源配置扭曲的不良影响，应建立规范的税源分配制度和转移支付制度。

① 一些地方政府因为农产品生产环节不能征税，就不顾条件是否许可，建立各种加工企业，造成资源浪费；一些地区的自然条件非常适合农产品生产，但由于地方政府认为发展农业没有税收收入，而改变生产发展方向，造成资源浪费，社会效率低下。

二、构建规范的税源分配和转移支付模式

（一）确立合理的转移支付标准和方式

我们可以把农业的产业链拉长，虽然农产品的生产环节不征税，但是以农产品为原材料的生产行业，如：食品加工行业（包括粮食、蔬菜、水果、花卉、茶叶），木材加工行业，造纸行业，水产加工行业，烟、酒制造行业，中成药加工制造行业，其他土特产加工行业等均征收增值税和消费税。即：农产品在生产地被收购之后，流入农产品加工企业，该企业对农产品进行加工后出售，向当地政府缴纳各项税收。农产品提供地和农产品加工地可能隶属于同一地方政府，也可能不隶属于同一地方政府。对于税收缴纳地与税收贡献地不在同一地区，造成提供农产品地区的政府收入受损的情况，可以由上级政府按照农产品提供地区对加工企业的贡献，分配一部分税收收入给农产品提供地的政府，即：农产品提供地政府可以分享农产品加工企业缴纳的税收收入。这种对税源进行的分配我设想可以采用下列方式：

1. 以对农产品加工企业的贡献为主要依据，作为财源分配的标准。[①]

（1）税源分配内容：（以地方政府为例）

农产品加工企业生产经营缴纳的增值税地方分享25%部分和企业所得税地方分享部分。具体分配比例：增值税25%部分和企业所得税地方分享部分，农产品加工地政府（简称乙地政府）分享25%，农产品提供地政府（简称甲地政府）分享75%。农产品加工企业生产经营缴纳的有关税收中上划中央增值税75%部分的返还、个人所得税地方分享部分、房产税、印花税、城市维护建设税、教育费附加等6项税收以及其他非主要经营活动缴纳的相关税收全部留给乙地政府。

（2）分配方式：

①如果一个企业仅与一个地区形成税源分配关系，即可直接按照上述规定“内容”进行两地政府间税源分配。

②如果一个企业对多个地区形成税源分配关系，各个地区政府能够分配到的税收收入数额应该按照下列公式计算：

① 见海南财政厅提供“金海浆纸有限公司税收分配办法”。

某地区政府当年应分享额 =（农产品加工企业当年缴纳增值税的25%部分 + 当年缴纳企业所得税地方分享部分）× 该地区分享比例（75%）×（该地区当年农产品销售收入/全省当年农产品销售收入）。

（3）结算方式：纳入共享范围的税收收入仍按现行分税制财政体制确定的划库办法入库，并在办理省与各地区政府年终财政结算时，由农产品加工企业所在地政府财政专项上解省财政，再由省财政专项补助各地区政府。

此种办法适用于农产品加工生产品种单一，税源分配范围不大，农产品出售与加工企业关系比较简单的地区间政府税收收入的分配和协调。

典型的案例：海南金海浆纸有限公司所需木材由海南部分市县提供，为了鼓励各市县积极种植原木林，海南省财政厅制定了金海浆纸有限公司所在地洋浦经济开发区政府与各浆纸原木提供地政府间税收分配办法，取得了很好的效果。

2. 按照增值税额为标准，建立规范的税源分配模式。既然增值税设计的初衷即为避免重复课税，只要相同价格的商品，无论经过多少销售环节，纳税数额应该相等，且由最终消费者负担，我认为应该在取消农业税之后，在农产品的生产环节计征增值税（是计征，而不是征收）。无论农产品的加工、销售企业收购农产品的对象是个体农民、还是农业企业（如农场、林场、茶场），必须开出增值税发票。出售农产品者持有的增值税发票上，均注明增值税税额，该税额成为该地区财政享有农业贡献税收收入的凭据。为了鼓励农业企业和个体农民出售农产品时索要发票，可以仿照目前北京市凭发票抽奖等管理办法进行管理。最终由当地税务部门汇总发票数额，报上级财政部门，年终作为各地方政府之间转移支付规模的依据。（具体程序见图 1）

在不实行政府间增值税分割的制度中，农产品生产环节不课征增值税，农产品收购者收购 100 元农产品，经过加工，其制成品如果售价为 200 元，该企业按照 17% 的增值税税率应该缴纳 34 元增值税（200 × 17%），消费者负担 34 元的增值税。即：第一个 100 元应该缴纳的 17 元税款和第二个 100 元应该缴纳的税款共 34 元的增值税，都由该企业所在地的政府（乙地）享有：8.5 元 = 34 × 25%（增值税中地方政府分成部分）。而在实行政府间增值税分割的制度中，农产品出售地的政府（甲地）可以凭据增值税发票，向乙地税务部门索取第一个 100 元应缴纳的税款 4.25 元（100 × 17% × 25%）。而乙地政府则只能得到 4.25 元

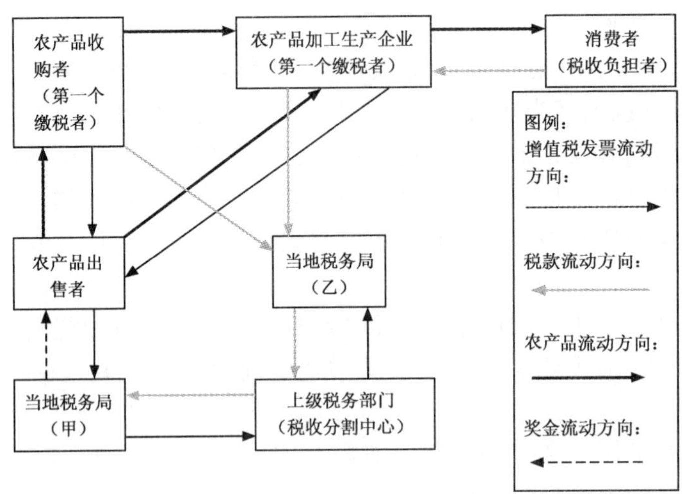

图 1　增值税分割流程示意图

税收收入（8.5－4.25）。这种税款的追索，是通过上级税务部门的结算中心完成。

当然，这种税收的追索权是仅限于增值税，还是包括其他税，如：所得税、消费税及在增值税、消费税和所得税之上征收的各种附加税，应该由国家立法确定。我认为利用增值税发票的增值才课税、一个销售环节（也是纳税环节）需要开出一张发票的特征，就可以为政府间税收的分割建起一个规范的平台。至于在这个平台上放置“什么”，是需要国家认真进行理论上探讨的问题。但是我认为，这种税收收入的追索，包含的内容不应该太复杂，最好也只限于增值税的第一个征收环节。

另外，如果农产品的购买者为直接消费者，政府也不可能得到税收。

3. 在中央设立以增值税和消费税为基数的农产品专项补贴基金。中央政府为了鼓励各地区政府积极发展农业生产，帮助农产品提供地的政府履行基本的公共职能，也可以设立专项以增值税和消费税为基数的农产品补贴基金。因为农产品在成为最终消费品的过程中，只要有加工生产和销售环节，企业就应该向当地政府缴纳增值税和消费税，而这两税收入不一定是由农产品生产地政府获得，国家可以通过制度设计，对两税收入在农产品生产地政府和农产品销售地的政府之间进行分配。即：中央政府以可以支配的国内增值税（增值税的 75%）和消费税总额为基数，设立农产品补贴基金。凡是提供农产品的当地政府可以根据当地农业产值占全国农业产值的比例获得该基金的补贴。应该明确的是：无论中央还是省级政府，这种基金的设立都与原来的税收共享概念不同，必须在原税收返还和共享比例数额之外单独设立。它的设立是农产品本身价值的体现，是农业和工业对最终消费品价值的再分配。体现社会对农产品提供者的一种价值肯定和认同，也是对增值税本身税制的完善——凡是产品的增值环节都应该征收增值税。以中央政府为例：各省应该按照本省农业产值占全国农业产值的比例获得补贴数额，省政府再按照各县农业产值占全省农业产值的比例分配补贴数额。计算公式如下：

$$\text{当年可用专项补贴基金数额}=\left(\text{中央政府可以支配的国内增值税数额}+\text{国内消费税数额}\right)\times\text{专项补贴基金率}$$

$$\text{当地政府可获得的农业补贴额}=\text{当年可用专项补贴基金数额}\times\text{当地农业产值}\div\text{当年全国农业产值}$$

此方法的优点是：其一，利用公共税收对农产品主产区的地方政府进行补贴，体现全社会农产品的消费者对农产品主产区政府给予支持和鼓励，以利于当地政府努力为农民提供更多、更好的公共产品，为发展农业生产创造更好的公共环境和条件。其二，方法简单，直接。不需要考虑农产品是否经过了加工环节，是不是增值（也可能直接进入消费领域），只要是农产品的生产地政府，就可以获得农产品的补贴。适于在中央政府在全国范围内进行地方政府间的财力分配和协调。缺点是：其一，不完全是政府间财力的横向转移支付，而仍然是上级政府向下级政府财力的纵向转移支付，不能体现农产品的生产地政府与产品加工地政府间利益的合理调节，只是农产品税收负担者地方政府与生产者地方政府利益的调节。其二，增值税和消费税的课税对象毕竟不完全是农产品，无论是中央政府，还是地方政府，在全部增值税和消费税中确定怎样的比例设立农业补贴基金需要认真研究：确定的比例过高，不仅影响该级政府履行其他职能的能力，而且对其他行业的发展也会产生负面影响；如果确定的比例过低，又难以达到鼓励地方政府努力促进农业发展的目的。我认为，每年的补贴数额相当于原有农业税的数额为宜。

（二）政府间横向转移支付的运作主体

政府间转移支付，尤其是横向转移支付需要一个超越各地方利益之上的主体来进行调节，并通过结算的手段进行财力的平衡。因此，是否建立对农业发展的支持机制，建立什么样的机制，不是由某一个地方政府能够完全决定、并实施的，需要高级别的政府进行机制的设计和具体操作。在海南，省政府虽然可以决定在本省内实施一些鼓励农业发展的政策，但农产品的消费范围很广，当生产的农产品流出本省后，农产品的收益就将流出本省。生产出的农产品数量越大，流出本省范围的农产品数量就有可能越大，省政府制定的鼓励农业生产发展的政策力度越大，在支出和收入严重失衡的情况下，给政府带来的财政补贴负担就会越沉重。只有像金海浆纸有限公司这样的案例，由省级政府制定相应政策才可以收到比较好的效果。因此，政府间转移支付的运作主体应该以中央政府为主，省级政府为辅。绝大多数政策只有在全国范围内实施，其效应才能够体现出来或者体现充分。当然，也只有中央政府真正重视农业发展，才能够形成全社会成员对农业劳动者的尊重之风，农村才有希望，农业才有希望，和谐社会的建成才有希望。

参考文献

1. 贾康：《地方财政问题研究》，经济科学出版社，2004 年。

2. 海南省财政厅：《金海浆纸有限公司税收分配办法》，2003 年。

3. Sally Wallace："政府间转移支付"，《中国财经报》，2005 年 10 月 13 日。

4. 王磊："转移支付制度国内研究文献综述"，《山东工商学院学报》，2007 年第 2 期。

对县级政府财政收入能力影响因素的实证分析[①]

马海涛[*]　殷瑞锋[**]

一、引言

财政收入能力（Revenue Raising Capacity，RRC）是指一级政府为提供公共物品从辖区内获得财政收入的能力。县级政府是一级地方政府，处于我国行政神经的末梢和提供公共物品、稳定基层社会的前沿，担负着“保证县政权机关运转、促进本辖区经济和社会事业发展”[②]的职能，稳定和充分的财政收入能力是县级政府履行其公共责任的基本保障。从经济决定财政的角度讲，地方财政收入能力受辖区经济发展水平的制约，同时，税收制度和政府间财政关系又会影响政府将社会经济资源转化为公共收入的能力。

经济改革以前，财政的“统收统支”体制几乎完全限制了地方政府的财政自主权，辖区经济发展水平对县级财政收入能力的直接影响并不明显。这种隐性的影响在“分灶吃饭”改革下释放出来，地区财政差距逐渐扩大。扭转这一趋势，利用中央政府的再分配手段平衡地区间财力

*、** 中央财经大学。

① 本文得到清华大学产业发展与环境治理研究中心的资助。作者在此表示感谢。

② 参见财政部预算司编：《中国省以下财政体制 2006》（中国财政经济出版社）中对个各省县级政府职能的阐述。

差距是 1994 年分税制改革的目标之一。在强化财权、固定收入划分制度的同时，中央（上级）政府又通过下放国有企业改革权给地方，同时为地方“主持”辖区经济发展提供宽松的政策环境来调动地方发展经济，增加财政收入的积极性。县级财政收入一方面受到财权上收和层层传递的财政压力的冲击，另一方面规范各级政府收入的制度设计趋向增加了县级政府收入的可预期性。2001—2002 年期间，各省相继完善了省以下分税制，不同程度地固定了县级政府的收入项目。随着县一级国有企业改制的最终完成，县级政府也纷纷搭上了改善地区投资环境、“招商引资”、提高发展能力的“快车道”。发达地区的县级政府较好地利用了发展经济的宽松政策，由于投资环境难以在短期内改善，政策因素难以在不发达地区发生实际的激励效果。在“亿元县”和“赤字县”同时大量存在的同时，捕捉地区经济发展和体制因素各自对县级政府财政收入能力的效应是有意义的。目前对此问题的研究主要集中在省一级政府，专门针对县级政府的实证研究较少见。

本文利用 2001—2005 年中国七省内所有县级政府① 的财政和经济面板数据，首先对各县级政府的财政收入能力进行估测，进而以此为因变量，运用固定效应（Fixed - effects）模型，选取地区经济发展水平、产业构成、城市化程度和财政自给率等指标作为解释变量来实证分析其对县级政府财政能力的影响。由于财政面板数据以预算内数据为主，本文所指的财政收入能力均不包括县（区）政府获得的预算外收入；预算内收入仅包括小部分的非税收入，所以也可以近似地将所衡量的财政收入能力看作是税收收入能力；在财政能力的估计中，均不包括上下级政府之间的转移支付收入或支出。

二、数据、变量和方法

1969 年美国 ACIR② 成员 Selma Mushkin 和 Alice Rivlin 提出代表税方法（Representative Tax System，RTS），假定各州采用统一的标准税制和标准税率，由此得到的财政收入作为各州财政能力的估计值。Barro (1986) 坚持认为居民收入是公共产品和服务购买力的基础，商品和人

① 七省是指山西、黑龙江、江苏、浙江、山东、湖南、四川七个省份；本文样本县是 2001—2005 年七省内的 875 个县级政府，包括县、县级市和市辖区。

② 指美国政府间关系顾问委员会（Advisory Commission on Intergovernmental Relations，ACIR）。

力资本的流动会造成税收跨辖区转移，影响地区的财政收入能力。他主张运用等税负累计收入（Income with Exporting，IWE）法衡量各州的财政能力。Zhao 和 Hou（2008）首次将 IWE 方法用于美国佐治亚州所有县和校区财政能力的衡量，证实了税负跨区转移在规模较小的地方政府同样存在。本文就以 IWE 方法为基础，估测各样本县的财政收入能力。

样本县包括山西、黑龙江、江苏、浙江、山东、湖南、四川七个省内所有的县级单位（县、县级市和市辖区）。七省 2005 年人口占全国人口总数的 33.15%，包含县级单位 875 个；地理分布能够代表我国的南北、东西差异；经济发展水平呈梯度分布；产业发展各具农业、制造业和资源优势；经济改革有先有后，主要的经济组织成分也不同。[①] 七省财政和经济指标较有代表性。样本数据来源于中国财政部预算司和国库司编写的 2001—2005 年各年《全国地市县财政统计资料》,[②] 中华人民共和国统计局编写的 2001—2006 年各年《中国统计年鉴》和由公安部治安管理局编印的 2001—2006 年历年《中华人民共和国分县市人口统计资料》。

（一）因变量

IWE 法计算财政能力的公式为：

$$RRC_i = KY_i(1 + e_i) \tag{1}$$

其中，RRC_i 表示 i 地区的财政能力，K 是财政负担率，以所有地区财政收入占居民收入比重的平均值表示，Y_i 表示 i 地区居民累计收入[③]，e_i 是税收转移系数，以地方政府获自辖区外居民的税收收入与获自辖区内居民的税收收入的比率表示。计算出的 RRC_i 为财政能力的绝对量。本文借鉴 IWE 法的理论基础和逻辑，采用能够体现经济发展水平的地区 GDP 作为居民收入的替代指标[④]，计算公式为：

$$RRC_i = GDP_i \cdot \left(\sum_{i=1}^{n} T_i \Big/ \sum_{i=1}^{n} GDP_i \right) = K \cdot GDP_i \tag{2}$$

其中，K 代表宏观税负，以当年全国税收收入占国内生产总值的比

---

① 其中四川省、山东省、湖南省农业发达，江苏省、浙江省的制造业较发达，山西省则以资源产业为主，黑龙江省属老工业基地，江苏省集体经济地位突出，浙江省民营经济发达。

② 2002 年以前是财政部预算司编写。

③ 这里的累计收入包含一些未计入个人收入的部分，如公司的未分配利润和资产所得，未实现的资本利得和超过真实经济折旧的部分，财产价值等。

④ 有的研究者将运用地区 GDP 测算财政能力的方法称为 GDP 比例法。本文采用的测算方法以地区 GDP 作为居民累计收入的替代指标，与比例法的逻辑出发点有根本的不同。

重表示，T_i 除本级税收收入外，还包括 1994 年后划归中央财政收入的增值税 75% 部分和全部消费税。GDP_i 表示第 i 的县（区）的地区生产总值。鉴于计算 e_i 需要地区各税种项目的税源数据，计算过程较复杂，目前也没有能够直接参考的县一级辖区的税负转移系数结果，并且从收入结构看，2001—2005 年我国所有县（区）增值税占本级财政收入总额的比重为年均 48.4%[①]，增值税的税负转移也相应构成地区间税负转移的主要部分，这部分转移通过增值税在生产的各个环节征收并作为产品的增加值体现在地区 GDP 中。所以，与 IWE 方法对照，公式（2）中的 GDP 指标会修正一部分税负转移对当地财政收入能力的影响；也更能捕捉到 Y_i 中未体现的地区未分配资本利润和财产增值对财政能力的直接影响。

（二）解释变量

为了剔除价格波动因素，除人口指标外，本文对所用的具有实际值的解释变量都进行指数化处理。首先，把 2001 年确定为基期，计算得出各省以后各年城市和农村的消费物价指数。然后，用各县区当年的实际值除以所在省当年的消费价格指数，得出各个变量的实际值。最后，对各个具有实际数值的变量取人均值，以剔除自相关性。本文试图尽量多的增加解释变量，以更好的设定模型，但是基于可用的数据，以及考虑到各变量之间的相关关系，本文采用的解释变量主要分为实际变量和控制变量两类。

1. 实际变量。

实际变量包括第一产业增加值（Pcva_1st）、第二产业增加值（Pcva_2ed）、第三产业增加值（Pcva_3rd）、农业人口比率（Poprural_ratio）、财政供养人口比率（Popsupt_ratio）、本级收入比重（CurrentREV_ratio）、本级支出比重（CurrentEXP_ratio）、财政自给率（Exp_Rev_ratio）和小税种收入比率（Minitax_ratio）。

三次产业的增加值表示地区经济发展水平和结构，作为自变量可以反映各自对地区财政能力的影响程度。

农业人口比率是地区农业人口与总人口的比率，采用此变量反映地区城市化水平。应该说明，指标中的农业人口是按照户籍人口统计的，没有剔除人口流动对地区公共服务规模的影响，但该指标用于衡量地区

① 数据通过 2001—2005 年各年《全国地市县财政统计资料》整理计算得出。

城市化水平是适用的。

财政供养人口比率是地区财政供养人口与总人口的比率，这个指标可体现地区公共部门的规模。随着县一级国有企业改制完成，公共部门主要包括非生产性部门，地区经济资源规模一定时，维持公共部门运转消耗的资源会对私人生产性活动产生“挤出”效应，进而影响地区经济增长。采用财政供养人口比率作为自变量可以反映公共部门规模对地区财政能力的效应。

本级收入比重是本年收入与收入总计的比率，其中本年收入是指县级政府当年各项税收的总和，收入总计是地区一般预算收支平衡表中平衡部分的财政总收入，包括本年收入和政府间转移支付增加地区收入的部分。选择这一指标作为因变量是因为从理论上讲，地方政府总收入中非转移支付收入的比重越大，财政能力越强。

本级支出比重是本年支出占支出总计的比率，其中本年支出是县级政府当年除财政上解外各项财政支出的总和，收入总计是地区一般预算收支平衡表中平衡部分的财政总支出，包括本年支出和政府间转移支付减少地区收入的部分。地方政府总支出用于非本级支出的比重越大，财政上解越多，财政能力越强。

以本年支出与本年收入的比率表示的财政自给率越高，财政能力越强。

为了避免共线性，实证分析过程将分列回归方程考察上述三个指标对财政能力的效应。

小税种收入比率以地区其他收入占本年收入的比重表示。其他收入包括小税种收入和部分收费项目，采用这个变量表示财政收入的可持续性或质量，也可以代表地区财政收入的规范程度。

2. 虚拟变量。

虚拟变量包括：县虚拟变量和年份虚拟变量。设置县虚拟变量是为了考察各自变量对财政能力的影响效果在县和市辖区之间是否有差异以及差异程度。当样本为县（包括县级市）时，县虚拟变量的值为1，其余为0。年份虚拟变量是，当处于某一年份时，该年份的值为1，其余年份的值为0，其目的是为了在固定效应模型[①] 中固定年份。

---

① 固定效应模型中只能固定横截面，即固定省份而不能固定年份，所以设置一个年份虚拟变量，以起到固定年份的效果。

（三）实证方法

本文首先探讨各解释变量对地区财政能力的效应。估测出的 RRC_i 对实际财政收入的拟合度为 0.722，回归结果在 1% 的水平上显著，但我们还是判断，所采用的方法对一些地区收入能力估计过高，对另一些地区又估计过低。所以，本文进而对实际财政收入进行固定效应回归，检验各解释变量对实际财政收入的效应。

1. 财政收入能力固定效应分析。

本文首先利用 2001—2005 年七省 875 个县的数据，以地区人均财政收入能力为因变量，采用固定效应（固定省区和年份）模型进行回归，回归方程为（3），自变量中包括本级收入比重变量，不包括本级支出比重变量和财政自给率变量。回归结果和显著性通过了豪斯曼（Hausman）检验。然后保持其他变量不变，分表考察本级支出比重变量和财政自给率变量与财政收入能力的相关性（见表 1 中回归方程 <1>、<2> 和 <3>）。

$$PcRRC_{i,t} = a_t + g_i + b_1 Pcva\_1st + b_2 Pcva\_2nd + b_3 Pcva\_3rd + b_4 Poprural\_ratio + b_5 Popsupt\_ratio + b_6 CurrentREV\_ratio + b_7 Minitax\_ratio + e_{i,t} \quad (3)$$

其中：

α_t：固定年份的效应，以控制样本中的时间变动效应；γ_i：代表县虚拟变量，以控制样本类型变动效应；$\beta_1 \cdots \beta_j$：代表第 j 个解释变量对地区当年财政收入能力的影响系数；$\varepsilon_{i,t}$：是误差项。回归结果如表 1 所示。

2. 财政实际收入固定效应分析。

考虑到估测出的财政收入能力与实际值的偏差，故采用相同的样本，以 $PcREV\_Total_{i,t}$ 表示的人均实际财政收入作为因变量，财政收入中包括自 1994 年划分为中央财政收入的增值税 75% 部分和全部消费税，解释变量不变，分析各自对实际财政收入的影响效应。回归方程为 (4)，同时也考察了本级支出比重和财政自给率与实际财政收入的相关性。回归结果如表 1 中方程 <4>、<5>、<6> 所示。

$$PcREV\_Total_{i,t} = a_t + g_i + b_1 Pcva\_1st + b_2 Pcva\_2nd + b_3 Pcva\_3rd + b_4 Poprural\_ratio + b_5 Popsupt\_ratio + b_6 CurrentREV\_ratio + b_7 Minitax\_ratio + e_{i,t} \quad (4)$$

表 1　　各解释变量对县级政府财政收入能力影响的固定效应回归结果

因变量	财政收入能力指标（*PcRRC*）			实际财政收入指标（*PcREV_ Total*）		
回归方程	<1>	<2>	<3>	<4>	<5>	<6>
Pcva_1st	0.0628*** (147.8)	0.0625*** (147.7)	0.0626*** (147.7)	-0.0734*** (-8.315)	-0.0840*** (-9.519)	-0.0710*** (-8.412)
Pcva_2nd	0.0711*** (487.7)	0.0712*** (495.1)	0.0711*** (492.9)	0.0848*** (27.99)	0.0930*** (31.04)	0.0855*** (29.79)
Pcva_3rd	0.0693*** (412.5)	0.0694*** (416.2)	0.0693*** (410.6)	0.0368*** (10.53)	0.0406*** (11.69)	0.0307*** (9.153)
Poprural_ratio	-14.29*** (-4.393)	-14.53*** (-4.450)	-14.06*** (-4.310)	-381.0*** (-5.633)	-362.5*** (-5.327)	-326.1*** (-5.025)
Popsupt_ratio	-130.2** (-2.105)	-146.7** (-2.365)	-131.6** (-2.119)	217.2 (0.169)	-78.35 (-0.0606)	1408 (1.14)
CurrentERV_ratio	15.42*** (4.39)			996.6*** (13.65)		
CurrentEXP_ratio		0.724 (0.161)			-1147*** (-12.20)	
Exp_Rev_ratio			5.737*** (2.863)			884.4*** (22.19)
Minitax_ratio	3.86 (0.991)	3.356 (0.857)	4.113 (1.052)	-531.8*** (-6.563)	-489.1*** (-5.989)	-453.0*** (-5.824)
虚拟变量 County(县)	-4.95 (-1.252)	-5.482 (-1.382)	-5.247 (-1.324)	90.04 (1.095)	79.47 (0.961)	90.87 (1.153)
2002_year	7.827*** (12.1)	6.628*** (11.27)	7.188*** (11.61)	72.15*** (5.364)	-3.746 (-0.306)	80.85*** (6.566)
2003_year	13.55*** (20.42)	12.37*** (20.36)	12.94*** (20.33)	94.73*** (6.864)	27.48** (2.169)	104.2*** (8.228)
2004_year	-2.131*** (-2.913)	-3.829*** (-6.082)	-3.070*** (-4.550)	143.4*** (9.422)	56.27*** (4.287)	148.7*** (11.08)
2005_year	27.72*** (35.96)	26.07*** (38.29)	26.77*** (37.45)	224.5*** (14.01)	141.2*** (9.949)	223.3*** (15.71)
常数项	-3.606 (-0.809)	3.851 (0.69)	0.357 (0.0828)	-9.079 (-0.0979)	1479*** (12.72)	-121.4 (-1.414)

续表

因变量	财政收入能力指标（*PcRRC*）			实际财政收入指标（*PcREV_ Total*）		
回归方程	<1>	<2>	<3>	<4>	<5>	<6>
R - squared	0.997	0.997	0.997	0.498	0.492	0.539
F 检验值	1.4800	1.4600	1.4600			
Hausman 检验值	813.7700	718.1000	768.4000			
P 值	0.0000	0.0000	0.0000			
观察值	4142	4143	4143	4142	4143	4143
组（县/区）值	875	875	875	875	875	875

注：1. 括号里是各个回归系数的 t 统计量；2. 上标 ***、**、* 分别表示 1%、5%、10% 的显著水平；3. 固定效应模型是固定县区和年份；4. FE 估计的 Hausman 检验的零假设是 FE 与随机效应（Random - Effects，RE）估计系数无系统性差异。

三、实证结果分析及讨论

（一）产业结构的影响效应

1. 对财政能力的回归结果表明，县级政府财政收入能力与第一、二、三产业增加值显著相关且系数符号为正，表明县域经济发展对县（区）政府的财政能力有促进作用。<1>结果表明，其他条件不变，各产业人均产值增加 1000 元，人均财政收入能力依次增加 62.8 元、71.1 元和 69.3 元。其中第三产业发展对财政能力的贡献高于第一产业，第二产业的贡献又高于第三产业，表明工业、制造业等产业发展对提升县（区）政府财政收入能力的作用相对更明显。各个产业对财政能力贡献率的差别小于 0.01，因此就县域经济来讲，产业结构的工业化更有助于增强政府财政能力，但有必要保持各个产业的平衡发展。

2. 从各解释变量对实际财政收入的回归结果看，<4>中第二、三产业的发展与县（区）政府的人均实际收入有显著的正相关关系，第二、三产业人均产值增加 1000 元，人均实际财政收入分别增加 90.5 元和 57.9 元，表明第二产业对税收收入的贡献比第三产业大；第一产业增加值的系数为负，表明第一产业的发展对实际财政收入的增加没有促进效果，原因可能与农业税的减免和取消有关。

（二）城市化的影响效应

1. 对财政能力的回归结果表明，城市化水平有助于提高县（区）政府的财政收入能力。农业人口比重每降低一个百分点，人均财政收入能力就增加 0.14 元。

2. 城市化对实际财政收入的影响更大，<4>中结果表明，农业人口比重每降低 1%，人均财政收入能力就增加 2.15 元。由于潜在的经济资源能否转化为政府收入还需依赖于具体的税收制度，这一结果与我国实施减免涉农税收的政策和实行城市化的税收制度的现实相吻合。

（三）财政体制的影响效应

转移支付收入直接构成一级政府的财政能力，同时转移支付支出直接抵减一级政府的财政能力。在各级政府间不同形式的转移支付中，上级政府对下级政府转移支付的作用之一就是弥补“纵向不平衡”的财力分配格局或平衡地区间财政差距。在涉及县级政府的财政体制频繁调整的情况下，财政总收入中本级收入比重越大，转移支付收入比重越小，地区财政收入的稳定性和可预期性越好，财政能力越强；地方政府财政总支出中本级支出占的比重越小，财政转移支付支出或上解越大，财政能力越强，反之亦然。

1. 对财政能力回归的结果表明，县（区）政府本级收入占当年财政总收入的比重每升高 1%，人均财政能力就增加 0.154 元；财政自给率每增加 1%，人均财政收入能力增加 0.05 元。与此相比，本级财政支出比重与地区财政能力的相关性不大，在统计上也不显著，表明目前的上解制度与财政能力的关联性不大。

2. 方程<4>、<5>、<6>的回归结果表明，本级财政收入比重、本级财政支出比重和财政自给率与地区人均财政收入显著相关，本级收入占财政总收入的比重越高，地区人均实际财政收入规模越大，这与运用政府间转移支付手段平衡地区间财力的逻辑是一致的。本级收入比重和财政自给率提高 1%，地区人均实际财政收入分别上升 9.966 元和 8.844 元；本级支出比重与实际财政收入负相关，本级支出比重每下降一个百分点，相应的人均实际税收收入增量是 11.47 元，这与财政总支出中用于财政上解的份额越大，财政能力越强的逻辑是一致的。

（四）其他解释变量的影响效应

对地区财政能力的回归结果表明，在5%的置信区间内，财政供养人口比重每增加1%，人均财政收入能力就减少1.3元。表明公共部门规模扩张会降低地区财政收入能力。财政供养人口比重与实际税收收入的相关性在统计上不显著，所以我们不能确定公共部门规模对实际税收收入的确切效应。

小税种收入是指除增值税、消费税、营业税、所得税和农业税收之外的税收，一般包括房产税、城镇土地使用税和部分收费项目。由于小税种收入规模相对较小，占税收收入的比重不稳定，各地通常都划归县级政府所有。回归结果表明，小税种收入比重与地区财政能力的相关性不显著，与地区人均实际财政收入负相关，小税种收入比重每降低1%，人均实际财政收入至少增加4.53元，表明地区财政对小税种收入的依赖越小，实际财政收入规模越大。

从样本总体看，县的财政收入能力较市辖区要低，差距在人均5元左右，但这一结果在统计上不显著。县的人均实际财政收入高于区，但是结果在统计上也不明显。

（五）财政收入能力的趋势变动

以2001年为参照，2002年人均财政能力增加7.83元，2003年增加13.55元，2004年减少2.13元，2005年的增长幅度最大，比2001年增加27.72元，比上年人均财政收入能力增加将近30元。总体来看，除2004年有小幅下降外，财政收入能力整体呈上升趋势。同期人均实际税收收入除<4>结果显示2002年有下降外，逐年大幅上升。

四、结论和研究的不足

对七省县级政府财政能力影响因素的实证结果表明，辖区经济发展对提升地区财政能力有积极作用；地区各产业均衡发展有利于培养稳定的财政能力，单方面促进某一产业发展有可能对财政能力产生消极影响。县区城市化过程和城镇经济发展有利于提高县级政府财政能力，但同时还需适度控制地区公共部门规模。由于财政自给能力对增强地区财政能力效果明显，可以尝试进一步向地方，尤其是县一级政府下放税收权利，使税收收入成为县（区）政府的主要收入来源。规范县级政府收入来源还有利于促进地区经济开放，提高经济效率。

针对本文的研究结果还需说明的是：

第一，运用地区 GDP 指标估测地区财政能力并不能够完全消除财政能力衡量中的税负转移难题：地区产出指标在考虑辖区外居民创造的财政能力的同时，并没有计入居民在辖区外的劳动或资本收入对地区财政能力的贡献。两方面因素对不同地区财政能力的影响程度不同，有的地区发生税负净转移，有的地区发生税负净吸收（Tax Importing），这同样依赖于各地区的产业分布和税收体制；GDP 指标不能够涵盖全部的税收生产能力，例如粮油价格补贴等对居民的直接财政补贴因为避免重复计算而未统计在 GDP 指标内，这会造成对以居民收入或居民购买力为基础的地区财政收入能力的低估；另外，GDP 指标较多地体现了工业和制造业中的税负转移，如对商品价值或投资利润的课税，但是对人力资本要素流动造成的税负转移和能源、旅游、娱乐等产业发生的税负转移估计不足，所以模型的实证结果可能低估了某些劳动力输入地区和第三产业发达县（区）的财政收入能力。

第二，由于本文没有就各县（区）政府包含非税收入和预算外收入的全面的政府收入能力进行估计并展开讨论，其中仅分析了本级收入占财政总收入比重等对县级政府财政收入能力的效应。所以，尽管实证结果表明，县级政府税收收入划分和财政自给率会对辖区财政收入能力产生影响，但是我们并不能作出针对税收划分是否会增强县级政府整体收入能力的哪怕是最保守的估计。

第三，本文仅就财政能力的收入面展开分析，与此相关的更大背景是县级面临的财政支出压力。分税制改革和 2001—2002 年间的完善省以下分税制改革延续了县级政府“促进本辖区经济和社会事业发展”的责任。我们应该看到，经济发展和城市化在增加县级政府财政能力的同时，也对地区公共服务和财政支出提出了更高的要求：经济发展引发的环境生态问题的防治和解决，人口向县城、（市）区的迁移，集中增加了对教育、公共卫生、能源供应、治安等公共服务的需求。这一系列因素将使财政收入能力面临更大的挑战。只有进一步分析县级政府的财政支出能力状况，才能更全面了解县级政府的综合财政状况，也是需要更进一步研究的重要问题。

参考文献

1. Zhirong Jerry Zhao; Yilin Hou, “Local Option Sales Taxes and Fisca

Disparity: The Case of Georgia Counties", Public Budgeting and Finance, spring 2008, p39 - 57.

2. Helen F. Ladd; John Yinger, "America' s Ailing Cities: Fiscal Health and the design of Urban Policy", Baltimore and London: The Johns Hopkins University Press, 1989.

3. Stephen M. Barro, "State Capacity Measures: A Theoretical Critique", Measuring Fiscal Capacity, H. Clyde Reeves, Ed, Boston: Oelgeschlager, Gunn & Hain, 1986, p51 - 86.

环境保护的分权理论及其实践

马海涛* 李伯涛** 龙 军***

政府在环境保护中应起主导性作用是经济学家们的普遍共识。这是因为从经济学的角度看，对“环境”这种物品的消费具有非竞争性和非排他性，也就是说一个人从良好的环境中获得满足并不会影响其他人获得同样的感受，因此“环境”可以看作是一种典型的公共物品。基于环境质量的这种公共性，对环境进行保护自然被视为政府的基本职能之一。

但在政府履行环境保护责任过程中需要解决的一个问题是，由于许多国家都存在着不同层级的政府（如美国有联邦、州和地方三级政府，而中国有中央、省、市、县、镇五级政府等），环境保护责任应在中央政府和地方政府之间如何适当分配、各级政府在环境管理中各自应扮演何种角色，这正是目前公共经济学领域方兴未艾的环境联邦主义理论研究的主题。

一、环境保护的分权理论——环境联邦主义

植根于美国的联邦主义传统，环境联邦主义理论兴起于20世纪六七十年代的美国，迄今已有40余年的历史。环境联邦主义理论研究的主要问题是在环境管理中不同层级政府间的关系以及各层级政府在设

*、**、*** 中央财经大学财政学院；上海立信会计学院财政与税务学院；中国农业银行总行。

计、执行各种环境规制措施中的角色，其发展经历了两个阶段：第一代环境联邦主义理论和第二代环境联邦主义理论。

（一）第一代环境联邦主义理论

早期的环境联邦主义理论家普遍相信，环境管理绩效的提高应依赖于联邦法律的制定和执行能力，如果缺乏强有力的中央政府，地方政府往往会出于经济增长竞争的考虑而降低环境标准。例如，在一篇很有影响的论文中，第一代环境联邦主义学者中的代表人物 Stewart 就指出（Stewart，1977），因为以下几个原因需要对环境实行集权式的管理：第一，解决公地悲剧问题并获取全国性的规模经济收益。Stewart 认为，由于制造业和商业活动的流动性，地方政府出于担心环境改善的收益会被资本流向其他低环境标准的地区带来的损失所抵消甚至超过，倾向于拒绝单方面采纳会增加企业的生产成本、阻碍经济发展的高环境标准。这会导致地区间环境规制方面扑向低层的竞争（race to the bottom），造成环境的恶化。因此应由中央政府对环境事务统一进行管理。第二，纠正由污染外部性引起的政府失灵。当污染排放跨区域时，会预期有过度的环境破坏。这是因为对一个地区的政策制定者来说，很少有激励去担心他们的行动对周围地区产生的成本。第三，克服环保主义者和污染利益集团之间在政治影响方面的不对等。根据 Stewart 的观点，相比污染利益集团，环保主义者在地方政治活动中处于劣势地位，其在全国层面上比在地方层面上更容易获取充分的资源来施加有效的政治影响。

（二）第二代环境联邦主义理论

20 世纪 80 年代中期以后，随着对“大政府”有效性的质疑，开始有越来越多的学者提出在环境管理方面中央政府应向地方政府分权，下放管理权，使环境规制的中心从中央政府向地方政府转移。主张环境保护分权的第二代环境联邦主义理论逐渐占据主导地位。

第二代的环境联邦主义学者认为，由中央政府对各地区环境质量进行规制的一个重要缺点是其对不同地区居民对环境质量偏好的差异不敏感，很容易出现所有区域执行统一的环境标准的情况。而在现实中，一些地区可能偏好于高质量的环境，另外一些地区则想要低水平的环境质量。同时，在环境治理成本方面由于地理位置、技术状况等因素各地区也可能存在很大的差异。如果每一地区根据本地的具体情况自己制定环境政策，基于成本—收益分析方法不同地区选择的环境质量水平可能是不同的，即最优的政策并不是各地区都统一。因此，相比所有的地区追求自己最优的环境政策，中央政府一刀切的方法是有福利损失的。除此之外，相比集权式的环境管理，环境管理的分权化也使州等地方政府有较强的激励和更多的空间进行政策试验，实施政策创新。当一州采取创新性政策时，其他的州往往会进行学习和模仿。

针对第一代环境联邦主义者反对分权的几个主要理由，第二代的学者一一作了反驳。关于对地方政府承担环境保护责任会出现地区间扑向低层的竞争，导致环境的恶化的担心，环境保护分权的积极倡导者、财政联邦主义的奠基人之一——Oates 和他的同事 Schwab 从理论上证明，如果没有溢出效应并且用非扭曲税收（比如一次总付税）为预算融资，地方政府会提供社会最优水平的环境质量（Oates and Schwab，1998）。在他们的模型中有两个重要假定：公共决策制定者在资本市场上是价格接受者；公共部门能够使用其所需要的财政工具（例如对居民征收非扭曲的税收）。在这些设定下，如果地方官员追求最大化其辖区内居民的福利，区域间竞争会导致有效率的结果（即满足帕累托效率的一阶条件），包括环境标准以及其他地方性公共品产出。根据他们的观点，在公共部门和在私人部门中一样，竞争是增进效率的（effciency - enhancing）。

第二代的学者在实证方面作的有关研究同样不支持政府间扑向低层的竞争。List and Gerking（2000）和 Millimet（2003）分析了美国里根时期的环境政策分权化。List and Gerking 使用州层面的面板数据，检查了环境质量和治理支出的水平。通过估计一个带有州特定效应（satae - specific）和时间特定效应（time - specific）的固定效应模型，他们通过检验里根时期的时间固定效应符号对扑向低层的竞争做了实证考察，结果发现大部分的时间效应要么是不显著的，要么是和改进的环境质量相一致。最终得出的结论是在环境质量方面扑向低层的竞争在 20 世纪 80 年代没有出现。而 Millimet 甚至发现了强有力的支持分权化的环境政策导致奔向顶层的竞争（对环境过度保护）的证据。Millimet 研究了一氧化氮排放物和二氧化硫排放物以及控制污染的产业支出。他利用里根和布什时期之前的数据估计了一个模型，然后通过该模型对里根和布什时期的结果进行了预测并和实际的结果做了对照，结果发现了对奔向顶层的竞争的支持。因为至少对于污染控制支出和一氧化氮排放，实际的结果比模型预测的结果要好。

关于跨界污染问题，Oates（2002）认为，在这种有溢出效应的情况下，一种形式的政策反应是早期学者所主张的集权化。和地方政府只考虑对自己辖区内的居民产生的损害不同，中央政府会考虑一边际单位污染对所有地区居民造成的损害，因此会对跨界污染活动进行限制。根据标准的经济学理论，最优的政策措施是对每单位排放物征收等于边际外部损害的税收，这会有效地迫使地方决策者考虑他们对其他地区施加的成本。但在实践中，这种税要求其税率因污染源的位置和人们的感受不同而不同。这种差别税率对中央政府来说既不容易确定也不容易实施。而在这种情况下，如果由中央确定统一的环境质量标准，一般来说并不是最有效率的政策措施。除了集权式的解决方法外，Oates 提出，至少在原则上区域间地方政府合作对地区间溢出效应问题提供了潜在的有效率的、科斯类型的解决方式。其基本的思想是只要跨界的污染活动没有在它们的有效率水平上，就存在来自于规制这种活动的地区间的交易收益。在这种情况下，污染削减的成本小于污染所影响的所有区域居民所获得的收益。但在实践中困难的问题在于如何设计能够实现交易所能带来的收益的合作决策制定机构。总之，从经济理论的角度来看的最优措施在实践中可能是不可行的。次优的选择包括集权式的中央政府设定统一的环境质量标准和分权式的区域合作管理努力，但具体哪种方式更优可能会因具体例子的不同而不同。

至于 Stewart 的相比污染利益集团，环保主义者在全国层面上比在地方层面上更容易获取充分的资源来施加有效的政治影响的观点，第二代的理论家认为环保主义者和污染利益集团在政治力量方面的不对称是否存在以及这种不对称是否在地方政府层面比在中央政府层面更严重，迄今为止并没有获得相应研究的支持，一些人认为这种不对称被夸大了，特别是在许多环保组织出现以后。

基于以上分析，环境保护的分权者们认为，环境保护政策应是一个联合行动，由地方政府对仅限于其辖区范围内的环境事务执行规制控制，而由中央政府承担全国性污染问题的规制责任，并对环境科学和污染控制技术的研究和开发活动（这类活动通常有正的外部性）提供支持以及对地方政府提供必要的信息和指导（Oates，1998）。

二、环境保护的分权实践——美国的经验

环境联邦主义理论自其诞生之日起就在很大程度上影响了各国环境政策的制定，特别是在其诞生地和主要传播地——美国。

历史上，美国的环境政策主要由州等地方政府制定，但随着20世纪60年代末期和70年代初期第一代环境联邦主义理论的兴起，应对环境实行集权式管理似乎成为了公众和政策制定者的共识。作为美国空气质量管理的政策基石，在1970年的《清洁空气法案修正案》中，美国环境保护署（Environmental Protection Agency）被国会授予制定全国统一的（适用于国内任一地区）空气质量标准的权力。而到70年代中期时，差不多各种类型的水和空气污染物的联邦标准都已制定完成。

虽然在过去30年，美国环境保护政策的制定呈现一定的集权化，但是州政府在环境规制中依然扮演着关键性的角色。在主张分权的第二代环境联邦主义理论逐渐占据上风以后，越来越多的人认为应给予州政府更多的空间进行政策试验，允许州政府实行政策创新。实际上，目前州政府在美国的环境政策创新方面起着重要作用。在很多情形下，新的领域的环境政策都是在州一级的层面上首先被提出来，然后才被中央政府采纳。而且许多州的规制措施甚至比联邦的规制更严格、更全面。因此，美国当前的环境保护责任实际上是由中央政府和地方政府共同承担的。

本文以下主要从环境规制的三个主要领域（汽车排放物、包装废弃物和全球气候变化方面）对美国的环境保护分权具体情况进行介绍。根据Vogel等人的观点，这三个领域反映了美国环境政策演化的不同阶段(Vogel et a1，2003)。汽车排放物是典型的第一代的环境规制。作为空气污染的主要源泉（特别是在城市地区），在60年代到70年代，汽车是环境规制的第一个目标。包装废弃物是第二代的环境规制，出现在80年代，反映了公众日益增长的对缺少填埋的关注和保护自然资源的需要。全球气候变化则代表了一个相对新的环境政策领域，其最早出现在80年代中期，但在过去的10年中已变得非常突出。

（一）汽车排放物

美国的汽车排放规制始于1960年，当时加利福尼亚州制定了《机动车辆污染控制法案》。这个法令建立了一个专门的委员会负责为排放控制设备发放合格证。在两年的时间里，该委员会为七种污染控制设备发放了许可证并要求机动车辆在1965年底必须安装这些设备。在加利福尼亚制定了州标准并且其他一些州也在考虑类似的立法后，20世纪60年代中期反对设立排放标准的美国汽车制造商开始呼吁为汽车设立统一的联邦排放标准。1965年，美国国会通过了联邦《机动车辆空气污染控制法案》，该法案授权建立联邦排放标准。第一个汽车排放联邦标准是对一氧化碳和碳氢化合物的排放量加以限制。

1967 年，由于美国汽车制造业界对兼容不同的州标准的困难的关注，国会于是宣布联邦排放标准优先于所有的州排放规制，但是允许加利福尼亚州采取自己的标准。加利福尼亚州这个例外可以看作是美国国会承认该地区汽车污染问题的敏感性并有意让加利福尼亚在机动车辆污染方面发展创新性的规制方法。

1970 年，总统尼克松要求美国国会通过更严格的基于使用正在发展中的新技术所能达到的最低污染水平的标准。国会因此通过了 1970 年《清洁空气法案修正案》，该法案要求汽车制造商在 5 年内削减 90% 的一氧化碳和碳氢化合物排放，在 6 年内削减 90% 的二氧化氮排放。而加利福尼亚州再一次被允许保留和制定更严格的标准。

《清洁空气法案》又于 1977 年和 1990 年两次进行了修订，修正案对汽车和卡车建立了更严格的排放标准。这两个修正法案除了继续允许加里福尼亚州保留自己的标准外，同时还允许其他州可以采用加利福尼亚州的标准。因此，1977 年后，美国有两个全国性的汽车排放标准：一个是联邦标准，一个是加利福尼亚州标准。这意味着在汽车排放标准主要由联邦立法形成的同时，联邦政府给州政府提供了在两种标准之间进行选择的权力。

（二）包装废弃物

包装废弃物的规制在美国是高度分权的。1976 年通过的《资源保护和恢复法案》对有害物的管理建立了严格的标准，该法案也要求填埋市政固体废弃物的规制保留在州和地方政府的范围内。因此在美国包装废弃物的回收和处理主要是州和地方政府的责任，而联邦政府在设立包装废弃物的标准方面起的作用很小。但联邦标准的缺乏并没影响到许多州采纳自己的规制，在州政府层面上有许多创新：一些地方发展了减少包装废弃物并促进循环再使用的计划。联邦政府并不试图限制州政府的规制，而且也不存在要求制定联邦标准的压力。

目前，美国产生的人均市政固体废弃物超过世界上其他任何工业化国家。为此，一些州和地方政府已经采取了几项政策措施以削减包含包装废弃物在内的市政固体废弃物。其中 11 个州发展了押金退还（deposit - refund）计划以鼓励饮料包装容器的循环利用。一般来说，押金退还法案要求购买用玻璃、金属、塑料等容器包装的软饮料和啤酒的消费者支付一定数额的押金，这笔押金在包装容器被归还时会退给消费者。但这类计划并不要求这些容器本身是可回收的或是可以再使用的。

还有一些州则要求特定类型的包装物包含最少数量的可回收使用材料。例如，俄勒冈州的1991年《再循环法案》要求到1995年，在该州销售的25%的硬塑料包装容器（容量为8盎司到5加仑）要么至少包含25%的可回收材料，要么能够被重复回收使用5次。这个法案也要求塑料容器到1995年包含35%的可回收材料，到2000年包含50%的可回收材料。加利福尼亚州要求新闻纸、塑料袋和硬塑料容器的制造商包含最低标准的可回收材料或取得最低标准的回收率。加利福尼亚1991年《硬塑料包装容器法案》要求在该州销售的容器满足和奥肯州相同的标准，以减少需要填埋的废塑料。威斯康星州的《固体废物再循环和管理法案》要求在该州销售的商品必须使用至少保含10%可回收利用材料的包装。

在包装物的规制方面，联邦、州和地方政府也制定政策要求政府机构优先采购环保产品。应该说，政府采购是很少的联邦政府带头行动的几个领域之一。最早在1976年，国会就要求联邦机构和使用拨付的联邦资金的州和地方政府机构在特定的项目中购买一定数量的含可回收使用材料的产品。20世纪90年代又进一步发布了一系列的总统行政命令，以刺激环保产品市场的发展并减轻垃圾填埋的负担。除了联邦政府外，加利福尼亚、乔治亚、俄勒冈和德克萨斯等州政府也要求政府机构采购环保产品。例如，加利福尼亚州1989年的《支持再循环市场发展》法案就要求政府机构优先购买可回收使用的产品。

（三）全球气候变化

在全球气候政策领域方面，类似于包装废弃物领域，不存在联邦气候变化规制，而是各个州采用自己的规制标准。但是和包装废弃物领域相反，联邦规制标准的缺乏引起政治上的对立，更“绿色”的州强烈要求制定统一的联邦标准，尽管它们的努力迄今尚未成功。

在美国，联邦政府在温室气体排放规制方面没有发挥太大的作用。20世纪90年代克林顿政府参与了联合国建立管理全球温室气体排放条约的努力。但美国虽然签署了管理全球温室气体排放的《联合国气候变化框架公约（京都议定书)》，却从来没有提交参议院批准。在布什政府上台以后即声称不支持《京都议定书》，拒绝对碳排放进行任何规制，而是选择鼓励工业部门采取自愿的目标。立法修正《清洁空气法案》以包括碳排放的提案也在国会遭到否决。

联邦规制的缺乏创造了政策真空使得一些州政府来填补。20世纪90年代末期以后一些重要的削减温室气体排放的立法在州政府层面上被制定。例如，俄勒冈州在1997年立法设立了新建电厂的二氧化碳排放标准，要求任何新建电厂或新电力开工项目每千瓦小时排放不超过0.675磅的二氧化碳，这是美国第一个正式的新电力生产设施的二氧化碳排放标准。新泽西州在1998年由环境保护局局长发布了一项行政法令要求本州的温室气体排放到2005年比1990年的排放水平减少3.5%，使新泽西州成为第一个建立温室气体排放削减目标的州。2001年马塞诸塞州成为第一个对发电厂设置二氧化碳最高排放限额的州。2002年加利福尼亚州通过立法要求它的空气资源委员会采取规制措施到2005年达到最大可行的轿车和轻卡的温室气体排放削减。截至目前，美国共有22个州提出了强制性的减排目标或者已通过相关法律。

应该说，在气候变化领域，随着减排同盟的扩大，美国的州政府正自下而上地努力推动联邦政府提出全国性的规制措施。

三、结论与启示

环境保护的分权理论及其在美国的实践说明，鉴于我们面临的环境问题的多样性，在环境事务管理中由中央政府和地方政府共同承担责任、联合采取行动，建立多层次的规制结构，对于取得良好的环境治理绩效是至关重要的。这一点对如何适当在我国的中央政府和地方政府之间分配环境治理责任有重要的启示意义。

作为世界上人口最多的发展中大国，我国对环境保护工作一直非常重视，将环境保护确立为一项基本国策，在推进经济发展的同时，采取一系列措施加强环境保护。建国至今，全国人民代表大会及其常务委员会共制定环境保护法律9部，包括水污染防治、大气污染防治、固体废物污染环境防治等环境保护法律，并通过环境保护立法确立了国家环境保护标准体系，对制定环境保护标准作出了具体规定。特别是近年来，我国坚持以科学发展观统领环境保护事业；坚持预防为主、综合治理，全面推进、重点突破；坚持创新体制机制，依靠科技进步，强化环境法治，发挥社会各方面的积极性。经过努力，在资源消耗和污染物产生量大幅度增加的情况下，环境污染和生态破坏加剧的趋势减缓，部分流域污染治理初见成效，部分城市和地区环境质量有所改善，应该说取得了很大成绩。

但我国的环境保护存在的一个不容忽视的问题是环境规制呈现过度集权化的态势，中央政府在环境保护中起着绝对主导作用，承担了过多的责任，地方政府发挥的作用相对较小。虽然我国名义上实行的是各级政府对当地环境质量负责，环境保护行政主管部门统一监督管理的环境管理体制，环境保护标准也分为国家级标准和地方级（省级）标准两个级别，但在主要的环境规制领域基本上都是各地区在统一的时间执行统一的全国标准。例如在汽车排放物领域，全国各地都是统一执行由国家环保总局发布的《轻型汽车污染物排放限值及测量方法》第Ⅰ、Ⅱ、Ⅲ、Ⅳ阶段标准等国家标准，唯一的例外是北京由于作为首都的特殊地位和主办奥运会的原因，其实施各段标准的时间比其他地区提早两年。

环境保护方面的过度集权使得我国的环境规制有可能是无效率的。根据环境联邦主义理论的观点，由于和中央政府相比，地方政府具有信息优势，其更了解自己辖区内公民的偏好和环境状况，地区性污染的规制责任适宜于由地方政府承担。特别是我国是一个幅员辽阔国家，由于各地区的经济发展水平不同，居民对环境质量的要求也并不相同，再加上各地工业发展水平、技术水平和构成污染的状况、类别、数量等不相同，环境中稀释扩散和自净能力不相同，统一的规制标准带给各地区的收益和成本不完全一样，在有些地区可能会存在成本大于收益的情况，规制是无效率的。

我国的环境保护规制呈现高度集权的态势很大程度上源于地方政府在环境保护方面的不作为。这主要是因为现行的干部考核和选拔体制基本上还是以 GDP 论英雄，谁领导的地区 GDP 增速快就提拔谁。而为了追求经济增长，吸引外来投资，各地区往往降低环境保护要求，高污染高耗能企业常常受到地方政府的保护。因此，尽管同样存在着政府间竞争，中美之间却存在着显著差异，扑向低层的竞争在中国更容易出现，因为处于竞争关系中的地方政府本身就是污染企业的支持者（古特曼、宋雅琴，2008）。地方政府的不作为在一定程度上迫使中央政府只能采取强制性的统一标准。

综上所述，为了提高我国环境规制的效率和环境治理绩效，今后需要改变规制过度集权、环保责任主要由中央政府承担的状况，提高地方政府在环境保护方面的积极性，使其履行更多的职责。具体来说可考虑采取以下措施：（1）建立环境问责制，将环境考核情况作为地方官员选拔任用和奖惩的依据之一，必要时可采用一票否决制，使环境目标成为各级政府需要实现的众多指标中至关重要的一项。任何不负责任的部门和个人，都必须承担后果。(2) 推动公众参与环境治理，建立环境后督察和后评估机制。社会公众在环保问题上最为利益攸关，理应成为促使地方政府在环保方面发挥更大作用的重要力量。要实行环境信息公开，使污染状况和污染者的情况被公众知晓，切实保障公众的环境知情权、监督权和参与权。(3) 开展更强的舆论监督攻势。对高耗能、高污染的行为形成"老鼠过街人人喊打"的氛围，使地方政府官员在意识上能认识到环境保护的重要性。

参考文献

1. List, John. A and Shelby. Gerking, 2000, "Regulatory Federalism and Environmental Protection in the United States", Journal of Regional Science, 40, pp.453 – 471.

2. Millimet, D., 2003, "Assessing the Empirical Impact of Environmental Federalism", Journal of Regional Science, 43, pp.711 – 733.

3. Oates, Wallace E., 1998, "Environmental Federalism in the United States: Principles, Problems, and Prospects", Report for the National Center for Environmental Decision – Making Research.

4. Oates, Wallace E., 2002, "A Reconsideration of Environmental Federalism", in John A. List and Aart de Zeeuw (eds.), Recent Advances in Environmental Economics. Cheltenham, UK: Edward Elgar.

5. Oates, Wallace E. and Robert M. Schwab, 1988, "Economic Competition Among Jurisdictions: Efficiency Enhancing or Distortion Inducing?", Journal of Public Economics, 35, pp.333 – 354.

6. Stewart, Richard B., 1977, "Pyramids of Sacrifice Problems of Federalism in Mandating State Implementation of National Environmental Policy", Yale Law Journal 86, pp.1196 – 1272.

7. Vogel, David, Michael, Toffel and Diahanna, Post, 2003, "Environmental Federalism in the European Union and the United States", Paper for International Conference on Globalization and National Environmental Policy.

8. 丹·古特曼、宋雅琴："中美环境治理体制比较"，《比较》，2008 年第 1 辑。

对我国公共财政监督问题的思考

李俊英[*]　李玉红[**]

要研究财政监督问题，就必须从理论上澄清财政监督的核心问题，首先是要知道什么是财政监督，然后搞清楚为什么要财政监督，最后才能探讨如何加强财政监督。随着我国社会主义市场经济体制的完善和公共财政框架的确立，财政监督如何与新的形势相适应已成为一个亟待解决的重大现实问题，也就是要从搞清楚财政监督与公共财政管理之间的关系入手，研究财政监督问题。

一、从公共财政角度理解，财政监督是一种受托责任

多年来，学术界和实务界对财政监督的内涵一直存在着争议。迄今为止，关于财政监督是否为公共财政的一个基本职能尚未达成共识。目前，公共财政的职能仍有两种主要表述：一是“三职能”说（资源配置、收入分配、经济稳定职能）；二是“四职能”说，与前者相比多了一个“财政监督”职能。尽管财政理论上对财政是否具有“财政监督”职能未形成共识，但在财政监督实践基础上，中西方财政管理学论述中都贯穿了财政监督的思想。财政监督是财政管理的重要组成部分，而且实践中各国都在探索适合自身情况的财政监督体系和方法。

概括来说，目前对财政监督内涵的阐述大致有“职能说”和“手段或机制说”两种。“职能说”认为，财政监督是公共财政的基本职能之

*、** 内蒙古财经学院；北京联合大学应用文理学院。

一；“手段或机制说”认为，财政监督是履行财政职能的一种手段或机制，其目的是提高财政资金的使用效益，提高依法理财和依法行政水平。

必须指出的是，上述对财政监督内涵的理解都有值得商榷之处。财政监督既不是狭隘的财政职能，也不是财政实现其职能的手段或机制。研究财政监督的内涵应追本溯源，从公共财政基本理论的更高层次来分析。

财政职能只是说“财政应该干什么”、“能够干什么”，而财政监督实际上涉及到更高层次的问题——“为什么会有财政”、“为什么会有政府和国家”。它涉及到国家的起源，涉及到财政产生和存在的依据。所以，财政监督应该是更高层次的理论问题。财政监督也不是一种手段。财政监督有很多手段，但是财政监督本身并不是手段。财政监督涉及到纳税人的权益，涉及到国家、政府存在的依据等深层次理论问题，这实际上是一种委托代理关系。纳税人委托公共部门提供公共产品和服务，公共部门就要接受纳税人的监督。财政的产生源于公共需求。通俗地说就是，为什么要有财政，是因为要有政府、要有国家；而为什么要有政府、有国家，是因为社会大众有公共需求。国家和政府是通过财政筹集公共资金提供公共产品和服务的，因此，这些来源于纳税人的公共资金就必然需要监督，而财政要履行这个职责必然要置于纳税人的监督之下。所以，财政监督高于财政职能，不管是基本的保障职能，还是资源配置、收入分配、经济稳定三大职能。

综上所述，从公共财政的角度去理解，财政监督实际上是一种受托责任。财政监督是对公共权力的约束和制约，它能够使公众更加信任政府。财政监督的目标就在于防范财政风险，减少不确定性，使财政有序运行，完成政府的受托责任，最终实现公共资源的有效分配。公共资源的使用没有财政监督，政府的受托责任就不能很好地落实。如果没有财政监督，财政资金的运行和公共管理就有可能出现危机、失去秩序，导致财政收支运行过程的失控、腐败、浪费。

二、公共财政框架下财政监督的发展趋势

财政要顺应各个历史阶段的政府战略目标而不断调整和演变。建国之前，我国的革命根据地就有财政，是适应战时要求的供给型财政。建国之后第一个五年计划时期，转入生产建设性财政。改革开放以后，在

80年代，中央提出财政转型，认为财政应该转为经营管理型财政，摆脱传统体制下给计划部门做出纳的角色，而正面地发挥财政的分配功能，做好统筹协调和管理。到90年代，针对财政方面积累的大量矛盾和问题，以及财政年年赤字的困难，中央提出振兴财政的要求。直到1998年，在整个财政转型时期树立了一个明确的目标，即要建立公共财政框架，这是和市场经济体制相配套的财政转型。在这个转型过程中，财政监督要配合这种财政体制的变化，并适应形势作出探索和创新。

在公共财政框架下，财政监督应作两个转变：一是要在公共资金的来源和使用合规性监督方面，从事后检查、事后处罚为主向事前、事中监督和及时纠正调整的方向转变。二是从公共资金的来源和使用的合规性监督向绩效监督转变。当然，现实中可取的是合规性和合理性相结合并加强绩效检查，因为合规性相比绩效而言更为基础，在合规性问题没有解决好的情况下，相对于结果而言的绩效就像是空中楼阁。

近年来，西方国家的审计已经跨越了合规性审计的阶段，更强调对绩效的审计。我国也强调在运用零基预算、细化预算这些方式方法的同时，还要注意到国际上整个财政发展的前沿问题，即追求绩效预算。而明确的绩效追求实际上就改变了一个大的逻辑，它忽视在没有出绩效结果的阶段上的各种细节，允许主体在必要的约束力下放松一些具体的约束，更能动地和更有弹性地处理各种要素、变量、细则相互之间的关系。但是注重绩效并不否定零基预算、细化预算。这种零基预算、细化预算对于某些预算领域问题的处理有它的合理性，但同时又不能以这种方式处理所有的预算问题，绩效预算是在对整个运行的动态必然性确认之后，更强调在预算管理过程中从始至终加入行为主体对综合效果的关注，更好地发挥主观能动性。显然，在这个导向下，我国在若干年之内可能还是做不到绩效预算，但是我们要从比较容易做的项目绩效评估入手。项目绩效评估有了经验之后，再扩展到更广泛的经常收支的绩效评估，再以后发展到在整个预算编制之前就要有预测性评估，对整个预算执行过程有绩效信息的监控，最后实现对总体综合绩效的评估和问责制。如果出了明显的问题，问责制要求对相关的官员给以必要的处罚。这样一个大的逻辑的实践探索，可以归之为绩效预算。现在我们还处在推动项目绩效评估的阶段。西方国家在追求绩效审计，中国现在在这个阶段上更多地只是在做合规性审计。从财政监督的工作体系来看，我们似乎也碰到这样的问题，但是现在把更多的精力和重心放在合规性检查上，承认这种必要性的同时，要越来越多地注意合规性与合理性的结合，从综合的政策性角度考虑绩效的追求。前面不考虑它的合规性，只是在最后等着它的绩效，这也是不可能的。

三、完善我国公共财政监督的政策建议

当前我国财政监督存在的主要问题有：财政监督法制不健全、覆盖面窄、监督方式不规范、监督体系不健全、监督人员素质偏低、政府干预影响执法效率等。中国正处于市场化转型时期，建立规范的公共财政框架和有效的财政监督机制是市场经济有序运行和健康发展的必要前提。针对存在问题，提出完善我国财政监督的政策建议。

（一）建立健全财政监督法规体系

加强财政监督面临的最重要的任务是尽快建立健全财政监督法规体系。首先是要规范和完善财政、税收、财务、会计活动的法规制度。一方面要对现有法规中不合理部分进行修正和完善，另一方面要加快财税法规的立法进程，特别是要尽快制定《财政法》和《税法通则》。其次是要建立健全财政监督自身法律体系，要加快《财政监督法》的立法进程，从法律的角度明确财政监督的地位、职责范围、工作程序和法律责任，做到有法可依，依法监督。同时尽快修订《预算法》。

（二）规范财政监督方式

财政监督要纳入科学、规范、有序的运行轨道，必须建立起适应公共财政管理改革需要的、规范的财政监督方法体系，包括：由重事后监督为主转变为财政分配全过程的监督，由突击性监督检查转变为规范性的常规检查，由对外监督为主转变为内外并重的监督。财政监督要适应部门预算管理改革，通过对预算编制和执行的监督，对预算内外资金的监督，对国库拨付资金的监督等，及时发现财政分配过程中存在的问题。这样既符合新形势的需要，也有利于财政监督转入经常化和规范化的轨道中运行。由重收入监督转变到收支监督并重上来。由于受各方面因素的影响，过去一些人把监督检查作为增加财政收入的一项措施。诚然，通过加强收入监督，可以达到增加收入、防止公共收入流失的目的，但公共支出资金使用效率如何，有无挤占挪用等，更是公共财政监督的重要内容，关系到社会各项事业的健康发展。因此，财政监督工作

要尽快实现由重收入、轻支出向收支监督并重转变，从而逐步建立公共预算收入解缴、征管、入库、退库全过程的监督机制。同时，建立从公共预算支出的申报、拨付到使用全过程的跟踪监督机制。由突击性监督检查转变为规范化的经常性监督。在市场经济条件下，财政工作的中心是加强管理。因此，财政监督也要转变监督方式，逐步由突击性监督检查转变到经常性监督。要立足财政管理，着眼于财政活动的全过程，通过日常监督检查发现财政管理过程中存在的问题，及时提出整改意见，完善制度，堵塞漏洞，不断提高财政管理水平，真正形成财政监督与管理并重，日常监督管理与专项监督检查相结合的财政监督工作新格局。

（三）建立科学的财政监督体系

科学完善的预算监督体系和规范的会计秩序监督机制，是现代财政监督管理系统的核心内容。

预算体现着国家政策的意图，规定了国家财政资金的使用方向，预算编制的科学性、执行的合理性，直接决定着预算管理效率。近年来，随着我国部门预算改革的推进，我国的预算管理开始改变过去轻约束的状况，朝着依法理财的方向迈进。目前，在预算编制的执行中，非规范性因素仍然较多。因此，在今后的改革中必须加强预算管理制度的创新，建立科学完善的预算监督体系。具体包括：第一，加强预算编制的监督。目前，我国从中央到地方，大都实行部门预算，这是我国预算编制的重大改革，意义深远。部门预算的核心是要细化预算和实行综合预算，预算编制监督的重点在于监测预算单位基本情况及其上报预算的真实性和完整性，从而剔除水分，减少随意性，确保部门预算的科学与规范。第二，加强预算执行过程的监督。要充分利用计算机技术等现代化手段，随时掌握财政资金的分配、拨付、使用方向、结存等动态情况，并对管理中发现的异常情况进行实地调查和跟踪监控。同时，随着国库集中收付和政府采购制度的推行，对财政资金的管理监控要一直延伸到财政资金使用单位和商品与劳务供应者账户，实现对预算执行过程的即时监控，真正将监督寓于财政管理的全过程。第三，加强预算执行结果的监督。预算执行的结果体现为财政决算，这方面监督的重点是决算的真实和合法，如预算收入是否及时足额上缴，是否存在擅自减征、免征、缓征预算收入的现象。

加强会计监督是保护国有资产、建立市场经济秩序的一项基础性工作，应成为财政监督的一项重要和紧迫的任务。规范会计秩序的监督机制主要应做好两方面的工作。第一，财政部门作为会计的主管部门，对会计工作负有管理、指导、监督职责。财政部门要不断地适应新情况，适时调整会计政策，完善会计制度。同时，要按照调整和规范市场经济秩序的要求，实行对会计信息定期抽查制度，由此规范企业的会计行为，确保企业会计信息的真实完整，减少会计领域的造假行为。第二，必须加强会计中介机构的监督。财政部门应该在要求中介机构加强行业自律、制定行业标准、规范行业行为的基础上，建立健全监督管理办法，加强对注册会计师执业质量的监督，对违规执业行为严肃查处，促使会计师事务所规范发展。

（四）进一步提高财政监督人员的执法意识和道德素质

财政监督工作质量和效应的提高，在很大程度上依赖队伍的素质。没有一支政治可靠、业务过硬的高素质财政监督干部队伍，要想提高财政监督工作的质量是很难办到的。因此，我们必须高质量、高标准地选拔一批政策水平高、业务能力强、作风过得硬，能深入基层单位或各个环节，直接能查账的人员充实到财政监督队伍。同时，要不断地开展对财政监督干部的政治思想教育和业务知识的培训，不断提高职业道德水平，建立一支政治坚定、纪律严明、作风正派、业务精通的高素质财政监督队伍。

（五）建立健全严格执法机制

严格执法是实施依法治国的客观需要，是财政监督工作的生命线。但在财政监督检查中，往往执法不严，处理偏轻，这是造成违法违纪问题屡查屡犯、屡禁不止、财经秩序混乱的重要原因。为了真正建立起严格执法的机制，今后客观上需要财政监督部门、纪检部门和司法部门密切配合，建立联合办案和移送案件制度，把对单位的处罚和对责任人的处罚紧密结合起来。该移送的必须移送，该处理的必须处理，尤其是加大对第一责任人的处理力度，使财政监督真正起到威慑和示范教育作用，从而减少违法违规问题，规范财经秩序。

参考文献

1. 王雍君："论《预算法》修订的核心原则"，《首都经济贸易大学学报》，2008 年 6 月。

2. 王均等："试论财政监督存在的问题及建议"，《农村财政与税务》，

2008 年 10 月。

3. 黄静："财政监督有关问题探讨研究"，《贵州财经学院学报》，2008 年 6 月。

4. 刘尚希："对财政监督与财政改革有关问题的探讨"，《财政监督》，2008 年 7 月。